A CHINA DE DENG XIAOPING

Esta segunda edição de *A China de Deng Xiaoping* chega às mãos dos leitores brasileiros graças ao incentivo de Francisco Soares Brandão, que resgatou este título do catálogo da Nova Fronteira e não mediu esforços para que ele fosse reeditado no país. A partir da indicação de Brandão, a editora fez a renovação dos direitos de publicação da obra de Michael E. Marti e realizou a produção de uma nova edição, patrocinada pela FSB Comunicação. A Nova Fronteira gentilmente agradece a FSB pela parceria.

Michael E. Marti

A CHINA DE DENG XIAOPING

中

Tradução
Antonio Sepulveda

Título original: *China and the Legacy of Deng Xiaoping*
©Potomac Books, Inc.

Direitos de edição da obra em língua portuguesa no Brasil adquiridos pela EDITORA NOVA FRONTEIRA PARTICIPAÇÕES S.A. Todos os direitos reservados. Nenhuma parte desta obra pode ser apropriada e estocada em sistema de banco de dados ou processo similar, em qualquer forma ou meio, seja eletrônico, de fotocópia, gravação etc., sem a permissão do detentor do copirraite.

EDITORA NOVA FRONTEIRA PARTICIPAÇÕES S.A.
Rua Candelária, 60 — 7.º andar — Centro — 20091-020
Rio de Janeiro — RJ — Brasil
Tel.: (21) 3882-8200

CIP-BRASIL. CATALOGAÇÃO-NA-FONTE
SINDICATO NACIONAL DOS EDITORES DE LIVROS, RJ

M333c   Marti, Michael E.
          A China de Deng Xiaoping / Michael E. Marti ; tradução de Antonio Sepulveda. - 2. ed. - Rio de Janeiro: Nova Fronteira, 2021.
          384 p.

          Tradução de: China and the legacy of Deng Xiaoping
          Inclui bibliografia
          ISBN: 978-65-5640-279-6
          ISBN: 978-65-5640-278-9

          1. Deng, Xiaoping, 1904-1997. 2. China – História – 1976-2000. 3. China – Política econômica – 1976-2000. I. Título.

CDD: 951.058
CDU: 94(510)"1976/2000"

Aos meus pais Henry e Patricia
e à minha esposa Sharon

O Autor

Michael E. Marti trabalha no
Departamento de Defesa americano
e mora em Huntingtown, Maryland.
Especialista em política externa e segurança nacional da China,
cursou a Escola Nacional de Guerra e tem doutorado em
História Chinesa pela Universidade George Washington.

中 *é ideograma chinês que significa China, o "Império do Meio"*

Sumário

O negócio da China ix

Prefácio à edição brasileira xiii

Prefácio xvii

Prólogo *xix*

1. Reforma e abertura *1*
2. Perdendo o controle *39*
3. Reação *97*
4. Mais, melhor, mais depressa *147*
5. O Exército "protetor e escolta" *173*
6. Triunfo *211*

Epílogo *269*

Notas *281*

Bibliografia *311*

Índice *331*

Abreviaturas

AEC	Agência de Economia e Comércio
BPC	Banco do Povo da China
CCC	Comissão Consultiva Central
CEE	Comissão Econômica Estatal
CMC	Comissão Militar Central
CNP	Congresso Nacional do Povo
CPE	Comissão de Planejamento Estatal
ELP	Exército de Libertação do Povo
FBIS	Serviço de Informações sobre Difusão Estrangeira
GPD	Departamento Geral de Assuntos Políticos
GSD	Departamento do Estado-Maior-Geral
KMT	Partido Kuomintang
MITI	Ministério de Indústria e Comércio Exterior (Japão)
NMF	Nação mais favorecida
OMC	Organização Mundial de Comércio
OTAN	Organização do Tratado do Atlântico Norte
PAP	Polícia Armada do Povo
PCC	Partido Comunista Chinês
PCUS	Partido Comunista da União Soviética
PIB	Produto Interno Bruto
RC	República da China (Taiwan)
ZEE	Zona Econômica Especial

O negócio da China

中

Uma boa parte do meu trabalho sempre foi construir pontes entre as pessoas. Gosto de conhecer gente nova, fazer amizades e promover relacionamentos, sempre procurando agregar, somar, criar e realizar novos projetos.

Foi assim que surgiu esta nova edição de *A China de Deng Xiaoping*. A história começa com os queijos artesanais do Sítio Santo Antônio, passa pela generosidade de um ex-banqueiro que teve papel fundamental na cultura brasileira, bem como na política e na economia, e depois por uma série de acasos e coincidências até tomar sua forma final.

Venho de uma família mineira, de Poços de Caldas, onde um dos meus tios inventou o requeijão. E tenho uma pequena criação de gado leiteiro no meu sítio em Petrópolis, que toda semana produz queijos que distribuo entre os amigos. Um desses amigos, o José Antônio, é filho do José Luiz de Magalhães Lins, um personagem importante da nossa história contemporânea, a quem sempre tive vontade de conhecer pessoalmente.

Comentei com o José Antônio que admirava muito a trajetória do seu pai, que para mim sempre foi uma figura exemplar, por tudo que realizou como banqueiro inovador, patrono das artes e do Cinema Novo, e também pela sua facilidade de se relacionar e se fazer respeitado por pessoas influentes em todas as áreas. Achei que ele, como bom mineiro, deveria gostar de queijo, e combinei de enviar alguns da nossa produção.

E foi em retribuição aos queijos que o José Luiz de Magalhães Lins, com gentileza e sensibilidade, me enviou uma versão fotocopiada do livro em questão, cuja edição já estava esgotada, com o comentário de que se tratava de leitura obrigatória para se entender por que a China está se tornando a primeira nação do mundo.

A indicação não podia ser mais certeira. O livro narra a transformação que começou a ser implementada na década de 1970 por Deng Xiaoping em seu país, rompendo com o modelo soviético para estabelecer um ousado programa de gestão baseado no liberalismo ocidental, focado em resultados, o que gerou uma verdadeira contrarrevolução dentro da Revolução Cultural chinesa. Ele enxergou lá atrás o que não estava dando certo, especialmente no campo econômico, e enfrentou as resistências internas do Partido Comunista para colocar as coisas nos trilhos, com o objetivo de fazer da China a maior economia do planeta até 2050.

Da mesma forma que fui influenciado pela leitura da biografia do Akio Morita, fundador da Sony, na década de 1980, e mais tarde a FSB obteve os direitos da obra para distribuir uma edição entre seus colaboradores e clientes, fiquei impactado com a história de Deng Xiaoping e tive vontade de compartilhar o livro com mais gente.

Perguntei ao meu amigo Zé Mario Pereira se ele tinha o livro, e duas semanas depois me chegou às mãos um raro exemplar que ele localizou em Manaus. A edição original tinha sido publicada em 2007 pela Nova Fronteira. Mais uma coincidência: essa mesma editora, criada nos anos 1960 por Carlos Lacerda – e que também contou com a ajuda financeira do José Luiz na época – hoje pertence a outro amigo meu, o Jorge Carneiro. Procurei-o e perguntei se ele, como detentor dos direitos para o Brasil, toparia imprimir uma nova edição do livro, patrocinada pela FSB, o que ele prontamente aceitou.

Com esse acerto resolvido, tratei de encomendar um novo projeto de capa e fiz ainda mais algumas pontes, convidando para as apresentações nomes que admiro e respeito: pedi ao presidente Michel Temer um prefácio para a edição brasileira e ao ex-ministro Aldo Rebelo um texto para as orelhas, além das opiniões de outros amigos e permanentes interlocutores para constarem na quarta capa.

E foi desse modo, partindo da indicação de um brasileiro de tão rica trajetória humana e profissional, o para muitos lendário José Luiz de Magalhães Lins – o mesmo que ajudou tanto Glauber Rocha e Garrincha quanto Carlos Lacerda e Roberto Marinho, entre muitos outros artistas, jornalistas e empresários –, que surgiu esta nova edição de *A China de Deng Xiaoping*, que espero traga boas lições para todos.

Francisco Soares Brandão
Sócio-fundador da FSB Comunicação

Prefácio à edição brasileira

中

ESTIVE NA CHINA VÁRIAS VEZES. Antes sendo vice-presidente da República, era o coordenador da COSBAN (Comissão Sino-Brasileira de Alto Nível), que se reunia anualmente, ora no Brasil, ora na China, para tratar da significativa relação bilateral que tínhamos e temos com aquele país.

Devo ressaltar que a China é nosso maior parceiro comercial. Exportamos carne, soja, minérios. E ampliamos cada vez mais essas exportações. Afinal, trata-se de país com quase 1 bilhão e 400 milhões de habitantes que consomem produtos brasileiros.

Logo na primeira viagem que fiz para uma reunião da COSBAN em Pequim, me surpreendi com um convite do presidente Xi Jinping para visitá-lo. A surpresa derivava do fato de que não é comum um presidente da república receber o vice-presidente de outro país. Na data aprazada, tão logo ingressei na sala onde se daria a audiência reconheci fisionomicamente o presidente Xi. Eu o havia recebido no Brasil, antes de ele ocupar a presidência, quando presidi a Câmara dos Deputados. E ele registrou que me convidara àquele encontro para retribuir a recepção que lhe proporcionei durante sua visita. Vejam que delicadeza e elegância, reveladoras, penso eu, da índole cerimoniosa, mas amiga, da autoridade chinesa. Já naquela ocasião, encantava-me o progresso que lá visualizava. Depois, quando assumi a presidência da república, tive outros inúmeros encontros com o presidente Xi. Fosse nas reuniões do BRICS (Brasil, Rússia, Índia, China e África do Sul) ou naquelas do G-20 quando, antes do encontro geral, realizávamos encontro do BRICS. E, em quase todas as ocasiões, mantive reunião bilateral com a presidência chinesa para fortalecer os nossos laços e incrementar as nossas exportações. Recordo-me de um encontro do BRICS em Guangzhou, cidade acolhedora e parecendo um jardim pela quantidade imensa de buganvílias lá plantadas. Mencionei esse fato no meu discurso, ocasião em que o presidente Xi registrou que as sementes daquelas flores foram levadas por um brasileiro há mais de quarenta anos. Ou seja, dizia ele, um brasileiro ajudou a fazer uma cidade-jardim. De fora parte essas reuniões coletivas, fiz visita de Estado à China quando, mais uma vez, verificaram-se homenagens ao Estado Brasileiro.

Conto esses fatos para revelar a forte ligação que mantivemos, mas também que me acendia sempre a curiosidade de saber como a China, estado milenar, conseguiu tamanho desenvolvimento nos últimos sessenta anos. Era minha curiosidade nas visitas que fiz.

Agora, por provocação da amizade de Francisco Soares Brandão, acabo de revisitar a China e matar a minha curiosidade. É que Chiquinho Brandão concedeu-me o prazer de sugerir que eu elaborasse modesto prefácio do *A China de Deng Xiaoping*, livro que ele pretende reeditar. A leitura do exemplar que me remeteu permitiu-me perceber que foi ele, Deng Xiaoping, quem ensejou o grande salto para o desenvolvimento do país. Foi ele quem reformulou o partido dirigente e governante, abrindo-se para o mundo.

Se antes a economia era fechada, com ele abriu-se. Basta recordar a visita que ele fez aos Estados Unidos da América e do diálogo produtivo que teve com o então presidente Nixon. E isso nos anos de 1979. Depois, esteve com o presidente Ronald Reagan em Pequim em 1984. Tudo em prol da abertura ao mundo. No caso, ocidental.

Prefácio à edição brasileira

A força motriz da modernização econômica foi o comércio exterior. Era um dos seus mandamentos. De igual maneira, o prestigiamento da ciência e da tecnologia, outro mandamento.

É de se anotar, tal como registrado por Michael Marti, biógrafo, "o fato de Deng haver virtualmente rejeitado o marxismo ao concluir que uma saudável política socialista era qualquer política econômica que melhorasse a vida do povo. Em vista dessa percepção, o capitalismo, uma vez que melhorava o padrão da vida, não era mais capitalismo, mas socialismo, com características chinesas". "Com isso, Deng tentava pôr fim ao debate sobre o que estava em um nome, socialista ou capitalista. Mesmo que suas novas políticas parecessem capitalistas, elas também se aplicavam ao socialismo."

Transmito esse trecho da sua biografia para evidenciar que Deng, modernizador, não estava preocupado com os rótulos, mas com o resultado das políticas econômicas que melhorassem as condições do povo. Tal como nos nossos dias, em que os rótulos de esquerda, direita ou centro pouco importam. Importam os resultados, nada significando se vêm de um governo que se rotula desta ou daquela maneira. Valem os resultados.

Da leitura dessa biografia resulta que todo movimento de Deng Xiaoping foi de oposição às ideias antes pregadas e estabelecidas por Mao Tse Tung. Embora tivesse ao seu lado e se amparasse no Exército de Libertação do Povo – suas forças de segurança (portanto, tendo sob seu controle forças garantidoras do seu governo e de seus ideais) –, o certo é que se revelava hábil articulador político na medida que, ao longo dos seus mandatos, soube dialogar e conviver com os conservadores e os "duros" do antigo regime, trazendo-os para as suas teses.

Foi, prezado leitor, um prazer revisitar a China, visitando esta biografia de Deng, fruto de robusta pesquisa de Michael E. Marti. Recomendo-a.

Michel Temer

Prefácio

中

HÁ INÚMEROS LIVROS SOBRE DENG XIAOPING e suas reformas. O propósito deste livro é documentar o plano-mestre com que Deng esperava institucionalizar aquelas reformas e fazer da China uma nação rica e poderosa por volta de 2049, centenário da República Popular da China.

As reformas de Deng puseram a economia acima da ideologia, substituíram a fracassada economia marxista por mecanismos capitalistas de mercado, trocaram ideólogos por tecnocratas e, ao fazê-lo, abriram a China ao mundo; para efetuar essas mudanças, porém, foi preciso sacudir o jugo dos planejadores marxistas da cúpula. Ao dar ao exército participação maior na formulação política e verbas para sua modernização, ele trouxe "o poder das armas" para forçar um grande compromisso que amarrasse o destino de todos os elementos da sociedade – partido, exército, forças de segurança pública e autoridades regionais – ao êxito de suas reformas e à consecução de seus objetivos. Resultou que o imperativo que orienta as políticas interna e externa da China é o crescimento econômico, e entendê-lo tem implicações estratégicas para os formuladores políticos americanos nos anos vindouros, à medida que os Estados Unidos tentam chegar a um convívio com o crescente poderio econômico e militar da China na Ásia e no palco internacional.

Este livro não seria escrito sem a assistência do professor Richard C. Thorton da Universidade George Washington. Gostaria de agradecer-lhe a orientação, o encorajamento e as oportunas sugestões.

Quero também agradecer a Mr Richard M. Valcourt, meu agente, por seu empenho. Um agradecimento especial a Don McKeon, da Editora Brassey's, pela oportunidade que me proporcionou de apresentar meus pontos de vista ao público; e a Christina Davidson e Dorothy Smith pela ajuda na edição do manuscrito.

Finalmente, desejo expressar gratidão à minha mulher, Sharon, pelo apoio incessante, o estímulo, a energia e a inspiração ao longo de todo o período necessário à conclusão do livro.

Prólogo

中

A HISTÓRIA RECENTE DA CHINA está inexoravelmente ligada à do Partido Comunista Chinês, o PCC, a partir de sua fundação em 1921. Criado com a ajuda do Komintern, o partido foi muito influenciado por Moscou durante seus primeiros tempos. Só quando Mao Tse-tung conseguiu expurgar os membros do Politburo orientados por Moscou, no histórico VII Congresso do partido, em julho de 1945, foi que o PCC passou ao controle de Mao e de seus seguidores, que dominariam a política chinesa nos cinquenta anos seguintes. Embora houvesse muitas disputas internas, tais como o "movimento antidireitista," o "Grande Salto para a Frente" e a "Revolução Cultural", Mao permaneceu árbitro final até sua morte, em 1976.

Posteriormente, Deng Xiaoping voltou com sucesso no 3º Pleno do XI Congresso, em 1978, depois de ter sido expurgado por Mao na Revolução Cultural, em 1965, e novamente em 1976. De volta ao poder, Deng começou o processo de reverter os desastrosos rumos políticos, econômicos e sociais de Mao; abriu a China para o mundo exterior, lançou uma campanha de modernização econômica e reformou o partido.

Minha posição é que Deng pôs a China na trilha da modernização e, para garantir que o processo sobreviveria a ele, manipulou ativamente a inexorável mudança de gerações em curso dentro do partido, do governo e do exército. Transferiu-se o controle operacional diário dessas instituições a uma geração sucessora "escolhida a dedo" que, em sua maioria, não tivera a experiência da Longa Marcha, das guerras e da revolução que engolfaram a China entre 1919 e 1949. O processo de estabelecer a geração sucessora dos homens da Longa Marcha começou para valer em

1978 com a volta de Deng ao poder; concluiu-se no XIV Congresso do partido, em outubro de 1992, e acabou "consagrado" pelos remanescentes da Marcha.

Minha tese é que, depois da renúncia ao seu último cargo oficial, em novembro de 1989, após o massacre da Praça da Paz Celestial, Tiananmen, Deng aos poucos veio a compreender que seu processo "seletivo" de passagem de gerações corria o perigo de ser totalmente interrompido pela reação conservadora dentro do partido ao colapso do comunismo na União Soviética e no resto do mundo. A política de modernização de Deng, estrategicamente ligada a uma ativa intervenção do partido na economia, também corria o mesmo risco mortal. Se a geração "escolhida" por ele fosse ultrapassada pelos conservadores que Deng tanto lutara para substituir ou neutralizar, desde 1978, por meio do processo de modernização, todo seu esforço teria sido em vão. Deng, por esse motivo, resolveu empreender uma ação direta para reverter a tendência e pôr seu processo de modernização e de seleção novamente a prumo. Isso ele fez no fim de 1991 e em 1992, quando costurou um "Grande Compromisso" entre as facções do partido: anciãos, conservadores, liberais, líderes regionais, tecnocratas e o Exército de Libertação do Povo – o ELP.

O Grande Compromisso teve três componentes-chave:

1. O ELP apoiaria as reformas de Deng, a primazia do partido e a unidade do estado;

2. em contrapartida, os líderes do partido nas províncias garantiriam a remessa de rendas para o governo central; e

3. o governo central, por sua vez, financiaria a contínua modernização do exército.

Dessa forma, os anciãos e conservadores teriam garantidos o controle pelo partido de um estado unificado e os fundos para sustentá-lo, mas teriam de chegar a um acerto com os reformistas na questão do planejamento econômico centralizado. Os tecnocratas teriam liberdade para seguir políticas econômicas capitalistas e fazer a modernização sem o estorvo de ideólogos "esquerdistas", mas teriam de submeter-se à disciplina do partido. O ELP, que vem num processo de profissionalização e despolitização desde 1985, teria garantidas as verbas para sua modernização contínua e voz na política partidária, mas submetido à autoridade do partido.

Marque-se bem que a linha a unir todas as facções a esse compromisso era e é econômica. O desejo de Deng foi criar um sistema econômico que permitisse à China tornar-se uma nação rica e poderosa pelos meados do século XXI. Esta era a motivação por trás de todas as suas manobras políticas, e ele cumpriu sua agenda com obcecada determinação. Qualquer análise da política chinesa sob a gestão de Deng que deixe de considerar sua motivação econômica não conseguirá explicar ou entender a política daquele período.

Neste novo contexto, o poder está atualmente [*2002*] concentrado em um "núcleo" dentro do Comitê Permanente do Politburo, composto por Jiang Zemin, Hu Jintao, Li Peng, Zhu Rongji, Li Lanqing e Li Ruihuan. Esses homens, contudo, não têm a mesma importância dos eleitorados que representam: Jiang e Hu, os anciãos e as bases do partido; Li Peng, os ministérios do governo central e os conservadores; Zhu e Li Lanqing, os novos tecnocratas, os economistas de pensamento liberal ou "capitalistas enrustidos" e líderes regionais. Sob a nova equação do poder de Deng, o secretário-geral do partido não tem um grande poder; mas com o apoio do Exército de Libertação do Povo e da Segurança Pública, além da força informal de alguns anciãos remanescentes, essa equipe implementará os termos do que foi acertado. Deng buscara assegurar a continuidade das políticas reestruturando o estado unipartidário leninista por meio da substituição bem escolhida da estrutura autoritária de poder, a fim de montar uma instituição de bases amplas. Em apoio a isso tudo, deixou um ELP moderno e pronto a fazer cumprir a vontade da maioria do "núcleo" do dispositivo.

O objetivo deste livro é demonstrar e documentar o Grande Compromisso. Mostrarei que foi o próprio erro de cálculo de

Deng que o forçou a articular um Grande Compromisso em 1991. Deng adotara a posição de imperador retirado – parecida com a de Mao depois do fracasso do Grande Salto para a Frente de 1959 – quando, na esteira dos levantes de Tiananmen, em junho de 1989, ele deixara que Zhao Zyang e sua facção de reformistas econômicos fossem expurgados do partido e do governo. Zhao, representante dos jovens tecnocratas com experiência provincial e sucesso devido às políticas de liberalização econômica, havia sido escolhido a dedo por Deng. Entretanto, devido à tendência de Zhao no sentido da liberalização política, Deng consentira na sua expulsão. Ao fazê-lo, Deng limitou seriamente a própria capacidade de controlar a política. Calculou mal o alcance do apoio que tinha. Assim, ao renunciar a todos os cargos oficiais, como incentivara os outros anciãos a fazer, Deng perdera o controle direto da formulação política. Com o expurgo da facção de Zhao, os adeptos do planejamento central, sob o comando de Li Peng iniciaram, no fim de 1989, uma reocupação da economia que durou três anos.

De início, muito apesar de seu rompimento com os reformistas de Zhao e de sua subsequente aliança com os conservadores, Deng acreditava que essa reocupação dos planejadores centrais seria apenas uma pausa curta, após a qual, suas políticas econômicas voltariam a ser adotadas. Os conservadores – a linha-dura – embora sentissem que as políticas de Deng tinham mérito, estavam mais preocupados com o alcance e o ritmo de sua implementação e com o aspecto mais importante ligado a elas: a sobrevivência do partido.

Já em meados dos anos 1980, a linha-dura expressara sua inquietação com os espectros da inflação, da corrupção e da compra de favores. A delegação do processo decisório às províncias resultava sempre em grandes despesas não orçadas no plano central. Qualquer déficit subsequente tinha de ser coberto com emissão de moeda que provocava inflação. Isso, por sua vez, resultava no aumento de preços para os consumidores e na consequente exigência de aumento de salários. Em 1989, o nível de inflação chegara a 30%, a mais alta de que se tem lembrança nos últimos tempos. Protestos civis já tinham ocorrido nas províncias. A corrupção, que parecia ganhar corpo com as políticas reformistas de Deng, foi a principal acusação feita pelos estudantes contra o partido e o governo, em 1989. Esses fatores, combinados com o desmoronamento do Partido Comunista da União Soviética em 1991, levaram a linha-dura a adotar medidas para garantir o que os conservadores consideravam nada mais que a sobrevivência do partido. Então, ignoraram as instruções de Deng, em 1991, de voltar a políticas econômicas mais liberais, insistindo num recrudescimento. Também tomaram providências para que o novo congresso, a ser escolhido no outono de 1992, tivesse membros "selecionados" mais representativos de suas opiniões que daquelas dos modernizadores ligados às políticas de Deng.*

Para os líderes reformistas das províncias, o assunto era estabilidade social e sobrevivência econômica. Muitos tinham adotado as políticas de Deng como único meio de melhorar a situação do povo e de dar emprego a suas populações crescentes. Mas quando os bancos interromperam o provimento de fundos e o financiamento de empréstimos, em 1989, as firmas particulares que empregavam milhares faliram ou não puderam fazer frente às folhas de pagamento. O resultado foi agitação local – greves, interrupção de serviços, protestos e violência. Para os reformistas, a decisão de 1991 de manter a reocupação da economia pelos planejadores centrais apresentou uma situação inaceitável. Acreditavam que não retornar às políticas mais liberais de Deng levaria ao colapso econômico e à rebelião, ameaçando não só o partido, mas a própria sobrevivência deles.

Para o Exército de Libertação do Povo, as questões eram modernização e neutralidade política. Incluído nas Quatro Modernizações de Deng, o ELP estava em processo de transformação desde

---

*A formação e a sucessão dos governos, na ditadura chinesa de partido único, são organizadas nos congressos do PCC.

1985. Em troca de sua despolitização voluntária, foi equipado com armas modernas, e teve seu quadro de oficiais profissionalizado. Mas a modernização contínua dependia da existência de verbas do governo central, que, por sua vez, confiava na remessa de fundos das províncias, tudo isso ameaçado pelo recrudescimento dos planejadores centrais. Ademais, o Exército estava sendo chamado a arbitrar o debate interno do partido, ameaçando assim sua neutralidade. Ao marchar sobre Tiananmen, a Praça da Paz Celestial, a fim de restaurar a ordem, o ELP ostensivamente reforçou a posição conservadora ou da linha-dura.

O desmoronamento, em 1991, da União Soviética e de seu partido comunista jogou mais lenha no debate. Os da linha-dura culparam as liberalizações políticas de Gorbachev. Estavam convencidos de que a liberalização econômica (reforma e abertura) de Deng estava levando a China pelo mesmo caminho, e resultaria na perda de controle pelo partido. A solução era reafirmar e reforçar a disciplina partidária e centralizar o controle.

Deng, por outro lado, viu esses acontecimentos mais como oportunidade do que ameaça. Simultaneamente com o colapso da União Soviética, os Estados Unidos, a superpotência remanescente, estavam em fase de retirada do Pacífico Ocidental. Deng percebeu que o cenário jamais seria outra vez tão favorável para a China firmar a hegemonia sobre o Sudeste Asiático e atrair o investimento de capital estrangeiro que, de outra forma, iria reconstruir a Rússia e o Leste Europeu. Entretanto, para aproveitar aquela oportunidade histórica, Deng entendeu que precisava recuperar o controle da política interna e externa e teria de restaurar sua autoridade sobre o partido. Para isso, copiou Mao.

Após o desastroso Grande Salto para a Frente de 1959, Mao foi forçado pelo partido a uma semiaposentadoria que, na prática, o silenciou. Para retomar o controle, ele teve que ultrapassar o *apparatus* central do partido em Pequim. Apelou aos seus seguidores de Shanghai para ter acesso à imprensa, que usou para mobilizar os estudantes num ataque à liderança do partido. A Revolução

Cultural resultante, apoiada pelo exército, espalhou-se por toda a nação e o levou de novo ao poder.

Deng, da mesma forma, em 1992, ao promover seu retorno, contornou o *apparatus* central do partido quando recorreu aos que o apoiavam nas economicamente poderosas províncias do sul, que deviam a prosperidade às suas políticas e, portanto, mais tinham a perder se elas fossem invertidas. Mas, em vez da força dos estudantes, Deng fez, em dezembro de 1991, um acordo com o exército, cuja modernização se vinculava às suas reformas econômicas. Assim, por uma aliança com o ELP e com os chefes das províncias do sul economicamente fortes, Deng pôde restabelecer sua influência na política e forçar a linha-dura do partido em Pequim a aceitar um acordo. A partir daí, ele fez passar mudanças políticas e institucionais que deram aos líderes regionais do partido e a uma "seleta" geração mais jovem de membros o controle do *apparatus* do partido; e substituiu uma geração inteira de comandantes militares por uma nova, jovem, bem formada classe militar que jurara lealdade ao partido.

É lícito indagar sobre o que teria motivado Deng, com a saúde frágil e aposentado, a voltar à liça para arbitrar o debate no partido. Sustento a tese de que Deng tinha um propósito mais amplo, uma agenda que o impelia: o desejo de transformar a China numa nação poderosa, em igualdade de condições com o Ocidente pela metade do século XXI. Como minha pesquisa vai demonstrar, jamais teve intenção de liberalizar a China politicamente. Na realidade, ele apostou no fato de o povo estar mais interessado em seu bem-estar econômico que nas liberdades pessoais. O compromisso que ele formulou, o "Grande Compromisso", visou garantir o sucesso de uma agenda muito prática e não ideológica: modernização econômica pelo emprego de provados métodos capitalistas, primazia do partido e um estado centralizado sustentados à força d'armas, e a amarração dos principais atores na codependência. A importância deste livro é ser ele o primeiro a postular e documentar a teoria e os componentes do Grande Compromisso.

Como os demais divisores de águas na história chinesa, só com o passar do tempo se tornará evidente a importância das ações de Deng em 1992. Quanto ao próprio Deng, sua saúde fraquejava e, depois de 1994, gradualmente ele foi se retirando da política deixando aos sucessores por ele escolhidos a incumbência de assumir e prosseguir. Deng morreu em 1997. A história passa agora a debater o seu legado.

1
Reforma e abertura

中

Retorno ao poder

Desde sua segunda reabilitação política, em 1977, Deng tinha um só propósito em mente, o de concretizar seu anelo para a China do futuro, por ele delineado no discurso que proferiu na 3ª sessão plenária do XI Congresso, em dezembro de 1978: "O Comitê Central propôs o princípio fundamental para a mudança de foco de todo o trabalho do partido no sentido das quatro modernizações (...) uma imensa e profunda revolução (...) nossa nova Longa Marcha (...) a fim de mudar a condição de atraso do nosso país e transformá-lo num moderno e poderoso estado socialista."[1]

Deng não previu, contudo, a extensão e intensidade da oposição que teria pela frente. Seus camaradas reabilitados, especialmente Chen Yun, embora querendo afastar-se dos desastrosos planos de ação social, política e econômica de Mao, não concordavam obrigatoriamente com a fórmula econômica de Deng. Apesar de, como Deng, terem sofrido durante a Revolução Cultural, muitos ainda mantinham a fé na ideologia e na economia marxistas, no regime unipartidário leninista e no capitalismo de estado stalinista. Consequentemente, assim que foram reabilitados, vários de seus antigos colegas começaram a questionar suas políticas econômicas e seu aparente desprezo pela ideologia comunista. Esta também foi a impressão de Hua Guofeng e principalmente do pessoal da cúpula que se beneficiara com Mao e não queria largar o poder. Esses grupos diversos logo se dividiram em facções que formariam o bojo da oposição às políticas econômicas de Deng até o fim de seus dias.

Assim, em 1978, Deng viu-se obrigado a enfrentar não apenas Hua Guofeng, o sucessor escolhido por Mao, e os maoistas, mas também seus antigos companheiros. Embora houvesse aparentemente reunido um bloco de apoio no Comitê Permanente que lhe dava maioria de votos sobre Hua, em 1978 (*ver quadro adiante*), Deng não conseguiu realmente consolidar sua posição frente a Hua até montar uma facção majoritária no Politburo e no Comitê Permanente durante o 5º Pleno, em fevereiro de 1980 (*ver quadro adiante*).[2] Já nessa época, Deng obtivera êxito na reabilitação de todos os membros do 8º Comitê Central do partido, eleito em 1956 e expurgado por Mao durante a Revolução Cultural, com exceção daqueles que haviam morrido ou transferido sua lealdade para a causa maoista.[3]

Assim, o período entre 1978 e 1989 foi de luta constante para Deng e seus seguidores a fim de implementar sua agenda. Por necessidade, ele fez várias modificações táticas em seu plano de ação, mas, de um modo geral, o objetivo estratégico exposto no seu discurso no 3º Pleno era o farol que o orientava.

Foi nessas condições tumultuadas que Deng iniciou, em 1979, seu trabalho de transformar a estrutura econômica. Para isso, ele precisava reformar o partido e mudar velhos modos de pensar. Advogava o livre-pensamento pelos "desbravadores" que ousaram desafiar o pensamento dominante e quebrar velhos tabus para se aventurarem em novos caminhos, especialmente o das teorias e práticas econômicas estrangeiras: descentralização pela delegação de poder às províncias e às autoridades locais, dando-lhes liberdade de ação para que tomassem suas próprias decisões econômicas; e adoção de modelos e tecnologias ocidentais. Com o propósito de implementar sua política, ele recomendou:

> É preciso aprender a gerenciar a economia com meios econômicos. Se nós mesmos não conhecemos a metodologia avançada desse

gerenciamento, devemos aprendê-la com quem a conhece, em nosso país ou no exterior. Esses métodos devem ser aplicados não apenas em operações empresariais com tecnologias e materiais recentemente importados, mas também na transformação técnica das empresas existentes. Até podermos começar em campos limitados a introdução de um programa nacional unificado de gerenciamento moderno; digamos, uma região em particular ou um determinado comércio e, a partir daí, levar a aplicação do processo a outras áreas.[4]

A política de experimentação seletiva ficou conhecida no léxico do partido como "o princípio estratégico da abertura ao mundo exterior".[5]

O objetivo de Deng, em termos mensuráveis, era quadruplicar a renda per capita do 1,05 bilhão de habitantes da China, passando-a de 250 dólares americanos, quantia fixada como padrão em 1981, para mil dólares no ano 2000.[6] Este valor deveria ser novamente quadruplicado por volta do ano 2050, quando a China seria o centro de um bloco comercial do Leste Asiático, similar ao da Comunidade Europeia ou ao do Tratado de Livre-Comércio da América do Norte (NAFTA).[7] Entretanto, esse bloco comercial abrangeria 70% da população mundial, produziria mais de 50% dos bens mundiais, consumiria 40% da produção mundial e responderia por 70% do comércio mundial.[8] A China então estaria verdadeiramente nivelada às nações economicamente mais adiantadas do mundo, um poderoso país socialista capaz de desempenhar papel relevante na manutenção da paz e da estabilidade mundiais.[9] Deng, definitivamente, arrancava para uma nova e ousada Longa Marcha.[10]

Deng voltou a fazer parte do Comitê Permanente no 3º Pleno do X Congresso, em julho de 1977, e a seus postos de chefe do Estado-Maior e de vice-presidente do Conselho de Estado, como parte do acordo de sucessão arquitetado após a morte de Mao, o qual previa a nomeação oficial de Hua Guofeng para a função de presidente do partido.[11] Ele foi posteriormente reeleito para o

Comitê Permanente do XI Congresso em agosto do mesmo ano.[12] No 3º Pleno do XI Congresso, em dezembro de 1978, Chen Yun entrou no Comitê Permanente na condição de partidário de Deng. Com Ye Jianying e Li Xiannian, que já eram membros do Comitê Permanente, Deng fez uma maioria de quatro a um votos contra Hua. E mais: o Politburo foi aumentado para vinte e seis membros que, como o refeito Comitê Central, se compunha de uma maioria de associados de Deng reabilitados e de aliados de quem se poderia esperar apoio a ele contra Hua e os maoistas.[13]

Embora não tivesse ainda alcançado o controle total em consequência do 3º Pleno, Deng foi capaz de acumular apoio suficiente para um sem-número de iniciativas. Normalizou as relações com os Estados Unidos em dezembro de 1978, lançou uma invasão punitiva do Vietnam em fevereiro de 1979, como castigo pela invasão do Camboja, um estado-cliente da China, e tentou abrir diálogo com Moscou em abril de 1979. Começou também sua abertura inicial para o mundo, ao mesmo tempo que rebaixou os planos econômicos de Hua e criou as "zonas econômicas especiais", as ZEE.[14]

Com a entrada de seus *protegés* Hu Yaobang e Zhao Ziyang no Comitê Permanente durante o 5º Pleno, em fevereiro de 1980, a posição primordial de Deng na política chinesa foi garantida. Tinha uma bancada superior à de Hua que, totalmente isolado, sumiu de vista e demitiu-se de primeiro-ministro do Conselho de Estado, em setembro de 1980, e de presidente do partido no 6º Pleno em 1981.[15]

Comitê Permanente do Politburo
3º Pleno[16]

Deng Xiaoping   Chen Yun
Ye Jianying   Hua Guofeng
Li Xiannian

Reforma e abertura

Comitê Permanente do Politburo
5º Pleno[17]

Deng Xiaoping	Hua Guofeng
Ye Jianying	Zhao Ziyang
Li Xiannian	Hu Yaobang
Chen Yun	

Politburo[18] do 5º Pleno

Hua Guofeng	Deng Xiaoping	Ye Jianying
Li Desheng	Chen Yun	Li Xiannian
Chen Yungui	Zhao Ziyang	Xu Xiangqian
Ni Chifu	Hu Yaobang	Nie Rongzhen
	Xu Shiyou	Yu Qiuli
	Wei Guoping	Fang Yi
	Geng Biao	Zhang Tingfa
	Peng Chong	
	Wang Zhen	
	Deng Yingchao	
	Ulanfu	
	Liu Bocheng	
	Peng Zhen	

A nova estrutura, contudo, não garantia bons ventos para a agenda de Deng. Embora inflexível quanto à manutenção do controle da política chinesa pelo partido, ele estava disposto a sucatear a velha economia e experimentar novas ideias para modernizar a China. Entretanto, a visão de muitos do quadro dos reabilitados, especialmente Chen Yun, era só a de aparar as arestas do sistema antigo. Atribuíam os problemas econômicos aos excessos do passado; em outras palavras, o sistema não foi quebrado. Deng não previu a força do hábito em relação às velhas ideias por parte dos colegas veteranos. Chen Yun, Peng Zhen, Li Xiannian, Bo Yibo, Wang Zhen e muitos outros reabilitados por Deng eram marxistas da linha antiga, formados por Moscou, que ainda acreditavam no planejamento central e num estado stalinista centralizado como a melhor maneira de gerir uma economia socialista; e cada um deles tinha sua própria base de apoio para enfrentar Deng.[19]

Da mesma forma, os órgãos do novo governo e do partido logo criaram seus próprios grupos de interesse, que nem sempre endossavam as políticas econômicas e sociais de Deng. Entre os reabilitados e os maoistas restantes, muitos tinham as mesmas credenciais revolucionárias de Deng e reagiam em aceitar-lhe a liderança ou as ideias.

Um desses grupos, os restaurados veteranos do VIII Congresso, agora bem mais idosos – e muitos velhos e frágeis demais para voltarem aos antigos cargos que antes ocupavam –, logo evoluíram para uma facção de "anciãos". Seu poder concentrava-se na Comissão Consultiva Central (CCC), criada por Deng em 1982, tendo como diretor Chen Yun, com a tarefa de persuadir os membros reabilitados do 8º Comitê Central a se retirarem de cena. Essa facção cresceu em poder e tamanho ao longo dos anos, à medida que mais se aposentavam nessa condição informal de "anciãos". Todos possuíam credenciais revolucionárias que se equiparavam às de Deng, e jovens apadrinhados dentro do partido e do governo para desgosto de Deng. Os anciãos desenvolveram um poder informal de aconselhamento sobre o governo e a política do partido, à semelhança dos "estadistas seniores" do final do século XIX no Japão – os *Genro* [NT: *anciãos japoneses conselheiros do imperador*]. Além de Deng, esse grupo de anciãos incluía Chen Yun, Peng Zhen, Bo Yibo, Wang Zhen, Yang Shangkun, Li Xiannian e muitos outros. Assim, Deng era apenas o "primeiro" entre pares; tinha de respeitar a opinião e a autoridade dos demais.

Outra facção surgiu em meio aos ministérios centrais. Seu poder político e sua importância haviam crescido sob a influência das políticas econômicas de Mao e do sucessor deste, Hua. Líderes como Kang Shien, um vice-premier do Conselho de Estado, e Li Xiannian, membro do Comitê Permanente e vice-premier do Conselho de Estado, opunham-se às políticas de Deng que os despojariam do poder burocrático que detinham sobre segmentos da economia. Esse grupo costumava aliar-se a Chen, que também era contra o enfraquecimento do papel do governo central provocado por Deng.[20]

A linha-dura dos ideólogos era outra facção influente que formava uma aliança simbiótica com Chen Yun e os planejadores centrais do governo a fim de fomentar uma sociedade marxista e resistir à influência das ideias políticas ocidentais contidas no experimento econômico de Deng. Porém, maior preocupação desse grupo – cuja maioria era do bloco dos reabilitados, como Peng Zhen, Wang Zhen, Chen Xitong, Wang Renzhi, Hu Qiaomu e Deng Liqun – era a propagação do "liberalismo burguês" que, conforme temiam, solaparia por fim a posição e o poderio do Partido Comunista e de sua ideologia. Era de esperar que essa facção se aliasse com qualquer outra que se opusesse a Deng.

As forças de segurança pública e segurança interna também compunham uma ponderável facção que Deng teria de enfrentar. Seu líder nominal, Peng Zhen, era também "ancião" e, quando prefeito de Pequim e membro do Politburo, supervisionara os assuntos políticos e jurídicos do partido. Tão logo reconduzido ao Politburo, em 1980, Peng Zhen procurou reconquistar poder. Assim, muitas vezes se manifestava contrário às políticas de Deng, não com base no mérito delas, mas como cálculo para podar a autoridade exercida por Deng. Por isso, Peng se aliava com frequência a Chen Yun, mas seu apadrinhamento daqueles que estavam na administração da segurança interna, como Qiao Shi, dava-lhe alavancagem sobre Deng como um líder de facção que não podia ser ignorado.[21]

Mas, ao fim e ao cabo, era Chen Yun a principal fonte de oposição a Deng e o ponto de convergência para as outras facções que porfiavam por poder. Deng o nomeara chefe do grupo financeiro e econômico *ad hoc*, formado em 1980, e lhe atribuíra toda a responsabilidade pela política econômica e financeira da China, em reconhecimento ao seu êxito na orquestração do restabelecimento da economia após o desastroso "Grande Salto para a Frente" de Mao. Contudo, fora do planejamento central, ele só acreditava em atividades econômicas mínimas. De acordo com sua teoria econômica "da gaiola," o mercado local ou livre era um passarinho na gaiola. Fora da gaiola estava o reino do planejamento central da economia. A gaiola podia ser aumentada, mas a ave nunca deveria ser posta em liberdade.

Consequentemente, Deng viu-se na necessidade de contornar Chen e os planejadores centrais do governo, de substituí-los sempre que possível e de criar organismos extralegais, tais como o Comitê para a Reestruturação da Economia, para poder implantar suas políticas. A própria organização econômica de Chen Yun foi um bom exemplo de entidade *ad hoc* criada com a finalidade específica de contornar a burocracia. Vários desses órgãos foram ou seriam fundados para dar suporte ao premier Zhao e, mais tarde, ao vice-premier Zhu Rongji, mas Deng deu um passo adiante para garantir apoio. Lembrando-se de Mao, ele evitou o centro, partindo diretamente para as províncias onde se encontravam os seus seguidores leais, com o propósito de implementar políticas capitalistas radicais de livre mercado, delineadas pelo Conselho de Estado e seus assessores: Hu Qiaomu, Xue Muqiao, Sun Yefang e Huan Xiang.[22]

As ZEE: Começos

Deng também apelou para as províncias em busca de ideias sobre a implementação de práticas econômicas estrangeiras. Em uma conferência de trabalho do Comitê Central, em abril de 1979, reuniu-se com Xi Zhongxun e Yang Shangkun. Esses dois líderes de Guangdong o tinham impressionado com a situação econômica positiva de sua província, em razão do fato de ser esta adjacente a

Hong Kong, colônia da Coroa Britânica, e de haver obtido sucesso na adaptação de métodos econômicos capitalistas em um ambiente socialista. Tomando-lhes o exemplo, ele alvitrou que podiam "delimitar uma área chamada zona especial. Shaanshi-Gansu-Ningxia não seria uma zona especial?[23] Como as autoridades do governo central não têm fundos, apelamos a vocês (governadores locais) para encontrarmos uma ideias".[24]

Em cumprimento à sua diretriz, o Comitê Central e o Conselho de Estado enviaram Gu Mu, conselheiro de estado, para estudar as áreas de Guangdong e Fujian e discutir o gerenciamento de zonas econômicas especiais. Baseados no estudo dele, o Comitê Central e o Conselho de Estado expediram um documento em julho de 1979, delimitando as áreas de Shenzhen, Zhuhai, Shantou e Xiamen como zonas econômicas especiais. Durante todo o verão e o outono de 1979, decretos adicionais foram baixados a fim de formalizar as zonas experimentais como locais de atrair capital estrangeiro. Em 1980, o Congresso Nacional do Povo aprovou formalmente as "zonas econômicas especiais". Nos dois anos seguintes, baixaram-se outras normas para definir e regular as ZEE.[25]

Por esses regulamentos, as ZEE eram zonas especiais econômicas e não zonas políticas. Sua função era implementar políticas econômicas especiais e um sistema de gerenciamento econômico particular. Em teoria, as ZEE dependeriam de capital estrangeiro. Seus produtos deveriam ser manufaturados para exportação dentro de uma estrutura econômica socialista, isto é, embora a região estivesse sob o controle político de um governo marxista que empregava um sistema econômico marxista de controle central, haveria tolerância com a prática limitada local de métodos econômicos capitalistas. Essas iniciativas capitalistas locais de componentes econômicas diversificadas eram caracterizadas principalmente por empreendimentos conjuntos (*joint ventures*) e por firmas administradas por empresários estrangeiros como únicos proprietários.

As atividades econômicas das ZEE deviam basear-se em condições de mercado, ao contrário do planejamento central, e empresários estrangeiros que investissem nas ZEE teriam tratamento diferenciado em relação a impostos e outras questões. De um modo geral, as ZEE pretendiam implantar um sistema de gestão totalmente diferente daquele prescrito para o interior do país. Isso ficou conhecido como "passar os limites do sistema vigente."[26] Em outras palavras, as zonas econômicas especiais foram concebidas para atrair os investidores estrangeiros que, em troca, introduziriam na China tecnologias e métodos modernos de administração, com o propósito de criar um fluxo de exportações gerador de divisas, encorajados por vendas sem impostos, taxas reduzidas, tarifas menores, infraestrutura moderna, legislação trabalhista e salarial flexível e menos burocracia.[27]

Foi nesse período que Deng conseguiu elevar Zhao Ziyang a primeiro-ministro. Zhao fora bem-sucedido em Sichuan, entre 1976 e 1979, na reforma da agricultura. Assim, ao fazer de Zhao premier, em setembro de 1980, Deng estava entregando a economia a um "desbravador".[28] Ele precisava de gente como Zhao para a implementação de sua nova política de abertura ao mundo exterior, uma vez que se esperava um processo doloroso.

Na verdade, não demorou muito para que os efeitos adversos da abertura fossem sentidos. As tentações criadas pela exposição ao Ocidente e pelo controle político relaxado nas ZEE provocaram ondas de atividade criminosa: contrabando, comércio ilegal, corrupção, suborno e roubo de bens do estado. Ao cabo de dois anos, criava-se um sério problema para a liderança, à medida que dava munição aos opositores da política de Deng. À testa da oposição estava Chen Yun, que via naquela atividade criminosa um inevitável subproduto do flerte com o capitalismo.

Assim, o centro foi obrigado a reagir. Em janeiro de 1982, o Politburo expediu novo regulamento que dispunha sobre a repressão às atividades econômicas ilegais, mas cujo real propósito era abreviar o experimento. Como medida de defesa, Deng e sua facção chefiada pelo premier Zhao enviaram uma equipe de notáveis economistas da Academia Chinesa de Ciências Sociais a Guangzhou para inspecionar o progresso no interior das ZEE. Seus relatórios, preparados de forma a bloquear sugestões de dar fim à experiência, acentuavam o apoio marxista à atração de capital estrangeiro e a necessidade de uma política de "Porta Aberta." Salientaram que, embora se estivesse praticando o capitalismo nas ZEE, era a China, na verdade, a beneficiária, de vez que exercia soberania sobre o território e não era mais explorada como no século XIX. Apesar de admitirem a necessidade de melhor planejamento e treinamento dos quadros, afirmavam que o conceito de ZEE com abertura para o mundo exterior era "uma política imutável".[29]

O Politburo reuniu-se novamente em abril de 1982 por insistência de Chen Yun e dos conservadores, a fim de ampliar a discussão sobre a "grave" deterioração das ZEE. Chen denunciou que "as ZEE haviam inflamado atividades ilegais e criminosas, que eram as piores dos últimos trinta anos".[30] Chen não podia ser ignorado. Além da sua posição de czar da política econômica, ele era o chefe da Comissão de Inspeção Disciplinar, organismo criado especificamente para garantir a disciplina do partido, um poderoso trampolim de onde se poderiam lançar ataques contra membros "corruptos" do partido que não andassem na linha em relação à política correta.

Deng foi forçado a admitir que "alguns funcionários se deixaram corromper durante o curto período de um ou dois anos desde que se adotou a política de abertura ao mundo exterior e o estímulo à economia. Um bom número está envolvido em crimes econômicos".[31] Deng também reconheceu que as investigações haviam exposto muitos casos de abuso, envolvendo tanto grupos como indivíduos. Alguns tinham contrabandeado ouro e prata para Hong Kong; outros abriram o bolso aos subornos; e ainda outros se apropriaram de bens do estado. Deng pediu ação, mas em um país em processo de recuperação do último expurgo político, o fim do "Muro da Democracia" [NT: *muro em Pequim onde, em 1978, ativistas pró-democracia criticavam políticas do governo*], ele se recusou a lançar um "movimento". Em vez disso, clamou por uma "luta contínua contra o crime econômico até o dia em que as quatro modernizações se concretizassem".[32]

No outono de 1982, Deng se consolidara totalmente no poder, e completara a restauração do *status quo* de antes do IX Congresso do partido em 1969, isto é, a restauração dos veteranos do VIII Congresso expulsos durante a Revolução Cultural.[33] Deng agora tinha o comando. Com um novo Politburo e um novo Comitê Central favoráveis às suas políticas, ele podia contar com o avanço sem oposição. O novo Comitê Permanente era composto por Deng, Zhao e Hu, à frente dos socialistas de mercado; Chen Yun e Li Xiannian, em nome do governo central e do controle da economia; e Ye Jianying, porta-voz dos militares e da segurança interna. Foi assim que um Deng confiante, em seu discurso de abertura do XII Congresso do partido, em outubro de 1982, anunciou que a política iniciada no 3º Pleno (a das ZEE) ia prosseguir. Entretanto, frisou que, embora o programa de modernização fosse continuar aproveitando o conhecimento e a experiência de modelos estrangeiros, o processo seria integrado às verdades universais do marxismo e às concretas realidades da China. A China iria então dessa forma iluminar a própria trajetória e construir um "socialismo com características chinesas".[34]

Mais uma vez reconhecendo a corrupção que se infiltrara no experimento das ZEE, Deng desafiou os críticos e ousadamente reafirmou que "nós vamos resolutamente seguir uma política de abertura ao mundo exterior e ativamente aumentar o intercâmbio com nações estrangeiras na base da igualdade e do benefício mútuo".[35] Embora o comércio com o Ocidente – em especial, a transferência de tecnologia norte-americana – fosse continuar a crescer, a corrupção não seria tolerada. "Vamos manter a cabeça no lugar, resistir com firmeza à corrupção oriunda das decadentes ideias alienígenas e jamais permitiremos que o modo de vida burguês se alastre em nossa terra."³⁶

Normalização com os Estados Unidos

Deng também admitiu que seu programa não teria êxito se a China continuasse inimiga implacável da União Soviética e não conseguisse normalizar as relações com os Estados Unidos, coisa que seria necessária para aumentar o comércio com o Ocidente das principais tecnologias sobre as quais Washington exercia controle por intermédio do Comitê de Coordenação dos Controles de Exportação (COCOM), um setor da Organização do Tratado do Atlântico Norte, a OTAN, destinado a limitar a transferência de tecnologias do Ocidente às nações do bloco oriental comunista, inclusive a China. A normalização com os Estados Unidos era imprescindível para o acesso às fontes ocidentais de finanças, créditos e ajuda ao desenvolvimento, também sujeitas ao veto ou pressão política dos americanos.

A União Soviética, por outro lado, com o desdobramento de tropas ao longo da fronteira norte da China, obrigava os chineses a despesas com as forças armadas, cuja prioridade Deng listara por último em suas "quatro modernizações" de agricultura, indústria, ciência e tecnologia e defesa nacional. Entretanto, quando Hua Guofeng repeliu os esforços de Moscou para iniciar o diálogo às vésperas do V Congresso Nacional do Povo, em fevereiro de 1978, ele pôs fim às tentativas prematuras de Deng para normalizar relações. Assim, quando a rejeição de Hua às propostas iniciais de Moscou foram acompanhadas da invasão do Camboja, estado-cliente da China, pelo Vietnam com apoio soviético, em dezembro de 1978, Deng viu-se diante não só de uma crise de política externa e segurança nacional, mas de uma ameaça ao seu plano econômico.

Deng então recomendou com insistência o entendimento com os Estados Unidos o mais rápido possível, pondo sobre a mesa a pegajosa questão do apoio norte-americano a Taiwan. Talvez ele esperasse que, com a normalização das relações entre China e Estados Unidos, se obteria o apoio político norte-americano e, consequentemente, ficaria neutralizada a ameaça soviética à fronteira chinesa do norte, na eventualidade de uma invasão do Vietnam pela China. Apesar de não conseguir esse apoio, Deng de fato obteve acesso ao mercado norte-americano, o que lhe era essencial para a modernização econômica.[37]

De qualquer forma, Deng assumiu o controle do Exército de Libertação do Povo (ELP) com o auxílio de Ye Jianying e desfechou uma invasão do Vietnam, em fevereiro de 1979. Muito embora os soviéticos não tenham atacado a fronteira da China – o que Deng pôde afirmar dever-se ao entendimento com os Estados Unidos –, o desempenho do ELP foi abaixo da crítica, mostrando ao mundo sua falta de preparo para a guerra moderna. Isso veio apenas firmar na mente de Deng a necessidade de acelerar seu programa de modernização.

No entanto, a recusa dos Estados Unidos em dar apoio incondicional à invasão do Vietnam ordenada por Deng, a rejeição americana em efetivar o intercâmbio de tecnologias avançadas e o contínuo apoio militar de Washington a Taiwan levaram Deng a recuar das relações recém-estabelecidas em 1979.[38] Em vez disso, pressionou os Estados Unidos por mais concessões, como nos custos do comércio com a China, e pelo apoio contra a expansão soviética no Afeganistão e no Oriente Médio. Além disso, exigiu uma resolução sobre a venda de armas para Taiwan, antes esquecida na sua pressa em se entender com os americanos. Cartada de ousadia, considerando-se que ele precisava ter acesso ao exterior e ao comércio, a fim de modernizar a economia, e que as tentativas para se reconciliar com Moscou, no final de 1979, caíram por terra na esteira da invasão soviética do Afeganistão, no dia de Natal de 1979; mas ele também tinha de aplacar seus críticos internos.[39]

Felizmente, como resultado de sua maquinação política, Deng

Reforma e abertura

obtivera maioria no Politburo e no Comitê Permanente. Isso lhe deu liberdade de ação para jogar duro com o novo governo Reagan que prometera, na campanha eleitoral de 1980, restaurar o reconhecimento da independência de Taiwan. Como resultado, os conselheiros de Reagan, convencidos da necessidade de ganhar acesso ao emergente mercado chinês e do valor do "Trunfo Chinês" na relação geopolítica triangular Washington-Moscou--Pequim, atuaram por um acordo com a China.[40] Após demoradas negociações, assinou-se um *communiqué*, em 17 de agosto de 1982, no qual os Estados Unidos declaravam não pretender levar adiante uma política de longo prazo voltada para a venda de armas a Taiwan. Os chineses, em retribuição, afirmaram suas intenções pacíficas em relação a Taiwan.[41] Desse modo, Deng concluíra o processo de normalização das relações com a América.

Determinado a entender-se também com Moscou, Deng mais uma vez tentou a reaproximação. Mas a política interna soviética ligada à morte de Brejnev impediu a abertura.[42] Mais uma vez rejeitado por Moscou, Deng, no XII Congresso do partido, em outubro de 1982, anunciou sua política "independente" de não alinhamento com qualquer potência estrangeira em oposição a outra. Com esta declaração, pretendeu "informar" a Moscou que, no modo de ver da China, a "normalização das relações" fora concretizada. Combinada com sua teoria dos "Três Mundos", surgida em 1974, a qual colocava a China no Terceiro Mundo, as duas superpotências no Primeiro, e a Europa Ocidental no Segundo, a política de "não alinhamento" permitia que a China seguisse uma política externa própria.[43] Deng manobrara a China para uma posição equidistante das superpotências.

> Os negócios chineses devem ser conduzidos à luz das condições específicas da China e pelo próprio povo chinês. Independência e autossuficiência sempre foram e sempre serão nossos fundamentos. Embora nós chineses valorizemos nossa amizade com outras nações e outros povos, valorizamos mais ainda nossa independência tão

arduamente conquistada e nosso direito de soberania. Nenhum país estrangeiro deve esperar que a China lhe preste vassalagem, nem esperar que a China concorde com qualquer ação prejudicial aos seus próprios interesses. Seguiremos resolutamente a nossa política de abertura com o mundo exterior e ativaremos nosso intercâmbio com países estrangeiros na base da igualdade e do benefício mútuo.[44]

Dessa forma, Deng podia reduzir os gastos militares e se concentrar na economia doméstica.[45] Entretanto, sem a abertura com Moscou, ele se viu obrigado a buscar desenvolvimento econômico via Ocidente; em especial, por intermédio dos Estados Unidos. Esse cenário teria, mais tarde, desastrosas consequências políticas, quando Deng de fato começou a normalizar as relações com Moscou.

As ZEE: Surgem problemas

As ZEE continuaram a prosperar, apesar da corrupção e do perigo das ideias burguesas. Em 1983, Hu Yaobang, secretário-geral do partido, declarou às autoridades locais das ZEE: "Vocês executaram, com brilho, as tarefas que lhes foram atribuídas pelo governo central. Tendo em vista que a Zona Econômica Especial é uma novidade, devemos ter ousadia para explorar e abrir novos caminhos; os novos e especiais aspectos emergentes das zonas especiais devem ser conduzidos de um modo também novo e especial."[46]

Após uma viagem de inspeção ao sul da China em 1984, Deng voltou convencido de que as ZEE deveriam ser expandidas e administradas de "uma forma mais rápida e eficiente".[47] Ao retornar a Pequim, no início de 1984, Deng convocou "uma conferência com os camaradas mais antigos do governo central", a fim de debater a expansão das quatro ZEE originais e da ampliação da política de "Porta Aberta" para outras cidades portuárias escolhidas.[48] Embora essas cidades não fossem chamadas de ZEE, elas deveriam operar sob os mesmos princípios.

Essas discussões foram "acaloradas", porque nem todos concordavam, mas Deng conseguiu convencer um número suficiente que tomasse, através do secretariado do Comitê Central e do Conselho de Estado, uma decisão favorável que fosse levada adiante. Quatorze cidades costeiras, inclusive Tianjin, Shanghai, Dalian, Qinhuangdao, Yantai, Qingdao, Lianyungang, Nantong, Ningbo, Wenzhou, Fuzhou, Guangzhou, Zhanjiang e Beihai, foram abertas ao mundo com o propósito de importar tecnologia estrangeira, adquirir conhecimento e aprender administração.

Zhao Ziyang, ao resumir as ideias de Deng para a nova diretriz de política, frisou que

> foi uma decisão de longo alcance para mostrar a superioridade da política, acelerar o desenvolvimento das regiões costeiras e implantar o programa de modernização em todo o país. A tendência é abrir mais áreas. Serão três diferentes formas: ZEE, zonas de explotação técnica e econômica e cidades litorâneas, às quais será delegado maior poder de decisão no emprego de capital estrangeiro e na execução de transformações e cooperações técnicas; a abertura ao longo do litoral vai depender do suporte de políticas do poder central, mas não haverá disponibilidade de verbas. Essa política visa a garantir que nossos impostos e nossos mercados sejam atraentes ao capital e aos empresários estrangeiros, e que seja delegado poder de decisão às áreas costeiras para a execução de cooperação técnica e econômica.[49]

Os planos para a abertura de outras cidades foram parte de uma nova e grande iniciativa de Deng e seus modernizadores. A política foi adotada entre os novos planos delineados no 3º Pleno do XII Congresso, realizado em outubro de 1984. Naquela reunião, concluiu-se que a política para a agricultura havia sido um sucesso. Primeira das Quatro Modernizações, a reforma na agricultura fora acertada no 3º Pleno do XI Congresso, em dezembro de 1978. Ao elevar Zhao ao cargo de premier, em 1980, graças à bem-sucedida transformação da economia agrária por ele realizada entre 1976 e 1979, Deng encarregara seu homem de confiança de uma radical reordenação da agricultura em todo o país, o que Zhao passou a executar com grande sucesso.⁵⁰ As "comunas" foram desmanteladas, e foi dada às famílias agricultoras a responsabilidade de quotas de produção. A produção agrícola cresceu 50% entre 1978 e 1984,⁵¹ e aumentou a renda per capita entre os agricultores. Assim, em 1984, Deng já concluíra sua reorganização basilar da China rural, e o êxito permitiu que ele partisse para a prioridade seguinte: a modernização da indústria.

Em 1984, o pleno declarou "a necessidade e a urgência da aceleração da reforma estrutural de toda a economia nacional com enfoque na economia urbana".⁵² O programa adotado explicitava todos os planos de Deng para a modernização e, especificamente, abordava a política de "abertura para o mundo". Exigia flexibilidade contínua em políticas econômicas e reformas na estrutura do comércio exterior, a fim de dar mais iniciativa local, aumento das empresas estrangeiras, mais crescimento dos mercados interno e externo e ênfase maior no desenvolvimento das relações econômicas internacionais.⁵³

Portanto, Deng tivera êxito na implantação de sua modernização econômica com ênfase nas reformas, na descentralização do poder e na economia de mercado. O planejamento central foi restringido. Os projetos em andamento, porém, tinham um aspecto desfavorável que se tornaria um problema constante a obstar os esforços no sentido da modernização. À medida que parte do comércio exterior centralizado foi reduzida e transferida para centenas de empresas comerciais das províncias e locais, a perda da receita de Pequim, somada à delegação da autoridade do poder central para investir, indicou que o governo perdia o domínio da economia. O resultado foi descontrole nos investimentos locais e queda na arrecadação de impostos, forçando o governo central a imprimir dinheiro para cobrir seus gastos, gerando a temida inflação. Deng estava com um pesadelo econômico em suas mãos, o que só servia para endurecer a oposição de Chen Yun e dos intransigentes planejadores centrais.

Para complicar ainda mais as coisas, as políticas de modernização de Deng também haviam provocado um recorde no déficit da balança comercial, 14,9 bilhões de dólares, em 1986.⁵⁴ O governo central interviera numa tentativa de reduzir o descontrole nas importações por meio de empréstimos da moeda estrangeira retida nas províncias sem jamais quitar a dívida. Isso diminuía o déficit, mas apenas temporariamente. Reconhecendo a seriedade do problema do déficit, Deng deu uma guinada significativa em sua política de "abertura para o mundo". As ZEE passariam a uma economia voltada para as exportações.⁵⁵

A nova diretriz vinha da percepção de Deng de que commodities primárias como petróleo e carvão não conseguiam financiar a modernização, particularmente em vista da queda nos preços do petróleo ocorrida em 1985. Ele, portanto, encorajou as ZEE e as cidades litorâneas a imitarem o Japão e financiarem a modernização com a exportação de bens de consumo. Assim, depois de 1985, a composição das exportações chinesas se alterou drasticamente. Enquanto no início da década de 1980, elas estavam igualmente divididas entre produtos primários e produtos manufaturados, após 1985, os produtos primários caíram para aproximadamente um terço do total, ao passo que os produtos manufaturados pularam para dois terços. A mudança deveu-se ao rápido crescimento das exportações de tecidos e bens industrializados leves, embora só em 1987 o déficit tenha se transformado em superávit.⁵⁶

Deng, em seguida, voltou sua atenção para o problema da agricultura e da reestruturação política. Em relação à agricultura, Deng foi bastante explícito: a China tinha de aumentar a produção de cereais em cinco milhões de toneladas anualmente, a fim de evitar sérios contratempos na tentativa de atender às necessidades do povo. Ele declarou que meros investimentos modestos naquele setor não impediriam a estagnação, à medida que o crescimento populacional ultrapassasse a produtividade. Alertou que os dirigentes da China tinham de dar contínua prioridade à agricultura, a fim de garantir que, na altura do ano 2000, a China estivesse produzindo 480 milhões de toneladas de grãos (*ver quadro a seguir*). Somente com esse nível de produção a China poderia evitar a necessidade de importar grãos, o que poderia prejudicar a economia.[57] Estatísticas recentes parecem indicar que os chineses atingiriam o índice de produção necessário, uma vez que a produção alcançou 460 milhões de toneladas em 1995.[58]

CHINA – COLHEITA AGRÍCOLA[59]

Ano	Produção de grãos (milhões de toneladas)
1979	332,12
1980	320,56
1981	325,02
1982	354,50
1983	387,28
1984	407,31
1985	379,11
1986	391,51
1987	402,98
1988	394,08
1989	407,55
1990	446,24
1991	435,29
1992	442,29
1995	460,00

Abordando a necessidade de reestruturação política, um dos dois pontos de sua linha política de "um centro e dois pontos fundamentais", Deng observou que a atual estrutura política não se adaptava à realidade econômica. A reestruturação política tinha de ser considerada parte da reforma – na verdade, o cerne da reforma. Isto implicava dar "uma eficiência aerodinâmica ao governo, delegando poder real aos níveis inferiores e ampliando o alcance da democracia socialista".⁶⁰ Todas essas medidas pretendiam trazer à baila a iniciativa das massas e das organizações verdadeiramente populares. Entretanto, estava acontecendo exatamente o contrário, de acordo com Deng. À medida que novos poderes eram delegados, "o governo inventava novas repartições para recuperar o poder perdido. O resultado organizacional foi superposição de funções, excesso de funcionários, burocratismo, morosidade e falta de confiança".⁶¹

A questão do "liberalismo burguês" – o influxo indesejado das ideias políticas ocidentais que vinha na esteira da tecnologia, das finanças e do talento do Ocidente – era outro problema que persistia. Segundo Deng, seus defensores idolatravam a "democracia" e a "liberdade" das nações capitalistas ocidentais e rejeitavam o socialismo. Aquilo ele não permitiria. Embora precisasse modernizar-se, a China não se liberalizaria nem tomaria a estrada do capitalismo. Quem defendia a liberalização burguesa devia ser tratado com severidade. A falha nisso levaria ao caos. Por isso, Deng fazia questão de policiar qualquer tendência à liberalização.⁶²

No entanto, importantes membros do partido, alguns deles também intelectuais como Fang Lizhi, Liu Binyan e Wang Ruowang, deliberadamente torceram as ideias de Deng interpretando a reforma do partido como autorização para mudança política. Aproveitaram-se das normas sociais mais relaxadas dos anos de *boom* e da política solta de Hu Yaobang sobre discussões intelectuais para adicionar ideias políticas ocidentais ao debate interno. Isso deu munição a um crescente movimento estudantil de protesto que explodiu em levantes em dezembro de 1986. Deng, havia muito tempo, em 1979, legislara sobre a inadequação das ideias democráticas liberais do Ocidente. Seus Quatro Princípios Cardeais surgidos de sua decisão de fechar o "Muro da Democracia", em 1979, traçaram uma linha-limite que os intelectuais compreendiam. Embora Deng tivesse usado as opiniões abertas, democráticas dos protestos do muro da democracia para puxar o tapete de Hua Guofeng, assim que os protestos se voltaram contra ele, essas opiniões não valeram mais.⁶³

Apesar disso, os intelectuais continuaram a tirar vantagem da tolerância de Hu. Tinham consciência de que forçavam a barra, mas presumiram que o silêncio de Deng era aprovação. Ante a revolta dos estudantes no final de 1986, Deng foi forçado a lembrar a todos que não permitiria liberalização política. Resultou, no 6º Pleno do XII Congresso do partido, que Deng exigiu providências contra quem quer que violasse a lei e que os membros do partido tivessem posição tão contrária às demonstrações quanto à tendência liberalizante.⁶⁴

Abertura para a União Soviética

Desde seu retorno ao poder, em 1978, o objetivo de longo prazo da estratégia geopolítica internacional de Deng havia sido o de pôr a China entre as duas superpotências, Estados Unidos e União Soviética.⁶⁵ Entretanto, Hua conseguiu bloquear os esforços de Deng para normalizar as relações com Moscou em 1978, e a invasão do Afeganistão pelos soviéticos, em dezembro de 1979, obrigou Deng a cancelar sua iniciativa. Os esforços tentativos de Moscou no sentido de um entendimento arrefeceram no período de decadência do reinado de Brejnev, em 1981 e 1982. Assim, Deng viu-se forçado a "pender" para o Ocidente, mais precisamente os EUA, em sua determinação de modernizar a China.⁶⁶ Isso fez surgir no seio da liderança uma facção favorável a jogar a "Carta Americana".⁶⁷ Essa facção incluía aqueles que Deng elevara ao poder, na ocasião de seu retorno em 1978, com destaque para Hu Yaobang e Zhao Ziyang.

Mas tudo mudou em 1985, quando Mikhail Gorbachev subiu ao poder em Moscou. Gorbachev, qual Deng, pretendia fazer a reforma econômica, mas para isso precisava proteger as fronteiras; então, num discurso em Vladivostock, em julho de 1986,⁶⁸ fez uma proposta de paz à China. Ironicamente, essa atitude de Moscou levaria a um enfrentamento dentro da facção de Deng.

Conversas entre líderes chineses e o ex-presidente Richard Nixon, em 1985, revelaram a extensão das diferenças entre Deng e seus asseclas Hu e Zhao quanto ao restabelecimento de relações. Hu Yaobang, na época secretário-geral do partido, desconfiava de Moscou. Sentia que, embora o discurso de Gorbachev fosse diferente, a política era a mesma. Ele estava inflexível em suas próprias opiniões sobre a União Soviética, afirmando que "a propensão da China de se aproximar da União Soviética equivaleria ao repúdio de toda a política de autodeterminação chinesa dos últimos trinta anos. A 'honra' da China estaria em xeque na comunidade internacional. A China jamais será um fantoche novamente! Se nos submetermos a Moscou, estaremos abrindo mão de tudo que conquistamos nos últimos trinta anos".[69] Evidentemente, qualquer decisão de Deng no sentido de uma reconciliação com Moscou causaria uma ruptura com Hu.

O então premier Zhao Ziyang igualmente expressou sua oposição à tentativa de Deng de se aproximar de Moscou. Zhao disse a Nixon que a reforma econômica da China era irreversível, não tinha volta, e não havia oposição significativa às reformas. Afirmou que as dificuldades econômicas geradas pelas reformas tiveram versões exageradas e seriam remediadas pelo controle do crescimento excessivo.[70] Zhao, repetindo Hu, declarou que a China nunca mais seria íntima aliada da União Soviética. "Que possíveis vantagens poderia haver para nós nessa aliança?"[71]

Deng, por sua vez, declarou que a União Soviética e os EUA eram ameaças iguais para a China. Também não confiava em Gorbachev, cujas políticas, segundo ele, eram de "muita trovoada e pouca chuva".[72] De acordo com Deng, os EUA não precisavam temer as relações sino-soviéticas. A tecnologia norte-americana transferida para a China não acabaria em mãos soviéticas. E disse mais: "Temos muito mais diferenças com a União Soviética do que com os EUA, mas não queremos nos atrelar a uma só carroça."[73]

Deng claramente desejava usar os soviéticos para contrabalançar a "Carta Americana".

Havia também desavenças em política econômica. Deng, falando da reforma econômica da China com Nixon, declarou: "A China faz a experiência e, se funcionarem a contento, as reformas serão mantidas. Se não derem resultado, nós as abandonaremos. Em três ou cinco anos, decidiremos nosso rumo futuro. *As reformas são irreversíveis em termos de orientação; a tática, porém, pode mudar.*"[74] Quanto à oposição às suas reformas, reconhecia-lhes a existência: "A China, afinal de contas, é um país de grandes dimensões. Mas a oposição será insignificante, se as reformas derem certo."[75] Assim, em 1985, as divisões já eram visíveis, não apenas de Deng com os conservadores, mas com sua própria gente.

Deng aceitou o aceno de paz dos soviéticos e começou a cultivar melhores relações políticas e comerciais com Moscou e os países do Pacto de Varsóvia, Hungria, Tchecoslováquia, Polônia e Alemanha Oriental. Sob sua direção, a China assinou um importante acordo econômico com Moscou no final de 1986, indicando uma ponderável guinada política e enviando mensagem favorável a Chen. O comércio com os soviéticos e com a Europa Oriental era considerado "seguro", com menor probabilidade de infiltração das ideias liberais burguesas. Não competiria com as ZEE, de vez que os negócios com eles seriam na base do escambo, envolvendo a renovação das antigas instalações industriais soviéticas em troca de bens de consumo, e assim reforçaria o planejamento central e os controles. O acordo econômico visou aumentar o comércio entre China e União Soviética – então no patamar de 2 bilhões de dólares – para 10 bilhões até 1990. Dava também aos planejadores centrais um importante interesse na política.

Hu não pôde aceitar a troca do "Trunfo Americano" pelo "Trunfo Soviético". O duelo inicial aconteceu no fim de 1986 sobre o tema da inclusão de uma reforma política na expansão das reformas econômicas.[76] Ele apoiou o protesto dos estudantes que exigiam democracia. Tudo indica que se julgou capaz de induzir

Deng a tomar medidas de liberalismo político, o que limitaria a abertura com Moscou e assim evitaria o renascimento do poder dos planejadores centrais sobre a economia.

Mas Deng jamais contemplara importar as liberdades políticas ocidentais. Mantivera coerentemente suas políticas de abertura e modernização sob o guarda-chuva de seus "Quatro Princípios". Quando Hu defendeu a tese de uma contínua expansão da "Cartada Americana", com o propósito de incluir reformas políticas que liberassem energia suficiente para alcançar melhores índices econômicos, segundo o padrão adotado no Ocidente, foi longe demais aos olhos de Deng e, por isso, foi afastado.

Hu permitira o florescimento do meio da intelectualidade, em geral permissivo, e quando o engajou a fim de impedir a concretização dos planos de Deng para uma abertura com Moscou, recebeu a culpa pelos distúrbios. Deng admoestou-o por haver falhado em tomar uma forte posição contra a liberalização burguesa, apesar de diversos avisos. Deng também acusou Hu de ter negado apoio aos Quatro Princípios Cardeais de prosseguir na estrada do socialismo, preservar a ditadura popular democrática, sustentar a liderança do Partido Comunista e apoiar o marxismo-leninismo e as ideias de Mao Tse-tung. Deng não tinha qualquer intenção de abandonar o controle do partido e a sua veia socialista. Assim, numa extensa reunião do Politburo e do Comitê Central em janeiro de 1987, Hu foi substituído por Zhao.[77]

Deng imaginara que essa alteração na liderança do partido não afetaria, de forma alguma, a política de "abertura" interna e externa nem a reforma das estruturas políticas e econômicas.[78] Contudo, houve nas ZEE a preocupação de que a saída de Hu e a campanha contra a liberalização burguesa afetariam negativamente a política econômica. Gu Mu, o membro do Conselho de Estado responsável pela abertura ao mundo exterior, foi enviado a Shenzhen no começo de fevereiro, para acalmar a nervosa comunidade estrangeira e também algumas autoridades locais. Em resposta à questão de como a contenda afetaria as ZEE e as zonas costeiras,

Gu respondeu que não haveria mudança de política. Frisou que o próprio Deng recentemente tranquilizara os estrangeiros a respeito desse assunto.[79] Gu anunciou que o Conselho de Estado minutara algumas novas regulamentações que as ZEE teriam de implementar mais tarde naquele ano, mas estas se baseavam em regulamentos que já se encontravam em vigor nas cidades abertas do litoral, com o propósito de oferecer incentivos mais atraentes ao investimento estrangeiro. Ele afirmou que o país continuaria a se abrir para o mundo sob a égide dos Quatro Princípios Cardeais.

Sendo assim, nem a infiltração das ideias do capitalismo burguês nem o grande déficit comercial nem a oposição no seio de sua própria facção à abertura com Moscou conseguiram retirar dos trilhos o processo de Deng para a abertura externa e a modernização econômica. Na verdade, em meados de 1987, ele defendia a aceleração da reforma econômica. No seu entendimento, "nossas conquistas nestes últimos anos demonstram a correção de nossa política de reforma e abertura ao mundo exterior (...) portanto, não devemos abandonar essa política ou sequer retardá-la".[80]

O XIII Congresso

No XIII Congresso realizado em outubro de 1987, foi ainda Zhao Ziyang, promovido a secretário-geral do partido no lugar do proscrito Hu, quem fez o relatório de trabalho ao Congresso, em vez do novo premier, Li Peng. Zhao enalteceu a política econômica de Deng. Ao abordar os repetidos problemas de inflação, déficits no orçamento, emissão de moeda e liberalização burguesa, concluiu que essas questões tinham raiz na contradição entre as crescentes necessidades culturais e materiais do povo e os meios retrógrados de produção.[81] Em face da exoneração de Hu e dos distúrbios estudantis, Zhao reiterou que a linha justa do partido continuaria a ser "um centro e dois pontos principais" – a busca do desenvolvimento econômico com os Quatro Princípios Cardeais

Reforma e abertura

e as políticas de reforma e abertura.[82] Tranquilizou suas plateias interna e estrangeira, que temiam outro revertério político. Concluiu pronunciando que a China se encontrava no estágio inicial do socialismo definido pelos léxicons marxistas, e nesse estágio levaria pelo menos cem anos, ao cabo dos quais a modernização estaria concluída em sua maior parte.

Mas Deng também sentiu a necessidade de aplacar os conservadores. Ele tencionava perseguir suas reformas econômicas, porém compreendia que a economia precisava ser arrefecida e a influência dos reformadores contrabalançada. Assim, Deng aliou-se a Chen no Congresso do partido de 1987 para elevar Li Peng, um protegido de Chen, a primeiro-ministro. Ele podia deixar que Li promovesse o necessário arrocho na economia sem ter de compartilhar os efeitos negativos da redução no crescimento, inevitável em qualquer tentativa de controle da inflação. Dessa forma, ele dava proteção à sua política econômica contra a crítica das massas. Se os conservadores sob a liderança de Chen Yun e Li Peng estrangulassem demais a economia, Deng permitiria a intervenção de Zhao.

O XIII Congresso também marcou o início de uma transformação do partido engendrada por Deng. Enquanto o XI e o XII simplesmente provocaram a ressurreição e depois a permanência da geração dos chefes dos tempos de Yenan [NT: *ponto de destino da Longa Marcha e núcleo da revolução comunista chinesa de 1935 a 1948*], no XIII, Deng forçou a geração revolucionária a aposentar-se. Assim, o XIII Congresso teve mais de 65% de novos membros mais jovens e mais instruídos. A maioria maciça, 93%, não fizera parte do Comitê Central antes de 1982, resultado de um trabalho de reconstrução iniciado a todo vapor em 1982 por Deng e Hu. O Comitê Permanente – Zhao, Hu Qili, Li Peng, Yao Yilin e Qiao Shi – não tinha ninguém da era de Yenan, ao passo que no Politburo apenas dois, Hu Yaobang e Yang Shangkun, haviam tomado parte na Longa Marcha.[83]

Mas ao terminar o XIII Congresso com o pedido de demissão

da velha-guarda, as facções rivais dentro do partido haviam se juntado. Zhao e Hu representavam os socialistas de mercado ou a facção da reforma que pouco se preocupava com ideologia. Se o gato caçasse os ratos, sua cor não importava. Li Peng e Yao Yilin representavam os planejadores centrais marxistas ou a facção conservadora que se preocupava com a pureza econômica marxista, e não se acanhavam de lançar mão de ideólogos esquerdistas que proclamavam as virtudes do maoísmo com o propósito de neutralizar os reformistas. Finalmente, Qiao Shi representava o grupo da lei e ordem, centrado em Peng Zhen e nos demais anciãos do partido que, acima de tudo mais, queriam a sobrevivência do partido e abominavam a possibilidade de mais uma rodada de instabilidade interna. Tendo em vista que Deng ainda falava pelo Exército de Libertação Popular, este não constituía, por ora, uma facção. Ao fim e ao cabo, o erro de Deng foi ter ignorado as principais inquietações de cada uma das facções. Pois Deng era homem prático de organização; os outros cultuavam uma ideologia.

Embora Deng forçasse a geração revolucionária à aposentadoria, ele próprio não tinha intenção de se aposentar, nem a tinham seus oponentes, especialmente Chen Yun. Deng demitiu-se do Comitê Permanente do Politburo, mas continuou a controlar os militares na condição de presidente da comissão militar, tornando-se o indivíduo mais poderoso do partido. Chen Yun da mesma forma deu demissão, mas continuou a chefiar a Comissão Consultiva Central ao lado dos vice-ministros Bo Yibo e Song Renqiong. Assim, Chen continuou a ter voz ativa em todas as questões econômicas, uma vez que a comissão por ele chefiada participava de todas as discussões do Politburo e usou seu poder informal para promover sua agenda.

Deng ainda agiu para concentrar o poder num pequeno grupo de chefes partidários, para assegurar não apenas suas políticas, mas também o domínio do partido sobre todos os aspectos da sociedade. Para tanto, arquitetou que se reescrevesse a constituição voltando a subordinar o secretariado do partido ao Comitê Permanente.⁸⁴ Sob o comando de Hu, o secretariado respondera ao Comitê Central e não ao Comitê Permanente, além de contar com um número maior de membros. Tivera também mais independência, especialmente quando, segundo Zhao, o Conselho de Estado e o secretariado conduziam o dia a dia do partido e do governo durante o meio da década de 1980. O Politburo e o Comitê Permanente não se haviam reunido regularmente naquele período, deixando os assuntos de rotina aos cuidados de Zhao e Hu.⁸⁵ Isto significava que a alta chefia, o Politburo e o Comitê Permanente não detinham capacidade de monitorar as questões cotidianas do partido. Isso era inaceitável, se Deng queria ter um controle férreo da política. Claramente, ele estava tomando providências para garantir, à medida que ia envelhecendo, mão mais firme sobre a política, e que, depois de sua morte, seus seguidores prevalecessem pelo domínio da cúpula de uma estrutura de poder cada vez mais estreita.

O quadro abaixo mostra um alinhamento das facções do Politburo em 1987, resultante do XIII Congresso.⁸⁶ Embora seja claro que Deng estava no comando, fica também claro que a atividade econômica estava sujeita à influência de Chen, em virtude da presença de seus seguidores no Comitê Permanente, Li Peng e Yao Yilin, que administravam o dia a dia da política econômica.

POLITBURO (COMITÊ PERMANENTE)

Socialistas de mercado	*Socialistas marxistas*	*Lei e ordem*
Zhao Ziyang	Li Peng	Qiao Shi
Hu Qili	Yao Yilin	

POLITBURO

Socialistas de mercado	*Socialistas marxistas*	*Lei e ordem*
Zhao Ziyang	Li Peng	Qiao Shi
Hu Qili	Yao Yilin	Jiang Zemin
Tian Jiyun	Song Ping	
Hu Yaobang		

Wu Xueqian
Li Ruihuan
Li Tieying
Wan Li
Li Ximing
Yang Rudai
Yang Shangkun
Qin Jiwei
Ding Guangen

Apesar dos vibrantes relatórios feitos no XIII Congresso, a economia estava fugindo ao controle. Os preços no varejo, que haviam subido cerca de 7,4% por ano entre 1984 e 1987, cresceram em 18,5% em 1988. Investia-se pesadamente nas empresas estatais, crescia a emissão de moeda, e a inflação crescera de 10% no início do ano para um recorde de quase 30% no fim do ano. À medida que a inflação aumentava, os empresários reduziam a produção. Os trabalhadores se queixavam e diminuíam o rendimento do trabalho. Por toda a China houve uma febre de compras. Os consumidores tiraram as economias da poupança e se apressaram em trocá-las por mercadoria. Uma pesquisa indicava que o número de trabalhadores urbanos e rurais, cujas rendas haviam sido dilapidadas pela inflação, dobrara entre 1986 e 1987 de 20% para 40%.[87] Os preços crescentes e a inflação provocaram o ressentimento do operariado e as acusações de corrupção. No final de 1988, o governo tentou conter a inflação galopante e o crescimento descontrolado; tendo em vista, porém, que o poder havia sido delegado às províncias e empresas locais, tiveram pouco sucesso os esforços para aumentar a quantidade de ganhos retidos que as províncias tinham de repassar a Pequim, para reduzir drasticamente o crédito, para proibir certas importações, para expandir as restrições à substituição de importações e para voltar a centralizar muitas das decisões. As taxas alfandegárias foram dobradas para máquinas de lavar roupa, rádios e toca-fitas;

centralizou-se novamente o controle das importações de seda e pesticidas; pôs-se fim à importação de carros de luxo, cigarros e bebidas alcoólicas.[88]

A inflação foi finalmente estancada, mas, igualmente, se estagnou a economia. Centenas de milhares ficaram desempregados, e caiu o padrão de vida. Essas questões contribuíram, em grande medida, para os distúrbios em Tiananmen no verão de 1989.[89]

Com a saída de Hu, a promoção de Zhao e o acerto com a facção de Chen, os liberais reconheceram que Deng tinha de impor novos limites. Chen Yizi, um conselheiro-chave de Zhao e diretor do Instituto para a Reforma da Estrutura Econômica subordinado à Comissão Estatal para a Reestruturação da Economia, confirmou para os jornalistas estrangeiros que uma batalha havia sido ferozmente travada durante dois anos pela condução da reforma.[90] Ele e outros reformadores pegaram a deixa da elevação de Zhao, efetuada por Deng, no final de 1987: "Eles não puderam contar com o apoio total do líder supremo Deng Xiaoping."[91]

Tiananmen

Para se compreender o levante de Tiananmen em 1989, é preciso lembrar as posturas fundamentalmente distintas adotadas por Deng, Hu e Zhao, conforme foi revelado nas entrevistas com Nixon em 1982 e 1985 e mais tarde confirmado por documentos do partido. Hu foi substituído tanto por sua inépcia política quanto por seu liberalismo político, mas muitos acreditavam que Zhao era a verdadeira força motriz por trás do liberalismo econômico, e até argumentavam que Zhao tencionava assumir todo o controle à custa de Deng, com o propósito de realizar a reforma econômica.[92] Se Zhao advogava, ou não, uma ruptura com Deng por causa da política econômica, foi na verdade a reforma política que separou os dois. Deng admitiu este fato, quando voltou ao poder no final de suas andanças pelo sul, no início de 1992. Segundo ele, "[Hu e Zhao] haviam errado na questão da oposição à liberalização burguesa".⁹³ Com efeito, Zhao confirmou isto em sua própria confissão em 1989: "Estou cada vez mais profundamente convencido de que a reforma da estrutura política não deve ir além nem ficar atrás da reforma da estrutura econômica. (...) No passado, eu pensei que, com o êxito da reforma na estrutura econômica e do desenvolvimento da economia, o padrão de vida das pessoas ficaria melhor, o povo estaria satisfeito, e a sociedade atingiria a estabilidade. Descobri mais tarde que, na realidade, não era esse o caso. Com o aprimoramento do padrão de vida e das conquistas culturais das pessoas, elas terão uma percepção mais abrangente do conceito de participação política e, com maior determinação, sonharão com democracia."⁹⁴

A questão que levou ao enfrentamento, contudo, foi o sentido e a cadência da reforma econômica. Por ocasião do pleno do partido, no final de 1988, a inflação atingira o maior índice de todos os tempos, em aproximadamente 30%. Nem mesmo Deng tinha como ignorar o efeito psicológico que a inflação exerce no povo chinês. Muitos tinham vivido durante os últimos anos do regime nacionalista e se lembravam de como a hiperinflação lhes consumira todas as economias. Assim, Deng se convenceu da necessidade de se tomarem medidas fortes a fim de esfriar a economia. Essa decisão foi implementada no pleno de setembro, onde ele permitiu que Chen e Li assumissem a direção da maioria dos programas preferidos de Zhao. O investimento de capital foi reduzido em 20%, e o investimento estatal sofreu cortes para 1989. Restringiu-se o crédito; estabeleceram-se tetos para os limites de crédito em bancos nacionais, e os índices de juros foram aumentados para empréstimos bancários, a fim de desencorajar investimentos fora do planejamento estatal; e se ordenou a interrupção dos empréstimos a empresas rurais. Os juros foram aumentados para a poupança individual, porém havia restrições às quantias que podiam ser sacadas. A reforma planejada por Zhao no controle de preços, com a qual ele pretendia quebrar o domínio dos planejadores centrais, foi engavetada. Em seu lugar, impôs-se o controle sobre os preços do aço, do cobre, do alumínio e da produção de outros materiais, assim como o controle monopolista de fertilizantes e de muitos insumos agrícolas brutos e acabados. Aumentaram-se os preços indicativos dos grãos, do açúcar e do óleo vegetal, a fim de estimular o decadente setor agrícola, e se impuseram restrições às firmas de comércio exterior para lhes reduzir os lucros e os tipos de mercadorias que poderiam ser importadas.[95] Como tiro de misericórdia, Zhao foi exonerado das funções que exercia na supervisão da atividade econômica que ele passou a Li Peng e aos planejadores centrais. Embora o Comitê Permanente continuasse sem alterações, a facção de Li, na verdade, detinha os votos para controlar a economia, uma vez que Zhao havia sido neutralizado, e Qiao não tinha envolvimento com a ciência econômica.

No final de 1988, já ia bem adiantado o recrudescimento com os cortes no processo das reformas econômicas, e os dirigentes do partido se preparavam para a visita de Gorbachev na primavera seguinte. Zhao, sem vontade de ficar por perto enquanto seus programas econômicos eram suprimidos e assomava uma reaproximação com Moscou que fortaleceria a facção de Li e Chen, uniu-se ao movimento de protesto dos estudantes para reconquistar o apoio de Deng e solapar os centralistas.

Os protestos da Praça Tiananmen, em 1989, começaram ostensivamente como um tributo a Hu Yaobang, que morrera de repente em 15 de abril. Os estudantes, que o enxergavam como um aliado em prol da reforma política no interior do partido, marcharam rumo à Praça Tiananmen para depositarem coroas de flores em homenagem à memória de Hu Yaobang. Eles também aproveitaram a oportunidade para entregar aos altos chefes do partido em Zhongnanhai – o conjunto de prédios onde moram os chefes partidários, localizado nas proximidades da praça – uma petição que continha sete exigências:

1. Considerar correto o entendimento de Hu Yaobang sobre democracia e liberdade;
2. Reconhecimento de que as campanhas contra a poluição espiritual e a liberalização burguesa tinham sido equivocadas;
3. Divulgação da renda dos líderes do estado e de suas famílias;
4. Fim da proibição da imprensa privada e instituição da liberdade de expressão;
5. Aumento das verbas para a educação e maiores salários para os intelectuais;
6. Fim da restrição às manifestações em Pequim; e
7. Realização de eleições democráticas para a substituição das autoridades governamentais que haviam tomado decisões políticas equivocadas.⁹⁶

Entretanto, quando o governo se recusou a receber os estudantes, muito menos a lhes aceitar a petição, estes iniciaram um protesto, sentando-se no chão da praça.

Zhao Ziyang assegurou a Deng e à liderança que os estudantes eram inofensivos e que, assim que se encerrasse a cerimônia fúnebre em 22 de abril, regressariam às suas escolas. Convencido de que tinha a situação sob controle, Zhao saiu de Pequim numa viagem marcada à Coreia do Norte. Em sua ausência, contudo, Li Peng, como chefe interino do Comitê Permanente, exigiu uma ação mais dura. Ele via naqueles protestos uma intenção oculta de derrubar o partido. Com efeito, os estudantes haviam formado uniões independentes e, diariamente, intensificavam as exigências por mais democracia e reformas. Eles também estavam atraindo o apoio das massas.

Com o baque da economia, sofria tanto a indústria como a agricultura. A produção do governo declinava, cresciam os subsídios, e havia uma queda na produtividade num todo. Embora a inflação houvesse baixado para 6%, naquele ano, dos 27% de 1988, o crescimento industrial diminuíra de 17% para parcos 7%, e o Produto Nacional Bruto (PNB) real subira apenas 4%, uma queda em relação a 1988, quando o índice fora de 12%. Em consequência, os trabalhadores da indústria, que haviam sido afastados e estavam com os salários reduzidos a uma percentagem, e os burocratas com salários fixos, cujas poupanças tinham sido devoradas pela inflação, encontraram uma causa comum nos estudantes.[97] Por isso, Li Peng conseguiu convencer Deng e os anciãos de que a ameaça à estabilidade e à ordem era real. Concordaram com a publicação de um texto no *People's Daily*, redigido em termos ásperos, que rotulava o protesto estudantil de "tumulto", o que serviu apenas para agitar ainda mais os manifestantes.

Ao voltar a Pequim, Zhao tentou mediar. Argumentou que a posição refletida no editorial deveria ser amenizada. Afinal de contas, os estudantes "estão brandindo slogans que apoiam a constituição, defendem a democracia, atacam a corrupção. Essas bandeiras estão bem alinhadas com a posição do partido e do governo, e não há como recusá-las".[98] Mas quando ele não conseguiu convencer os estudantes a se retirarem da praça, o Comitê Permanente reuniu-se a fim de decidir a decretação da lei marcial. A votação de 17 de maio ficou dividida: Li Peng e Yao Yilin votaram a favor; Zhao e Hu Qili, contra; e Qiao Shi se absteve. Diante desse empate, Deng e os anciãos – Chen Yun, Li Xiannian, Peng Zhen, Deng Yingchao, Yang Shangkun, Bo Yibo e Wang Zhen – tiraram o controle da política do Comitê Permanente, e passaram a tomar as decisões durante o restante da crise. Yang Shangkun expediu a ordem que declarava a vigência da lei marcial em Pequim em 20 de maio. Zhao, que não pôde apoiar essa linha de ação, foi exonerado de seus cargos e posto em prisão domiciliar. Os anciãos introduziram então uma série de mudanças no Comitê Permanente, as quais só foram anunciadas no 4º Pleno em junho, realizado em seguida ao massacre de Tiananmen.[99]

Em retrospecto, o erro de Zhao foi tentar forçar Deng a se aliar ao liberalismo político como parte da expansão econômica, que era a posição dos estudantes. Deng se opusera ao liberalismo desde o princípio e, caso ele se houvesse aliado a Zhao, estaria em posição oposta à dos anciãos do partido e até mesmo dos seus próprios "Quatro Princípios Cardeais". Deng não teve escolha; se quisesse preservar seu cargo, teria de fazer dos liberais de Zhao um exemplo. Aliou-se à facção Li-Chen e concordou com a exoneração de Zhao do cargo de secretário-geral. Deng ficou ao lado da manutenção do regime unipartidário e determinou ao Exército do Povo que garantisse o resultado.

O libelo contra Zhao, apresentado no 4º Pleno de 23 e 24 de junho de 1989, foi:

> Na conjuntura crucial relacionada à sobrevivência ou à extinção do Partido e do Estado, o camarada Zhao Ziyang cometeu o erro de apoiar o tumulto e a divisão do partido e teve incontornáveis responsabilidades na organização e no desenvolvimento do levante. A natureza e o efeito de seus erros foram muito sérios. Embora tenha realizado algumas ações benéficas à reforma, à abertura da China para o mundo exterior e ao processo econômico quando exerceu os principais cargos do Partido e do Estado, ele obviamente errou na orientação e na ação prática. Em especial, depois de assumir o comando do Comitê Central, deixou-se ficar em posição passiva na abordagem dos quatro princípios cardeais e no combate à liberalização burguesa; como agravante, descuidou-se da estrutura do Partido, da edificação de uma civilização espiritual e das obrigações políticas e ideológicas, provocando perdas muito sérias na causa do Partido.[100]

O Pleno também decidiu o expurgo de outros componentes do grupo de Zhao ou facção "americana". Os expurgados do Secretariado incluíam Rui Xingwen, a cargo da propaganda; Yan Mingfu, responsável pelos assuntos atinentes às minorias; An Zhiwen, vice-ministro da Comissão Estatal para a Reforma da Estrutura Econômica; Bao Tong, diretor do Comitê da Reforma da Estrutura Política; Wen Jiabao, encarregado do escritório-geral do Comitê Central; Du Rensheng, diretor do centro de pesquisa de política rural; e Wang Meng, ministro da Cultura. O aliado de Zhao, Hu Qili, foi exonerado do Politburo, do Comitê Permanente e do secretariado do Comitê Central. O Pleno ainda decidiu oficialmente a promoção do ex-prefeito de Shanghai e chefe partidário Jiang Zemin para o cargo de secretário-geral. Jiang era um idoso veterano do partido, sem defeitos e problemas dignos de nota, e foi, assim, um candidato de consenso entre as principais facções. Li Ruihuan, ex-prefeito de Tianjin e seguidor de Deng, foi nomeado substituto de Hu e recebeu a função de encarregado da propaganda. No entanto, eram ambos pesos-mosca da política. O controle efetivamente passou para os conservadores com a nomeação de Song Ping, um importante planejador central aliado de Lu Feng, para a chefia do departamento de organização.

Deng se permitira ficar sem aliados ativos no Comitê Permanente – erro tão grave quanto inexplicável. Com Chen e os demais anciãos remanescentes da Comissão Consultiva Central supervisionando o desempenho de seus protegidos, Deng foi claramente ultrapassado.[101]

Comitê Permanente do Politburo

Socialistas de mercado	*Socialistas marxistas*	*Lei e ordem*
Li Ruihuan	Li Peng	Qiao Shi
	Song Ping	Jiang Zemin
	Yao Yilin	

Deng permitira que o controle do partido lhe fugisse das mãos. Seu sucessor, por ele meticulosamente escolhido, Zhao, que poderia ter exercido poder sobre o partido e a política, fora substituído por um candidato de consenso sem uma base política independente. Jiang ficaria ao lado da maioria a qual, nesse caso, era formada pelos marxistas chefiados por Chen e pelos ideólogos de esquerda. Assim, com Zhao fora de cena, o único seguidor de Deng no Comitê Permanente era Li Ruihuan, um ex-operário e prefeito de Tianjin, destituído de qualquer base além do apoio de Deng. Não era de se esperar que ele desafiasse Chen e Li Peng. Qiao Shi, de quem talvez se pudesse esperar que apoiasse Deng, era somente um voto contra os três dos planejadores centrais: Li, Song e Yao. Uma vez que não era necessário convocar o Politburo para as decisões a serem tomadas na rotina diária, Deng também perdera o controle da política econômica na esteira do 4º Pleno. Aparentemente, ele imaginara que tal não seria um problema, visto que dissera, em diversas ocasiões, durante as reuniões de maio e junho, que todos os novos chefes teriam de aderir ao programa de reformas.[102] Infelizmente, logo que assumiram o poder, os conservadores ouviram Chen e ignoraram Deng.

2
Perdendo o controle

中

Conservadores tomam a iniciativa econômica

Aquilo que Deng considerou um movimento de tática em 1989 tornou-se gradualmente um erro estratégico, à medida que os acontecimentos se desdobraram em 1990 e 1991. Internamente, a iniciativa econômica ficou com Chen, ao passo que, internacionalmente, com o colapso do comunismo, a iniciativa seria dos ideólogos de esquerda a quem Deng permitira assumir a propaganda em seu empenho para punir Zhao e os liberais. Assim, constatamos que, em consequência de ter manobrado no sentido de uma aliança com Chen, Deng perdera o poder de controlar o dia a dia da política econômica. Esta era agora uma incumbência do bloco conservador do Comitê Permanente, com autoridade para criar políticas monetárias e fiscais a serem implementadas por Li Peng e pelos conservadores do Conselho de Estado e dos ministérios. Foi um grande erro. Este capítulo pretende documentar a percepção gradual de Deng sobre o fato de que haviam manobrado melhor que ele, assim como as suas quase sempre frustradas tentativas de corrigir a situação, tentativas essas que, por fim, o forçaram a agir com ousadia.

Com o expurgo da "facção americana" no 4º Pleno, em junho de 1989, os favoráveis ao planejamento central ficaram à vontade para frear as reformas econômicas de Deng. Isso eles fizeram no 5º Pleno, em novembro, quando a economia foi o principal tópico da pauta. Li Peng fez o discurso principal, no qual delineou um plano de austeridade de três anos a ser aplicado entre 1989 e 1991, além do programa de retomada do controle iniciado em 1988. Os elementos de base do plano foram reunidos em um documento de trinta e nove pontos, "Decisão sobre a retificação da ordem econômica e o aprofundamento da reforma".[1]

Esse plano foi formulado sob a orientação da Comissão de Planejamento Estatal, a qual estivera inativa na gestão de Zhao. Sua reativação sob a chefia de Yao Yilin, assessorado por outro linha-dura do Comitê Permanente, Song Ping, marcou o retorno do controle central da economia. Os grupos de pesquisa liberais de Zhao e órgãos *ad hoc* que vinham orientando as reformas de mercado perderam todo o poder que exerciam sobre a economia. Os respectivos diretores foram demitidos ou simplesmente ignorados, à medida que Li Peng transferia poder para outros órgãos governamentais. A Comissão de Planejamento Estatal recompôs o controle que tinha sobre a Comissão Estatal para a Reestruturação do Sistema Econômico e reduziu o número de funcionários a ponto de lhe impedir o funcionamento; o Instituto de Pesquisa Econômica e o Centro de Pesquisa para o Desenvolvimento Rural foram fechados.[2] Dessa forma, Deng, ao perder a maioria dos votos no Comitê Permanente, perdeu também o controle sobre o planejamento de políticas.

A extensão da vitória da "facção soviética" pode ser vista nas políticas implementadas como parte do programa de trinta e nove pontos, imposto em aditamento às políticas de retomada do controle de 1988, cujos efeitos já eram debilitantes. Estes já apresentavam uma queda de 8% nos investimentos em ativos fixos por empresas estatais, aumento de inadimplência e redução do capital de giro, o que afetou seriamente o fluxo de caixa nas indústrias lucrativas e em setores estatais. O crescimento da produtividade da mão de obra caíra de 8% em 1988 para 3% em 1989, simultaneamente com um aumento do número de empresas no vermelho e a uma queda generalizada da produtividade. Enquanto se chegava a um acordo sobre as medidas a tomar sob a forma de um acordo, no final de 1988, o resultado já surtira o efeito de diminuir o crescimento industrial de 16% para 10%. Com Zhao fora do caminho e com a remoção de seus seguidores ou a cassação de sua liberdade de expressão em todo o partido e na esfera governamental, a tendência era por uma recentralização ainda maior e também por um continuado esfriamento da economia.[3] A meta, naturalmente, era retardar a guinada no sentido de uma economia de mercado.

O plano adotado pelo pleno previa cortar a inflação para 10% em 1990 e para 5% a 8% até 1991, a fim de diminuir o crescimento do Produto Interno Bruto para 5%, remover os gargalos na infraestrutura, dar continuidade à política de redução de créditos e equilibrar o orçamento.[4] De acordo com a imprensa do partido e as declarações da Comissão de Planejamento Estatal, o crescimento agrícola ficaria limitado a 4%, enquanto o industrial seria mantido em 7%. Com o propósito de equilibrar o orçamento central, o qual vinha decaindo em termos de percentagem da renda nacional, de 33%, em 1979, para 22%, em 1988, Pequim tomou providências para aumentar essa porcentagem. Trabalhadores e empresas foram obrigados a adquirir títulos, e Pequim tentou renegociar a participação central nas receitas locais, a fim de aumentar o fluxo de fundos originários das províncias. A Comissão de Planejamento Estatal também pretendia restringir o crescimento local das indústrias rurais durante um período de três anos. As autoridades locais seriam forçadas a fechar as fábricas ineficientes ou que dessem prejuízo. Entretanto, não se tomou qualquer medida em relação à grande quantidade de trabalhadores que perderiam o emprego durante os três anos de vigência desse pacote de arrocho. Além do mais, Li Peng declarou que as indústrias locais não poderiam competir com as indústrias estatais por recursos, malgrado o fato de as indústrias locais terem sido o setor de maior crescimento na economia, absorvendo milhões de trabalhadores da mão de obra rural excedente. Finalmente, ignorando o argumento de Zhao de que reformas na política de preços poderiam ajudar a resolver a questão dos desequilíbrios na infraestrutura, a Comissão de Planejamento Estatal anunciou que manteria o antigo costume administrativo de conceder empréstimos preferenciais e alocação de recursos do estado no sentido de favorecer as empresas estatais, permitindo a falência das empresas locais, as quais não teriam acesso a créditos ou recursos.[5]

Ao mesmo tempo que o 5º Pleno anunciava que a China entrava num período de austeridade com o plano econômico, expressava seu compromisso com as ZEE e a política de porta aberta. Contudo, o efeito líquido do plano – com crédito escasso, recentralização do controle estatal sobre recursos naturais e comércio exterior, e ênfase renovada na agricultura – daria início a um retrocesso na liberalização econômica de Deng. A região mais atingida seria a das províncias ao longo do litoral ligadas às indústrias de exportação e às indústrias das províncias fora do plano estatal, que davam emprego a milhões de pessoas, as quais, sem isso, estariam compondo a mão de obra agrária excedente e desempregada. Li Peng chegou a ponto de exortar os camponeses a considerarem a possibilidade de voltarem à forma das fazendas coletivas.[6]

Foi também no 5º Pleno que Deng se demitiu de sua última função oficial de chefe da Comissão Militar Central. A filha dele declarou que Deng deu demissão e aposentou-se para "abolir o sistema feudal de cargos vitalícios vigente na China e promover gente mais jovem aos postos de liderança".[7] Os anciãos, a geração dos tempos de Yenan reabilitada em 1978, viveram o suficiente para desfrutar os privilégios do cargo e abominavam a perspectiva de ter de deixá-lo. Deng e Hu Yaobang tentaram persuadi-los a saírem de cena, embora mantivessem aliados próximos como Yang Shangkun na direção do programa de modernização. No entanto, alguns anciãos como Chen Yun e Peng Zhen, que se opuseram às políticas dele, visivelmente não se aposentariam antes que Deng o fizesse. Assim, sua demissão e aposentadoria em 1989, no restolho de Tiananmen, foram uma tentativa de induzir Chen e os membros da Comissão Consultiva Central a seguirem o mesmo caminho; e talvez até mesmo uma forma de assumir parte da culpa pelo massacre da Praça da Paz Celestial.

É possível que Deng tenha vislumbrado o próprio retorno ao poder para, mais uma vez, lutar por suas políticas. Fosse como fosse, quando o 5º Pleno acolheu seu pedido de demissão do cargo de presidente da CMC, ele na verdade se afastou de sua modernização econômica e de sua política de abertura, deixando-as na mão de seus adversários de sempre. Assim, a queda econômica que se instalou em 1990 continuou a estrangular as províncias; este foi o custo das medidas anti-inflacionárias – no entendimento de Pequim, pelo menos –, embora os setores estatais favorecidos ainda conseguissem obter crédito. Mas com a produtividade em baixa, as vendas em queda e os juros de empréstimos em alta, a maioria das empresas administradas pelo estado deixava de pagar suas dívidas ou sorvia o dinheiro impresso pelo estado para manter-se à tona e pagar o salário dos empregados. Por ironia, favorecer as indústrias estatais nada fez para estimular o crescimento industrial; serviu apenas para alimentar a inflação.[8] Obviamente, os líderes das províncias não estavam contentes com essas novas políticas econômicas, mas não havia para quem se pudessem voltar.[9]

A reunião seguinte do partido aconteceu no outono de 1990 com o propósito de elaborar as minutas do Oitavo Plano Quinquenal (1991-1995) e do Programa Decenal para o 7º Pleno.[10] Suas propostas mais uma vez apoiavam da boca para fora as metas atinentes à abertura para o mundo exterior e às reformas, mas as verdadeiras políticas tudo faziam menos isso. O tremendo crescimento da China na década de 1980 resultara em altos índices do PIB; as novas propostas, ao expressarem preocupação com a onda inflacionária, recomendavam um PIB fixo para a década de 1990 de apenas 6%. Também buscavam maiores investimentos na agricultura, nas indústrias de base, em infraestrutura, educação, ciência e tecnologia, e nas forças armadas; e recomendavam a reformulação das empresas estatais, do sistema de preços, do sistema tributário, do sistema bancário, das leis trabalhistas, dos salários e das políticas de investimento. Enunciavam também as cinco principais tarefas da reforma a ser implantada entre 1991 e 1995: criação de um sistema de multipropriedade com predominância de propriedade para o estado; aprofundamento da reforma das empresas; aceleração do ritmo da reforma de preços a fim de resolver a questão do sistema de duplicidade de preços e de estabelecer novos mercados; aprimoramento do sistema de controle macroeconômico por meio do ajuste na distribuição de impostos e do fortalecimento das incumbências do banco central; e aceleração da reforma da previdência social e dos sistemas habitacionais.[11]

A abertura para o mundo foi severamente solapada pelas declarações que reafirmavam a importância da autossuficiência: "A China deve basear o crescimento econômico em seus próprios esforços. A importância de capital e tecnologia estrangeiros deve acompanhar lateralmente o esforço para desenvolver a economia da China e aumentar sua capacidade de autodependência."[12] Isto foi lido por Deng e seus seguidores como uma volta às acusações feitas pela Gang dos Quatro no início dos anos 1970, quando tentavam minar os esforços reformistas de Deng. Quanto às ZEE, as restrições que lhes foram impostas durante as fases iniciais da retomada do controle permaneceram. Mais preocupante foi a exigência de eliminação da liberalização burguesa atribuída às ZEE. A nova ênfase estava no marxismo ortodoxo com a mídia mais uma vez destacando o pensamento de Mao.

A capacidade de implementar esses planos, contudo, estava seriamente limitada, porquanto o Politburo, assim como o Comitê Permanente, estava dividido entre os apoiadores das reformas no estilo Deng e aqueles que eram favoráveis ao controle central. Embora Chen e seus seguidores tivessem efetivo domínio sobre o governo central, faltavam-lhes os votos necessários, em qualquer reunião de maior efetivo, para iniciar a implementação de mudanças significativas. Assim, as forças de Deng tinham condições de barrar novas ações, mas não podiam dar partida em alterações relevantes nas políticas, uma vez que o Comitê Permanente encontrava-se sob a batuta dos conservadores.[13]

Com efeito, no final de 1990, surgiram forças que começaram a restringir a carta-branca que Li Peng e Chen Yun possuíam na política. Conquanto Deng se houvesse retirado de todos os cargos públicos, continuava a ter acesso aos documentos do partido. Ele concordara, em 1988, com a necessidade de um corte nas despesas, a fim de pôr um freio na inflação e nos excessos dos liberais na política, mas, evidentemente, os conservadores foram longe demais ao reprimirem suas políticas. Ele compreendia a necessidade de um sistema racional de taxação incluído nas propostas; a taxação, porém, que estrangulava as novas indústrias rurais nas províncias para o favorecimento de empresas estatais ineficientes não estava ajudando a economia chinesa ou a sua capacidade de competir com os novos dragões econômicos asiáticos – Singapura, Taiwan, Coreia e Hong Kong. Deng também via como desastrosos os 6% de crescimento anual, previstos no plano. Aquilo ia relegar a China a uma permanente condição de país do terceiro mundo, sem qualquer possibilidade de sua economia alcançar os padrões ocidentais. Mas Deng teve pouco impacto no 7º Pleno. Ainda que seus aliados fossem capazes de bloquear qualquer alteração no sistema contratual que garantia a devolução de rendas provincial-central, ele não tinha poder para influenciar a formulação dos novos planos econômicos de cinco e dez anos.[14]

Deng estava isolado na aposentadoria, e qualquer apelo às fileiras de base do partido não obteria resposta, pois os conservadores que controlavam a mídia enchiam as rádios e os jornais de propaganda em apoio ao marxismo, ao planejamento central, ao socialismo e também de alegações de que qualquer coisa diferente disso não passava de liberalismo burguês e de uma evolução pacífica rumo ao capitalismo. Tais acusações eram suficientes para silenciar seus mais ardorosos seguidores. Deng cometera um erro grave ao remover Zhao e os aliados dele em 1989 sem antes garantir substitutos com quem tivesse fortes ligações em relação ao compromisso com suas políticas. Claramente, Deng tinha de reconstruir uma força dentro do partido, caso pretendesse reverter as tendências econômicas que acabavam com as reformas.

Deng reage

Deng não perdeu tempo para reagir. Apesar de seus primeiros esforços terem sido malsucedidos, ele acabou descobrindo um novo procurador apropriado, Zhu Rongji, prefeito e líder do partido em Shanghai, que ele finalmente infiltrou no poder em Pequim. Zhu era formado pela principal escola de engenharia da China, a Universidade de Qinghua. Ele trabalhara na Comissão Econômica Estatal e lecionara administração econômica. Foi eleito membro alternativo para o 13º Comitê Central em 1987 e nomeado prefeito de Shanghai em 1988. Com a elevação do secretário do partido daquela cidade, Jiang Zemin, para a secretaria-geral do partido no fim de 1989, Zhu foi escolhido para preencher a função partidária municipal de Jiang. Zhu, que era conhecido como pragmático, era também reconhecido por sua capacidade em contornar a burocracia e fazer o que tinha de ser feito. Desde 1989, impressionara Deng favoravelmente por seu estilo gerencial, quando conseguiu lidar com a crise dos protestos estudantis sem intervenção militar. Era, pois, o candidato ideal para ocupar a vaga deixada pelo expurgado Zhao e dar suporte à renovada liberalização econômica. Com efeito, Deng tentara elevá-lo a membro do Politburo durante o pleno de dezembro de 1990, mas foi obstruído por Li e Chen, que só permitiriam essa designação, se Zou Jiahua, o chefe interino da Comissão de Planejamento Estatal, também fosse promovido. Deng recusou-se a concordar com isso na ocasião.[15]

Em janeiro de 1991, Deng foi a Shanghai, com o propósito ostensivo de inspecionar o desenvolvimento proposto e a abertura da área de Pudong. Mas aproveitou a oportunidade para tentar corrigir um relevante descuido cometido em sua primeira tentativa de abertura da China e, dessa forma, aumentar o número de seguidores. Em 1984, ele se concentrara na abertura das principais cidades litorâneas, porém errara ao não lhes conceder status de ZEE. Agora ele propunha estender os privilégios concedidos às ZEE às cidades importantes das províncias como Shanghai, Tianjin, Guangzhou e Wuhan. Tendo em vista que a ocasião das reuniões sobre o desenvolvimento de Pudong contribuía para seus objetivos, Deng "deu muitas e importantes instruções sobre o tema de uma abertura mais ampla para o mundo exterior. Pediu que a bandeira das reformas e de uma abertura ampla fosse posta a tremular ainda mais alto, durante décadas, e exortou a necessidade de uma abertura e de reformas mais rápidas, melhores e mais ousadas; e pregou que a economia planejada não deveria ser associada ao socialismo nem a economia de mercado ao capitalismo".[16] A chave para isso tudo era um índice de crescimento maior que os 6% previstos no Oitavo Plano Quinquenal, conforme havia sido anunciado por Li no 7º Pleno, em 1990. Ao colocar seu prestígio em apoio ao empenho de Zhu para pôr Shanghai e Pudong em operação, Deng estava tentando mobilizar o apoio para a expansão da economia.[17]

Uma vez que Deng fora posto no gelo pela mídia nacional por obra dos seguidores de Chen pertencentes ao grupo dos ideólogos de esquerda responsáveis pela mídia em Pequim, Deng voltou-se para a imprensa de Shanghai, controlada por seu novo protegido, Zhu Rongji, numa tentativa de transmitir sua mensagem. Isso foi feito numa série de artigos publicados pelo *Liberation Daily* sob o pseudônimo de Huangfu Ping.[18] Esses artigos e vários outros editoriais na imprensa de Shanghai definiam o pensamento de Deng, ampliado por Zhu, sobre empresas estatais ineficientes, sobre a seleção de pessoal qualificado para o XIV Congresso do partido e sobre a rapidez, a condução e as características de suas reformas. Os artigos também serviram para retratar seu desgosto com o rumo que estava tomando o processo da reforma econômica.

Huangfu Ping, nome do autor dos artigos, era na verdade três pessoas: Zhou Ruijin, formado pelo Departamento de Jornalismo da Universidade de Fudan, que arranjara um emprego no *Diário da Liberação* depois da Revolução Cultural e se tornou, no papel, o secretário do partido em 1991, na função de comentarista; Ling He, redator de comentários sobre aspectos jurídicos e jornalísticos, que havia sido transferido para o *Diário de Shanghai* após a Revolução Cultural, a fim de redigir o que foi considerado um texto orientador a respeito de leis, democracia e imprensa; e Shi Zhihong, um antigo correspondente do jornal local do partido, especialista em assuntos agrários, e secretário do escritório municipal de pesquisa do partido, onde ele produzia e supervisionava textos.[19]

Esses artigos apregoavam que 1991 deveria ser um ponto de inflexão histórico para a reforma e a abertura. Dois anos de cortes nos gastos públicos haviam reduzido a inflação, e qualquer medida adicional simplesmente estrangulava as indústrias localizadas no campo e nas províncias. Mais financiamentos de ineficientes indústrias estatais não dariam bom resultado. A receita para a década de 1990 não era a mesma exigida pelos esforços reformistas dos anos 1980. As reformas da década de 1990 poriam em foco o revigoramento das grandes e médias empresas estatais. A reforma econômica rural e o desenvolvimento de uma economia diversificada eram agora questões secundárias.

O trabalho para reformar as médias e grandes empresas foi descrito como sendo uma batalha para tomar de assalto as fortificações. Tanto empenho seria mais penoso, teria um impacto maior em toda a economia e ainda mais abrangência do que os esforços anteriores realizados na região rural. Tal assalto demandaria novas ideias e novas táticas; a repetição de métodos usados no passado simplesmente não seria bastante. Assim, revolucionários e altos funcionários da velha geração – alguns à frente das reformas de dez anos antes e que agora hesitavam ou se omitiam diante das questões referentes ao aprofundamento das reformas – foram alertados por Huangfu Ping para terem cuidado e não caírem na estagnação ideológica.²⁰

Expandindo o artigo, Zhu disse que as indústrias estatais precisavam de reformas, podiam ser reformadas, e ele as realizaria, a fim de evitar a terrível consequência das dispensas temporárias de pessoal.²¹ Em vários editoriais, assinalou que os planos decenal e quinquenal dependiam do ganho acumulado no crucial primeiro ano, 1991. Para termos êxito, "devemos nos concentrar na economia, administrar e solucionar contradições e problemas críticos, especialmente aqueles ligados ao revigoramento das empresas de médio e grande porte pertencentes ao estado".²² Essas empresas, totalizando mais de dez mil, possuíam ativos fixos que respondiam por 70% do total do patrimônio do estado. Apesar de dez anos de empenho para a realização de reformas – "a fim de expandir a capacidade de gerenciamento das empresas, de permitir que as empresas retenham uma parte dos lucros, de repassar impostos e não lucros ao estado, de implementar o sistema de responsabilidade contratual na administração dos negócios, de cancelar várias restrições às operações financeiras e de implementar o sistema de negócios com ações –, os resultados dessas medidas reformistas não são muito satisfatórios".²³ A situação era tal que muitas empresas estatais ainda não haviam se libertado de seus patrões governamentais e, portanto, não operavam com independência e sendo responsáveis pelos próprios lucros e prejuízos. Além disso, as empresas estatais nunca estiveram sob pressão para fazer as reformas conforme estava previsto nas diretrizes expedidas por Pequim. Em suma, as empresas estatais ainda eram salvas pelas políticas de retomada do controle de Li Peng que nelas continuava a despejar verbas.

As empresas estatais eram um problema cuja resolução, no entendimento do partido de Shanghai, vale dizer, de Zhu Rongji, não comportava mais demora. A solução era o aprofundamento da reforma. Isso incluiria uma volta ao empenho paralisado desde quando os planos de Zhao perderam a vez para a estabilidade e a normalização das relações com Moscou, em 1986. Essas reformas incluíam a separação entre as autoridades de administração e as de gerenciamento, permitindo que fossem autorreguláveis e atuassem independentemente, tornando-se responsáveis pelos próprios lucros e prejuízos e construindo uma economia de *commodities* num ambiente de justa concorrência com o aperfeiçoamento dos mecanismos microeconômicos operacionais. Toda a estrutura da economia industrial teria de ser refeita, das perspectivas tanto micro como macroeconômicas, a fim de dar às empresas mais liberdade, interna e externamente, para operar numa economia de *commodities*. Especificamente, Zhu advogava o aprofundamento da reforma das empresas estatais, o que incluía delegar aos respectivos gerentes de unidades o poder de tomar decisões com independência, melhorar os mecanismos de mercado para regular a produção e aplicar tecnologia na transformação de estruturas obsoletas. Ele chegou a exortar essas indústrias ao aumento da qualidade, da diversidade e da eficiência.[24] A receita de Zhu para a reforma industrial redefinia as políticas de Pequim. Ele propunha a verdadeira reforma do sistema empresarial do estado, ao passo que Li Peng e Chen Yun, por intermédio dos planos quinquenal e decenal, ofereciam apenas mais do mesmo.

Para gerir um setor estatal reformado, Deng e Zhu advogavam um novo processo de seleção de pessoal graduado que desse prioridade ao compromisso com a modernização econômica em detrimento da ideologia. Zhu declarou que "o julgamento da capacidade moral e do talento de um quadro de altos funcionários se baseará ao fim e ao cabo em suas reais contribuições para a edificação do socialismo, à medida que se preservem os Quatro Princípios Cardeais".[25] Isto é, a chave do sucesso da seleção de novos talentos estava na escolha de "pessoas sensatas" – aquelas "que cumpram os Quatro Princípios Cardeais enquanto apoiam a reforma e a abertura entusiasticamente; que sejam fiéis ao marxismo, assim como proficientes em suas esferas especializadas de conhecimento; que sejam firmemente devotadas ao socialismo e compreendam bem o capitalismo contemporâneo; que tenham fortes princípios morais, assim como um alto grau de flexibilidade; que aceitem voluntariamente, com dedicação, suportar o peso do cargo bem como contem com incansável espírito empreendedor; que tenham uma ideia clara da situação geral e possuam o ímpeto inestimável para a realização de trabalho acerbo no exercício de suas funções; e que sejam a favor do centralismo unificado, tendo coragem, ao mesmo tempo, de assumir responsabilidades com independência".[26] Enquanto os comunistas diziam que o capitalismo era maléfico, Zhu observava que o capitalismo era muito bom para descobrir e empregar novos talentos. Elogiou o capitalismo por sua falta de preocupação com a precedência da antiguidade: "Quem for qualificado tem emprego."[27]

Zhu também desafiou o partido a que tivesse ousadia na realização das reformas dos obsoletos sistemas de organização e pessoal. "Devemos resolutamente pôr um fim no sistema de promoções segundo o qual alguém é bom quando se diz que é bom, mesmo que não tenha valor algum, e que alguém é ruim quando se diz que é ruim e não é, de acordo com a percepção das massas. Devemos praticar a democracia e, corajosamente, conduzir aos novos órgãos de liderança aqueles que sejam publicamente reconhecidos pela população por sua persistência e suas realizações políticas no processo de execução da reforma e da abertura."[28]

A questão da seleção de quadros era crítica para Deng, especialmente face a proximidade do XIV Congresso do partido. Quem quer que estivesse no controle do processo de seleção teria também o controle do Congresso e a direção da economia da China. Deng estava em campanha clara para assumir o controle do congresso seguinte do partido. Os artigos de Huangfu também abordavam o sensível tema da estabilidade interna com um alerta aos conservadores, ou facção "soviética", contra a tentativa de deflagrar a luta de classes por conta de questões ideológicas em vez de realizar as reformas econômicas. Os textos recontavam a história da luta de classes na China após o VIII Congresso, em 1956, quando os acontecimentos na Europa Oriental – os levantes húngaro e polonês – incitaram o Partido Comunista Chinês a adotar políticas para frustrar uma "evolução pacífica" para o capitalismo. Isso levou à desastrosa política de apresentar a luta de classes como a principal contradição da sociedade. Comparando aquele período com o ocorrido na Europa Oriental e na União Soviética a partir de 1989, Huangfu Ping observou que alguns membros do partido temiam que outra onda de "evolução pacífica" ameaçasse o partido e, mais uma vez, ressaltavam que a principal contradição era a luta entre dois sistemas, duas classes, dois caminhos – e não o desenvolvimento das forças produtivas. Pregavam que a construção econômica desse passagem à luta contra a "evolução pacífica" advinda do "pragmatismo econômico" em vigor desde o retorno de Deng ao poder. Assim, segundo Huangfu Ping, suas tentativas para definir as coisas em termos de "capitalismo" ou "socialismo" estavam recomeçando os conflitos da luta de classes de outras épocas.[29]

Esses artigos provocaram um incêndio por toda a China e entre os membros do partido. Lançaram um debate que se travou na imprensa do partido e nos jornais teóricos durante o ano seguinte e jogou a facção "americana" e a facção "soviética" numa batalha pela dominação do partido. A imprensa do partido em Pequim e em toda a China mobilizou-se para contra-atacar e responder aos artigos de Shanghai; e Li Peng pessoalmente, no outono de 1991, proferiu a crítica do partido dirigida a Zhu. Deng, entretanto, admitiu abertamente sua responsabilidade pelos textos quando, no início de 1992, disse: "Esses artigos estão bem escritos, e os argumentos neles contidos são todos válidos. Eu soube que houve gente querendo investigar as circunstâncias que levaram a esses artigos. Se continuarem a fazer isso, simplesmente digam que eu encomendei os textos e que eu elaborei a argumentação. Deixem que me investiguem."[30] A pressão exercida por Chen e a imprensa conservadora controlada por Pequim foi tamanha que Deng deixou de mobilizar apoio fora da região de Shanghai. Assim,

Perdendo o controle

sua primeira tentativa de parar a equipe de Li e Chen falhara. Deng perdera a iniciativa, mas preferiu não prolongar o assunto naquele momento.

Embora Deng houvesse perdido para Pequim, ele estava evidentemente decidido a afastar a conservadora "facção soviética" do Politburo, tomando o controle do próximo XIV Congresso do partido em 1992. Para isso, ele obviamente precisava mais do que o apoio do prefeito de Shanghai. Precisava de alguém no centro, em Pequim, para preservar sua posição enquanto ele articulava o contra-ataque. Isso explica por que, na primavera de 1991, Deng chegou a um acordo com a "facção soviética", e tanto Zhu Rongji como Zou Jiahua foram promovidos a vice-primeiros-ministros no Conselho de Estado. Embora isso efetivamente anulasse a influência de Zhu (leia-se de Deng), Deng pelo menos tinha um homem no poder central mais uma vez.[31] Em Zhu, teve ele um *protegé* que enfrentaria os gerentes conservadores em Pequim na questão da desastrosa política de apoio a empresas estatais ineficientes. Mais importante ainda, contudo, a elevação de Zhu marcou o fim das tentativas de Deng de preparar um herdeiro de dentro da burocracia do partido.

As primeiras escolhas de Deng, Hu Yaobang e Zhao Ziyang eram crias do partido, e suas bases de apoio estavam no âmago do partido. Quando foram assediados internamente, nenhum dos dois tivera uma fonte de apoio externo salvo o prestígio pessoal de Deng. Quando Deng retirou seu apoio para salvar a si mesmo, nenhum dos dois sobreviveu.[32] Zhu não tinha uma forte base partidária. Embora tivesse algum suporte de seus vários colegas na Comissão de Planejamento Estatal e na Comissão Econômica Estatal, como gerente econômico, ele era homem do governo com uma base limitada entre as elites cultas e familiarizadas com os princípios da economia moderna. Entretanto, como prefeito de Shanghai, ele dispensara até mesmo este modesto apoio ao procurar uma nova interpretação para as políticas econômicas de Li e ao confiar na própria popularidade, quando as lideranças em Pequim eram vítima das zombarias locais e internacionais, pelo que fizeram durante e após Tiananmen. Deng o escolhera, porque Zhu era capaz de debater com os planejadores econômicos marxistas em Pequim e aplicar sensatos princípios econômicos no nível do Conselho de Estado em oposição ao que era pregado por Li, Yao e Zou. Em suma, ele foi escolhido por sua habilidade e seu vigor no processo de reforma do sistema econômico. A Deng não importava quem sucederia Zhu, desde que fosse alguém capaz de administrar um sistema econômico em evolução.

Esta filosofia só poderia enfurecer e ameaçar a ala intolerante do partido que primava pela pureza ideológica. Se os altos funcionários fossem escolhidos somente em razão de suas virtudes e habilidades capazes de ajudar no processo de modernização, então a exigência de pertencer ao partido logo seria apenas mera formalidade para a assunção de cargos – a essência de qualquer pensamento marxista estaria perdida. Assim, ao escolher Zhu, Deng obrigou os ideólogos a se alinharem à "facção soviética," a fim de conservar suas funções e aquilo que viam como um dever sagrado: preservar o marxismo, o leninismo e o pensamento de Mao Tse-tung.

Deng estava oferecendo uma forma pragmática, mecânica, de chegar à liderança. A meta era reformar o sistema econômico; seja lá o que fosse que desse certo seria chamado de socialismo, mesmo que se tratasse de um capitalismo de imitação, já que o partido permaneceria no comando. Os líderes seriam selecionados com base na capacidade de gerenciamento econômico. Assim, além da promoção de Zhu para um cargo em Pequim e de sua elevação ao posto de vice-premier, Deng também preparou o caminho para a reabilitação de outros reformadores, ex-companheiros de Zhao. Hu Qili, Yan Mingfu e Rui Xingwen receberam cargos menores após a reunião do Congresso Nacional do Povo na primavera.[33]

Até aquele ponto, Deng estava satisfeito em prosseguir com calma. Nada o obrigava a desafiar a política no nível do Politburo diretamente. Nem mesmo a Guerra do Golfo exigiu atenção imediata. Ele permitiu sem qualquer contestação os ataques contra Zhu e o partido de Shanghai que lhe estava apoiando as ideias. Mas os acontecimento internacionais de agosto de 1991 forçaram-no a uma ação direta contra a facção governante.

Resposta ideológica ao desabamento soviético

O principal motivo que levou Deng a entrar em ação e dar praticamente um golpe de estado contra Li Peng e Chen Yun foi o colapso da União Soviética. A meta de modernização de Deng se construiu sobre a premissa de que a China poderia manobrar entre as duas superpotências sem se alinhar a qualquer uma delas. No cenário de "Império do Meio" criado por Deng, a China tinha estatura internacional como o terceiro lado ou polo de uma relação triangular com Washington e Moscou. Com o colapso da União Soviética, os Estados Unidos ficaram sendo a única superpotência remanescente, e a China perdeu importância. Com efeito, os Estados Unidos poderiam simplesmente ignorar a China; pior ainda, se o Ocidente visse na União Soviética uma oportunidade de investimento, haveria menos disponibilidade de financiamento para a China.

Todo o plano de modernização de Deng se baseava na atração de investimentos ocidentais. Assim sendo, qualquer manobra do partido no sentido de se reentrincheirar para enfrentar uma catástrofe ideológica também ameaçava o que Deng supusera ser um acordo comum entre todos os altos funcionários reabilitados: a China jamais repetiria os erros do passado, como o de ter-se afastado do Ocidente, em 1949. Então, Deng foi estimulado à ação pelo inesperado e repentino desmoronamento do Partido Comunista da União Soviética em sequência ao fracassado golpe de 19 de agosto em Moscou, e pela reação dos chefes chineses ao que acontecera. Isso explica muito bem por que Deng finalmente se animou a agir, ao passo que anteriormente preferira apenas repassar trivialidades à liderança e tolerar os ataques a Zhu Rongji.

Em outros aspectos, os negócios internacionais em 1991 já tinham afetado a chefia conservadora. Os Estados Unidos, liderando a ONU, obrigaram o Iraque a se retirar do Kuwait. A rápida vitória dos Estados Unidos sobre as forças iraquianas equipadas com material e armamento soviéticos não passou despercebida aos comandantes do Exército de Libertação do Povo. A tecnologia da guerra estava mudando; em consequência, Deng não teve dificuldade para conseguir que o Congresso Nacional do Povo aumentasse o orçamento do exército em 11% sobre as verbas de 1990.[34]

Embora houvesse deixado seu cargo de presidente da Comissão Militar Central, Deng não cortara os laços com os militares. "Embora tenha deixado o exército e me aposentado, ainda me preocuparei com a causa do nosso partido e do estado, assim como com o futuro de nosso exército."[35] Deng também escolhera a dedo os homens que ficariam no comando: Yang Shangkun, um aliado confiável dos tempos em que servira no II Exército de Campanha e, mais tarde, dos trabalhos partidários no governo central; o irmão de Yang Shangkun, Yang Baibing; e Liu Huaqing, outro seguidor de Deng.[36] A autoridade de Deng era tal que ele poderia mobilizar o exército a seu comando, conforme fez em Tiananmen, e podia delegar autoridade a um fiel aliado, Yang, que, embora não pertencesse ao Comitê Permanente, recebeu delegação de poder para pôr tropa em posição com sua assinatura, sem consultar o chefe titular, Jiang Zemin. Esta era a fonte da influência e do poder permanentes de Deng e também a ameaça final por trás de suas manobras para recuperar o poder. (Deng, reconhecendo que isso seria uma ameaça à estabilidade em "mãos erradas", mais tarde estabeleceu a política de que só um membro do Comitê Permanente do Politburo, como Jiang ou Liu Huaqing, teria autoridade para determinar deslocamento de tropas e pôr tropa em posição, concentrando, dessa forma, esse poder nas mãos de um mínimo círculo de anciãos.)

Ao mesmo tempo que a tecnologia da guerra estava mudando e deixando para trás o Exército de Libertação do Povo, o colapso do comunismo teve um tremendo efeito psicológico nos governantes chineses. Como observou Huangfu Ping, muita gente na China queria sair da reforma econômica para o combate à "evolução pacífica", em consequência das mudanças ocorridas na Europa Oriental e na União Soviética. Essa facção, a "facção soviética" armou um ataque cerrado a Zhu Rongji e suas reformas econômicas em Shanghai, consideradas "capitalistas" e perigosas em termos de ajuda à "evolução pacífica".[37] A resposta de Deng, conhecida como a "Diretriz das 24 Palavras", [*no caso, ideogramas*] expedida no início de 1991 a fim de acalmar uma inquieta liderança em Pequim, consistiu em "observar com a cabeça fria, sustentar nossa posição, lidar serenamente com a situação, ocultar nossos trunfos, ganhar tempo, eficazes na defesa e nunca nos expondo às luzes da ribalta".[38]

Jiang Zemin foi a Moscou em maio de 1991, oficialmente para retribuir a visita feita por Gorbachev em 1989 e dar continuidade ao processo de normalização das relações entre os dois países. Mas parte de sua missão era sustentar a quebradiça estrutura de poder de Gorbachev e impedir a ascensão de Yeltsin, vista como uma ameaça ao Partido Comunista da União Soviética.[39] A ideia de que o comunismo poderia entrar em colapso no país que era sua origem e porta-bandeira internacionalmente reconhecida do movimento era assustadora, e o valor em propaganda para o Ocidente seria inestimável. A China tinha motivos políticos e econômicos para desejar uma União Soviética unificada e estável. Se a sua economia também entrasse em colapso, o Ocidente se aproveitaria da situação, talvez fazendo com que um aliado natural e vizinho se voltasse contra a China; e os investimentos certamente seriam desviados da China para a União Soviética.

Nas reuniões com funcionários soviéticos, Jiang insistiu que o propósito da visita era "prosseguir no avanço normal das relações entre os dois países e os dois partidos".[40] Muito embora as relações sino-soviéticas jamais voltassem ao patamar da década de 1950, ele manifestou a esperança de que sua visita solidificaria uma relação amigável e mutuamente benéfica com entendimento e cooperação entre duas nações, baseada nos cinco princípios do convívio internacional (respeito mútuo da soberania e integridade territorial, não agressão, não intervenção em negócios internos do vizinho, igualdade e vantagens recíprocas, e coexistência pacífica), primeiro esposados por Chou Enlai na Conferência de Bandung, em 1955. Uma relação assim, segundo Jiang, teria também efeitos positivos na paz e estabilidade da Ásia e do mundo todo.[41] Contudo, em reconhecimento à nova ordem mundial que então emergia (multipolar, refletindo a desintegração da URSS e do Bloco Soviético), Jiang declarou que a melhoria nas relações não era para ser interpretada como uma ameaça a qualquer outro país.[42]

Jiang e Gorbachev também trocaram ideias sobre as respectivas políticas econômicas. Jiang explicou o Plano Decenal e o 8º Plano Quinquenal e frisou a estabilidade interna para a garantia de sucesso. Gorbachev explicou suas ideias sobre a renovação do socialismo pela adoção de métodos construtivos e evolutivos. Agradeceu também aos chineses pelo apoio econômico às reformas soviéticas (haviam-lhe emprestado 700 milhões de dólares) e lhes enalteceu o afã de construir um socialismo com características chinesas.[43] Ao término de sua visita, Jiang anunciou novos acordos com Moscou e deu a entender o fim do período de desavenças.

Apesar do tom aparentemente afável do encontro, Jiang ficara espantado com o que vira do socialismo inovador de Gorbachev. Trescalava pluralismo, democracia multipartidária e "evolução pacífica". Quando voltou a Pequim, ele abordou essas inquietações ao Politburo e ao partido em geral no discurso de 1º de julho, no Dia do Partido.[44] Foi uma defesa bem redigida do Partido Comunista Chinês e da pureza ideológica.[45] Em sua fala, defendeu a necessidade de um partido comunista forte para "desenvolver um sistema socialista com características chinesas (...) devemos manter a ditadura popular democrática (...) (a qual) não deve ser enfraquecida (...) Não devemos debilitar ou negar a liderança do Partido Comunista, nem jamais praticar um sistema multipartidário à moda ocidental".[46] Nutrindo-se do medo "esquerdista" em relação ao destino do comunismo na China, à vista dos acontecimentos no universo do comunismo internacional, Jiang jogou todo seu peso em defesa da ditadura do proletariado. Argumentou que "a luta de classes existirá ainda por um longo tempo em certas áreas de nosso país" e que "forças internacionais hostis" estavam tentando subverter o socialismo na China.[47] Destacou "o tumulto e a rebelião contrarrevolucionária ocorridos em Pequim no fim da primavera de 1989" como evidências da correção de seu argumento, apesar do fato de que Deng determinara uma revisão pelo Comitê Central que classificou o incidente como "perturbação da ordem" e não "um tumulto ou uma rebelião".[48] Jiang aparentemente adotara a linha esquerdista e mudara de lado.[49] Na realidade, estava anunciando o início de outra campanha ideológica; campanha esta que certamente forçaria todos a se recordarem de como haviam começado e terminado as campanhas anteriores, tais como a Revolução Cultural, a Campanha Antidireitista e outras que flagelaram a China de Mao.[50] Era um desafio às promessas de Deng e dos anciãos de que não haveria mais campanhas desse tipo. Jiang chegou a declarar que "a esfera ideológica é uma arena de peso na luta entre aqueles que procuram efetuar evolução pacífica na China e aqueles que se opõem a isso. A liberalização burguesa é a antítese dos Quatro Princípios Cardeais, e a luta entre essas duas facções é, em essência, um embate político para decidir se a liderança do Partido Comunista deve ou não ser mantida e se devemos ou não manter a via socialista".[51] Jiang estava claramente pondo o "pragmatismo econômico" de Deng em conflito com a lealdade do partido e a pureza ideológica.[52]

O discurso de Jiang foi em frente batendo as questões ideológicas postas ante a modernização econômica da China, equiparando ideologia com reforma econômica. "A economia socialista, o sistema político socialista e a cultura socialista com características chinesas formam um todo orgânico inseparável."⁵³ Não fosse alguém deixar de entender bem, explicou claramente: "Devemos ter em mente as lições aprendidas em anos recentes do nosso erro em dar precedência ao progresso material em detrimento do progresso cultural e ideológico, tentar promover progresso material e cultural e ideológico simultaneamente e dar campo total de ação a um dos pontos fortes do nosso partido que é destacar a importância do trabalho político e ideológico, de forma a assegurar um desenvolvimento coordenado da economia socialista, do sistema político socialista e da cultura socialista com características chinesas."⁵⁴

Jiang clamou pelo revigoramento das células do partido nas unidades econômicas até os níveis mais baixos das províncias. Essa medida restabeleceria o poder do partido (dos esquerdistas) no quintal dos reformadores das províncias. Embora os reformadores houvessem perdido a voz com a saída de Zhao e a perda do forte apoio do governo central, eles retiveram o controle de suas organizações. Se o partido lançasse uma campanha de recrutamento ou de recredenciamento, o governo central, na *persona* do departamento de organização, poderia reestruturar a forma política da máquina partidária das províncias. Afinal de contas, fora assim que Mao havia dado uma rasteira no partido no início da Revolução Cultural. Deng tinha consciência disso, e Chen tinha consciência disso; só havia espaço para um único vencedor.

Deng mais tarde criticaria Jiang por seu discurso, rotulando-o de "parcial",⁵⁵ mas foi uma leve repreensão, feita em particular, e em nada alterou seu efeito. O discurso foi o sinal que os esquerdistas estavam esperando. Interpretaram-no como aprovação para uma campanha ideológica total contra a liberalização burguesa e a evolução pacífica. Jiang estava metendo o partido em mais uma campanha ideológica.⁵⁶

Imediatamente após a fala de Jiang, grupos de investigação "Quatro de Junho" (Tiananmen), agindo com a autoridade do

Comitê Central e dirigidos por Deng Liqun, entraram nas universidades para examinar todas as teses escritas por professores e alunos desde 1986. Os que eram a favor da "evolução pacífica" foram desqualificados para suas posições e expulsos.[57]

Não era por coincidência que Deng Liqun estava à frente dessa investida. No início do ano, ele usara a escola central do partido para a preparação de uma campanha educativa com propaganda contrária à evolução pacífica. Segundo ele, era um erro melhorar a economia primeiro; se o poder político fosse perdido, uma economia melhor só beneficiaria os outros.[58] Ele acusou: "os intelectuais eram os mais perigosos naquela ocasião (...) Hoje, os intelectuais respiram capitalismo e lhe servem de instrumento para a evolução pacífica".[59] O discurso proferido por Jiang em julho, somado ao controle que os "esquerdistas" exercem sobre as agências de propaganda do partido, os organismos estatais de cultura e os principais periódicos de Pequim, era a receita para a prioridade contínua à luta contra a evolução pacífica em detrimento da reforma e da abertura de Deng Xiaoping.

Embora Jiang, Li Peng, Chen Yun e outros da chefia do partido estivessem estarrecidos e cheios de suspeitas diante do que estava ocorrendo na União Soviética, não estavam preparados para a tentativa de golpe de 19 de agosto em Moscou e seu fracasso. Este acontecimento por si só mudou o pensamento de todos sobre a equação política no âmago da chefia chinesa, até mesmo do próprio Deng Xiaoping. A omissão do Exército Vermelho soviético em apoiar o Partido Comunista da União Soviética na sua intenção de reassumir o controle levou o Partido Comunista Chinês ao pânico. A chefia chinesa receava que se tivesse criado um precedente. Veio à tona também a questão do controle do exército pelo partido, e se era plausível contar com os militares para a preservação do partido. A máxima de Mao era que o poder emanava do cano do fuzil, mas o partido segura o fuzil. O Exército Vermelho soviético se alheara, recusando-se a ajudar os chefes do golpe da linha-dura comunista.

No nível formal de estado para estado, a China adotou uma estrita política de não criticar, de não interferir nos assuntos internos de outro país, com base nos cinco princípios da coexistência pacífica. Durante o golpe em 19 de agosto e após o golpe, em 22 de agosto, o ministro do Exterior Qian Qichen encontrou-se com o embaixador soviético a fim de lhe assegurar que o acontecimento era considerado questão estritamente interna, não tendo qualquer efeito nas relações sino-soviéticas.[60] Porém, logo em seguida ao fracasso do golpe, houve uma reunião do Politburo para analisar os eventos em Moscou e discutir suas ramificações para o Partido Comunista Chinês. A reunião chegou, em 24 de agosto, a uma resolução de dez pontos que formulou as posições políticas interna e externa do Partido Comunista Chinês.

Para consumo estrangeiro, ficou estabelecido que o Politburo reeditaria a Diretriz das 24 Palavras de Deng, que determinava "observar com a cabeça fria, sustentar nossa posição, lidar serenamente com a situação, ocultar nossos trunfos ganhando tempo, eficazes na defesa e nunca nos expondo às luzes da ribalta".[61] Mas internamente, o partido fez de tudo exceto "lidar serenamente com a situação". O Partido Comunista Chinês estava furioso com Gorbachev por haver permitido a morte do Partido Comunista Soviético. Documentos internos para consumo partidário, numerados 1 e 2, listaram as acusações criminais contra Gorbachev:

1. Ele era um carreirista e oportunista que traía os princípios fundamentais do marxismo;
2. Repudiou totalmente a história do PCUS, fazendo com que este perdesse o predomínio e acabasse destituído de sua posição de governança;
3. Iniciou um "sistema multipartidário" e de "separação dos três ramos do poder" e abandonou a ditadura do proletariado, dando assim condições para a tomada do poder por forças anticomunistas e antissocialistas; e
4. Sua reforma desviou-se da direção socialista e gradualmente

evoluiu para o sistema capitalista. O resultado final dessas medidas foi permitir que forças anticomunistas no país e no exterior se aliassem para acelerar a infiltração da evolução pacífica.[62]

Além disso, esses documentos afirmavam que os chefes do golpe não agiram por preocupação com a legalidade, não tomaram o controle da mídia e não usaram da força. E ainda incriminaram Gorbachev, cujas "ideias democráticas e humanitárias, ao longo dos anos, infectaram gravemente, em todos os aspectos, membros do partido, do governo e das forças armadas, instigando-os a não se atreverem ao uso da força ou a causar derramamento de sangue".[63] Talvez o ponto mais revelador desses documentos tenha sido a aparente previsão dos chefes chineses no início da década de 1990, quando Gorbachev deu início a suas liberalizações:

> Quando o Comitê Central do PCUS decidiu implantar um sistema multipartidário e pluralismo político, em fevereiro do ano passado, a central de nosso partido salientou que o pretenso novo pensamento e o socialismo democrático iniciado por Gorbachev era em realidade outra versão da social-democracia da 2ª Komintern voltando com roupagem moderna. Na verdade, repudia a luta de classes numa escala mundial, muda o caráter do partido comunista e aceita a democracia parlamentar do Ocidente. A reforma de Gorbachev não é o autoaprimoramento do socialismo, e sim uma evolução pacífica para o capitalismo.[64]

Yeltsin também não foi poupado. Foi difamado como um "capanga aventureiro a serviço da restauração do capitalismo e um representante da liderança das forças da direita, um líder das forças anticomunistas, antissocialistas".[65] Chen Yun foi citado a dizer: "Não devemos jamais permitir o aparecimento de gente como Yeltsin."[66]

Os ideólogos do partido proveram a base da interpretação do golpe soviético e as razões do seu fracasso. O argumento deles foi enunciado por Gao Di, editor do *People's Daily*, em discussões com funcionários de propaganda, em 30 de agosto, alguns dias depois do fracassado golpe.⁶⁷ Disse que o golpe falhara porque o povo se confundira com o novo pensamento de Gorbachev de que o bem da humanidade no todo tomara o lugar da luta de classes. Gao chamou esta noção de socialismo democrático, negação do socialismo real. Destacou que, desde o início do socialismo, as forças do imperialismo vinham tentando destruí-lo, primeiro por meio de guerras e, mais tarde, pelo trabalho de implantar a "evolução pacífica do socialismo (para o capitalismo)", uma guerra sem tiros. Gao também ressaltou a deplorável situação econômica na Rússia como um dos fatores que o Ocidente brandia como prova do fracasso do socialismo. Quando o próprio Gorbachev admitiu esse fato, ele estava, segundo Gao, repudiando Stalin, o que equivalia a um repúdio do marxismo e do leninismo.⁶⁸

Gao ainda argumentou que os líderes do golpe não eram marxistas maduros, pois foram demasiadamente gentis com Gorbachev e Yeltsin. Fossem eles marxistas autênticos, teriam prendido os dois. Tratava-se de uma revolução e, como tal, era matar ou morrer – "revolução é impiedosa". Gao comparou o golpe soviético (o incidente de 19 de agosto) ao próprio incidente de 4 de junho na China. A China tivera êxito porque esmagara impiedosamente a sublevação dos estudantes. Declarou também que, sem a liderança do PCUS, a nação se estava desintegrando. Observou que seriam necessários vinte anos para a União Soviética chegar a uma economia de mercado. A China tinha de aperfeiçoar o próprio sistema nesse mesmo tempo, a fim de demonstrar a eficácia do socialismo.⁶⁹

Gao asseverou que a China garantiria o socialismo, mesmo que outros regimes socialistas estivessem desmoronando rapidamente pelo mundo afora. O partido não cairia enquanto segurasse o fuzil e estivesse forte. A ruína da União Soviética era resultado de sua traição ao marxismo e ao socialismo; portanto, para a China, era importante aprender a lição correta do exemplo soviético. Em questões de princípios, uma linha nítida tinha de ser traçada entre o que é marxismo e o que não é marxismo, e entre o que é socialismo e o que não é socialismo. Gao mandou que a imprensa se abstivesse de divulgar na íntegra os acontecimentos soviéticos, a história seria diferente dentro da China. A necessidade de se preservar o partido seria acentuada, e não se permitiria a criação de um sistema multipartidário ou parlamentarista. O controle sobre o fuzil seria reforçado, e liberdades democráticas burguesas suprimidas. A propriedade pelo estado em detrimento da privatização seria mantida, e o marxismo seria preservado sem qualquer concessão ao pluralismo de ideias, enquanto se trabalhasse em prol da reforma e da abertura.[70] Deng concordaria com a necessidade de controle pelo partido, mas Gao se intrometeu no assunto da reforma econômica ao levantar a questão sobre o que era e o que não era socialismo. Foi um ataque direto às reformas de Deng.

Assim, a chefia do partido, especialmente Chen Yun, acreditava que a União Soviética fora vítima de uma "evolução pacífica" que podia ser rastreada até Khruschev. Circularam histórias de que Mao fizera a Revolução Cultural com o propósito de pôr fim à "evolução pacífica". Traçou-se um paralelo entre os eventos na União Soviética e os que despontavam na China como resultado da abertura de Deng para o exterior. As reformas de Deng foram equiparadas ao pragmatismo econômico, que era sustentáculo da "evolução pacífica" e anátema para a liderança em Pequim. A reação do Politburo foi organizar um "Grupo Avançado de Oposição à Evolução Pacífica", com Song Ping de chefe e Wang Zhen, um conservador linha-dura da Comissão Consultiva Central, como consultor.[71] O filho de Chen estava entre os autores de um documento que criticava o "capitalismo romântico" de Deng. Assim, os "esquerdistas" tinham a postura necessária à condução de campanhas de educação socialista em toda a China e, em face do seu domínio sobre o departamento de organização, estavam em condições de conferir as credenciais ideológicas dos delegados do XIV Congresso do partido. Em suma, os "esquerdistas" assumiram o controle do aparato do partido. Haviam encontrado uma causa comum em função dos acontecimentos em Moscou. Os anciãos não podiam ignorar o fato de que assim começara a Revolução Cultural sob o comando de Mao, e era necessário considerar bem o que poderia acontecer se a campanha em curso fugisse ao controle.

Os documentos internos número 1 e número 2 proviam a justificativa para uma campanha contra o "liberalismo burguês" ou os "*capitalist roaders*" dentro do partido [NT: *na acepção maoísta, segmentos da esquerda com tendência à "via capitalista"*]. Isso simplesmente ignorava instruções anteriores de Deng, segundo as quais era desnecessário exigir estrita aderência aos Quatro Princípios Cardeais por parte dos funcionários do baixo escalão das províncias, desde que os chefes provinciais do partido permanecessem fiéis àqueles princípios. Deng asseverava que o partido estava no comando e que um pouco de "liberalismo burguês" era preferível ao caos de uma campanha de purificação.

Deng Liqun, no entanto, fazendo uso dos principais órgãos do departamento de propaganda, o *Renmin Ribao* e o *Guangming Ribao*, proclamou que a Revolução Cultural fora acertada, que as tendências burguesas tinham de ser erradicadas a fim de garantir a integridade da ditadura do proletariado. Constou que ele havia declarado em relação aos intelectuais que personificavam os condutos das ideias burguesas: "é necessário imobilizá-los, sufocá-los e desmoralizá-los". Deng Liqun também disse: "devemos reforçar a transformação ideológica em vez de lhes aumentar (dos intelectuais) a remuneração. Não podemos gastar dinheiro para adquirir um partido de oposição".[72] O ataque contra os intelectuais foi executado por Chen Yeping, ex-subchefe do departamento de organização, o qual escreveu no *Renmin Ribao* que os intelectuais, embora fossem alguns poucos, não tinham qualquer intenção de purificar as próprias ideias. Segundo Chen Yeping, eles ficavam dóceis diante da educação ideológica e eram bastante propensos a se tornar lacaios das forças hostis do Ocidente em sua campanha para implementar a estratégia da "evolução pacífica" contra a China. Chen Yeping, tal como Gao Di, editor do *Renmin Ribao*, e seus camaradas "esquerdistas" Deng Liqun e Hu Qiaomu, aparentemente estava tentando subverter a decisão tomada em maio por Deng Xiaoping de dar prioridade à educação ideológica somente nos mais altos níveis do partido.

Por extensão, os "esquerdistas" também contrariavam abertamente os critérios postulados por Deng para a seleção e avaliação dos quadros que participariam do XIV Congresso. Seus critérios, estabelecidos em 1978, valorizavam as "forças produtivas", isto é, a capacidade de contribuir para o esforço de modernização. Em um artigo de setembro de 1991 no *Renmin Ribao*, Chen Yeping criticou os critérios de Deng e enalteceu aqueles pregados por Chen Yun num discurso feito em 1940 quando era chefe do departamento de organização.[73] Chen Yun frisara a necessidade de os quadros apresentarem tanto idoneidade política quanto capacidade, uma posição defendida por Mao em 1938. Não foi por coincidência que o artigo de 1991 de Chen Yeping, "Possuindo idoneidade política e capacidade com ênfase na primeira", teve o título do discurso de Chen Yun, proferido em 1940. Os critérios de Deng – mais revolucionários, mais jovens na média etária, mais instruídos e profissionalmente competentes – foram ridicularizados nesse artigo. "Mais revolucionário" foi rotulado de "clichê vazio", um alvo frágil; referiu-se aos "mais jovens na média etária" como "gente moça"; "mais instruídos" significava "canudos de diplomas"; e os "profissionalmente competentes" foram chamados de "especialistas".

Ao ressuscitarem o discurso de Chen Yun, associando-o a Mao, os "esquerdistas" estavam ressaltando a legitimidade dos critérios de Chen Yun em detrimento dos critérios de Deng. Era o velho argumento de o "vermelho" à frente do "perito", com os maoistas – Gao Di, Deng Liqun, Hu Qiaomu e Chen Yeping – recomeçando onde a Revolução Cultural havia parado. Claramente, Deng estava em xeque, e suas políticas de reforma econômica e abertura externa prestes a se reverterem. A bandeira vermelha da revolução fora hasteada.

Em resposta a esses ataques, Deng relançou seu lema de vinte e quatro palavras às quais adicionou as seguintes opiniões: (1) o golpe soviético foi questão interna, devemos nos abster de emitir comentários; (2) como forma de mostrar gratidão a Gorbachev por seu silêncio sobre o incidente de "4 de junho", nenhum regozijo deve ser expresso a respeito de sua queda; (3) não pode haver qualquer apoio aberto ao golpe; (4) se o golpe fosse bem-sucedido, a União Soviética teria mergulhado num caos muito maior.

Se Gorbachev saísse vitorioso, seria improvável que a economia melhorasse; se Yeltsin fosse bem-sucedido, a economia poderia dar uma guinada para melhor, mas encontraria oposição dos comunistas. Portanto, não deveria haver muita especulação sobre qualquer desses cenários. Deng pediu ao Politburo que lhe submetesse uma proposta de como reagir a respeito dos acontecimentos soviéticos. A proposta nada mais foi que uma simples repetição das vinte e quatro palavras de Deng.[74]

Jiang Zemin, o sucessor de Zhao escolhido a dedo por Deng, não era favorável àquela resposta discreta de Deng. Durante a ausência de Deng do cenário político, ele vira a vantagem de se aliar aos "esquerdistas". Entretanto, no fim de setembro, quando Deng lançou seu contra-ataque, Jiang atendeu ao pedido de Deng para que revisasse seu discurso de 1º de julho.[75] Acontece que, na ocasião, os "esquerdistas", tendo à frente Song Ping, Gao Di, Deng Liqun e Hu Qiaomu, haviam criado o Grupo Avançado de Oposição à Evolução Pacífica sob o guarda-chuva do Comitê Central, e mobilizado a imprensa para o que parecia ser uma outra "revolução cultural". Durante o outono, eles atacaram ostensivamente Li Ruihuan, o escolhido de Deng Xiaoping para cuidar da propaganda no Politburo. Criticaram-lhe a eficácia e instaram Jiang a exonerá-lo. Jiang rejeitou a instância, confirmando a responsabilidade de Li quanto à propaganda e ideologia.[76] Deng também procurou incentivar Li:

> No Comitê Permanente do Politburo, você é o responsável pelo trabalho ideológico. As autoridades centrais não tomaram qualquer decisão no sentido de outros assumirem o cargo. Sei que existem algumas pessoas desobedientes, mas mesmo essas devem ser informadas e forçadas a se submeterem aos interesses do partido, do estado e do povo. No que diz respeito à reforma e à abertura, nossa mídia tem apenas um único objetivo que é publicar e apoiar a reforma e a abertura com todo o empenho. Não se intimide diante das censuras dos outros. Elas são vazias. Deixe que eles critiquem à vontade. A verdade está em suas mãos, portanto, diga o que deve ser dito e faça o que deve ser feito.[77]

Mas como não estava em condições de protegê-lo, Deng recomendou que Li saísse de Pequim por algum tempo e fizesse uma visita ao sul, particularmente a Shanghai. Lá, em outubro, antes do pleno do partido, Li realizou debates com funcionários locais, inclusive o chefe do partido na cidade, Wu Bangguo, e o prefeito Huang Ju. Li lhes disse: "O camarada Xiaoping deposita muita esperança em Shanghai. Devemos dar passos mais longos. Os comentários publicados no jornal *Diário da Liberação* estão em consonância com as ideias do camarada Xiaoping. Apoiar a reforma, divulgar a reforma e se concentrar na tarefa basilar da construção econômica – eis a responsabilidade mais elementar de cada trabalhador da mídia."[78]

Deng contra-ataca

Embora Deng Xiaoping estivesse aposentado, ainda exercia poder informal por ser um respeitado decano da era revolucionária. Sua base tradicional eram os militares, desde os dias anteriores a 1949, quando era comissário do partido no II Exército sob o comando de Liu Bocheng. Deng também construíra uma base de apoio político entre os líderes do partido nas províncias, muitos dos quais ele mesmo nomeara ao longo dos anos desde 1949. Ele havia sido de fato alçado de volta ao poder em 1978 graças ao esforço combinado dessa base de sustentação, e dela pretendia fazer uso mais uma vez. Qiao Shi, chefe do aparato de segurança do partido, também saiu em apoio aos programas de Deng.[79] Um protegido de Peng Zhen, sem ser ele próprio amigo de Deng, Qiao, aparentemente convencera seu mentor de que o programa de Deng acenava com a possibilidade de uma verdadeira modernização econômica, e qualquer campanha de educação política levaria simplesmente ao desastre, da mesma forma que a Campanha de Educação Socialista de 1962 se transformara na Revolução Cultural.

Assim, quando Deng convidou Jiang Zemin, Yang Shangkun, Qiao Shi, Li Ruihuan e possivelmente os demais do Comitê Permanente à sua casa, no final de setembro, a fim de articular seu contra-ataque contra os "esquerdistas", ele não poderia ser ignorado. Tinha o apoio do Exército de Libertação Popular e do aparato de segurança do partido. Com efeito, quando Jiang pôs seu cargo à disposição, alegando seu fracasso em reagir à crescente campanha ideológica contra a reforma, Yang, por ordem de Deng, pôs o exército sob o comando de Jiang na presença de seu irmão Yang Baibing, e de Liu Huaqing. Para todos os efeitos, Yang estava abrindo mão do controle operativo do exército e, mais uma vez, subordinando os militares ao Comitê Permanente. Por insistência de Deng, Jiang voltou atrás em seu pedido de demissão. Não havendo dúvidas de que Jiang era a escolha de Deng para ser o "miolo", ficou também evidente para todos os presentes que o Exército de Libertação do Povo era quem sustentava o programa de Deng e os seus candidatos.[80] Embora os membros do comitê Li Peng, Yao Yilin e Song Ping fossem claramente do campo de Chen Yun, devem ter concluído que não seria prudente confrontar Deng diretamente. Podiam simplesmente ignorá-lo depois que se retirassem de sua casa.

Numa posterior reunião de trabalho realizada em Pequim em 25 de setembro, Deng, por intermédio de Jiang e Yang, acusou o *Renmin Ribao* de haver empregado uma linguagem típica da

Revolução Cultural. Deng indagou retoricamente se o jornal lhe tencionava criticar as linhas de ação "sob todos os aspectos", numa referência à linguagem usada nas "sessões educativas" durante a Revolução Cultural.[81] Em seguida, passou a enunciar os seguintes pontos:

1. A linha básica do partido, tendo como cerne a estruturação econômica e ciência e tecnologia como principal força produtiva, ainda tinha de ser implementada.
2. A guerra mundial não vai eclodir e, sendo isso verdade, segue-se que a estruturação econômica é o foco de nossos esforços. Todas as demais atividades devem subordinar-se à estruturação econômica, nosso objetivo.
3. O fato de a China ter posição de destaque no novo cenário internacional está diretamente associado à bem-sucedida política da reforma e da abertura, a qual possibilitou ao povo desfrutar benefícios materiais. Reforma e abertura precisam continuar, assim como a aderência aos quatro princípios. Pode haver riscos, mas podemos cuidar desses riscos. Não existe absolutamente qualquer outra saída, se nós pararmos agora e andarmos para trás.
4. Perseverar na via socialista é um processo de luta e persuasão e educação. Se obtivermos êxito, conseguiremos convencer aqueles que não acreditam no socialismo.
5. Alguns só defendem o marxismo-leninismo da boca para fora. Berram que lhe são fiéis e criticam outros por seguirem políticas não marxistas. Sugerem que estudemos as palestras de Mao em Yenan sobre retificação.
6. É imperativo que estejamos vigilantes contra a evolução pacífica. É importante que as altas autoridades do primeiro escalão, no nível das províncias e acima dele, estejam alertas, e o caminho são os grupos que formam as lideranças. Desde que as lideranças estejam com o marxismo e a linha básica do partido, não precisamos temer a evolução pacífica. É preciso falar menos sobre isto com os escalões inferiores; operários, camponeses e soldados.
7. Internacionalmente, devemos aprender a ser mais circunspetos. Não devemos ficar marrando e proferir palavras duras nem tampouco empregá-las todos os dias. É inútil.

8. A evolução pacífica na União Soviética é um sucesso. No futuro, não usaremos a ideologia como tema principal de provocar debates públicos; em vez disso, travaremos relações de estado para estado.[82]

Deng tinha conhecimento da decisão do PCUS de desmanchar a União Soviética em 25 de dezembro, o que resultaria em um vácuo no Sudeste Asiático. Somando isso com a retirada americana do Pacífico Ocidental, Deng vislumbrou a oportunidade de atingir a antiga meta de uma hegemonia chinesa, militar e econômica, em todo o Sudeste Asiático. Os estrategistas chineses, desde 1985, tinham a visão prospectiva de um mundo que vinha se tornando multipolar. Deng enxergava a China como um dos novos polos e deu ao Exército de Libertação Popular a missão de mudar sua doutrina, a fim de refletir o novo cenário. Isso provocou a redução de seu efetivo, o desenvolvimento de uma marinha de águas azuis [NT: *Marinha capaz de operar em mar aberto, distante de suas bases*], uma força aérea sofisticada, armas e organização modernas.[83] A essa altura, entretanto, o êxito de Deng em conduzir o partido era limitado, de vez que ele não tinha o controle do aparato da propaganda. Mais uma vez Deng abordaria a necessidade de a China se voltar para o Sudeste Asiático durante as discussões sobre a visita de James Baker, em novembro de 1991; mais uma vez, porém, sem sucesso. Apenas os irmãos Yang e Liu Huaqing, do Exército de Libertação do Povo, Qiao Shi, Li Ruihuan e algumas vezes Jiang falavam em defesa das proposições de Deng.[84]

Mas Yang vinha conseguindo reunir o apoio do exército a Deng, ressaltando os benefícios derivados da política de reformas dos dez anos anteriores e aconselhando que se desse menos atenção ao assunto da "evolução pacífica".[85] Yang convocou uma reunião de alto nível com os comandantes mais antigos, logo após a reunião feita por Deng em 25 de setembro. Orientou o Exército de Libertação Popular a tomar a ofensiva no apoio às reformas e à abertura, contra a blitz da mídia partidária que difamava as reformas e a abertura como sendo a causa dos problemas de então.[86] Yang também alertou o ELP que a modernização era cara e que Deng tinha a única solução para financiamento consistente de longo prazo.

As ideias de Deng tinham saído nos "artigos Huangfu Ping", em Shanghai, na primavera de 1991, nos quais ele expressara a opinião de que, noutros tempos da história chinesa como os anteriores à Revolução Cultural, a China tivera a oportunidade de avançar com o progresso econômico, mas, em vez disso, enveredou em campanhas políticas que desperdiçaram tempo, energia e vidas. Agora, em 1991, com a falência da União Soviética, a China se achava em outro ponto de inflexão. Se de novo se voltasse para dentro, preferindo autossuficiência, perderia novamente a oportunidade de reformar a economia e alcançar o Ocidente. Deng obstinou-se a que tal não acontecesse. Entretanto, o poder central juntava-se no chamamento à pureza ideológica. Deng estava em rumo de colisão. O homem dele no Conselho de Estado, Zhu Rongji, era minoria ante Yao Yilin, Li Peng e Song Ping, que de fato controlavam a política econômica determinada pelo Comitê Permanente do Politburo, e pelo protegido de Chen, Zou Jiahua. Os chefes provinciais, pois, ainda não tinham peso algum em Pequim para fazer oposição aos conservadores. Só podiam resistir, e isso ameaçava fragmentar a China. Deng estava claramente numa posição difícil no outono de 1991, antes da realização do Pleno onde ele esperava lançar mão de seu prestígio pessoal para repor suas políticas nos trilhos.

As movimentações para lançar uma campanha ideológica semelhante à Revolução Cultural não sofreram desvio de rota por conta da intervenção de Deng Xiaoping. Li Peng continuou a pregar um Movimento pela Educação Socialista nas áreas rurais como parte de sua agenda para o 8º Pleno a se realizar em novembro. No verão, ele autorizara um estudo aprofundado das condições internas na China. O documento, intitulado "Um relatório discriminado e uma análise sobre a situação geral política, econômica, social e cultural de 30 províncias, regiões autônomas e municípios em toda a China", redigido pela facção "esquerdista" da repartição de pesquisa política do Conselho de Estado, concluiu que quatorze províncias – 60% da China – deveriam ser classificadas como áreas socialmente instáveis. Em medida preventiva, Li Peng delineara seu plano de pacificação daquelas áreas com o emprego de quadros "ideólogos".[87] O departamento de organização, sob a orientação do "Grupo de Oposição à Evolução Pacífica", estava aprontando o planejamento para envio de 500 mil funcionários graduados ao interior do país depois do ano-novo (fevereiro-março de 1992) a fim de realizar uma Campanha de Educação Socialista.

O outono de 1991 foi por isso um período de ansiedade crescente para os agricultores chineses ante a perspectiva de uma Revolução Cultural com reforma rural, eliminação do capitalismo, reuniões sobre luta de classe, comunas populares e recoletivização à vista. Houve rumores sobre camponeses que sacrificaram os animais e esconderam seu dinheiro, à espera da tormenta.[88] Com efeito, a situação interna se deteriorara a tal ponto que até mesmo os "esquerdistas" estavam preocupados com a possibilidade de que os acontecimentos fugissem ao controle. A impressão que se tinha era a de que os mais instruídos, a classe privilegiada dos altos funcionários que desejavam limitar a reforma, também queriam proteger seus cargos. Outra Revolução Cultural poderia acabar da mesma forma que a primeira, com vítimas inocentes surpreendidas pela turbulência que o poder central não conseguia dirigir, muito menos controlar.

Esses medos foram o tema do artigo de setembro escrito pelo filho de Chen Yun. Embora fosse um crítico das reformas de Deng, Chen Yuan escreveu que "na recém-iniciada campanha rural de educação socialista, os planos de ação devem ser estritamente controlados a fim de evitar tendências ideológicas que negam dez anos de reformas no campo. É voz corrente que essas tendências são razoavelmente corriqueiras entre os quadros rurais, e seu vigor é ponderável. A não ser que sejam controladas, podem resultar em nova crise de instabilidade".[89] Uma campanha inicial havia sido lançada em 1990 com aprovação do Politburo e do Comitê Permanente, parcialmente em consequência do incidente de Tiananmen em 1989. Consistia de uma grande investida contra as estruturas partidárias locais, similar àquela que Mao desencadeou no início dos anos 1960, quando enviou equipes de trabalho formadas por pessoal do exército para as células locais do partido para que tomassem conta do credenciamento partidário, revissem e expurgassem os membros que não o apoiassem. Somente aquele programa deveria ser executado durante dois ou três anos com o propósito de refazer os partidos locais que providenciariam a seleção dos delegados participantes do XIV Congresso do partido.

A campanha visaria "a ocupação de áreas rurais com ideologia socialista e a educação de camponeses na essência das teorias do socialismo de maneira direta e convincente, a fim de exaltar o patriotismo e adestrar uma nova geração de quatro atributos (ideal, moralidade, cultura e disciplina); executar e implementar vários princípios e políticas de forma correta e abrangente; integrar os incentivos às operações familiares dos camponeses com as operações coletivas, fomentando o poder econômico das fazendas coletivas e guiando os agricultores para o caminho da riqueza comum; fortalecer as comunidades de base que hospedem seções do partido como seu núcleo e melhorar a qualidade dos membros do partido; reforçar a capacidade de luta, a coesão e os atrativos do partido. No que se refere às comunidades de base ligadas ao partido fracas e desorganizadas, precisamos conscientemente fazer revisar a organização com base na educação ideológica".[90]

Embora Jiang houvesse informado ao Politburo, numa reunião anterior ao 8º Pleno, no final de 1991, que os "camponeses têm normalmente medo das equipes de trabalho ou lhes são antagônicos, que as dificuldades eram muito grandes e que as exigências do Partido Comunista Chinês não eram cumpridas", Li Peng obteve permissão para despachar um exército de 500 mil fiéis prosélitos do partido para o front rural na primavera de 1992, a fim de realizar uma "campanha de educação socialista".[91] Isso teria destruído completamente todo o trabalho de Deng no sentido de transformar o partido e a economia, feito desde 1978. Embora fosse duvidoso que as fazendas coletivas pudessem ser recriadas, a ameaça de dano político e ideológico era real para Deng, e ele não estava disposto a correr qualquer risco. Deng acabou com o movimento, quando desencadeou o ataque aos conservadores, em dezembro.

A visita de Baker

Se o golpe de 19 de agosto na União Soviética causara uma crise na chefia chinesa, a visita iminente do secretário de Estado americano, James Baker III, não foi menos traumática. Os EUA eram vistos como a principal fonte da "evolução pacífica" que deixava em perigo o sistema socialista chinês. A visita de Baker, ocorrendo em meio aos preparativos para o Pleno, complicava ainda mais a rivalidade existente dentro do partido. Chen não estava com a menor disposição para contemporizar com a origem da evolução pacífica; e a modernização de Deng pedia que se chegasse a um acordo.

Como pano de fundo para as discussões sobre economia realizadas no outono, o colapso da União Soviética e a proximidade da visita de um americano, a primeira desde quando essas visitas de alto nível haviam sido suspensas em consequência dos fatos em Tiananmen, em junho de 1989, o partido distribuiu a ata de uma reunião informal de seus anciãos na véspera do Dia Nacional (1º de outubro). Essa reunião, convocada por Deng, contou com a participação da primeira geração de anciãos sobreviventes, inclusive Deng Yingchao e Nie Rongzhen e a maioria da Comissão Consultiva Central.[92] Esse organismo quase inteiramente honorário compunha-se dos anciãos do partido que haviam sido forçados por Deng a se demitirem de seus cargos ao longo do tempo desde 1978. Contudo, ainda tinha poder considerável, tal qual o dos *genro* no Japão, no século XIX, uma vez que seu chefe, Chen Yun, e vários outros tinham assento nas discussões do Politburo. Nessa reunião, Deng tentou mais uma vez convencer os anciãos da gravidade da situação na China e deles obter compreensão e apoio para as suas reformas econômicas. Embora a maioria estivesse sem função, muitos tinham seus *protegés* que lhe podiam defender a causa. Deng lhes disse que "até agora, alguns camaradas ainda não concordam com a decisão fundamental de encarar a estruturação econômica e a modernização como a nossa tarefa principal, ou não a compreendem ou mesmo a ela se opõem".[93] Lembrou-os de sua responsabilidade perante o povo em cumprirem as promessas que haviam feito, as quais, segundo Deng, incluíam desenvolvimento da economia e solução das questões atinentes às forças produtivas que fosse melhor do que a apresentada pelo sistema anterior.

Tendo isto em mente, disse: "Se a economia demorar muito tempo a ser deslanchada, perderá, internamente, o apoio popular e será pressionada e descomposta por outras nações. Prosseguir nessa situação levará ao fim do Partido Comunista."[94] Alertou-os, depois, contra a prática de só dar suporte às reformas e à abertura da boca pra fora: "Dizemos sempre que precisamos empolgar os dois pontos básicos (os Quatro Princípios Cardeais e a política de reforma e abertura), e a chave está no manejo apropriado da relação entre estes dois pontos essenciais. Não devemos usar a política para refrear a estruturação econômica ou estorvar o andamento da reforma e da abertura. Em tempo de paz, tudo e todos devem servir à construção econômica, incumbência principal de todo o partido e de toda a nação, assunto da máxima importância."[95]

Deng reconheceu a necessidade de prosseguir com o marxismo, mas chamou a atenção dos presentes para o fato de que, conforme todos sabiam, ao longo de todo aquele tempo, coletivamente, eles nem sempre compreenderam e aplicaram corretamente o marxismo. Apesar de todos os erros anteriores, contudo, o partido conseguira prover ao povo os meios de subsistência, permitindo até mesmo que alguns tivessem uma vida comparativamente boa. Não era façanha de se desprezar e dela todos podiam orgulhar-se.

Mas Deng traçou a linha-limite além para a tendência prevalecente de dar prioridade à ideologia sobre o desenvolvimento econômico: "Devemos continuar com firmeza e sem hesitação a desenvolver as forças produtivas e a considerar o desenvolvimento das forças produtivas nossa missão principal. Esta orientação é absolutamente correta, e não temos outra opção."[96] Deng deixara sua posição bem clara aos anciãos, mas era de duvidar que o estivessem ouvindo. Eles lhe haviam ignorado o empenho, em Shanghai, na primavera daquele ano, para reacender a economia por meio de artigos no *Diário da Liberação*, e não havia razão por que presumir que ele os pudesse ter persuadido tão em seguida ao fim do Partido Comunista da União Soviética. Ao que parecia, Deng achava-se impotente para impedir o que ele acreditava ser um lento resvalar para a luta de classes.

Outras questões internacionais apertavam a chefia. Uma série de reuniões informais se iniciou em novembro buscando consenso na questão de como se deveria lidar com a visita de Baker e para aprontar a agenda do Pleno, a qual abrangeria "evolução pacífica", seleção de pessoal para o XIV Congresso e política econômica.[97] De um lado, estavam Deng Xiaoping e seus seguidores, a favor de uma resposta "tranquila" aos Estados Unidos e ao tema da "evolução pacífica". Do outro, estavam Chen Yun e seus seguidores – a facção soviética – que defendiam o planejamento central e uma reforma partidária que impedisse a restauração capitalista como a que ocorria na Rússia. Queriam uma resposta dura às "provocações" americanas.[98]

Os encontros começaram em 9 de novembro no Zhongnanhai e tiveram a presença dos dez anciãos do partido: Deng Xiaoping, Chen Yun, Yang Shangkun, Jiang Zemin, Li Peng, Peng Zhen, Wan Li, Bo Yibo, Qiao Shi e Song Ping. Só de Yang, Jiang e Qiao Shi poderia se esperar apoio a Deng; os demais claramente formavam ao lado de Chen Yun. Entre os documentos preparados para aquela reunião, havia um feito em conjunto pelo ministério do exterior e o departamento da propaganda: "Disposições de Propaganda e Educação Referentes aos Princípios Básicos e Políticas Vigentes em Relação aos Estados Unidos." Dava cinco princípios para as relações de estado a estado:

Primeiro, não importa que mudanças drásticas ocorressem na cena internacional, a China faria esforço para aprimorar, ajustar e aumentar as relações sino-americanas, de acordo com as declarações conjuntas assinadas por ambos os governos, e a China resolveria e debateria os negócios sempre com base nos cinco princípios da coexistência pacífica.

Segundo, a China não aceitaria interferência dos Estados Unidos em seus assuntos internos sob pretexto de direitos humanos. A China resistiria também à importação de ideologia de modelo americano constante nas trocas econômicas, técnicas, científicas e culturais e, se necessário, acusaria ostensivamente atividades de "evolução pacífica".

Terceiro, as trocas prosseguiriam apesar de diferenças ideológicas e das respectivas condições internas. Problemas de comércio seriam resolvidos de acordo com o direito internacional e com a norma da relação entre estados.

Quarto, vários departamentos do governo e organizações civis seriam autorizados a tomar iniciativas no sentido de expandir o intercâmbio com o povo americano e com aquelas organizações que promovem amizade e entendimento mútuo.

Quinto, a China procederia a um amplo exame e a um ajuste de seus critérios para o aumento das relações econômicas e da cooperação comercial, científica e tecnológica, e do intercâmbio de estudantes com o exterior, pontos estes em que os Estados Unidos estavam desproporcionalmente atendidos em termos de prioridade.[99]

Também era hora de uma abertura para a Europa e o Japão em todos os sentidos e para a expansão das relações comerciais e cooperação com o Sudeste Asiático, contrabalançando, dessa forma, a pressão e as ameaças dos EUA a respeito de estender à China o status comercial de "nação mais favorecida". A parte do documento referente a assuntos internos, da mesma forma, tinha cinco itens:

Primeiro, os chefes, em todos os escalões, deveriam compreender bem a estrutura social dos Estados Unidos, entender que era da natureza da classe dominante norte-americana buscar a hegemonia mundial, intervir arbitrariamente nas demais nações e subverter o sistema político, econômico e social de outros países.

Segundo, era necessário ler o livro branco "Situação dos Direitos Humanos na China" feito pelo Conselho de Estado chinês, que retratava os últimos cem anos de imperialismo ocidental e revelava os verdadeiros propósitos dos políticos antichineses que acenavam com a bandeira dos direitos humanos.

Terceiro, os membros e quadros do partido deveriam ser mais conscientes da necessidade de superar a mentalidade da admiração cega aos Estados Unidos e mais firmes na crítica aos que eram pela ocidentalização por atacado. No entanto, a avançada indústria americana deveria ser separada da natureza da classe governante americana.

Quarto, a educação ideológica patriótica e socialista deveria ser intensificada, a fim de instruir o povo sobre a maneira como os Estados Unidos interferem na China pela imposição de sanções e embargos econômicos, e o povo chinês deveria ser encorajado a se devotar às quatro modernizações de sua pátria.

Quinto, era necessário denunciar e combater os elementos nacionais a serviço da "liberalização burguesa" que conspiravam com forças inimigas para subverter e desestabilizar o sistema social por meio da "evolução pacífica".[100]

Consta que Jiang Zemin aprovou a expedição desse documento às vésperas da visita de Baker.[101] Era um meio-termo entre as posições de Deng e de Chen, embora ainda mencionasse uma campanha ideológica. Chen disputava ostensivamente com Deng o controle da política externa e da política econômica nas quais, anteriormente, Deng tivera preeminência.

No debate em torno da visita de James Baker, os oradores dividiram-se em dois campos. De um lado, Deng argumentava que não se podia permitir que Baker voltasse para casa de mãos vazias. Insistia em concessões que a China poderia fazer. No que se referisse, porém, a questões de soberania e assuntos internos, ele afirmou que a China simplesmente o ouviria, mas deixaria clara a sua posição. Sobretudo, Deng queria uma conclusão bem-sucedida para as conversações, como parte de seu empenho em tomar a iniciativa em política externa. Face ao colapso da União Soviética e a morte resultante de sua estratégia de "Império do Meio", ele não considerava politicamente sensato contrariar ostensivamente a superpotência remanescente, a qual ainda comemorava sua avassaladora vitória econômica sobre o comunismo, e também sua vitória no Oriente Médio.

Chen Yun, por seu lado, dizia que ceder aos americanos resultaria apenas num sem-fim de concessões chinesas. Na reunião de 11 de novembro, Bo Yibo, membro da Comissão Consultiva Central, defendendo a posição de Chen, exigiu que a China não fizesse qualquer concessão em troca do tratamento de nação mais favorecida ou de melhores empréstimos bancários. Argumentou que os EUA, depois das mudanças drásticas ocorridas na União Soviética, dirigiam agora seus esforços sobre a China numa tentativa de sufocar a causa socialista. A China, por conseguinte, precisava denunciar essa tática ao mundo e combatê-la. Em 12 de novembro, Chen Yun reiterou seu alerta: "Se fizermos muitas concessões, terminaremos conduzidos pelos outros. A União Soviética é um bom exemplo."[102]

Entretanto, foi em 13 de novembro que a questão ficou resolvida, quando Deng passou suas instruções a Yang e Li Peng. "Devemos ser um pouco mais flexíveis no acompanhamento da política dos EUA. Precisamos conservar e mostrar nossos princípios gerais. Questões que afetem nossos interesses ou os interesses de ambas as partes, tais como uma balança comercial desfavorável e direito da propriedade intelectual, devem ser solucionadas de acordo com a prática internacional. Devemos esclarecer e demonstrar nossa posição sobre as questões da venda de armamento, da proliferação nuclear e dos direitos humanos, apresentando nossas explicações. Se nenhum progresso for alcançado numa reunião, podemos prosseguir o debate em outra. Não devemos confrontá-los ou evitar as questões. Sejamos pragmáticos." Deng acompanhou as conversações com Baker. Consta que tenha chamado Jiang e Yang em 16 e 17 de novembro, ordenando-lhes que mostrassem progresso e alertassem o ministro do exterior para que fosse muito cauteloso ao enunciar os critérios adotados pela China, isto é, não causasse mal-estar nos americanos com essa conversa de "evolução pacífica".[103]

Deng conseguira somente uma vitória parcial nesse round. Tivera força suficiente para convencer os anciãos a evitarem uma ruptura com os EUA por questões comerciais e para forçar uma concordância sobre não proliferação.[104] Apesar disso, ele não conseguiu alterar o texto do documento do acordo que predicava o prosseguimento de confrontos contínuos em oposição à "evolução pacífica"; e seu apelo pela redução dos ataques aos EUA foi infrutífero, pois ele não controlava o departamento de propaganda do partido. Deng perdera mais uma vez numa questão séria que poderia vir a solapar suas reformas econômicas.

Uma vez o problema da visita de Baker solucionado, a atenção voltou-se para o problema da "evolução pacífica". De novo, os participantes dividiram-se. Como já vimos, Chen Yun estava extremamente preocupado com seu impacto. Declarou que a "evolução pacífica" deflagrada pelo Ocidente já se manifestara em algumas partes da China. Em consequência, o partido perdera prestígio e apoio popular. Só a máquina estatal podia funcionar. Ideologias, ideias e culturas alienígenas haviam tomado conta dos mercados chineses. Chen exibiu estudos para demonstrar que a "evolução pacífica" chegara às províncias de Zhejiang, Guangdong, Fujian e Hainan. Em seguida argumentou que as ideologias ocidentais se estavam espalhando para o interior, e se a tendência não fosse revertida, ocorreriam mais rebeliões localizadas semelhantes à de junho de 1989.

O porta-voz de Deng – nessa ocasião, Yang Shangkun em vez de Jiang, a quem, aparentemente, faltava estatura para fazer frente a Chen Yun – expôs a posição de que se ignorasse a "evolução pacífica" e os esforços se concentrassem na reforma e na abertura. Segundo Yang, se as ideias capitalistas tiveram mercado em algumas zonas especiais, isso nada mais era do que o resultado da política de porta fechada adotada pelo partido; e se o povo perdera a confiança no socialismo, esta só seria reconquistada quando o governo melhorasse a vida do povo. Yang também refutou as estatísticas de Chen referentes à penetração e difusão do capitalismo nas zonas econômicas especiais. Reiterou a afirmação de Deng de que, sendo a liderança do partido devotada aos princípios socialistas, não importava se a "evolução pacífica" se estivesse infiltrando em certas áreas, porque o partido continuaria no comando.[105] Não houve vencedor claro nesse debate, a resolução teria de esperar pela realização do Pleno.

Passou-se então ao exame da questão da escolha dos participantes para o XIV Congresso do partido. Deng expôs os critérios de seleção para os novos membros: teriam de possuir um forte espírito partidário; teriam de apoiar resolutamente e implementar a essência da 3ª sessão plenária do XI Comitê Central do Partido Comunista Chinês; e teriam de mostrar relevantes contribuições desde a 4ª sessão plenária do XIII Comitê Central do Partido Comunista Chinês. De acordo com Deng, não se qualificariam aqueles que fossem negativos e céticos em relação às linhas de ação e políticas formuladas desde a 3ª sessão plenária do XI Comitê Central do PCC e em relação à reforma e à abertura, não importando quão forte ("vermelho") fosse seu espírito partidário.

Nesse debate, contudo, ficou claro que Deng fracassara na oposição ao crescente peso político da velha-guarda da Comissão

Consultiva Central. Era visível que Chen e os "esquerdistas" usavam a Comissão Consultiva Central para confrontar Deng na luta pela chefia do partido e pelo controle do processo de seleção para o XIV Congresso. Nas reuniões da Comissão Consultiva Central realizadas em 12 e 13 de novembro fora do local de reuniões dos dez anciãos, Chen apresentou sua própria agenda política.

Primeiro, a 8ª sessão plenária precisava analisar e discutir o problema da direção da reforma e da abertura.

Segundo, devia analisar as experiências nas zonas econômicas especiais – Hainan, Shenzhen, Zhuhai, Xiamen e Shantou –, corrigir o rumo e fortalecer a liderança do partido. (Para esse fim, ele despachara Li Peng para as ZEE com a tarefa de fazer uma campanha de inspeção; e, como Yao Yilin havia feito em Shanghai, Li juntou munição para refutar a linha de Yang de continuar o programa de reformas de Deng).

Terceiro, novas aquisições para o grupo da chefia teriam de ser efetuadas com base em mérito e caráter. Por conseguinte, seriam necessárias verificações aprofundadas e extensos exames de opinião. (Li Peng pretendia usar a campanha de educação socialista para expulsar do partido os membros que apoiassem Deng; vários quadros leais a Chen realizaram inspeções em todas as províncias e "escolheram" prováveis sucessores para os atuais titulares.)

Quarto, era necessário formular medidas para lidar com as manobras norte-americanas do emprego de ideologias e valores ocidentais orientados no sentido de mudar o sistema socialista do país.

Portanto, Chen Yun lançara a luva; não haveria meios-termos nas questões. Toda ação de Deng no sentido da persuasão amigável deu em nada; ele foi totalmente ignorado pelos anciãos do partido. Isso se confirmou alguns dias depois, quando, em 20 de novembro, Deng Liqun declarou, em um fórum do departamento central de propaganda: "Nada é mais importante do que combater a liberalização burguesa; e a luta contra a tendência ao pensamento burguês não pode parar em nenhum instante. Já tomei minha decisão de levar adiante a luta até o fim. A liberalização emerge agora incansável no partido, nos jornais, nas revistas e até mesmo conta com o apoio de camaradas importantes no partido, e isto é muito perigoso."[106] Chen Yun, ao que parecia, desejava associar-se ao posicionamento radical de Deng Liqun e, no processo, correr o risco de outra campanha de massa na escala da Revolução Cultural.

Assim, podemos ver que Deng foi lento ao reagir, aparentemente despreocupado com o andar dos acontecimentos no início de 1991. Somente quando falhou o golpe em Moscou em agosto e com a subsequente reação dos conservadores foi que Deng se sentiu instigado a reagir. Então descobriu que não apenas era ignorado, mas estava também politicamente limitado em sua escolha de respostas.

Deng é ignorado no 8º Pleno

Para se compreender o nadir da vida política de Deng, é preciso examinar os eventos transcorridos durante o 8º Pleno no outono de 1991. Não fora humilhação suficiente ser ignorado pelos anciãos do partido em questões de relevância internacional, o fato de haver o Pleno instituído políticas claramente no sentido de inverter a descoletivização da agricultura e de lançar no campo uma nova campanha educativa de cunho socialista só podia ser interpretada como negação total da autoridade institucional de Deng. Na esteira do desmantelamento da União Soviética e com o fim de sua política externa triangular, o malogro do Pleno em adotar o único plano que poderia salvar a China, isto é, crescimento acelerado, levou Deng à conclusão de que ele, qual Mao anos antes, em 1959, estava sendo ignorado e precisava agir. Tinha de achar um meio de arregimentar apoio partidário e enfrentar Chen Yun.

No simpósio realizado no fim de setembro sobre "A atual

situação econômica e a questão do aprimoramento das empresas estatais de médio e grande porte", Li Peng criticou confiantemente todo o programa de reformas de Deng.[107] Ele até mesmo fizera uma viagem a Shenzhen, uma das primeiras ZEE, com o propósito de ilustrar sua posição de que, embora não pretendesse abolir as zonas econômicas especiais, com certeza refrearia seriamente seu capitalismo desenfreado. Falando pelo Politburo, Li anunciou sua intenção de dar prioridade de acesso a fundos às empresas estatais. Isso deixaria as empresas locais sem dinheiro e obrigaria muitas a fechar as portas. Anunciou também que a meta de 6% de crescimento do PIB seria levemente ultrapassada. Depois de apresentar um quadro favorável da economia após o 7º Pleno, Li divulgou o plano para 1992: o índice geral de crescimento não seria muito alto, enquanto a indústria cresceria em ritmo mais lento, e a agricultura ganharia aceleração; práticas razoáveis de créditos seriam implementadas, limitando o crescimento dos meios de pagamento; o preço das commodities permaneceria estável; a estrutura industrial seria reajustada; haveria investimento em infraestrutura; os salários seriam reajustados; o déficit seria reduzido; e a reforma prosseguiria.[108]

Li passou em seguida a tratar da solução dele para os problemas das empresas estatais de médio e de grande porte. Suas principais recomendações incluíam crescentes investimentos em transformação tecnológica; diminuição no planejamento obrigatório; maior taxa de depreciações; aumento dos fundos de reserva para criação de novos produtos; taxas de juros mais baixas; garantias permanentes de financiamentos e recursos; menos imposto de renda; maior intervenção do partido em gerência; e mais empenho em conduzir as empresas à regulamentação de mercado.[109]

Embora Li estivesse otimista a respeito da situação econômica de um modo geral, ele obviamente enfurecera os governadores sulistas pela atenção dada às empresas estatais. Desde o arrocho imposto depois de Tiananmen, em 1989, esses destaques às estatais foram às custas da liberdade de ação desfrutada pelas províncias do sul conectadas à economia mundial com ênfase nas exportações. Mais uma vez, o plano econômico de Li, embora soasse razoável, implicaria restrições às taxas de crescimento de dois dígitos dos setores não estatais da economia. Durante a visita a Shenzhen no início de outubro, Li enalteceu as ZEE em deferência à autoridade de Deng Xiaoping, mas também deixou claro que todo crescimento deveria ser incorporado ao planejamento estatal. Publicamente, Li apoiava a reforma e a abertura externa, referindo-se a elas como "totalmente corretas e muito bem-sucedidas (...) Shenzhen, tal qual uma vitrine, era uma demonstração ao mundo exterior da superioridade do socialismo".[110] Mas exortou a que fossem além do turismo e enveredassem por áreas de alta tecnologia. Em seguida defendeu o desenvolvimento de indústrias terciárias de finanças e serviços, inclusive mercado de ações, informação, comércio e o mundo financeiro. Ele percebeu, contudo, que tal criação não poderia ser da noite para o dia, dando a entender que Shenzhen também ia muito depressa para o gosto de Pequim. Chegou a ponto de encaixar a atividade de Shenzhen em um formato: todos os investimentos, incluindo-se a participação estrangeira, teriam de estar de acordo com a política nacional para a indústria, e se deveria exercer maior vigilância sobre as empresas sustentadas por capital externo, a fim de evitar evasão de impostos e especulação.[111] Declarou ainda que deveria haver maior controle estatal sobre os orçamentos das ZEE, de modo a mantê-las alinhadas com os planos nacionais de investimentos e a se controlar o consumo institucional, ao mesmo tempo em que fossem eliminados o desperdício e a corrupção.[112] Visto por este enfoque, o simpósio, considerando-se os resultados do 8º Pleno, solapou significativamente a reforma e a abertura de Deng. Foi, com efeito, uma tentativa de recentralizar o controle, contrariando o esforço que vinha sendo realizado desde 1978.

O documento mais revelador elaborado durante o 8º Pleno foi a "Decisão do Comitê Central do Partido Comunista Chinês a respeito de Diversos Assuntos referentes aos melhoramentos da agricultura e da atividade rural". Esse documento examinava o progresso da agricultura iniciado em 1978 com a reforma rural de Deng, e propunha uma linha de ação para a década de 1990. Foi um texto caprichosamente elaborado que, por um lado, enaltecia o sistema da responsabilidade familiar, enquanto, por outro, novamente ressaltava a necessidade da adoção de uma economia coletiva. Também apontava a necessidade da realização de uma intensa campanha ideológica de educação socialista que desse prioridade a patriotismo, coletivismo e socialismo na consecução de seus propósitos. Esse movimento pretendia solucionar os problemas das regiões rurais e fazer com que os camponeses trabalhassem com mais afinco, a fim de criar uma nova geração de cidadãos éticos, cultos e disciplinados.[113] O documento abordava dez questões:

1. As conquistas da agricultura e o trabalho nas áreas rurais durante os anos 1980 e as principais tarefas previstas para a década de 1990;
2. Estabilização e aperfeiçoamento das políticas básicas do partido para as áreas rurais e continuação do aprofundamento da reforma rural;
3. Continuação do reajuste da estrutura de produção rural, a fim de promover o crescimento generalizado da economia rural;
4. Maior rapidez na implementação da estratégia de desenvolvimento, a fim de fazer avançar a agricultura por meio da aplicação de ciência e tecnologia e do fomento da educação;
5. Rapidez na obtenção do controle abrangente dos grandes rios e lagos e da estruturação de instalações para a irrigação de terras aráveis;
6. Grande margem de investimentos crescentes na agricultura e aceleração do desenvolvimento industrial de apoio à agricultura;
7. Execução de um bom trabalho de ajuda às áreas pobres e coordenação regional do desenvolvimento voltado para a prosperidade comum;

8. Sérios esforços no sentido de intensificar a fundação de comunidades de base nas regiões rurais;
9. Prosseguimento da instrução em ideologia socialista, a fim de promover uma saudável ética social, a democracia e um sistema jurídico nas regiões rurais; e
10. Maior abrangência da autoridade do partido sobre a atividade agrária.[114]

Um comunicado distribuído pelo pleno reiterava o argumento de Deng de que, embora as reformas no campo tivessem possibilitado à maioria da população ter alimento e roupa suficientes, o desafio estava em melhorar as condições adversas da produção agrícola, porque, sem melhora na qualidade de vida da maioria dos chineses – os agricultores –, não poderia haver estabilidade e progresso generalizado. As necessidades da agricultura haviam sido enumeradas no VIII Plano Quinquenal e no Plano Decenal, mas a reforma das indústrias estatais não poderia ser desconsiderada durante o planejamento estratégico dos anos 1990. Apesar da reafirmação do compromisso do partido com o sistema de responsabilidade familiar, marca registrada da reforma rural de Deng, a porta estava aberta para, de alguma forma, as cooperativas serem reimplantadas. O comunicado ressaltava que, embora o sistema de responsabilidade tivesse funcionado, teria de ser aperfeiçoado em alguns casos em que não resolvia determinados problemas rurais e, portanto, a "força da economia coletiva (precisa ser) gradualmente expandida, no esforço de orientar os camponeses na estrada da prosperidade comum".[115] O estado também faria mais investimentos nas principais estruturas agrícolas, como a aplicação de verbas no controle de rios e lagos. Era, naturalmente, uma forma sutil de Li Peng mobilizar apoio para seus grandiosos planos de represar o rio Yangtze e coletar impostos das províncias que estavam com a mão fechada.

Embora Deng concordasse com a necessidade de se dar continuidade às reformas rurais, discordava da prioridade dada à frente agrícola em detrimento do setor industrial. O Pleno deixou de resolver as questões industriais por causa dos constantes desentendimentos entre Deng e Li. Em vez disso, a imprensa destacou que as duas questões estavam relacionadas e insinuou que as decisões tomadas na reunião do Comitê Central sobre indústria, em setembro, imediatamente após os acontecimentos da União Soviética, se transformariam em política. O Pleno também endossou a decisão de Li Peng de levar adiante a campanha da educação socialista nas áreas rurais. Considerou-se necessário, como parte do aperfeiçoamento da agricultura, "envidar esforços para promover a estruturação da civilização espiritual socialista da qual dependia a melhora da civilização material".[116]

No encerramento do Pleno, em 29 de novembro de 1991, a impressão que se tinha era de que Deng havia sido posto no gelo, fora do debate político. Ele foi ignorado quando se falou sobre política industrial, quando o partido optou por continuar na trilha aberta pelo 7º Pleno no outono de 1990; foi ignorado quando o assunto era política agrícola e o Pleno optou por realizar uma campanha de educação socialista para retomar o controle do governo local; e também foi ignorado, quando o partido endossou um plano que transformaria a lealdade a Li Peng, em termos de retrocesso da reforma e da abertura e oposição à "evolução pacífica", no teste da coloração política para membros regionais do partido e delegados do seguinte XIV Congresso do partido. No entendimento de Deng, o fracasso do golpe soviético em agosto alterara o cenário geopolítico para sempre, mas não estava conseguindo mobilizar o partido. Eles viam o golpe como um alerta para reassentar o controle; Deng o via como uma oportunidade de investir com tudo no crescimento acelerado. Não havia qualquer possibilidade de acordo em vista.

O 8º Pleno também decidira que o XIV Congresso seria realizado no outono de 1992. Assim, o partido precisava dar início ao trabalho de organização, para não atrasar a realização do congresso. Como parte dos preparativos para o congresso, Lu Feng, chefe do departamento de organização do Comitê Central, convocou um encontro nacional de todos os chefes de departamentos provinciais e municipais. Lu Feng lhes delineou os encargos para o ano que precedia o congresso: "Devemos concentrar o trabalho de organização para o próximo ano na elaboração meticulosa dos preparativos organizacionais para o XIV Congresso Nacional do partido e, tendo em mente a tarefa primordial da estruturação econômica, administrar o partido com rigor e, com energia, intensificar a criação de agências reguladoras em todos os níveis, de comunidades de base ligadas ao partido e selecionar criteriosamente o pessoal de todos os escalões."[117] Lu também relatou que, desde o início do ano, o departamento de organização, incansavelmente, vinha executando a tarefa fundamental de criar os organismos partidários. Ao abordar as questões cruciais – controle da agenda para o XIV Congresso e controle da escolha dos delegados –, Lu tentou preparar seus diretores para enfrentarem os reformadores entrincheirados nas províncias: "Vamos ter de encarar uma enorme tarefa de avaliação de pessoal e de reestruturação de repartições no próximo ano. Devemos seguir os seguintes princípios: é necessário promover indivíduos de talento e idoneidade política, com ênfase nesta; atribuir importância ao treinamento prático e ao desempenho do pessoal em situações críticas; ter cuidado na criação de organismos de coordenação estruturados; repor e alternar membros de organismos de coordenação em conjunção com intercâmbio de pessoal e um vigilante adestramento para a rotatividade de quadros; e selecionar e promover pessoal competente, a fim de preencher os principais cargos dos órgãos de coordenação."[118] Lu disse aos presentes como a campanha deveria ser conduzida. Para ter êxito na estruturação do partido, parte do processo de avaliação e do rodízio de pessoal teria de ser realizada com base na ideologia, o que implicava apoio à ideologia socialista e repúdio à "evolução pacífica" e à influência burguesa.

Lu abordou a questão do adestramento de pessoal de um modo geral e comentou que continuariam a enviar os recém-

-graduados para as áreas agrícolas, a fim de receberem instrução nas comunidades de base. Seu adestramento, assim como todo o treinamento ideológico de todo o pessoal graduado, de acordo com Lu, tinha de estar apto a enfrentar os três maiores problemas do partido: governar o país; engajar na reforma, abrir para o mundo exterior e criar uma economia de *commodities*; e opor-se à evolução pacífica.

A tarefa do departamento de organização era fortalecer a fé do partido no socialismo e no comunismo, de modo a erguer uma grande muralha de aço contra a evolução pacífica e prover garantia confiável à implantação da linha de ação básica do partido. A campanha de educação socialista em andamento nas áreas rurais era um meio para se atingir esse fim. Lu exortou seu grupo a dar atenção especial à estruturação das bases do partido.

A relevância das instruções de Lu residiu no fato de serem diametralmente opostas às instruções de Deng no sentido de se pôr a reforma e a abertura no alto da agenda. Essas mesmas instruções também continham uma discussão dos critérios para a seleção de quadros, assim como dos delegados ao XIV Congresso. Lu Feng faria do apoio à campanha de "oposição à evolução pacífica", do apoio à repressão de 4 de junho de 1989 e do apoio ao corte de despesas efetuado por Li Peng a base para a seleção. Obviamente, Deng Xiaoping estava sendo contestado quanto ao controle do congresso, o último que ele poderia ter esperança de influenciar.

Durante esse período, os "esquerdistas" sob a direção de Wang Renzhi, com a ajuda de He Jingzhi, Gao Di e Li Ximeng, dedicaram-se a efetivamente neutralizar Li Ruihuan, o homem de confiança de Deng encarregado da propaganda. Em várias conferências sobre propaganda, em outubro e novembro, Li Ruihuan foi convidado a discursar na condição de autoridade em marxismo-leninismo ao lado de especialistas como Hu Qiaomu, Zhu Muzhi e He Jingzhi. A ideia era depreciar as credenciais de Li, uma vez que ele não passava de um carpinteiro, e lhe questionar a qualificação para conduzir as campanhas ideológicas do partido. Conforme observou He Jingzhi em uma dessas conferências em novembro sobre a "Situação no Verão de 1957", "marxismo-leninismo é uma ciência. Se falta a alguém o conhecimento mais elementar sobre esta ciência, como pode esse alguém conduzir o partido? Que conhecimento e capacitação tem esse indivíduo para orientar os outros? E como pode ele executar um bom trabalho na esfera profissional?".[119]

Eles colheram a assinatura de diversos membros seniores da Comissão Consultiva Central, assim como de altas autoridades do partido e do governo, inclusive as de Chen Yun e Yao Yilin, em uma petição que solicitava o controle mais intenso do partido sobre propaganda, ideologia, cultura e educação. A petição atestava, especificamente, que o "camarada Li Ruihuan perdera a iniciativa e a liderança que dele se esperavam, o que explica por que a orientação ideológica apropriada ainda não tenha recebido o mesmo status das principais correntes dos setores culturais e artísticos e também explica o ressurgimento das ideias não marxistas e da liberalização burguesa numa variedade de formas".[120] Jiang, contudo, indeferiu a petição e exigiu dos signatários que respeitassem Li, tendo em vista que ele merecia a confiança do Comitê Central e do Conselho de Estado.

Os conservadores e "esquerdistas" tentaram então outra abordagem. Os atores principais, inclusive Wang Zhen, Song Renqiong, Chen Yun, Yao Yilin, Deng Liqun, Li Ximing e Wang Renzhi, procuraram uma aproximação direta com o Comitê Central. Redigiram um "Relatório de Emergência ao Comitê Central do Partido Comunista Chinês" com o qual propunham a realização de um simpósio conduzido pelo Comitê Central, a fim de discutir os rumos da revolução chinesa. O relatório assinalava as áreas que os preocupavam:

1. O Partido Comunista Chinês deve empunhar a bandeira do

marxismo e lutar pela concretização do comunismo para a humanidade.
2. Existem uma força e uma corrente ideológica antimarxista-leninista dentro do Partido Comunista Chinês, e uma disputa entre dois caminhos está em andamento.
3. A China deve seguir pela estrada socialista ou pela estrada reformista, sendo esta, em realidade, a via capitalista?

O grupo planejava fazer com que Wang Zhen levasse a Deng Xiaoping a ideia dessa conferência, a qual tinha o respaldo de membros graduados do partido e de militares veteranos, e também fazer com que Li Ximing apresentasse a ideia numa reunião do Politburo. O tiro, porém, saiu pela culatra, quando a notícia vazou. Qiao Shi, acompanhado por Song Ping, Wen Jiabao e Bo Yibo, mostrou a Wang Zhen que sabia dos detalhes e pôs fim à trama. Song Ping, aparentemente por conta própria, tendo em vista o papel desempenhado por Qiao Shi na denúncia da conspiração, criticou Li Ximing. Bo Yibo talvez tenha achado que até Chen Yun e os consultores da Comissão Consultiva Central tinham ido longe demais. Deng estivera ausente da capital em viagem a Shanghai e, quando soube dessa história, comentou: "O general Wang adora combater na linha de frente; mas no momento não estamos em guerra, ele vai combater o quê?"[121] Assim, os "esquerdistas" fracassaram na tentativa de expulsar Li Ruihuan do Comitê Permanente do Politburo; seu apelo, porém, para uma campanha cultural, uma Revolução Cultural para expurgar os reformadores foi amplamente debatido.

Em sua ida a Shanghai, em dezembro, Deng se reunira com o prefeito Huang Ju, o chefe do partido Wu Bangguo e Li Xiannian para conversarem sobre a necessidade de avançar com a reforma. O fato de Li Xiannian estar se encontrando com Deng e ignorando Chen Yun, que na ocasião também estava na cidade aparentemente para oferecer aos líderes de Shanghai mais capital a ser investido nas suas empresas estatais em troca de apoio à sua agenda conservadora, podia ser visto como uma indicação de que alguns dos anciãos da Comissão Consultiva Central começavam a aceitar o argumento de Deng de que a reforma tinha de ser acelerada, em face das mudanças no cenário internacional.[122]

O plano de Wang Zhen e outros, com a inclusão da assinatura de Chen Yun na petição, deixou claro que Deng possuía apenas duas bases reais de apoio em que confiar: o Exército de Libertação do Povo e a chefia provincial. Ele ajudara a maioria dos chefes a conseguirem seus cargos, e suas políticas de reforma e abertura os tornaram ricos. Deng havia sido o arquiteto da modernização do ELP desde seu retorno em 1977, e embora o exército fosse o último na lista de prioridades de modernização, não obstante dele cuidava como se fosse seu brinquedo favorito, assegurando-lhe um fluxo contínuo de verbas do tesouro e permitindo que os militares vendessem material no exterior. Ele também manteve um controle rígido sobre o exército, pondo-o sob o comando direto de seu antigo aliado, Yang Shangkun.

---- 3 ----
Reação

中

Mobilizando o Exército

Deng depositara fé na própria habilidade de persuadir os anciãos do partido da sensatez de suas políticas; e fracassara. A única opção que restava era a ação direta, sob pena de permitir que o esforço despendido desde 1978 naufragasse em novo movimento político – um movimento para dentro de si mesmo, afastando-se da abertura para o mundo. Deng dispunha apenas de dois grupos para abordar em busca de apoio: o exército e as autoridades regionais. Escolheu o exército.

Deng investiu contra o partido, a fim de reconquistar o controle político, em vista do colapso e da desintegração da União Soviética e da reação drástica do Partido Comunista Chinês à situação. O acordo de 8 de dezembro para desfazer a União Soviética era claramente a primeira imagem na cabeça de Deng, quando ele se reuniu com os chefes militares. Conforme ficaria visível ao longo de todo o ano seguinte, Deng e seus seguidores viam os acontecimentos na União Soviética como uma oportunidade. O esfacelamento da União Soviética amainava a inquietação militar na região norte e permitia uma concentração total no desenvolvimento econômico. Foi durante os cem dias que separaram o fracassado golpe soviético de 19 de agosto e o desmanche da União Soviética em 8 de dezembro que Deng vislumbrou e delineou seu plano e mobilizou seus adeptos com o propósito de tomar a iniciativa e lançar a China em uma luta que, no entendimento dele, era tudo ou nada. A China atingiria sua meta econômica ou fracassaria; e o fracasso lhe selaria o destino como nação de terceira classe, sujeita à intimidação de imperialistas estrangeiros.

Imediatamente após o 8º Pleno, enquanto Lu Feng conspirava com os "esquerdistas" para expulsar Li Ruihuan e saltar sobre o trabalho seu em prol da reestruturação, Deng punha em ação seu plano para tirar a iniciativa de Chen e Li. Ele convocou uma reunião da Comissão Militar Central (CMC) – acrescida de alguns não membros – para a primeira semana de dezembro, com todos os comandantes regionais e respectivos subcomandantes, os oficiais mais antigos do Estado-Maior e das Armas, e também com a presença de alguns membros do Comitê Central. É muito provável que Qiao Shi tenha participado do acordo resultante dessa reunião.

Embora desconheçamos os exatos itens em pauta, podemos especular com base nos eventos subsequentes e relatos da imprensa.[1] Discutiu-se a movimentação do pessoal pós-Tiananmen dos comandos militares regionais e do Estado-Maior, assim como a necessidade da manutenção da disciplina militar. Foi considerada desnecessária uma campanha educativa entre as praças, de oposição à evolução pacífica, de vez que esta questão era vista como preocupação restrita ao alto-comando. Jiang Zemin e Yang Shangkun, entretanto, declararam ser imprescindível garantir o controle do partido sobre os militares. Para esse fim, os comandantes deveriam estar prevenidos contra o surgimento de sistemas multipartidários, pluralismo político ou de organizações do tipo do "Solidariedade", o Partido Trabalhista Polonês.[2]

Também se falou sobre a necessidade de uma tecnologia avançada e de um orçamento maior para os militares, especialmente à luz da Guerra do Golfo. Com efeito, o exército, que era a última prioridade das Quatro Modernizações, fora lento em se modernizar. Chegara a ponto de vender o próprio armamento no mercado internacional, a fim de pagar nova tecnologia.[3] Consta que Yang Shangkun teria declarado necessário "ganhar dinheiro

(...) Só se pode falar mais alto, quando se é rico. Em última análise, o dinheiro é o símbolo do poder. Sem poder econômico, a posição será de permanente vulnerabilidade ao ataque".[4] Os participantes da reunião concordaram que a resposta ao problema estava na expansão da economia. Foi, portanto, decidido que o exército se empenharia em apoiar a reforma e a abertura de Deng. Os militares estavam dispostos a fazer uso de sua influência para persuadir os chefes locais do partido em toda a China a lhe darem apoio, indo ao extremo de ignorar as diretrizes do Conselho de Estado chefiado por Li Peng que lhes contrariassem a intenção. O exército também estava disposto a garantir a unidade de partido e estado em troca de uma fatia mais substancial do bolo do orçamento. A dificuldade era que o governo central não tinha condições de sustentar um aumento de despesas com o exército; muito menos, com sua modernização. O problema era que os chefes provinciais relutavam em repassar o excesso de receitas ao governo central, pois se achavam capazes de investir o dinheiro mais judiciosamente do que Pequim que, no entendimento deles, desperdiçava tudo nas ineficientes empresas estatais. Por isso, a falta de capital de investimento nos cofres governamentais era crônica. A solução proposta por Deng era um acordo que daria aos líderes provinciais a garantia de participação no processo decisório da economia em troca de uma taxa negociada de repasse de fundos ao governo nacional.

O exército asseguraria que ambos os lados cumprissem suas partes no acordo, ajudado pela segurança interna – esta representada por Qiao Shi –, a qual, por sua vez, policiaria o exército. Quanto ao partido, o impulso para aceitar o acordo estava no medo de que as ricas províncias do sul pudessem separar-se para se transformar noutro "pequeno tigre", livrando-se, desse modo, do fardo de sustentar as províncias menos favorecidas do interior. Assim, o compromisso do exército de garantir a coesão do estado estava destinado à aprovação pelos anciãos do partido. Com a garantia das províncias ricas de que as taxas ou o excesso de lucros seriam repassadas ao tesouro nacional, o governo central podia manter o controle de uma parcela maior da economia nacional, embora sob a supervisão de reformadores preparados nas províncias, como Zhu Rongji.

Dessa forma, Deng usou o exército e, mais tarde, os líderes regionais e os anciãos para arrancar de Li e Chen o controle da política econômica. Mas o exército foi a chave do sucesso. Portanto, o processo de modernização das forças armadas tinha de prosseguir, talvez até ser acelerado. Isso implicava uma significativa reestruturação do organograma e dos efetivos militares, como a substituição dos chefes do alto-comando, redução e eliminação das regiões militares que correspondiam às unidades econômicas regionais e uma institucionalização da cadeia de comando vertical desde a CMC até o soldado raso. A integração vertical também foi aplicada ao setor industrial do exército. Tudo isso foi aprovado na reunião secreta em dezembro e ultimado mais tarde em Zhuhai em janeiro, quando Deng voltou a se reunir com a CMC, tendo o comparecimento de Qiao Shi, Zhu Rongji, Bo Yibo e dos chefes regionais do partido.

Imediatamente após a reunião de dezembro da CMC, oficiais do alto-comando, inclusive o Chefe do Estado-Maior, Chi Haotian, foram de região em região, a fim de inteirar os comandos regionais a respeito do acordo, de modo a evitar qualquer mal-entendido. Em meados de dezembro, em Wuhan, Chi anunciou os resultados da reunião da CMC e discutiu as mudanças no cenário internacional, especialmente à luz da Guerra do Golfo e do golpe soviético. Foi citado dizendo que "o povo de todo o país tem, atualmente, absoluta fé no Comitê Central do Partido Comunista Chinês em torno do camarada Jiang Zemin, e toda esperança em nossa nação socialista. Devemos tentar administrar bem o exército e nossos assuntos internos, a despeito das mudanças ocorridas no exterior. Devemos criar um exército de qualidade, de acordo com nosso propósito de servir ao povo de corpo e alma, preservar a unidade do exército e a prosperidade e estabilidade da nação".[5]

Realçou também as partes do acordo atingidas com muito esforço na reunião da CMC:

– Unidade entre exército, partido e nação (sem regionalismo, federalismo, multipartidarismo, paroquialismo);

– Exército forte (orçamento maior financiado por repasses provinciais, reestruturação das indústrias em busca de eficiência);

– Sociedade próspera (reforma e abertura para o exterior, e não 6% de crescimento);

– Estabilidade (o Exército de Libertação do Povo e a Polícia Armada do Povo garantiriam que insurgências locais não fugissem ao controle).

Chi também clamou pela modernização do exército, de modo a mantê-lo pronto para a guerra a qualquer momento.[6] O *Diário da Liberação Nacional* citou a exigência de Chi que a tropa tivesse tanto "espírito de combate" como armamento e equipamento modernos. Ele disse que, a fim de estar pronto para a guerra, o exército precisava melhorar sua qualidade durante 1992, isto é, ter "um perfeito domínio do adestramento militar de alto nível, incluindo-se o treinamento científico, para estar apto a enfrentar qualquer tipo de ameaça". Finalmente, exortou o exército a permanecer leal aos princípios ideológicos do Partido Comunista.[7]

Deng Xiaoping, por sua vez, no *Diário da Liberação Nacional*, manifestou apoio integral ao exército. Deng declarou-se pela manutenção de poderosas forças armadas e policiais, em face da presença contínua do imperialismo. "É inconcebível que um exército permanente, que órgãos de segurança pública, tribunais e prisões se deteriorem em meio a um cenário onde existem classes e imperialismo e poder hegemônico."[8] Para a consecução deste propósito, "devemos construir um exército revolucionário poderoso que seja moderno e padronizado".[9]

Deng também fez uma excursão às províncias, a fim de espalhar a notícia e angariar apoio. Em Tianjin, cidade receptiva à sua mensagem, ele conclamou por uma aliança entre toda a classe trabalhadora, os patriotas e o socialismo para formar a base política, numa tentativa de apelo ao povo, passando por cima dos chefes da liderança do partido.[10] Em Tanggu, na companhia do comandante da Marinha, Zhang Liaozhong, ele inspecionou navios de guerra, inclusive contratorpedeiros com mísseis e submarinos nucleares. Foi citado: "Nosso país é tão vasto, e nosso litoral é tão longo. Ainda existe hegemonismo, e a pátria ainda não foi reunificada. Devemos investir algum dinheiro na construção de certos navios de guerra avançados e sofisticados. De outra maneira, poderemos ser intimidados sem poder reagir com firmeza."[11]

Em seguida, Deng aventurou-se ao coração das gigantescas e ineficientes empresas estatais: Shenyang. Lá, em 24 de dezembro, acompanhado por Bo Yibo e Li Desheng, Deng contestou o argumento de Chen Yun de que o estado tem de controlar os meios de produção. Deng declarou que, para desenvolver integralmente as indústrias de base – as indústrias pesadas e as indústrias químicas do nordeste da China –, seria necessária uma abertura total para o mundo exterior. Isto implicava permitir a vinda de capital, tecnologia e técnicas de administração estrangeiros. Deng disse aos gerentes que não se preocupassem com o rótulo de capitalistas. "A modernização não acontecerá para nós naturalmente"; em outras palavras, era permitido copiar a industrialização do Ocidente.[12] Durante sua estada em Shenyang e, mais tarde, em Dalian, Deng também enalteceu a experiência sul-coreana de desenvolvimento econômico.[13] Deng disse ao povo que fosse em frente e imitasse o exemplo coreano – um frontal desafio a Chen Yun.

Deng, a seguir, apareceu em Jinan, em 2 de janeiro de 1992, acompanhado por membros da CMC, Liu Huaqing e Qin Jiwei, um sinal de que os militares lhe apoiavam o programa e, ostensivamente, haviam formado ao lado de Deng em oposição à legítima liderança do partido em Pequim. Também ficou claro que Deng detinha o controle do exército. Deng seguiu depois para Shanghai em 15 de janeiro. Nessa visita, teve a companhia do chefe do partido, Jiang Zemin, de Bo Yibo e outro fiel ancião militar, Yu Qiuli.

Conforme já mencionado, Deng visitou os militares e líderes políticos do nordeste e do centro da China antes de ir a Shanghai no início de janeiro, a fim de divulgar em minúcias o acordo de dezembro com o exército. Como parte desse trabalho, ele simultaneamente despachou seus auxiliares mais próximos a diversos outros comandos militares, a fim de retransmitir sua mensagem. Foi assim que Jiang Zemin apareceu em Nanjing. Ele já estava executando a linha de ação formulada por Deng em Pequim. Jiang descreveu o cenário internacional aos seus subordinados na região militar, ressaltando a premissa de que o exército era subordinado ao partido. Discutiu a linha do pensamento partidário de um centro e dois pontos fundamentais como sendo o foco principal do esforço. Então passou a expressar o novo entendimento entre o partido e o exército. Ele destacou que "a estruturação econômica é o centro; somente com crescimento econômico será possível para a estrutura de defesa adquirir uma base material sólida. Em última análise, a relação entre a estruturação econômica e a estruturação da defesa é uma unidade dialética".[14]

Yang Shangkun foi despachado para Xinjiang juntamente com Liu Huaqing, vice-presidente da CMC; Qin Jiwei, ministro da Defesa; Xu Xin, vice-chefe do Estado-Maior-Geral; e Wang Chengbin, comandante da Região Militar de Pequim.[15] Oficialmente, eles lá se encontravam para observar em primeira mão os efeitos da desintegração russa sobre as minorias chinesas nas áreas de fronteira. Em seguida à visita deles à região militar de Lanzhou, a qual durou dezessete dias, Yang e os oficiais mais antigos do exército e da CMC percorreram a região militar de Pequim, onde conversaram com os vários comandantes e com as guarnições sobre a situação do mundo em geral e as questões da Rússia e de Taiwan em particular.[16] Entretanto, tendo em vista que os relatórios indicavam que os demais auxiliares de Deng estavam viajando pelo país, fazendo palestras para as autoridades locais sobre o acordo alcançado na reunião de dezembro da CMC, é provável que Yang também tenha discutido esses assuntos com os comandantes das regiões de Lanzhou e Pequim. Desse modo, Yang, Deng e Jiang visitaram todas as regiões militares – Shenyang, Jinan, Lanzhou, Chengdu e Nanjing – antes de chegarem a Guangzhou para a grande reunião da CMC em janeiro de 1992.[17]

O apoio de Deng a uma presença mais ampla e a uma voz mais forte do exército refletiu-se mais tarde numa análise da situação mundial publicada no jornal militar *Diário do Exército de Libertação*, a qual refutava a teoria ocidental de que a importância de um exército forte diminuía à medida que os conflitos militares eram substituídos pela competição diplomática e econômica. O artigo salientava que, embora a disputa diplomática fosse uma opção, nada se podia ganhar sem um forte respaldo militar. A análise concluía que, se a China desejava proteger a própria independência, soberania e segurança, não apenas precisava de um exército, mas também a pujança e a qualidade desse exército deveriam estar à altura dos padrões internacionais e das exigências dos interesses e direitos do estado. Para reforçar este raciocínio, citou-se Jiang Zemin: "A construção da modernidade socialista demanda um ambiente estável, de modo que se tornam necessárias a manutenção de um exército poderoso e a consolidação da defesa nacional."[18] Deng obviamente concordava com uma atuação mais ampla do exército na sociedade.

Enquanto Deng e Chi afirmavam a necessidade de um exército forte e poderoso, o *Diário do Exército de Libertação* publicou uma explicação e justificativa de como o exército se envolvera em atividades econômicas. Segundo o artigo, o exército vinha com carência de recursos desde a década de 1980. De 1950 a 1980, o orçamento da defesa se mantivera na média de 17,2% anuais. Mas caíra para 12% no início dos anos 1980, e, a partir de 1985, despencara ainda mais, resultando em sério impacto negativo na estrutura e no desenvolvimento do exército.[19] O artigo comparava as taxas de gastos per capita entre China, Japão e Estados Unidos, observando que, embora a China possuísse um exército que contava com 11% de todo o pessoal militar do planeta, seus gastos com defesa correspondiam a somente 0,6% do total investido no mundo inteiro. O orçamento chinês em relação ao norte-americano era de 1 contra 58; ao do Japão, 1 contra 58,9.

O artigo concluía que, estando a China no estágio inicial do socialismo, o exército não podia contar com o estado para todas as suas necessidades. Por isso, o exército adotara várias medidas no sentido de prover melhor padrão de vida para a tropa, dando emprego aos cônjuges dos militares e financiando projetos favoráveis às prioridades do pessoal. Evidentemente, o exército não poderia abandonar essas atividades; mas poderia eliminar o desperdício. Com este propósito, citou-se o chefe da seção de logística do Estado-Maior-Geral e integrante da CMC, Zhao Nanqi, que dissera haver a CMC concluído que todas as empresas do exército seriam postas sob administração unificada.[20] Dessa forma, o exército se estava tornando um ministério verticalmente integrado à área econômica. Deng decidira criar um estado dentro do estado, um poderoso complexo militar coligado com ministérios centrais decisivos, os quais poderiam perfeitamente lhe apoiar o retorno. No futuro, os governantes chineses poderiam contar com este segmento para manter a produção e manobrar na eventualidade de distúrbios e insurgências. Certamente, foi um bom negócio sob o ponto de vista de Deng e dos anciãos.

Ao mesmo tempo que os "esquerdistas" estavam lançando sua campanha ideológica de educação socialista dentro do exército, o *Diário do Exército de Libertação* publicou um artigo em novembro sobre reforma e abertura que ligava o destino do exército ao destino das ZEE – claramente, uma afirmação do acordo divisor de águas que fora fechado na reunião de 3 de dezembro da CMC.[21] O porta-voz do exército defendeu a causa do ataque de Deng aos "esquerdistas" do partido: "Reforma e abertura representam o caminho da construção de um país rico e dão impulso à estruturação do exército. Isto tem sido inteiramente comprovado pela prática há mais de dez anos. Nossas tropas aquarteladas nas zonas econômicas especiais e nas áreas já abertas têm opiniões mais intensas sobre isso e compreenderam cada vez com mais clareza a correção da política de reforma e abertura do partido."²² O texto – resultado óbvio das discussões sobre a necessidade de mobilizar o exército para respaldar as políticas de Deng – foi divulgado na véspera da histórica reunião da CMC em dezembro, e demonstrou inequivocamente a força de seus laços com os militares e o apoio dos Yangs.

Pelo modo como expôs o caminho que o exército deveria seguir para dar suporte à reforma e à abertura de Deng, o artigo merece um exame mais acurado. Dividia-se em cinco seções temáticas principais:

1. O rápido desenvolvimento econômico em áreas abertas demonstra cabalmente a superioridade do sistema socialista; a correção das políticas, dos princípios e das linhas de ação do partido; e essa correção ainda provê um rico material didático para instrução da tropa sobre socialismo.
2. A nova mentalidade do povo; o caráter fundamental das ZEE; as áreas abertas inspiraram a tropa; como adicionar novo dinamismo à estruturação do exército; a reforma.
3. Alta densidade de pessoal instruído; tecnologia avançada nas ZEE; as áreas abertas ajudam a tropa a adquirir conhecimentos gerais e científicos; o domínio de capacitações militares e civis.
4. Vigoroso desenvolvimento da *economia de commodities* nas ZEE; as áreas abertas proveram condições favoráveis à tropa para o desenvolvimento de sua própria produção; como conseguir empregos para as esposas dos oficiais; as crianças.
5. A construção de duas civilizações nas ZEE; as áreas abertas promoveram profundo desenvolvimento de "apoio duplo;" construção conjunta; promoção da unidade exército-governo, exército-povo.

Sob o primeiro tema atinente à rapidez do desenvolvimento econômico nas ZEE e Áreas Abertas, observou-se que, ao longo dos dez anos precedentes, oficiais e altos funcionários das regiões militares haviam investigado casos de desenvolvimento econômico. As estatísticas referentes ao crescimento econômico na província de Guangdong [*junto a Hong Kong*] entre 1978 e 1990 mostravam que o crescimento total no período era 4,16 vezes maior, em relação a uma taxa média de crescimento anual de 14,6%. Este índice era, segundo o artigo, maior que o das nações desenvolvidas ocidentais e maior que os de Singapura, Taiwan, Hong Kong e Coreia do Sul no início de suas respectivas expansões econômicas. O artigo orgulhosamente ressaltava que a província recebera o apelido de "quinto dragãozinho" na região Ásia-Pacífico. No total, os níveis de consumo aumentaram 140%, em comparação com o índice anterior à reforma e à abertura. Esses fatos, concluía o texto, comprovavam a superioridade do sistema socialista, mas também demonstravam que a reforma e a abertura eram as chaves da transformação da China em uma nação poderosa e rica.

A Seção Dois foi uma tentativa de equiparar a ética do capitalismo com a do herói do Exército de Libertação do Povo, Lei Feng.[23] Neste caso, Lei era visto como o soldado ideologicamente puro e ideal e herói. Era a personificação do trabalhador da ZEE ou Área Aberta, que respeitava o conhecimento e a educação, e adquirira um sentido de reforma, competição, eficiência e informação – um indivíduo que prestava muita atenção ao tempo, à ciência, à rapidez e à eficiência. "Tempo é dinheiro, e eficiência é vida" era seu lema. O artigo exaltava o espírito pioneiro original dos residentes das ZEE e Áreas Abertas, que tiveram de se empenhar, quando as regiões receberam, pela primeira vez, autorização para implementar a política de reforma e abertura. A escassez de mão de obra, verba, material e ideias não os detivera. Encorajava os militares a aprenderem com as ZEE e Áreas Abertas que uma unidade militar precisa de um alto grau de centralização e unidade, de um forte senso de oportunidade, acurácia e eficiência, além de uma atitude realista. Diante de tal exemplo, as unidades do exército deveriam cultivar um novo estilo de trabalho, cujas características eram falar a verdade, relatar aos superiores os fatos, trabalhar com afinco e obter resultados palpáveis. Os hábitos de mentir, encobrir problemas, apelar para aparências enganosas e redigir relatórios distorcidos estariam sujeitos à verificação. A mensagem sutil era a de que o capitalismo tinha suas aplicações em um exército socialista.

A Seção Três era uma reverência ao especialista técnico em oposição ao especialista "vermelho". Os habitantes das ZEE e Áreas Abertas, de acordo com o artigo, entendiam que ciência e tecnologia constituíam o fator principal das forças produtivas. A população dessas regiões respeitava o conhecimento, a capacidade e o talento. Isso resultara em grande florescimento das instituições educacionais e num significativo número de pessoas instruídas na província, onde se incluíam militares do exército. Muitos funcionários, segundo o artigo, depois de passarem uma temporada em Guangdong, completaram a formação primária, e muitos militares da reserva, que haviam recebido educação superior, conseguiram cargos em empresas civis. Como resultado da ênfase dada ao conhecimento e à educação, a formação técnica e científica foi altamente valorizada.

A Seção Quatro era uma descrição da bem-sucedida experiência com o sistema local de produção de commodities por unidades regionais do exército. Ávidos por verbas para aumento do soldo da tropa, por melhora das condições de vida e provimento de vantagens culturais, ao mesmo tempo em que mantinham a prontidão para a guerra, os militares imitaram o segmento civil e criaram empresas produtivas próprias. Essas empresas proviam empregos para as esposas do pessoal militar e fundos para melhoramentos no padrão local de moradia, e tudo isso servia para elevar o moral. Adicionalmente, os lucros provenientes das empresas do exército eram repassados ao governo central na forma de impostos. Assim, não tendo o estado como repassar verbas para o exército, o exército podia suplementar o estado.

Finalmente, a Seção Cinco explicou minuciosamente a linha de ação política com a qual o exército concordara: "Reforma e abertura representam o interesse comum de todo o partido, de todo o exército, e de todo o povo do país inteiro. As forças armadas e o povo apoiam, em sua totalidade, a linha justa do partido de 'um centro, dois pontos fundamentais'." O artigo prosseguia: "Reforma e abertura constituem sólido fundamento ideológico para a união entre o exército e o governo e entre militares e civis." Finalmente, a chave para o "Grande Compromisso" – as populações nas ZEE e nas Áreas Abertas prometeram que "não se esqueceriam da defesa nacional no decurso da reforma e da abertura" e "não esqueceriam os guardiões do povo, quando estivessem vivendo em paz e trabalhando com alegria".

O artigo informava que, ao longo dos anos, as províncias geraram verbas suplementares ao orçamento do exército, que possibilitaram ajuda à tropa e melhorias no padrão de vida e nos cuidados com as famílias dos mártires, e, por causa dessa atitude positiva, as províncias conseguiram reunir uma quota extra de recrutas a cada ano. Por isso, o exército tinha diversas boas razões para dar apoio às ZEE. "Oficiais e praças estão todos felizes em ver as ZEE se desenvolverem e se sentem honrados em ver a riqueza da população local. A tropa vem realizando com empenho as atividades de 'amar as ZEE, amar as comunidades locais onde está sediada e amar o povo'."

Além disso, diversos empreendimentos conjuntos financiados pelo exército e pelas comunidades locais haviam sido postos em execução; e mais ainda, a coisa caminhara para a concretização de uma união efetiva entre o povo e o exército. Chegara-se à estabilidade social. Em conclusão, o artigo definia as incumbências do exército: "Seguir o princípio de dar prioridade tanto ao desenvolvimento econômico quanto à civilização espiritual; executar resolutamente a linha mestra do partido de 'um centro, dois pontos fundamentais' e os princípios da estruturação do exército dos novos tempos, e andar em cadência com a reforma e a abertura. Dessa forma, o exército poderá cumprir sua missão." O exército estava, claramente, abraçando as políticas de Deng e mandando um aviso ao governo central. Era uma nova voz na política econômica.

Os "esquerdistas", entretanto, também andavam em ação na linha de frente da propaganda. Os artigos deles frisavam o envolvimento do exército na campanha de educação socialista.²⁴ Um boletim da agência *Xinhua*, de 4 de dezembro, sobre a história e o progresso da campanha socialista no exército foi divulgado de propósito para se contrapor aos efeitos da decisão da CMC de abandonar a ideologia e, com todo empenho, se dedicar à reforma e à abertura. Uma vez que Gao Di não permitia qualquer notícia sobre a reunião da CMC nos jornais locais do partido, era fácil continuar com a versão de que o exército estava ativamente envolvido no movimento ideológico. O artigo observava que a campanha de educação socialista no exército tivera início no outono de 1989, em consequência de um simpósio realizado pelo Departamento-Geral de Política (DGP) para discutir questões ideológicas surgidas na esteira do incidente de Tiananmen. O DGP decidira na época concentrar o enfoque na educação socialista. Durante os dois anos seguintes, funcionários de todos os níveis fizeram rodízio em cursos cujo conteúdo incluía trabalhos sobre Marx, Mao e Deng. Esses cursos ensinavam as diferenças entre socialismo científico e capitalismo. (Era um claro desafio ao empenho de Deng em pôr um fim ao debate sobre socialismo e capitalismo.) Havia também palestras sobre patriotismo e se reforçava a noção de que, sem o Partido Comunista, não existiria China. Os militares foram então instilados com a premissa de um controle absoluto do partido sobre o exército. Desde o início da campanha de educação, o DGP divulgara inúmeros artigos e realizara convenções, a fim de aprofundar a fé no sistema socialista. A agência Xinhua concluiu seu boletim com louvores à Lei Feng e à renovação de seu espírito dentro do exército. Comentou que a campanha esclarecera aos militares importantes questões sobre os conceitos de certo e errado; convencera-os da correção dos princípios de não se privatizar a economia, não praticar o multipartidarismo político, não adotar orientações ideológicas pluralistas e não possuir um exército "apolítico e apartidário".[25] Os "esquerdistas" estavam tentando angariar o apoio do exército, apesar do fato de Yang Baibing, encarregado da propaganda no exército, aparentemente já haver decidido, juntamente com o irmão, que o futuro dos militares estava na política de Deng.

É óbvio que os ideólogos admitiam não ter condições de controlar o exército. Tinham de confiar na propaganda, a fim de aluir a determinação dos militares de tomar parte na refrega política – manobra com poucas chances de dar certo. No fim das contas, Deng foi capaz de mobilizar o exército, proporcionando-lhe uma boa perspectiva com seu projeto de modernização numa China estável e unida.

Arregimentando funcionários regionais

Após haver mobilizado o exército, ainda restava a Deng uma relevante ação a empreender: tinha de convencer os chefes regionais de que era do interesse deles concordar com uma taxa fixa de repasse de verbas para Pequim, de modo a sustentar o governo central e, ao mesmo tempo, não esgotar os esforços regionais de ajuda própria. Mais importante que tudo, precisava convencê-los de que nenhuma província poderia agir com independência – separar-se da China. Foi nesse ambiente que Deng empreendeu sua jornada histórica pelo sul da China no período de ano-novo e de janeiro de 1992. Selara seu pacto com o exército; agora devia distribuir as compensações regionais e assim garantir a concordância com o novo pacto.

Chen Yun seguira para Shanghai com o intuito de alertar os industriais de que, se a cidade quisesse financiamentos do governo central, era melhor que apoiassem o plano dos conservadores.[26] Apesar disso, Deng tinha razões para contar com o apoio dos governadores sulistas que haviam experimentado imensos impulsos financeiros como resultado das políticas dele. Deng também foi ajudado em seu plano pelas maquinações de conservadores desavisados cuja noção era a de que Deng não tinha mais um papel ativo na política. Os governadores sulistas já estavam contrariados com as privações econômicas causadas pelo empenho de Li Peng em restringir financiamentos bancários e iniciativas locais de comércio exterior, a fim de custear seu portentoso plano de recuperar a economia do governo central que levava aos déficits; os governadores também faziam cara feia para a intenção de Li Peng de instituir um novo sistema tributário que ameaçaria diretamente o controle regional. Essas políticas tinham o efeito de provocar um alto índice de desemprego. Os governadores sulistas e os líderes partidários locais estavam muito preocupados com a possibilidade de uma revolta aberta, especialmente se a campanha de educação socialista tivesse prosseguimento. Assim, Deng não teve dificuldade em mobilizar a repugnância sulista às políticas de Li Peng como uma força contra o centro.

Deng seguiu para Shenzhen em 19 de janeiro de 1992 com a missão de salvar as ZEE e suas políticas de reforma e abertura. No primeiro dia do ano, diversos membros da Comissão Consultiva Central enviaram carta ao Politburo, pedindo o fim das ZEE.[27] A carta acusava as ZEE de promoverem o capitalismo, por serem intrinsecamente capitalistas e por serem viveiros de evolução pacífica. Como expressavam claramente as acusações feitas com frequência por Chen Yun, era altamente provável que ele houvesse aprovado, muito embora não tivesse assinado a carta. Deng precisava deixar manifesto ao partido, ao governo e ao povo sua determinação em preservar suas políticas. Com efeito, a declaração de Deng foi inequívoca: "A reforma e a abertura são imprescindíveis, e eu empregaria o exército para garanti-las."[28]

Durante o ano anterior, o partido ignorara as posições de Deng relativas a questões econômicas e impedira que a mensagem dele chegasse à população; dessa vez, Deng ia fazer as coisas a seu modo. Chegando a Shenzhen, cidade não manipulada pela mídia "esquerdista" monitorada por Pequim, Deng não perdeu tempo em dar seu recado. Conversou com repórteres estrangeiros, turistas e com a imprensa ligada aos governos regionais, enaltecendo os feitos de Shenzhen, Zhuhai e Guangdong. Deng disse que Guangdong era a força motriz do desenvolvimento econômico de toda a China. Era necessário, ele afirmou, "dar continuidade à construção econômica como fator principal; não importa como a situação internacional vá se alterar, precisamos nos fixar no princípio de que a estabilidade se sobreponha a tudo mais; para manter a estabilidade, temos de incentivar a economia; e Guangdong deve ser um bom exemplo nesse sentido".[29] Deng pormenorizou seu pensamento a respeito do milagre econômico em andamento nas ZEE: "Dizem alguns que operar com bolsa de valores é uma prática capitalista. Fizemos experiências em Shanghai e Shenzhen, e ambas foram bem-sucedidas. Parece que algumas práticas capitalistas também podem ser aplicadas ao sistema socialista. Não importa que se cometam erros nessa aplicação. Não há 100% de perfeição neste mundo. No processo de reforma e abertura, é preciso ter mais ousadia e promover a abertura em grande escala; sem fazer a reforma, a China não terá futuro brilhante. Reforma e abertura são a única opção chinesa. Se a China não executar a reforma, vai se enfiar num beco sem saída. Quem for contra a reforma deve deixar o cargo."[30] Era evidente que Deng não estava disposto a meios-termos.

Deng também declarou que a China deveria construir várias Hong Kongs, e Shenzhen seria uma delas. A ideia dele era transformar a região do delta do rio Pérola no sul da China no "quinto dragão" da Ásia, como as potências econômicas de Hong Kong, Taiwan, Coreia do Sul e Singapura. A mensagem de Deng, ressonada por seu aliado Yang Shangkun, era que a reforma e a abertura tinham de ser aceleradas, e era preciso aumentar o alcance da experimentação, enquanto as áreas abertas deveriam se expandir ainda mais.

Deng também tornou público o debate interno do partido acerca das ZEE. Seu crítico principal, Chen Yun, aliou-se aos remetentes da carta de dezembro ao Politburo a respeito da questão do capitalismo insinuante e da necessidade de uma campanha ideológica. Deng expôs sucintamente sua posição: "Não haverá campanhas que levam à instabilidade; não haverá reversão das políticas econômicas por causa do colapso soviético; as ZEE terão permissão para se desenvolverem à sua moda; e a economia é a medida da estabilidade."[31] Deng foi bastante categórico para quem já estava aposentado. Não deu margem a qualquer mal-entendido em relação à sua mensagem. Estava confiante no apoio do exército à sua jogada.

Deng percorreu muitas localidades durante sua passagem por Guangdong, mas a mensagem era a mesma em toda parte; e Yang Shangkun repetia o discurso de Deng, quando defendia as ZEE, ao declarar: "A Zona Econômica Especial, em sua concepção, não deve ser conservadora em demasia, mas buscar continuamente o progresso."[32] Yang também deixou clara sua posição à liderança em Pequim: "Darei meu apoio a todas as políticas e medidas favoráveis à reforma, à abertura e ao desenvolvimento. Algumas políticas antes favoráveis (congeladas desde a volta ao controle central ocorrida na esteira de Tiananmen) deviam ser restauradas, e mais políticas flexíveis adotadas, de acordo com a nova situação da reforma e da abertura; em outras palavras, a escala da abertura tem de ser expandida ainda mais. No curso de seu desenvolvimento, a zona econômica especial precisa continuar em busca de novos avanços sem muito conservadorismo."[33]

Com base nas promessas daqueles dois visitantes ilustres, as autoridades locais das ZEE estavam confiantes de que as políticas paralisadas desde 1988 seriam restabelecidas. Yang, falando tanto como presidente da China como comandante do exército, foi bastante explícito: "Chegou a hora de ressuscitar aquelas políticas especiais e os tratamentos preferenciais engavetados por conta da reamarração central da economia, visto que concluímos

Reação

o programa de austeridade."³⁴ Yang fazia constar ostensivamente a Pequim que ele e Deng estavam decididos à reversão do Pleno. Com o intuito de realçar seu ponto, ele declarou que, sem tratamento especial, as ZEE não seriam diferentes de outras partes da China. Sem as ZEE, não havia políticas preferenciais. Yang, tanto quanto Deng, exortou as ZEE a que se desenvolvessem mais rapidamente.³⁵

Antes de ir a Shenzhen, Deng já completara um circuito que incluíra visitas a importantes cidades do norte, centro e sul da China, ao longo do qual ele, indubitavelmente, alinhou suporte para sua investida contra os formuladores políticos de Pequim. Nesse meio-tempo, seus seguidores também se haviam espalhado por toda a China, a fim de transmitir aos líderes locais o conteúdo da reunião de dezembro da CMC, e o plano de Deng era tomar a iniciativa. Seu lugar-tenente Jiang Zemin, homem nada inspirador, visitou Shanghai e Nanjing, acompanhado por autoridades locais do partido e oficiais do exército, inclusive os comandantes das regiões militares e os colegas militares da reserva Yang Dezhong, Ye Qing, Liu Mingpu, Ma Zhongchen e Hui Liangyu.³⁶ Embora, oficialmente, lá estivesse para inspecionar as empresas estatais, ele aproveitou a oportunidade para participar aos caciques locais que o rumo e a política do partido estavam traçados, e sua execução era responsabilidade daquelas autoridades. Estas foram instruídas a acertarem a maneira de trabalhar e a se aproximarem das massas. Em suma, avisou que o partido tinha de arrumar a casa, se quisesse conservar a confiança do povo.

Entre aqueles que ajudaram a espalhar a notícia, estava Tian Jiyun, membro do Politburo, vice-premier e antigo seguidor de Deng. Visitou a província de Hainan, onde elogiou os esforços da comunidade local para se desenvolver como ZEE. Tian Jiyun os encorajou a prosseguir a política de abertura com mais ousadia e passos mais rápidos. Reconheceu que reforma e abertura implicavam riscos, mas alertou que não havia outro caminho para a China. Garantiu aos chefes locais que as autoridades centrais lhes apoiariam os esforços – declaração de peso, tendo em vista as políticas oficiais de Pequim.[37] Enquanto isso, Li Ruihuan, o czar da propaganda, percorria o Nordeste, levando o mesmo discurso às províncias onde Deng não comparecera.

Jiang foi parar finalmente em Shenzhen com Zhu Rongji, Bo Yibo, Yang Shangkun; com membros da CMC, inclusive o Chefe do Estado-Maior, Chi Haotian; e diversos membros da Comissão Consultiva Central, inclusive Li Desheng e Yu Taizhong. Embora Deng não desempenhasse, formalmente, função no partido ou no governo, eles vieram para dar testemunho de seu continuado poder pessoal informal e do evidente apoio que tinha entre os militares. Para consumo externo, as autoridades do alto escalão e os anciãos ali estavam para manifestarem seu apoio à aceleração da reforma e da abertura de Deng; internamente, ali estavam para ajudar Deng a forçar uma mudança política em Pequim.

Bo Yibo declarou publicamente que ele ali estava porque Deng convidara os anciãos para verem as ZEE com os próprios olhos. Bo ficou abismado com o êxito de Shenzhen em transferir quase 97% de commodities de um sistema planificado de preços para outro assentado nas forças do mercado. Chamou de milagre a reforma nos preços e exclamou: "Acumulamos experiência em nossos bem-sucedidos experimentos com a reforma nas zonas no primeiro estágio ao longo da última década. Nosso próximo passo está no aprofundamento dessas experiências e na procura do modo como expandi-las às demais regiões do país."[38]

Qiao Shi, como chefe da comissão jurídica e política do partido, esteve em Zhuhai e Shenzhen para uma reunião pública de segurança. Ele endossou a reforma e a abertura de Deng: "Em 1991, funcionários graduados e policiais do judiciário e da procuradoria se empenharam em implementar a linha mestra do partido e vários princípios e políticas, contribuindo positivamente para a reforma, a abertura, o ímpeto da modernização socialista e também para a manutenção da estabilidade política e social."[39] Qiao Shi declarou que os anos 1990 eram cruciais para o desenvolvimento da China.

"Precisamos de um forte sentido de missão e urgência, a fim de agarrar esta rara oportunidade histórica de realizar a construção econômica com grande diligência e determinação." É claro que nada disso seria possível sem estabilidade social. "A estabilidade social é o pré-requisito fundamental para a promoção da estruturação econômica."[40] Qiao Shi representava as forças de segurança interna do partido, assim como os interesses do pessoal do baixo escalão partidário. O pistolão dele era Peng Zhen. Ficou então óbvio que Deng e Peng haviam chegado a algum tipo de acordo que agradara aos anciãos, o que explicava o elogio franco de Bo Yibo às ZEE de Deng. Bo era a segunda maior autoridade na linha de comando da Comissão Consultiva Central e, portanto, não havia dúvida de que falava por uma facção que se alinhara com Deng. Assim, Deng tinha a concordância do exército, das autoridades regionais, das forças de segurança pública, das forças de segurança do estado e dos anciãos – um trunfo formidável para levar a Pequim.

Quando esteve em Guangdong, Deng convocou também uma reunião do que poderia ser chamado de uma CMC ampliada. Realizada numa base militar local, Huizhou, contou com todos os atores: Jiang Zemin, Yang Shangkun, Yang Baibing, Liu Huaqing e Chi Haotian da CMC, os chefes militares do Quartel-General do Exército e os comandantes mais antigos das armas, assim como os comandantes das sete regiões militares.[41] Essa reunião retomou onde a reunião da CMC de dezembro terminara, com os militares dizendo a Deng que, para modernizar, precisavam de dinheiro. Deng expôs seus planos e o papel que as forças armadas da China haviam concordado em desempenhar, ou seja, garantir a estabilidade da reforma e da abertura em troca dos recursos para se modernizarem.

Durante essa reunião, os participantes também discutiram a teoria e a estratégia para lidar com as realidades da guerra moderna na esteira da Guerra do Golfo. Primeiro, o exército teria de formar soldados melhores e simplificar o processo administrativo, a fim de enfrentar os novos cenários nacional e internacional. Segundo, os chefes militares teriam de possuir um padrão uniforme de instrução com prioridade para os oficiais mais jovens e profissionalmente mais bem treinados.[42] Embora tenhamos apenas uma noção do que foi debatido, podemos formar uma ideia a partir dos resultados divulgados de uma reunião plena da CMC, realizada em Pequim em abril, depois do retorno de Deng de sua viagem ao sul, quando o pensamento dele se transformou em política por meio de uma diretriz do Politburo.

Assim, sabemos que dois outros eventos foram discutidos e autorizados em Huizhou em janeiro, embora as evidências de tal surgissem somente mais tarde, quando em março de 1992, na reunião do Congresso Nacional do Povo, Yang Baibing anunciou que o exército daria início a uma campanha oficial, conduzida pelo Departamento-Geral para Assuntos Políticos, de "acompanhamento da reforma e da abertura".[43] Referindo-se a "uma recente reunião da Comissão Militar Central", Yang foi citado: "O exército atuará como 'escolta' para a reforma e a abertura da China para o mundo exterior, assim como para o seu desenvolvimento econômico."[44] Yang conclamou o exército a apoiar a reforma e a abertura de Deng – "um centro e dois pontos" – considerando-as o episódio mais proveitoso da experiência em desenvolvimento econômico desde a criação da Nova China. Também encorajou o exército a subordinar sua missão às necessidades do estado e a apoiar a política vigente com ações concretas. Como parte de sua campanha de "escolta" da reforma e abertura, Yang pediu ao exército para ser paciente, parcimonioso em sua própria estruturação econômica e a atuar com eficiência. Afirmou que o exército compreendia plenamente que era interesse seu e do estado permitir que certos indivíduos e localidades acumulassem riqueza, uma vez que isso contribuía para o tesouro nacional e, em consequência, gerava mais verbas para o exército. Ele determinou que todos os chefes militares seguissem em romaria para Shenzhen e outras ZEE, a fim de testemunharem, pessoalmente, o sucesso das políticas de Deng. O exército também recebeu ordem para ajudar as comunidades nos principais projetos de estruturação em suas áreas – obviamente, uma tentativa de restabelecer os laços entre povo e exército, seriamente afetados pelos acontecimentos de Tiananmen.[45] Este esforço veio também fortalecer ainda mais o papel do exército nas economias locais.

Deng deixou Shenzhen e seguiu para Shanghai, onde "ordenou" ao Politburo e aos vice-primeiros-ministros a virem à cidade para discussões gerais em dois dias, 3 e 5 de fevereiro. Ao forçar a liderança a ir ao seu encontro, Deng mostrou quem era o chefe. O fato de que o exército apoiava Deng visivelmente não passou despercebido àqueles que atenderam ao chamado. Estes foram Jiang, Song Ping, Li Ruihuan, Qiao Shi, Wan Li, Bo Yibo, Deng Yingchao e Chen Yun, que já se encontrava em Shanghai para sua visita de ano-novo.

Quando Deng chegou a Shanghai, ele já arquitetara com Jiang retirar de Song Ping a supervisão do processo de seleção de delegados para o próximo congresso, sepultando assim o esforço dos conservadores para controlarem o novo congresso com o envio de milhares de seguidores para a região rural para refazerem os comitês partidários locais, tal qual Mao fizera antes da Revolução Cultural. Em seguida ao 8º Pleno em novembro, o partido iniciara o processo de seleção dos delegados que participariam do XIV Congresso do partido. A tarefa coubera por direito ao departamento de organização então sob o controle do protegido de Song Ping, Lu Feng, conforme já mencionado. Aliando-se à "facção soviética", os "esquerdistas" haviam adotado os critérios dele para a determinação das aptidões, conforme exposto por seu filho Chen Yuan em setembro. Os delegados tinham de ser moralmente íntegros e politicamente aptos, tinham de endossar a repressão aos estudantes em Tiananmen, e tinham de acreditar que a ideologia partidária precisava ser priorizada. Este último atributo era especialmente contra Deng, que exigia o apoio dos escolhidos, acima de tudo, à sua modernização e à sua abertura.

Com o intuito de frustrar Chen, Deng ordenara a Jiang Zemin que assumisse o planejamento e o cronograma do XIV Congresso do partido. Essa incumbência recaíra sobre o diretor do gabinete de Jiang, Zeng Qinhong, que também atuava como vice-diretor do escritório-geral do Comitê Central.[46] A partir desses dois escritórios – este último responsável pela supervisão de todas as atividades do partido –, Zeng, e portanto Jiang e Deng, controlava todos os aspectos relativos ao próximo congresso do partido. Eles efetivamente neutralizaram o controle que o departamento de organização exercia sobre o processo de seleção, o qual estivera em andamento havia mais de um ano, desde quando o departamento vinha recredenciando membros locais do partido com base em critérios estabelecidos pelos esquerdistas. Em Shanghai, por exemplo, o departamento de organização foi autorizado a selecionar três delegados, ao passo que as autoridades locais escolheram a ampla maioria, 90% dos oitenta delegados de Shanghai. Dessa forma, Deng estava se preparando para lotar o congresso com delegados locais, subordinados às autoridades locais. Ele tentava assenhorear-se do poder em todos os escalões, exatamente como fizera Mao. Assim, o XIV Congresso seria eleito por delegados que recebiam orientações das lideranças provinciais do partido, e não do aparato central do partido em Pequim. Era uma reversão do que ocorrera nos anos anteriores, quando Deng controlara tudo de Pequim; tempos de desespero, porém, exigiam medidas desesperadas.

Enquanto ainda se encontrava em Zhuhai, em 25 de janeiro, Deng também expusera seus critérios para o exercício de cargos governamentais. "Tanto as autoridades centrais quanto as regionais devem agir com determinação. Vocês não podem permanecer em compasso de espera, mas precisam, sim, pôr no olho da rua, logo que possível, os que hesitam em agir e que sejam indiferentes à reforma ou que tentem boicotá-la. Se permitirmos que essa gente mantenha suas funções, eles se transformarão em tremendos obstáculos à reforma, e será impossível uma completa implantação das políticas reformistas. Será anormal que altos funcionários das lideranças do partido conservem seus cargos sem implementarem as políticas do partido."⁴⁷ Deng estava determinado a refazer o partido e o governo e anular a influência de Chen.

Nas reuniões em Shanghai de 3 e 5 de fevereiro, Deng expandiu ainda mais seus critérios para a ocupação de cargos. Formulou os Oito Deves: "Deve-se emancipar a mente, abrir novos caminhos com mais ousadia, executar a reforma em profundidade, expandir o processo de abertura, ter coragem na captação de capital e de tecnologia estrangeiros, acelerar o ritmo da reforma, ampliar o campo de visão e trabalhar de forma realista."⁴⁸ Em outras palavras: aqueles que apoiavam as reformas em público, mas, às escondidas, as obstruíam; aqueles que não conseguiam compreender as políticas e, por isso, deixavam de adotar as linhas de ação apropriadas; e aqueles que eram indiferentes à reforma e não a promoviam seriam candidatos à exoneração de seus cargos. Deng chamou o partido a agir com determinação contra aqueles que deixassem de lhe apoiar as políticas, sem receio de contrariar as elites. Obliquamente criticou Chen e Li, quando observou que líderes ocupantes de cargos haviam tentado frustrar os esforços dele para se livrar daqueles que lhe não apoiavam os planos, Gao Di, Deng Liqun e He Jingzhi.⁴⁹ Deng passou então a enaltecer o empenho do povo e dos líderes de Shanghai em favor da estruturação econômica e instruiu todos os presentes a fazer toda força na construção de uma imensa metrópole socialista com características chinesas: "Deem asas ao espírito de Shanghai."⁵⁰

Chen Yun encontrou-se com Deng em 2 e 6 de fevereiro numa tentativa de conseguir uma solução de acerto. Antes dessas reuniões, os seguidores de Chen Yun lotados no departamento de organização fizeram circular um documento que pregava contra tudo que Deng vinha construindo desde 1978. Esse documento disparava acusações de que o partido estava, mais uma vez, tomado por "oportunistas de direita" (a mesma denúncia feita, anos antes, por Mao ao partido, na véspera da Revolução Cultural), os quais, embora em minoria, estavam induzindo as massas ao erro ao defenderem a liberalização burguesa. O partido, afirmava ele, tinha de reformar a liderança e purgá-la do elemento burguês. O fato de integrantes da liderança do partido assestarem tais acusações, ainda mais contra Deng, obviamente teria um efeito desanimador sobre seus seguidores. Deng teve de tomar providências drásticas, a fim de acabar com essa tendência orientada no sentido de equiparar as ZEE, a reforma e a abertura à "evolução pacífica" e ao "oportunismo direitista".[51]

As conversas com Chen cobriram três tópicos principais: a tarefa central do partido, como lidar com o capitalismo e as ZEE. Chen advogou a importância da ideologia diante dos sérios problemas ligados à corrupção e à liberalização burguesa. Ele alertou que a razão do desmoronamento da União Soviética não foi a má estruturação da economia, mas as alterações na liderança e a traição ao socialismo. Chen avisou que, se a China não reavaliasse os resultados da reforma e da abertura e não eliminasse a corrupção e a liberalização burguesa, a face do socialismo chinês mudaria. A China se transformaria num país capitalista via evolução pacífica, levada pelo Partido Comunista Chinês.[52]

Chen então falou sobre a corrupção nas ZEE de Deng e o alastramento da influência do capitalismo. Se o partido não se preocupasse com essas questões, Chen asseverou, o fenômeno negativo apresentado pela abertura para o mundo exterior se tornaria maligno, e o partido pagaria um preço alto para se livrar disso mais tarde. Chen não temia que o partido sofresse uma derrota ao enfrentar as forças democráticas; ele estava meramente calculando quanto custaria expurgar da sociedade os maus elementos. Seria mais barato, ele defendeu, fazer isso logo.

Finalmente, abordou sua verdadeira queixa contra Deng: o liberalismo burguês que se infiltrava. Este tinha de ser criticado ostensivamente e coibido. Estava insatisfeito com a falta de ação. Da mesma forma que se dirigira à sua audiência do ano-novo, Chen disse que "era preciso engajar numa luta de retaliação contra a conspiração para uma 'evolução pacífica' engendrada pelo mundo ocidental e encabeçada pelos Estados Unidos, que estão executando uma política de intervenção, subversão, sabotagem e infiltração em nossa pátria".[53]

Em resposta, Deng disse a Chen que os anciãos do partido estavam com ele. Ambos se puseram de acordo acerca do prognóstico de que, em longo prazo, se o partido fizesse um bom trabalho de estruturação econômica, conseguiria manter sua condição de chefia. Se falhasse, não sobreviveria, e o socialismo não sobreviveria.[54] Deng teria dito a Chen: "Só se pode falar alto quando se tem muito dinheiro."[55] Isso nos faz lembrar a conversa de Deng com os comandos do exército na reunião de dezembro da CMC, quando chegaram à conclusão de que só com modernização a China cresceria em poder e riqueza e sustentaria um exército forte. De acordo com participantes, Deng também gritou: "Qualquer líder que não consiga lutar pela economia deve deixar o cargo."[56] Quanto à questão de lidar com o capitalismo, Deng ainda defendia adotar seus lados positivos – sua tirada da cor do gato. Conforme ele dissera em Shanghai, reforma e abertura "implicam a adoção dos aspectos úteis do capitalismo. Devíamos absorver mais capital externo e mais experiências e tecnologias avançadas do estrangeiro, além de criar empresas sustentadas por investimentos vindos de fora. Não se deve temer a pecha de se estar praticando capitalismo. Capitalismo não é coisa a temer".[57] Finalmente, no que dizia respeito às ZEE, Deng recusou se desviar de seus objetivos por "aspectos tributários", numa referência à corrupção, à prostituição e a outras atividades ilegais. Deng já ressaltara a necessidade de se administrar direito as ZEE. Não permitiria que outros chefes negassem as "grandes e comprovadas conquistas das ZEE".[58]

A visita de Deng a Shanghai teve resultados confusos. Ele não obtivera qualquer concessão da parte de Chen, que deixou de voltar para as reuniões do Politburo de fevereiro, nas quais as novas políticas de Deng foram debatidas. Entretanto, num sinal mais positivo, os jornais locais de Shanghai imediatamente começaram a publicar editoriais em apoio à nova política de Deng de ir em frente a toda força com a reforma e a abertura; e Jiang retornou a Pequim, a fim de espalhar a mensagem de Deng ao partido.

Em uma reunião de emergência do Politburo em 8 de fevereiro, enquanto Deng e Chen ainda se encontravam em Shanghai, Jiang anunciou as novas políticas de Deng e retransmitiu o conteúdo das conversações entre Deng e Chen. Em 12 de fevereiro, uma reunião ampliada do Comitê Central foi realizada, na qual líderes provinciais, autoridades estatais, representantes do exército e a maioria dos membros do Comitê Central, assim como integrantes do Politburo, estavam presentes. Assim, Deng foi capaz de driblar os censores da propaganda e da mídia, para fazer suas ideias chegarem às massas; especialmente aos membros do partido sediados fora de Pequim. A imprensa controlada por Chen ignorara os comentários de Deng por mais de um ano e não lhe noticiara o périplo pela China. Ficava agora claro para todos que o aparato regional do partido, tal qual o exército, apoiava Deng. Em uma reunião ampliada do Comitê Central, seguidores de Chen como Song Ping e o astuto político Li Peng abraçaram a causa, enquanto Bo Yibo, Wan Li e outros anciãos formaram ao lado de Deng, rachando a Comissão Consultiva Central, que era o baluarte de Chen Yun para a resistência contra os esforços da reforma econômica de Deng.[59] Finalmente, em 9 e 10 de março, um pleno do Politburo proclamou formalmente que o pensamento de Deng deveria ser implementado como opinião coletiva do partido e codificado no Documento Central nº 2 de 1992. Seu conteúdo fora divulgado em todos os níveis do partido para discussão e implementação em 28 de fevereiro, nove dias antes do pleno. Deng estaria justificado em proclamar a própria vitória sobre a facção Li Peng-Chen Yun, mas teria sido um gesto prematuro; a batalha ainda estava em andamento.

Deng fora a Shenzhen por via de Shanghai, do nordeste e do centro da China, fazendo paradas nas cidades principais – Shenyang, Tianjin, Shanghai, Wuhan e finalmente Guangzhou.

Seus lugares-tenentes tinham visitado ou estavam por visitar importantes centros político-militares na esteira dos acordos chegados em Shenzhen. Qiao Shi, Wan Li, Tian Jiyun, Zhu Rongji, Yang Shangkun e Jiang Zemin – todos devidamente acompanhados por militares e membros do partido – visitaram Hainan, Guangzhou, Zhejiang, Shenyang, Nanquim, Wulumuqi, Guangxi e também Pequim. Assim, todas as regiões militares aderiram entre 3 de dezembro e 12 de fevereiro.[60] Desse modo, Deng mobilizara os elementos essenciais à sua causa: o exército, os anciãos, as forças de segurança pública e a burocracia regional do partido.[61]

Mas Chen não estava inclinado a abandonar a visão de que ele era quem sabia o que era melhor para a China. Nesse particular, ele não era diferente de Deng. Chen regressou a Pequim de suas férias em Shanghai e de suas conversas com Deng, com o propósito de reorganizar a resistência contra o que ele entendia ser – corretamente, conforme ficou demonstrado – uma campanha total por parte de Deng para tomar a iniciativa da formulação de políticas. Chen, até aquele momento, não estava impotente; ainda tinha o controle dos votos no Comitê Permanente, e a Comissão Consultiva Central era o instrumento de sua influência sobre os anciãos. Chen ainda tinha como influir na política.

Duelo das políticas

Deng formara uma coalizão e se apoderou do efetivo controle da política, mas Chen Yun ainda tinha como mobilizar ponderáveis recursos e apoio contra ele; dessa vez, porém, Deng não pretendia recuar. Sua única opção, ao perceber que Chen e os ideólogos não enxergavam as coisas como ele, estava em reestruturar os corpos políticos, de forma a obter o controle efetivo. Mas, primeiro, ele tentaria uma solução de meio-termo.

Chen Yun recuou para Pequim após seu duelo com Deng em Shanghai. Não compareceu à reunião ampliada do Politburo em 12 de fevereiro, pois já sabia terem sido suas políticas revogadas por Deng. Em vez disso, reuniu suas forças a um contra-ataque. Convidou diversos membros da Comissão Consultiva Central à sua residência em 17 de fevereiro, inclusive assessores de ministérios importantes e de comitês centrais. Suas acusações a Deng foram postas em um documento intitulado "Várias Opiniões sobre Problemas Atuais". Chen manifestou suas queixas contra Deng e atacou as famosas Quatro Modernizações de Deng: "Estamos fazendo a construção da modernização socialista, logo temos de nos guiar pela teoria marxista-leninista. Se nos desviarmos dessa teoria, não podemos sequer começar a falar em promover as quatro modernizações com uma natureza socialista."[62]

Chen disse aos seus visitantes que a tarefa mais importante, ao contrário da reforma e da abertura, era estruturar o partido sobre o pensamento marxista-leninista e formar um grande número de quadros e sucessores que tivessem fé inabalável no marxismo-leninismo.[63] O Partido Comunista Chinês era um partido marxista, disse ele, e somente a teoria marxista poderia orientá-lo. Qualquer outro pensamento ou ideologia não passava de um desvio do marxismo. Ele declarou que, ao se apoiar o socialismo, era preciso diferenciar claramente o socialismo real do revisionismo que conduzia à via socialista democrática. Chen explicitamente equiparou o liberalismo de Deng com socialismo democrático. Tal desvio, segundo ele, só levaria a reveses e ao fracasso da revolução chinesa. A solução proposta por Chen era recapitular experiências e se proteger contra a destruição, como aquela provocada pelo ultraesquerdismo da Era Mao e por aquela causada pelos desvios direitistas dos dez anos anteriores – o que só poderia ser uma referência às políticas de Deng.[64]

Em seguida, Chen voltou a atenção para as ZEE e a propagação da influência do capitalismo. Manifestou preocupação com práticas condenáveis e com a corrupção que se disseminavam, coisas que atribuía à abertura para o mundo, conforme dissera a Deng em Shanghai. Se o partido não cuidasse desses problemas, o fenômeno negativo causado pela abertura e pelo abuso de privilégios de membros do partido se transformaria num tumor maligno, e o partido pagaria um preço alto para extirpá-lo mais tarde. Finalmente, repetiu sua mais grave condenação às políticas de Deng: facilitar a infiltração da liberalização burguesa. Chen exigiu que essa tendência fosse amplamente criticada e coibida.

De acordo com o documento de Chen, a tarefa do partido era procurar a materialização e a perfeição do socialismo. O partido determinaria o rumo a seguir, e ninguém estaria autorizado a mudá-lo sem antes submeter a mudança pretendida a um amplo debate, à discussão, à pesquisa e ao voto, tendo em vista que isso envolvia a organização e os princípios partidários. Mas era precisamente o que fizera Deng. Declarou que o atual desenvolvimento planejado e proporcional da economia, com 70% controlados pelo plano e 30% controlados pelo mercado, ainda era o mais conveniente às condições da China. Ele expressou a preocupação de que as ZEE não haviam operado durante tempo suficiente que permitisse lhes proclamar o êxito, sem falar nos fatores inquietantes, anormais e insalubres a elas associados.

Chen passou então ao ataque ao programa de Deng de "um centro e dois ramos". Enquanto Deng advogava o desenvolvimento da economia como centro e principal prioridade, Chen pregava a importância da organização e da ideologia do partido ante um cenário internacional em rápida mutação. Segundo Chen, se o partido não tivesse a percepção de ideologia e propaganda conforme delineado pelos Quatro Princípios Cardeais, então a construção socialista perderia o rumo e fracassaria. A única maneira de evitar um colapso como o que liquidara a União Soviética era fortalecer a organização e a formação ideológica do partido. No entendimento de Chen, "devemos precaver-nos contra a tendência esquerdista na economia e a tendência direitista na política".

Chen então terminou e permitiu que seu assecla Deng Liqun enumerasse as acusações mais sérias contra Deng Xiaoping e os reformadores. Em seu discurso, intitulado "Para onde vai a China em Revolução e Construção?", Deng Liqun denunciou o surgimento de uma nova classe no interior do partido, uma classe que castrara os princípios do marxismo-leninismo e adotara um conjunto de princípios que lhes eram opostos. Claramente, esta denúncia ecoava a acusação de Mao no limiar dos anos 1960 de que *capitalist roaders* haviam surgido no partido. A impressão que se tinha era a de que Deng Liqun clamava por outro assalto ao aparelho do partido, outra Revolução Cultural. Na verdade, suas declarações abordavam o dever dos comunistas em termos de proteção do marxismo, chegando mesmo a ponto de por ele sacrificarem suas vidas. Deng Liqun claramente exigia uma atitude, uma batalha entre o bem e o mal. Com efeito, ele conclamou a Comissão Consultiva Central a apresentar uma proposta ao Comitê Central do Partido Comunista Chinês para que se convocasse um encontro especial de trabalho para a resolução do problema da linha justa e do sentido da revolução e da construção da China.

Claramente, Chen enveredava por uma estrada que ele e Deng Xiaoping haviam concordado ser desastrosa – a Grande Revolução Cultural Proletária. A Comissão Consultiva Central, com Chen na direção, submetera tal proposta ao Comitê Central, porém o efeito aguara, pois só 50% dos membros estavam presentes. Membros-chave como Song Renqiong e Bo Yibo estavam ausentes, talvez numa tentativa de se mostrarem distanciados de Chen. De qualquer forma, a proposta era um sério desafio à estabilidade do partido em geral e a Deng Xiaoping em particular.

Deng Xiaoping, entretanto, já tomara de Chen a iniciativa, pois seus comentários da excursão pelo sul já haviam sido distribuídos pelo partido, assim como os documentos resultantes da reunião ampliada do Comitê Central realizada em 12 de fevereiro.

Então, em fevereiro de 1992, havia efetivamente dois campos opostos dentro do Partido Comunista Chinês: um leal a Mao e ao marxismo, e outro leal a Deng e à economia "de mercado" – se capitalista ou socialista era irrelevante. Trinta anos antes, uma divisão dentro do partido levara a uma guerra civil que deixara

Reação

cicatrizes profundas ainda não sumidas. Não era provável que Deng pudesse deixar a denúncia sem resposta.

Com efeito, Deng Xiaoping não ficou sentado à toa enquanto os "esquerdistas" tentavam lançar outra Revolução Cultural. Em 2 de março, Deng convocou uma reunião em sua casa no Zhongnanhai. Entre os presentes estavam Wang Ping, Li Desheng, Wu Xiuquan, Yang Dezhi, Xiao Ke, Yu Qiuli, Qiao Shi, Zhang Jingfu, Geng Biao, Huang Hua e Chen Xilian – todos íntimos camaradas de lutas. Deng não usou de meias palavras. Ele tinha consciência das denúncias e de quem ali eram os inimigos dele: "nem todos eram velhos camaradas; alguns eram do Politburo e de dentro do governo".[65] De acordo com Deng, alguns elementos do governo diziam que apoiavam a reforma e a abertura, mas não era verdade. Era bom que eles tivessem arrancado a máscara. Deng, como Mao, não se acanhava em lançar mão de discussões internas com o intuito de identificar seus inimigos para referências futuras. Deng também declarou estar disposto a permitir que suas opiniões fossem postas à prova, ao contrário de alguns camaradas dentro do partido.

A título de respaldo legal para sua viagem ao sul e a divulgação de suas opiniões no interior do partido, ele citou a resolução do 5º Pleno de novembro de 1989, que lhe solicitara a permanência no leme. Isto indica que Deng reteve uma certa medida de controle por intermédio de sua ligação com Yang Shangkun. Deng também ressaltou que o partido e a Comissão Consultiva Central concordaram com sua política de "um centro, dois pontos fundamentais". Em 1992, entretanto, havia gente que estava agregando ideias esquerdistas ao debate e lhe denunciando as políticas de construção e forças produtivas como sendo capitalistas. Esses mesmos, ele acusou, estavam a incitar uma guerra entre classes dentro do partido, quando já se havia chegado a um acordo sobre o arrefecimento da luta de classes. Também se queixou de que aquela mesma gente se apoderara dos Quatro Princípios Cardeais – os quais eram tão só uma parte do princípio de "um centro, dois pontos fundamentais" – e os brandia como se fossem o principal enfoque dos esforços do partido. O efeito disso havia sido o surgimento da controvérsia dos "dois centros" que tomara corpo dentro do partido: um centro, a construção econômica, e o outro, a reforma ideológica e organizacional.

Deng rebateu a acusação de Chen Yun ao afirmar que ele, Chen, arbitrariamente, alterara a política partidária, havendo a agravante de o Politburo ter sido desconsiderado com a conivência da Comissão Consultiva Central. Exibiu à plateia uma carta assinada por trinta e cinco altos membros da Comissão Consultiva Central, inclusive as de Chen Yun, Li Xiannian, Wang Zhen, Wang Renzhong, Deng Liqun, Hu Qiaomu e He Jingzhi.[66] Essa carta fazia seis propostas:

1. Sustentar a linha mestra marxista-leninista do partido;
2. Corrigir prontamente o rumo do desenvolvimento que se desviara da via socialista;
3. Fazer movimentos de retificação da ética, das ideias e da ideologia comunistas;
4. Conduzir a propaganda e a educação voltadas para a ideologia, a moralidade e o espírito socialistas nas empresas, unidades, escolas e comunidades em todo o país;
5. Desfechar uma luta contra a infiltração e o forçamento de ideologias ocidentais e da corrosiva evolução pacífica; e
6. Instituir reformas, aberturas e autoaprimoramentos que sejam intrinsecamente socialistas.[67]

Deng estava obviamente mordido pelas acusações vindas de Chen que, sem dúvida, estavam a dividir o partido. Conforme a denúncia de Deng, mesmo que determinados anciãos não aprovassem o que ele, Deng, tinha a dizer, que assim fosse. Todos tinham responsabilidade em obedecer ao Politburo. Se Deng estivesse errado, ainda assim era direito dele divulgar suas opiniões.

Deng repetiu para sua plateia o que ele incluíra anteriormente em suas "opiniões". Ele desafiou os presentes a serem ousados, a tentarem coisas novas e não se preocuparem com críticas. O fato de o partido ser socialista ou capitalista não dependia da adoração a um livro, ele reiterou. Dependia de sua capacidade de desenvolver forças sociais produtivas e melhorar o padrão de vida do povo. Deng sugeriu que partido e governo divulgassem a linha de ação partidária referente à estruturação econômica e avaliassem os resultados.⁶⁸ Deng então lançou o desafio final: "Se resumirmos as experiências ao longo dos 42 anos desde a fundação da nova China e na década da reforma e da abertura, o perigo tem origem, principalmente, no 'esquerdismo'. Isto se manifesta no fato de o marxismo-leninismo ser interpretado sob uma forma de dogmatismo e de adoração a escritos para a formulação de políticas e princípios."⁶⁹

O Politburo realizou uma sessão plenária em 9 e 10 de março de 1992, na qual deu o selo de aprovação às proposições de Deng. Distribuído aos fiéis do partido sob o título de Documento Central nº 2, continha os pronunciamentos feitos por Deng durante sua visita de ano-novo ao sul em janeiro e fevereiro de 1992. O Politburo também fez alguns pronunciamentos. Reproduzindo as declarações de Deng sob a forma de diretrizes ao partido, o Politburo denunciou que o principal perigo político diante da nação provinha da ala esquerda do partido, e não daqueles que pediam uma reforma mais audaciosa. Portanto, embora se deva permanecer vigilante contra desvios direitistas, o principal foco de atenção seria o cuidado com desvios "esquerdistas".⁷⁰ Contudo, conforme se veria, era difícil traduzir a retórica da decisão do Politburo e do Documento Central nº 2 em políticas concretas, uma vez que Deng ainda não detinha controle eficaz sobre a máquina administrativa do partido e do governo. Apesar disso, o Politburo comprometeu a China com a reforma e a abertura por um período de cem anos. Desenvolvimento econômico era a prioridade número um do país: "É imperativo aderir resolutamente à construção econômica como tarefa fundamental, e permanecer fiel aos Quatro Princípios Cardeais, à reforma e à abertura para o mundo exterior." Segundo a imprensa, as resoluções também declaravam que, "desde que o país cumpra as políticas reformistas sem hesitação durante um século, a nação será capaz de manter uma longa estabilidade e poderá ter esperanças".

O Politburo também exigiu que a reforma e a abertura para o mundo fossem feitas de maneira mais ousada, com mais inovação e experimentação. Numa resolução final sobre o debate que já durava um ano sobre se alguma coisa era socialista ou capitalista, o Politburo declarou que "julgar se determinado movimento é 'socialista' ou 'capitalista' dependerá, principalmente, do benefício que trouxer ao desenvolvimento das forças produtivas sob a égide do socialismo, ao engrandecimento do poder nacional geral de nosso país socialista e à melhoria do padrão de vida do povo". Quanto ao apelo de Li Peng no sentido de autossuficiência e de evitar o capital estrangeiro, o Politburo declarou que "o partido e o país devem ousar no aprendizado e na absorção de todas as conquistas da civilização humana e na adoção de métodos avançados de administração de outros países do mundo contemporâneo, inclusive dos países desenvolvidos do Ocidente".

Entretanto, Deng estava de acordo com os "esquerdistas" e com Chen Yun num aspecto, o que também foi outra resolução do Politburo: "O partido deve aumentar a força militar e consolidar seu poder através dos meios da ditadura."[71] A resolução reconhecia ser necessário combater a liberalização burguesa e a evolução pacífica por vinte ou mais anos. Assim, o Politburo concordou com tudo quanto Deng propusera.

Neste ponto, seria útil reexaminar o Documento Central nº 2, porquanto ele descrevia minuciosamente a filosofia política de Deng e era um guia sobre a forma como implementar seu "compromisso".

O documento foi distribuído até o nível de regimentos, municípios e distritos, em 28 de fevereiro, antes de ser incluído na pauta da sessão plenária do Politburo em 9 de março. Isso, porém, só aconteceu depois das discussões internas em Shanghai e

Pequim no início de fevereiro e dos amplos debates realizados no Comitê Central em 12 de fevereiro, e também depois de Chen e a Comissão Consultiva Central lhe haverem tentado puxar o tapete com o requerimento que tinham encaminhado ao Comitê Central. Assim, o partido tomou ciência da posição de Deng *vis--à-vis* a de Chen e dos conservadores. O prefácio do "Documento Central nº 2, circular do Comitê Central do Partido Comunista Chinês, que Dispõe sobre a Avaliação e Disseminação dos Comentários do Camarada Deng Xiaoping", ressaltou sua relevância e moldura histórica: "Num momento crucial para o programa de modernização socialista da China, o camarada Deng Xiaoping fez este pronunciamento de extrema importância, com o propósito de divulgar suas opiniões a respeito de uma série de questões relevantes: implementar com firmeza inabalável a linha mestra do partido de 'um centro, dois pontos fundamentais', apoiando a via socialista com características chinesas e, em especial, a necessidade de aproveitar a boa oportunidade que hoje se apresenta de acelerar o ritmo da reforma e da abertura, e concentrar energia na construção econômica."[72]

O Politburo instruía todos os membros do partido a aprenderem e implantarem as instruções de Deng, das quais o ponto mais importante era aproveitar o momento:

> No passado, nós falávamos apenas de desenvolvimento de forças produtivas sob condições socialistas, mas deixávamos de mencionar como a reforma e a abertura emancipariam as forças produtivas. Com efeito, reforma e abertura significam lealdade à linha mestra do partido e obediência aos seus princípios, às suas políticas e à sua linha justa a partir da 3ª sessão plenária do 11º Comitê Central do Partido Comunista Chinês. A chave está em, com persistência, manter o princípio de "um centro e dois pontos fundamentais". A linha mestra deve valer por 100 anos e não pode ser mexida. Só com a manutenção desta linha poderemos ter a confiança do povo em nós e seu apoio. Se não efetuarmos a reforma e a abertura, se não desenvolvermos a economia e não melhorarmos o padrão de

vida do povo, vamos para a ruína. A gente comum não permitirá que ninguém altere os princípios e as políticas da linha mestra, e aqueles que o fizerem serão destituídos a qualquer hora. Citei este ponto inúmeras vezes: somente se nos mantivermos fiéis à linha mestra, poderemos ter uma saída.

Posso apenas dizer que, se não tivesse havido qualquer conquista advinda da reforma e da abertura, não poderíamos ter sido capazes de superar o incidente de 4 de junho; e se tivéssemos falhado nessa prova, a situação teria sido caótica a ponto de nos levar a uma guerra civil. Foi o caso durante a "Revolução Cultural". A razão por que nosso país pôde manter a estabilidade após o incidente de 4 de junho foi o fato de a reforma e a abertura terem promovido o desenvolvimento econômico e melhorado o padrão de vida da população, e de as forças armadas e o governo também terem apoiado este caminho, este sistema e estas políticas.[73]

Em seus "Comentários", Deng também confrontou os conservadores do partido que haviam argumentado terem suas reformas nas ZEE resultado em práticas capitalistas. Declarou que a reforma e a abertura exigiram passos decisivos adiante e experimentos ousados. Não podem andar como "uma mulher de pés enfaixados". Embora fosse impossível evitar erros, a ênfase deveria recair sobre a identificação de problemas e suas soluções, seguindo-se em frente. Quando consideramos as reformas, a questão não deve ser sua natureza capitalista ou socialista, mas o fato de estarem ou não melhorando o padrão de vida da população. Numa frase curta, Deng reduziu marxismo e socialismo a um mero sentido de eficácia: se der certo, deve ser socialista. A velha tirada da cor do gato finalmente se transformara em política oficial. Deng estava claramente a defender a manutenção da ditadura do partido, mas esta não mais se sustentava em qualquer literatura ou teoria econômica encontrada nos santificados espaços das bibliotecas marxistas. Baseava-se simplesmente na eficácia: se uma política tornasse melhores os meios de subsistência do povo, era "socialista". Esta interpretação é fundamental para o entendimento das manobras de Deng em 1992 e daquele ano em diante.

Assim, Deng declarou, "o esquerdismo fica em grande desvantagem, quando comparado ao direitismo". Ele pediu o fim das invectivas e das polêmicas sobre socialismo e capitalismo. Em vez disso, clamou por mais reformas e aberturas mais amplas, mais rápidas e mais ousadas:

> Agora que os países e regiões periféricos estão à nossa frente em termos de desenvolvimento econômico, se fracassarmos na tentativa de alcançá-los ou se avançarmos a passos lentos, o povo não há de gostar quando fizer uma comparação. Portanto, se uma ideia puder ajudar a acelerar o desenvolvimento, não devemos impedi-la, mas tentar apressar ainda mais o desenvolvimento. De qualquer modo, precisamos valorizar a eficiência e a qualidade. Devemos aproveitar todas as chances a fim de possibilitar que este país se desenvolva com rapidez. Temos agora uma boa oportunidade; se não a aproveitarmos, logo ela não estará mais disponível. Desenvolvimento moroso equivale a estagnação. É preciso envidar grandes esforços para um salto no nível econômico a intervalos de cada poucos anos. Jamais tentemos reformas irrealísticas.
>
> Além disso, devemos estar atentos à coordenação. Se Guangdong pretende alcançar os quatro dragõezinhos asiáticos nos próximos 20 anos e deseja apressar o próprio desenvolvimento, terá de acelerar o passo ainda mais. Shanghai certamente pode andar mais depressa. Quando acelerarmos o ritmo do desenvolvimento, a situação nas quatro zonas econômicas especiais, no Delta do Yangtze e na China toda, será bem diferente da atual. De agora em diante, devemos apressar a reforma e o desenvolvimento. Agora, quando revejo meu trabalho em retrospecto, percebo que um dos grandes erros que cometi foi não haver transformado Shanghai em uma das zonas econômicas especiais na época, quando as quatro zonas econômicas especiais existentes foram criadas.[74]

Seus "Comentários" abordaram o temor de que empresas estrangeiras estariam tomando conta das ZEE. Deng respondeu que o estado ainda mantinha predominância na propriedade das ZEE. Além disso, o estado era capaz de obter renda dos impostos de firmas estrangeiras, as quais proviam empregos para chineses. Mais ainda, o estado se beneficiava com o cenário propício à importação de tecnologia e ao aprendizado de administração. Na opinião de Deng, as vantagens superavam as desvantagens. No pensamento dele, "a linha demarcatória entre planejamento e mercado não é a diferença substantiva entre socialismo e capitalismo, e isso não tem qualquer ligação com a escolha entre socialismo e capitalismo. Economia planejada não é a mesma coisa que socialismo, porque capitalismo também tem planejamento. Por outro lado, economia de mercado não é igual a capitalismo, porque o socialismo também tem um mercado. Tanto o planejamento como o mercado são instrumentos da economia".

Deng também rebateu a crítica dos conservadores de que as ricas cidades e regiões costeiras estavam a deixar para trás as áreas interioranas na corrida em busca dos lucros, solapando, dessa forma, os princípios basilares do partido. Ele admitiu que "algumas áreas teriam autorização para enriquecerem, se as condições fossem favoráveis. As regiões menos favorecidas seriam arrastadas, à medida que as riquezas fossem transferidas dos ricos para os pobres, a fim de se construir uma prosperidade mútua. O mecanismo seria um imposto (a ser implementado por Zhu em 1993)".

Os "Comentários" de Deng também contestaram a principal crítica de Chen Yun a respeito das ZEE: o crescimento da criminalidade e da corrupção. Chen e sua facção achavam que os aspectos negativos sobrepujavam os positivos. Deng entendia o contrário. "Devemos, de um lado, seguir o princípio de atentar para ambos os aspectos ao fomentar a reforma e a abertura de um lado, enquanto, de outro, combatemos todas as modalidades de ação criminosa. Ambos os aspectos são muito importantes. Não devemos mostrar clemência ao desferir nossos golpes contra todos os tipos de atividades criminosas e pôr um fim a este indecoroso fenômeno. Para alcançar os quatro dragõezinhos asiáticos nos próximos 20 anos, a província de Guangdong não deve apenas corrigir seu ordenamento social, mas também cultivar uma boa e generalizada disposição social. Ambas estas questões devem ser tratadas com propriedade; eis a essência do socialismo com características chinesas. Desde o início da abertura, alguns tenebrosos fenômenos passaram a assolar certas partes da China. Jamais deveremos assumir uma atitude de *laissez-faire* em relação a essas coisas malévolas como prostituição, uso de drogas e crimes contra a economia; devemos lidar com essas questões."

Por receio de que alguém viesse a temer que ele pudesse abrigar uma postura liberal em termos de democracia, Deng tratou de extirpar o equívoco. Declarou: "A experiência histórica demonstra que, para consolidar um regime político, é preciso empregar os meios da ditadura. A democracia é para ser aplicada ao povo, e a ditadura, aos inimigos; este é o significado de ditadura democrática do povo. Sob a égide da ditadura democrática popular, a consolidação do regime político popular é um ato de justiça, e não há espaço para hesitações. Ao longo de todo o processo de reforma e abertura para o mundo exterior, do início ao fim, é necessário defender os quatro princípios cardeais. Na 6ª sessão plenária do 12º Comitê Central do Partido Comunista Chinês, propus uma oposição à liberalização burguesa durante 20 anos. Tudo indica, hoje, que a luta deve ser estendida por um período ainda maior que 20 anos. Se permitirmos que a liberalização burguesa se dissemine sem freio, as consequências serão extremamente graves. Passamos mais ou menos 10 a elevar as zonas especiais ao ponto em que atualmente se encontram. Derrubá-las seria questão de somente uma noite, como aconteceu com a União Soviética."

Finalmente, Deng chegou ao ponto crucial de sua missão: como perpetuar o partido e o estado. Este é o momento em que adquirimos plena compreensão da campanha final de Deng. "De certa forma, se as questões chinesas podem ou não ser corretamente administradas, se o socialismo com características chinesas pode ou não ser adotado, se a economia pode ou não se desenvolver com rapidez maior, e se o estado pode ou não manter uma estabilidade de longo prazo, tudo isso depende do 'ser humano'. Ao perseguirem a 'evolução pacífica', forças hostis penduram suas esperanças na gente que formará as várias gerações que nos sucederão. A geração do camarada Jiang Zemin pode ser considerada a terceira geração, e existe a gente das quarta e quinta gerações que virão. Enquanto nós da geração mais velha ainda estivermos por aqui [os anciãos] e tivermos peso [participação nos debates do Politburo], as forças hostis estarão cientes de que nenhuma mudança poderá ser feita. Mas quando nós, os velhos, estivermos mortos e desaparecidos, quem irá cuidar dessas coisas? Devemos nos empenhar em administrar bem nosso exército e em bem educar nossa gente e nossa juventude." Neste ponto, na verdade, Deng reconheceu a existência do conselho consultivo de anciãos, semelhante aos *genro* da história japonesa. Além disso, declarou que o exército seria o guardião do estado e do partido, após o passamento dos anciãos.

Deng prosseguiu: "Se alguma coisa sair errada na China, o erro terá sido do Partido Comunista. Devemos agir com sobriedade em relação a este assunto e acentuar o adestramento dos herdeiros da revolução. Os chefes devem ser escolhidos de acordo com os quatro requisitos de serem revolucionários, mais instruídos, mais profissionais e mais jovens na média. Gente de talento e idoneidade política deve ser selecionada para os altos órgãos." Deng também não desejava ser mal interpretado em sua escolha anterior de sucessores: Zhao e Hu. Ele reconheceu: "Duas pessoas escolhidas por mim no passado resultaram em fracassos. Falharam nas questões de apego à via socialista e de oposição à liberalização burguesa, e não na questão do trabalho na economia."

Deng também estava preocupado com os velhos membros do partido que se recusavam a mudar diante dos novos tempos. Acusou-os de formalismo, demasiadamente confiantes no conhecimento dos livros. Exortou-os a "aplicar a essência do marxismo na prática". Àqueles que temiam a transformação do marxismo em algo irrelevante, ele argumentou exatamente o contrário: "Prosperaria (o marxismo), à medida que mostrasse o caminho do desenvolvimento econômico, conforme estava ocorrendo na China." Deng mostrou confiança em relação à batalha entre o socialismo e o capitalismo na China: "O capitalismo se desenvolveu ao longo de muitas centenas de anos. O socialismo em nosso país se desenvolveu por um curto período, e, pior ainda, nós mesmos o retardamos por 20 anos. Se levarmos mais 100 anos na transformação de nosso país em nação desenvolvida, terá sido uma façanha extraordinária. Daqui para a frente, até o meio do próximo século, nossa responsabilidade será imensa, e nosso fardo dos mais pesados."[75]

Li Peng foi rápido em admitir que Deng tomara a iniciativa. Logo que as políticas de Deng foram proclamadas na reunião ampliada do Politburo em fevereiro, ele anunciou que o governo as cumpriria. Entretanto, uma vez que não havia qualquer indicação da parte dele em fazer uma autocrítica na reunião de 9 de março, era provável que ele estivesse fingindo submissão, enquanto, na realidade, estaria agindo contra a reforma e a abertura. Na sessão plenária, Song Ping, Yao Yilin e até Jiang Zemin fizeram as respectivas autocríticas, a fim de ganharem a confiança de Deng e manterem seus cargos.

Em sua fala dirigida à 3ª sessão plenária do Conselho de Estado em Pequim, Li adotou a retórica do Documento Central nº 2. Mas também fez um autoelogio ao proclamar que, em sua administração, o programa trienal de retomada do planejamento pusera a economia nacional de volta nos trilhos. Ele deixou de mencionar os anos do governo de Zhao, quando o desenvolvimento econômico fora maior. Fez o chamamento para que todos os departamentos e setores apressassem o ritmo das reformas e da abertura ao mundo exterior, e declarou-se pela reforma das empresas estatais para torná-las receptivas às forças do mercado. Também pediu a modernização dos órgãos administrativos do governo.[76]

O discurso de Li Peng na 5ª sessão do VII Congresso Nacional do Povo foi igualmente autocongratulatório e deixou claro que ele e Chen Yun não estavam dispostos a abandonar sua política voltada para o crescimento medido, consistente, apesar de toda aquela retórica de sofreguidão. Assinalou que, enquanto a economia crescia a 7% em 1991, ele previa uma taxa de 6% para 1992. Era o mesmo índice estabelecido no Pleno em novembro de 1991 e que tanto contrariara Deng. Li mais uma vez proclamou que o programa trienal de retomada do planejamento havia sido um sucesso sem fazer qualquer referência aos altos índices de crescimento dos anos anteriores. Jogou aqueles anos dentro do período de dez anos de reforma e abertura. Ele avisou o Congresso Nacional do Povo que, embora o período de três anos acabasse de se encerrar com êxito, ainda havia razão para cuidados; fatores de desestabilização perduravam, e se deveria dar prioridade a uma solução para aquelas anomalias estruturais.

O discurso de Li exortava a população a se manifestar em apoio a Jiang e ao núcleo da chefia, dando apoio à política de "um centro, dois pontos fundamentais". Ele também pediu reforma e abertura, mas qualificou-as como uma necessidade para a preservação dos Quatro Princípios Cardeais e a manutenção da estabilidade política e social. Li declarou: "No momento, as condições são favoráveis tanto interna como externamente. Além disso, estamos prontos a dar aos recursos deste país completa liberdade de ação para a execução de qualquer projeto grandioso. Por isso, no longo processo de modernização que está por vir, precisamos e somos capazes de lançar uma série de programas passo a passo, delineados para atingir um alto índice de crescimento com um bom custo-benefício financeiro. A fortuna só bate uma vez à nossa porta. Devemos aproveitar esta boa oportunidade, concentrar nossos recursos e acelerar ainda mais o desenvolvimento econômico. O foco do esforço econômico exercido em 1992 está em apressar o reajuste estrutural e as ações orientadas no sentido de aumentar os lucros. Em especial, precisamos envidar esforços para um bem-

-sucedido incremento da agricultura e para o fortalecimento das empresas médias estatais."

Em seguida, embora reafirmando o sistema de responsabilidade contratual para a agricultura familiar com remuneração proporcional à produção, defendeu um melhor gerenciamento tanto da perspectiva individual como da coletiva. Também pediu uma expansão do setor coletivo da economia, assim como o provimento de mais tecnologia àquele setor.

Na frente industrial, Li pediu o ajuste estrutural para melhorar as empresas médias estatais. Declarou que as medidas postas em prática em 1991, as quais incluíam rápidas transferências de capital, menores custos de produção, maiores lucros e melhor gerenciamento, deveriam prosseguir em 1992.

De um modo geral, Li enalteceu o próprio empenho ao longo dos últimos anos: "Essencialmente, o propósito da reforma é mudar a estrutura econômica que restringe o desenvolvimento das forças produtivas, instituindo uma estrutura econômica socialista cheia de vitalidade e vigor, e promovendo o desenvolvimento da economia de commodities planejada. Nos últimos anos, a sociedade e a política da China têm permanecido estáveis; nossa economia tem testemunhado o desenvolvimento sustentado e a tranquila conclusão do trabalho de melhoramento do cenário econômico e de acerto do ordenamento econômico. Tudo isso criou condições favoráveis ao aprofundamento da reforma e à expansão da abrangência da abertura. Devemos prosseguir a emancipação das mentes, ser corajosos no desbravamento de novos caminhos, e dar passos mais longos em direção à reforma e à abertura." Referindo-se mais especificamente às ZEE, ele observou que, após mais de dez anos de trabalho árduo, "nosso país implantou a abertura numa escala abrangente. Precisamos expandir ainda mais o alcance da abertura, aumentar a eficiência e elevar a abertura ao mundo exterior a um novo patamar". O que isto realmente queria dizer era: "Precisamos continuar a gerir direito as ZEE e as várias outras zonas de desenvolvimento econômico e tecnológico, cidades abertas e zonas francas, a fim de trazer um crescimento mais rápido e um aumento da construção civil urbana àquelas áreas, ajudando-as a melhor desempenharem o papel de vitrines e propagadoras da causa da reforma e da abertura, acelerando, dessa forma, o desenvolvimento de uma economia voltada para as exportações."

Para não ser superado por Deng, Li também pediu a criação de um ambiente político-social melhor. Durante 1992, o governo devia orientar o trabalho no sentido de dar forma final à estrutura da modernização de um modo mais completo, enquanto consolidava e desenvolvia um ambiente político estável favorável ao desenvolvimento econômico. Isto significava aumento da eficiência dos órgãos governamentais e separação entre administração e gerência. Ele prosseguiu em sua postura, instigado pelos "esquerdistas", em prol do esforço ideológico. Estava preocupado com a contingência do "aparecimento, nas frentes teórica e ideológica, de muitos problemas e de um novo estado de coisas ocultas sob a situação de uma reforma aprofundada e uma abertura mais ampla, assim como também nas frentes educacional e cultural. Portanto, precisamos tentar executar, com profundidade, um longo processo educacional sobre os Quatro Princípios Cardeais dirigido às massas, particularmente aos jovens, em diferentes níveis e por meios diversos. Chefes em todos os escalões devem, com perseverança, seguir o princípio de dar atenção igual ao progresso ideológico e ao progresso material; e aumentar a fé de cada geração subsequente do povo chinês na construção da via socialista com características chinesas". Claramente, Li não conseguia desistir do plano de lançar outra campanha de educação socialista, a fim de conquistar o número de cadeiras necessárias no partido e de votos para o XIV Congresso.

Li também abordou o exército em seu relatório econômico ao Congresso Nacional do Povo. Segundo ele, o "exército, a polícia armada e a polícia de segurança pública constituem um sólido pilar da defesa da pátria. (...) Eles invariavelmente chegam, quando surgem as dificuldades e os perigos e contribuem significativamente para a proteção da propriedade estatal, da vida e da segurança da população. O exército precisa ainda se aperfeiçoar mais em termos de qualidade e se desenvolver à maneira chinesa. Deve se esforçar para ser politicamente confiável, militarmente capaz, altamente disciplinado e possuir um estilo superior de operar. Deve prover um grande respaldo e incrementar seu poder combatente de forma ampla, a fim de alcançar novas conquistas em termos de salvaguarda da soberania do estado e do processo de modernização".

Finalmente, Li voltou a atenção para o cenário internacional. Após fazer a manifestação em favor da reunificação com Taiwan, ele comentou as "drásticas mudanças ocorridas: a Guerra do Golfo, a guerra civil da Iugoslávia e, em especial, a desintegração da União Soviética". Embora a velha ordem mundial houvesse desabado, uma nova ordem ainda estava por emergir, de acordo com Li. Ele vislumbrava uma situação internacional que caminhava para a formação de um mundo multipolar. Com esse cenário, declarou que a China prosseguiria com sua política de não sair em busca de hegemonia e seguiria uma política externa independente e pacífica.[77]

Com estas palavras, Li lançara o desafio. Ele estava enunciando formalmente as novas políticas de Deng, mas na verdade se mantinha aferrado às ideias que ele e Chen vinham defendendo desde que os dois recuperaram o controle da máquina econômica, em 1989. Embora Deng tivesse forçado o partido a adotar sua proposta para uma reforma mais rápida, mais ousada e mais ampla, ele não substituíra aqueles que realmente detinham o poder na prática. As políticas de Li prevendo 6% de crescimento, reforma das empresas estatais, eficiência no aporte de recursos e reforma estrutural nas ZEE ainda poderiam prejudicar os programas de Deng. Claramente, ambos os lados haviam falhado na resolução de seus conflitos, mas Deng ainda estava arregimentando suas forças.

Deng mobilizara os militares. Ele conseguira agrupar em torno de sua causa as poderosas autoridades locais do partido e do governo, que controlavam a receita e a seleção de delegados para o XIV Congresso. Ele obtivera o controle dos assuntos referentes ao pessoal do partido, quando, primeiro, deu ao escritório de Jiang Zemin autoridade de supervisão sobre o departamento de organização e, segundo, ao nomear Bo Yibo para o grupo de trabalho que coordenava as designações para o 14º Comitê Central.[78] Apesar de dividir essa função com Song Ping e Lu Feng, Bo tinha a prerrogativa adicional de seu status de "ancião", sua aliança com Deng Xiaoping e o apoio extra do secretário particular de Jiang, que acumulava o cargo de vice-diretor do escritório-geral do Comitê Central.

Outro elemento foi crucial para a garantia de que as políticas de Deng se perpetuariam e o partido continuaria no poder. Foi a voz de Qiao Shi. Seu mentor era Peng Zhen, logo devemos presumir que Peng, como Bo Yibo, chegara à conclusão de que Deng tinha razão – de que a hora era agora ou, provavelmente, nunca mais. A China precisava tomar a iniciativa, enquanto a Rússia estava por baixo, e havia disponibilidade de dinheiro estrangeiro. Qiao Shi posicionou as forças estatais de segurança firmemente ao lado de Deng ao declarar, em 25 de março, que o povo chinês deveria "perceber a urgência" e captar o pensamento de Deng a respeito da estruturação socialista.[79] De acordo com Qiao, "o povo deve ter o sentido de urgência e não pode perder tempo, uma vez que não há muito tempo a perder até o fim deste século; e não é uma tarefa fácil cumprir o objetivo do segundo passo de quadruplicar o produto interno bruto chinês de 1980 e propiciar à população uma vida confortável até o ano 2000".[80] Qiao Shi, é claro, havia sido convidado para ocupar uma cadeira nas reuniões da CMC e nela foi considerado, ao que parece, como um membro *de facto*. Na condição de diretor de todas as forças públicas de segurança, ele era um elemento crucial em qualquer esforço para a manutenção da estabilidade social.

Reação

Na mesma reunião de 25 de março, Zhu Rongji foi designado para chefiar a versão mais atualizada do Escritório de Produção Estatal, o qual cortou as asas da Comissão de Planejamento Estatal, que era o instrumento de Chen Yun para controlar a economia.[81] Assim, a manobra de Deng havia disposto Zhu numa posição de confronto em relação a Chen e Li na arena econômica.[82] O escritório havia sido montado em 1989, em seguida ao incidente da Praça da Paz Celestial, como se fosse um comitê, com o propósito de examinar problemas econômicos, tendo Chen e Li como encarregados. Assim sendo, Zhu agora detinha o poder econômico, embora ainda lhe faltasse suporte por parte de toda a burocracia governamental. Isso teria de esperar até a realização do XIV Congresso.

É interessante notar que os pronunciamentos de Deng indicavam uma evolução em seu próprio pensamento. Ele estava advogando uma forma de capitalismo de estado. Qualquer coisa que aumentasse a riqueza e melhorasse o padrão de vida era "socialista" em sua natureza. Deng também defendia um modo de avaliação; se a opinião pública estivesse de acordo, o partido reteria seu mandato de governo. Sociedades asiáticas como Coreia do Sul e Singapura eram, para ele, exemplos de como as sociedades confucianas conseguiram se modernizar sem se tornarem liberais. Deng estava refazendo o partido com ênfase na capacitação técnica, e os militares estavam sendo profissionalizados. A sociedade, sob a orientação de um conselho de anciãos, elaboraria um esquema de divisão do poder, similar aos existentes no Japão, em Singapura e na Coreia do Sul, no qual o estado manteria o papel dominante na economia. Em alguns aspectos, a evolução de Deng refletia os últimos anos da Dinastia Manchu. Perdera-se a racionalização fundamental de um governo: o "mandato" – e o resultado foi o despotismo de comandantes militares. Quando se encontrou uma nova ideologia com atração suficiente para superar o regionalismo, emergiu uma nova China. Agora que o comunismo havia fracassado, Deng e outros lutavam a fim de evitar uma dissolução similar. Em vez disso, Deng e seus reformadores clamavam por uma nova ideologia, algo que todos pudessem compreender: estabilidade e crescimento econômico. Essa filosofia prática os manteria no poder, desde que os principais fatores participantes continuassem a prosperar.

Os conservadores haviam sido temporariamente superados em número por Deng e o exército. Mas Li Peng, com o apoio de Chen Yun, ainda tinha condições de protelar a implementação dos planos de Deng por meio do controle que detinha dos instrumentos da economia. Deng não conseguira mudar a política, nem mesmo com o apoio do Exército de Libertação do Povo.

4
Mais, melhor, mais depressa

中

Abertura da China

Deng fora bem-sucedido em assumir o controle da política econômica na primavera de 1992, mas não conseguira expurgar ou converter seus oponentes. O que ocorreria se ele morresse antes de Chen Yun? Sobreviveriam suas políticas após a morte dele? É importante conhecer a natureza das políticas de Deng e saber como foram empregadas para solidificar o controle sobre o partido.

Deng retornou a Pequim em fevereiro, a tempo de tomar conhecimento da autocrítica de Jiang nas reuniões do Politburo em fevereiro. Entre seus erros, Jiang confessou ter dito em várias ocasiões: "Por meio de acertos e melhoramentos, devemos fazer com que cada unidade familiar perca sua fortuna particular; o espírito de partido deve ser posto acima da lealdade ao povo; liberalização burguesa é uma força alojada dentro do país com o propósito de coordenar o esquema imperialista para a concretização da evolução pacífica."[1] Jiang também admitiu que, desde o verão anterior, ele vinha cumprindo as determinações de Chen Yun e Li Peng.

Bo Yibo, outro "ancião" com assento na junta de controle econômico ao lado de Chen e Li, saíra em total apoio às políticas de Deng. Ele redigira um documento interno endereçado aos membros mais antigos do partido, no qual defendia a posição dos liberais, muito embora tivesse estado nas hostes de Chen.[2] Assim, tinha-se a impressão de que, sem Deng à testa da política chinesa, houvera uma grande fluidez entre as duas principais facções. A missão de Deng era pôr um fim às incertezas.

No Pleno de março, Deng finalmente convencera os anciãos do partido a endossarem seus programas de aceleração das reformas e da abertura para o mundo exterior. O punho enluvado do exército foi, sem dúvida, útil ao convencimento daqueles que haviam vacilado, incluindo-se Jiang e Bo. Na reunião, as opiniões de Deng foram reunidas em um documento e divulgadas a todas as autoridades do governo e do partido para estudo e implementação como Documento Central nº 2. Contudo, houve contínua resistência à real implantação das mudanças.[3] Deng, entretanto, teimava em que a China enveredasse pela trilha do socialismo de mercado, deixando pouca possibilidade de seus sucessores reverterem esse caminho. Do mesmo modo com que fizera alterações institucionais no âmago do exército a fim de assegurar respaldo para as suas políticas, ele partiu em busca de mudanças institucionais na arena econômica.

No fim de abril, Deng incumbiu Jiang e Zhu Rongji de implementarem sua reforma e executarem a abertura. Da mesma forma que confiara a Yang Shangkun a condução da reforma institucional do exército, o ônus da execução da reforma econômica recaiu sobre Zhu Rongji. Zhu deveria ocupar o lugar do deposto Zhao Ziyang como o glorioso e brilhante czar da economia de Deng. Na verdade, não era para Jiang ter voz ativa na economia; sua anterior fraqueza ao longo dos anos anteriores saíra extremamente dispendiosa para Deng em termos de credibilidade.

Jiang, apesar disso, ainda era o líder escolhido por Deng e tinha o controle da máquina partidária; portanto, nesta função, foi ele quem escreveu uma carta ao Comitê Permanente do Politburo em maio, solicitando ao partido o cumprimento do Documento Central nº 2. Isto exigiria a expedição de um novo documento que detalhasse o que o partido queria dizer com "aceleração das reformas e da abertura". Esse novo documento foi discutido em reuniões do alto escalão e resultou num programa abrangente sob a direção do Conselho de Estado, cujo propósito era "mudar a superestrutura e a política central".⁴ O Documento nº 4, intitulado "Entendimento do Comitê Central do Partido Comunista Chinês sobre Reforma Acelerada, Abertura mais Ampla para o Mundo Exterior e Como Trabalhar para Elevar a Economia a um Patamar Superior Seguindo um Processo Melhor e Mais Rápido", pretendia ser a Carta Magna da reforma econômica ao longo dos cem anos seguintes.

O significado do Documento nº 4 é de suma relevância. Promoveu o Escritório da Produção do Conselho de Estado a Agência de Economia e Comércio (AEC), chefiado por Zhu Rongji, com ingerência sobre o controle macroeconômico e a coordenação da economia.⁵ Zhu estivera nominalmente à testa da economia desde sua elevação ao cargo de vice-premier um ano antes; porém, tendo ainda Li efetivamente as rédeas da política econômica ao lado de Chen Yun, ele havia sido ineficaz. Essa nova organização, somada às políticas inauguradas pelo Documento nº 4, deu efetivamente a Zhu autoridade administrativa para estabelecer e controlar a política macroeconômica. Especificamente, o Documento nº 4 tratava de uma abertura mais ampla para o mundo exterior; do fortalecimento do controle e da regulamentação macroeconômica; da transformação dos mecanismos operacionais das empresas; e da reestruturação do governo.

Quanto a uma abertura mais ampla para o mundo exterior, o documento deixava livre a maioria das províncias da China, corrigindo um erro que Deng reconheceu haver cometido, quando ele declarou que deveria ter incluído Shanghai na lista original das ZEE. Deng chegou à conclusão de que a primeira tentativa de abertura fora muito limitada para que assegurasse um apoio de âmbito nacional. O efeito foi igual ao da aplicação de uma cunha entre as áreas costeiras ricas e as províncias mais empobrecidas do interior, fazendo assim o jogo de Chen Yun e dos esquerdistas. Agora, Shanghai seria a cabeça de um dragão comprido, que se estenderia terra adentro ao longo do Rio Yangtze, abarcando Wuhu, Jiujiang, Wuhan, Yueyang e Chongqing.

Além das regiões interioranas, as áreas de fronteira receberam status de ZEE num esforço para o aproveitamento de situações especiais. Tratava-se claramente de uma jogada para tirar vantagem da desintegração da União Soviética, cujas antigas repúblicas situadas na fronteira com a China mantinham laços comerciais mais estreitos com seus vizinhos do que com Moscou. Propiciou também à China crescente alavancagem tanto política como econômica em relação às suas minorias e respectivas parentelas do outro lado da fronteira. Essas áreas então abertas incluíam Pingxiang e Dongxing em Guangxi; os municípios de Hekou, Wanding e Ruili em Yunnan; Yili, Tachen e Bole em Xinjiang; e Erenhot na Mongólia Interior. Com o propósito de seduzir províncias inteiras – muitas das quais eram economicamente atrasadas e se ressentiam dos privilégios especiais conferidos às ZEE litorâneas por causa de sua localização –, Deng concedeu às principais cidades dessas regiões fronteiriças condições iguais às das ZEE: Harbin, Huhhot, Urumqi, Kunming e Nanning. Sob o efeito das novas medidas, todas as áreas e cidades deveriam se empenhar agressivamente para obter tecnologias e investimentos estrangeiros. Cada ZEE costeira e cada província envolvida tinha de escolher uma cidade portuária a ser aberta na condição de zona associada de exportação.

Deng propôs que se abrisse toda a China com o status de ZEE. Medidas preferenciais destinadas a certas regiões e indústrias deveriam ser estendidas como parte da abertura para o mundo. Novas áreas de investimento foram identificadas; e se deveriam envidar esforços para atrair o capital estrangeiro de Hong Kong, Macau e Taiwan. De acordo com o documento, todos os principais projetos e todos os novos projetos tecnológicos que haviam sido aprovados pelo estado e que estivessem em conformidade com a política industrial, independente da localização, se beneficiariam das políticas preferenciais para zonas de desenvolvimento. O âmbito da aplicação dos fundos vindos de fora seria estendido às áreas de finanças, comércio, comunicações, turismo e indústrias terciárias. Bancos financiados por capital estrangeiro poderiam se estabelecer em determinadas cidades, assim como firmas de varejo apoiadas em investimentos do exterior. Mesmo sendo uma forma de federalismo econômico, os ajustes econômicos faziam parte do propósito amplo de Deng no sentido de recentralizar o estado unitário.

Logo que o Documento nº 4 estivesse em vigor, tudo o que restaria a ser feito para recentralizar o poder era a alteração do formato institucional do Politburo. Deng, porém, para conseguir isso, teria de esperar até a realização do congresso do partido no outono. Ele podia reestruturar o exército, mas o Politburo era mais difícil, o que explicava sua ênfase no controle da agenda para o congresso do partido. A não ser que ele pudesse montar um novo Comitê Central que refletisse o equilíbrio de poder por ele construído, a fim de garantir a reforma e a abertura e estabelecer um equilíbrio similar no Politburo, todos os seus esforços poderiam voltar à estaca zero. Naturalmente, o Politburo tinha força para, a qualquer momento, inverter o rumo como quisesse para concentrar o esforço na inflação ou recentralizar os poderes sobre a economia recentemente delegados às províncias; porém, com um equilíbrio em Pequim que refletisse o compromisso, seria muito difícil ignorar as exigências das províncias, as quais, em última instância, tinham o apoio do exército. Ao fazedor de reis – o Exército de Libertação do Povo – não importava quem era o rei, mas somente que as políticas do novo monarca não atrapalhassem os esforços em prol da modernização.

No cenário internacional, Deng vinha lutando desde 1973 para evitar que a China descambasse para o isolamento político. Ele conseguira desviar a tentativa de Mao de formar uma aliança com os Estados Unidos contra a União Soviética, no início da década de 1970. Foi forçado a pender para o lado dos norte-americanos nos anos 80, apenas quando Moscou se mostrou recalcitrante.

No final da década de 1980, Deng conseguiu reatar relações com Moscou, devido à ascensão de Gorbachev ao poder com sua política de *Perestroika*. Em 1989, ele rompeu com a "facção americana", porque seus integrantes queriam instalar a China no lado americano. Por volta de 1992, contudo, Deng finalmente pusera a política externa da China em novo patamar, materializando o sonho de toda a vida de uma situação de autonomia.

Com o Documento nº 4, Deng fez a abertura total da China e deu aos governantes provinciais um interesse econômico, a fim de assegurar que os planejadores centrais que trabalhavam com Li Peng e Chen Yun não fechariam as portas da China à revolução tecnológica então em andamento, temendo pela própria sobrevivência ante o colapso da União Soviética. Se houve algo que Deng deixara claro desde seu retorno à política em 1992, foi que a China não se fecharia em si mesma como fizera tantas vezes no passado. Este era o argumento dos artigos de Huangfu Ping, pelos quais Deng explicava que, no passado, nos momentos críticos, a China se voltara para dentro de si mesma ou limitara suas opções internacionais em detrimento de sua economia. Ele toleraria a liberalização burguesa e a evolução pacífica; os chefes saberiam lidar com isso. Mas não permitiria um retorno à política de Mao, imposta na década de 1960, voltada para a autossuficiência ou que priorizasse o fortalecimento do partido em termos de combate à evolução pacífica.

Ao mesmo tempo que, num sentido amplo, o Documento nº 4 fomentava uma reforma e uma abertura mais abrangentes e implantava uma mudança estrutural na equação do poder político em Pequim, ele também enumerava uma série de medidas concretas destinadas à reforma do modo como as empresas estatais operavam. Deng estava havia muito tempo preocupado com o prejuízo causado ao governo central pela ineficiência das empresas estatais. Ele também não podia ignorar o investimento de capital naquele setor da economia nem o tamanho do setor. Encontrou uma resposta graças a Zhu Rongji. Zhu formulara um plano para as empresas estatais de Shanghai que não implicava, necessariamente, o fechamento das fábricas e a demissão em massa de operários – algo que ninguém faria voluntariamente no setor industrial chinês extremamente inquieto caracterizado por uma mão de obra flutuante superior a 100 milhões de pessoas. O truque estava num esquema para transformar a ineficiência em eficiência, segundo as forças do mercado. Zhu o fizera, e Deng o transformou em política nacional. Redigiram-se regulamentos que incluíam no âmbito de decisão das empresas a responsabilidade por lucros, perdas e aumento de capital. As empresas ficavam então livres para tomar as próprias decisões, fixar salários, estabelecer política de preços, decidir sobre estratégias de investimentos e determinar a política de importação e exportação. Empresas ineficientes seriam fechadas, mas, com o tempo, as eficientes entrariam em um sistema de contrato. Teriam autorização para formar corporações, realizar negociações internacionais e instituir um sistema acionário.[6]

Como parte da reforma, reduziram-se os poderes da Comissão de Planejamento Estadual (CPE). A partir desta Comissão, Chen e Li haviam tentado a retrocessão das reformas de Deng. Com sua volta ao poder na primavera de 1992, Deng delegara o poder sobre a economia a Zhu e à Agência de Economia e Comércio (AEC). Entretanto, isso não significava que o poder pessoal e a influência de Chen estivessem diminuídos. Li e Chen continuariam a ser uma pedra no sapato de Deng até que ele pudesse recompor o Politburo. Naturalmente, uma vez isto feito, não importaria a Deng, na verdade, qual órgão estivesse à testa – a velha CPE, ou algo sobreposto como o AEC – tendo em vista que a economia teria sido reestruturada de acordo com as especificações dele. Deng e Zhao Ziyang haviam usado métodos similares para derrubar os planejadores centrais no início da década de 1980, então também sob o controle de Chen Yun. Embora as atribuições da CPE tivessem sido diminuídas, ela ainda tinha um papel a desempenhar na política econômica. De acordo com as alterações ditadas pelo

Documento nº 4, as principais tarefas da CPE eram: formular adequadamente a grande estratégia; controlar os dados brutos da oferta e da procura; orientar a reforma; elaborar programas gerais; efetuar acertos de caráter geral; ajustar índices; manter um equilíbrio abrangente; exercer o controle geral; delinear projetos essenciais de construção; e formular planos anuais.[7]

Reformando as empresas

Enquanto o Documento nº 4 era minutado, Deng chegara à conclusão de que necessitava de um exemplo para ilustrar o que ele e Zhu estavam preparando para as debilitadas empresas estatais. Assim, da mesma forma como percorrera a região sul para anunciar seus planos de transformar o setor não estatal da economia, ele percorreu a região norte para anunciar seus planos de reformar as empresas controladas pelo estado. Em maio, quando os últimos retoques estavam sendo aplicados ao Documento nº 4, ele e Zhu visitaram a Shoudu de Ferro e Aço [*shoudu significa capital*] em Pequim para anunciar suas novas políticas de reformas para as empresas estatais. Em seguida, Deng viajaria para o Nordeste, a principal região industrial da China, a fim de pregar o evangelho da reforma industrial baseada no modelo Shoudu.[8]

Deng foi a Shoudu para elogiar a siderúrgica e declarar que todas as empresas estatais deveriam similarmente efetuar experimentos, a fim de aumentar a eficiência e os lucros. Logo no começo dos esforços em prol da reforma, Shoudu implantara o sistema de responsabilidade da fábrica que consistia em delegar mais poder à empresa e ao gerente da fábrica, em detrimento do partido e da interferência reguladora do estado. Em consequência, começara a haver retorno de vultosos lucros para o tesouro estatal. Deng argumentara que somente com a liberdade da empresa em relação à desnecessária interferência de regulamentação externa – a CPE – poderia haver algum êxito. Se as grandes empresas estatais fossem bem-sucedidas, as demais se beneficiariam do capital liberado e dessas experiências. Ademais, empresas de sucesso poderiam absorver as mais fracas e, por integração vertical, produzir uma empresa eficiente, forte e rentável.

Na Shoudu, Deng pregou a mensagem que disseminara durante o roteiro percorrido pela região sul. Só que a plateia era diferente – desta vez, era de trabalhadores estatais. Estes tinham direito de suspeitar de Deng, uma vez que ele vinha fazendo uma campanha ininterrupta, desde que voltara ao poder em 1978, para reformar aquelas empresas deficitárias. Mas Deng trazia uma mensagem diferente. Pregava a liberação da inteligência a fim de salvar as empresas estatais. Deng disse a operários e gerentes da Shoudu que "a política estava decretada e agora dependia da população a tomada das providências necessárias. Aqueles que se recusassem a mudar sua mentalidade não seriam capazes de atuar com a devida rapidez para alcançarem o objetivo dele". Deng queria demonstrar aos seus críticos que estavam equivocados, quando afirmavam ser impraticável imitar o veloz desenvolvimento da Shoudu. Ele desafiou os trabalhadores a "abrirem as mentes, sem receio, uma vez que a política já estava em vigor". Deng bateu em que "se experiências como as da Shoudu não fossem imitadas e bem-sucedidas, de que outra forma a China iria provar a superioridade do socialismo?".

Em resumo, Deng defendia princípios capitalistas para as indústrias estatais. Lembremos que ele já concedera ao exército liberdade de ação para sair em busca da integração vertical do seu setor industrial. Somente os fortes sobreviveriam à competição. Isso não era medido por rótulos, mas por índices da economia. Deng mais uma vez declarou que um desenvolvimento econômico moroso equivalia a estagnação, e estagnação levava ao retrocesso. Repetidamente, denunciou a taxa de 6% de crescimento fixada nos Planos Quinquenal e Decenal, como causa do atraso no desenvolvimento econômico. "O Congresso Nacional do Povo estabeleceu uma taxa de crescimento de 6%. Tinha-se a impressão de que aquele que excedesse os 6% interromperia o desenvolvimento harmonioso. Isto é errado. Entendo que, se a taxa de crescimento de 6% for rigidamente mantida, haverá retrocesso." Deng continuou: "A satisfação com uma taxa de crescimento de 6% apenas nos conduzirá ao retrocesso, e a oportunidade terá sido desperdiçada. Japão e Hong Kong aproveitaram o primeiro momento oportuno para o seu desenvolvimento." Deng insistentemente ressaltou que o momento era agora. Se não fosse aproveitado, a oportunidade estaria perdida para sempre.

Para reforçar seu ponto de vista, Deng lembrou a inversão dos papéis de Shanghai e Hong Kong. "Hoje Hong Kong está à frente de Shanghai, onde anos atrás os papéis eram invertidos. Agora, a China tinha de montar um terceiro palco, a fim de tentar, mais uma vez, dobrar o produto nacional bruto. Se a China mantivesse a taxa de crescimento de 6%, não atingiria seu objetivo." O orgulho patriótico de Deng estava patente em sua política: "Uma taxa de crescimento baixa só vai agradar às potências estrangeiras." Alguns poderiam pensar que Deng temia a inflação, mas ele declarou: "Como pode um povo suportar a pressão e continuar a fazer crescer a taxa de crescimento? Com grandes aspirações e uma firme determinação. A taxa de crescimento de Shenzhen estava na altura dos 47%, de modo que pôde evoluir para o que é hoje em dia." Deng mencionou sua filosofia orientadora da reforma das empresas estatais: "O entusiasmo das empresas não deve ser reprimido, e as condições de vida das massas não devem ser afetadas."[9]

A chave, no pensamento de Deng, para uma política bem-sucedida seria encontrada na ciência econômica, o que explicaria a promoção de Zhu Rongji e o porquê de tanta responsabilidade descarregada sobre ele. Zhu afirmava ser uma questão de urgência resolver os problemas que assolavam as empresas estatais – mais de um terço estava operando com déficit; outro terço beirava o vermelho.[10] O único modo de salvar as empresas era torná-las eficientes, rentáveis e ainda capazes de assimilar um excesso de mão de obra. A integração vertical tinha de alcançar as economias de escala, a fim de suportar os 100 milhões de trabalhadores das empresas estatais. Os empregados dispensados poderiam então ser reaproveitados em empresas subsidiárias e preencher as vagas, à medida que a indústria se expandisse para atender aos mercados nacional e internacional. Deng demorou-se a louvar o trabalho de Zhu. Quando esteve em Shoudu, admitiu que sabia muito pouco de economia, mas conhecia quem sabia. "Zhu Rongji é muito capaz nesse departamento. Não creio que alguém possa ser considerado apto se não conhecer economia, independente da força política que detiver."[11]

O sentido da estruturação partidária pretendida por Deng começava a ficar evidente. Ele estava deliberadamente reconduzindo o velho ícone do partido, o vermelho e especialista, a uma posição de autoridade. Zhu era politicamente correto – um comunista. Era também tecnicamente competente – um especialista. Enquanto a voga de Mao e dos extremistas da Revolução Cultural havia sido preencher os cargos com os "vermelhos", Deng queria que cada funcionário fosse tão "vermelho" quanto "perito." Com Zhu e diversos outros, ele formara sua equipe de "vermelhos" e "especialistas" que conduziria a China através dos anos remanescentes do século XX.[12] Deng manipularia as funções a serem ocupadas no congresso seguinte de maneira a refletir os seus desígnios para o futuro. Ele não estava disposto a confiar no destino incerto para a passagem de cada geração para a seguinte.

Ao que parece, Deng estava à procura de um equilíbrio. Para se opor aos planejadores centrais liderados por Li e Chen, ele precisava de alguém melhor que eles no próprio jogo deles. O candidato perfeito seria um economista, ou alguém que entendesse de estatística econômica pelo menos tão bem quanto os economistas marxistas que assessoravam Li e Chen. Mas Zhu era um reformador que dava pouca importância a Marx e muita importância à economia como disciplina científica. Ele poderia apoiar um papel relevante para o estado na indústria pesada ou poderia deixar o estado retirar-se. O efeito era o mesmo: lucros para o tesouro nacional, um estado forte. Com os reformadores encarregados do planejamento econômico de longo prazo, poderia até continuar a existir conflito entre objetivos regionais e nacionais, mas era um conflito entre indivíduos que compartilhavam um objetivo que não pretendia desmantelar a infraestrutura estatal nem buscava a destruição mútua.

Assim, Deng tomara providências anteriores ao congresso com o propósito de liberar as energias produtivas de todos que estivessem dispostos a desafiar a velha escola. Aqueles que desejassem se livrar do ranço das tradições passadas poderiam se empenhar em busca de riqueza. As empresas estatais não precisavam mais temer o progresso; também podiam aderir à economia de mercado.

A regulamentação para a reforma das empresas estatais havia sido redigida em março, a tempo para apresentação ao Congresso Nacional do Povo, mas o fato de Deng ter de abordar a questão especificamente no Documento nº 4, conforme fizera em sua passagem pela Companhia Shoudu de Ferro e Aço em maio, parecia indicar que ele não estava satisfeito com o ritmo e o rumo estabelecidos por Li Peng na orientação da reforma das empresas.[13] Em seu "Delineamento" ao Congresso Nacional do Povo em março de 1992, Li enunciou vinte providências para a solução dos problemas das empresas estatais, mas como ele não recomendara uma mudança fundamental na filosofia das operações nem concluíra a regulamentação redigida em conjunto com o Conselho de Estado para a implementação das leis da reforma, coube a Zhu recomendar os princípios em que se pautaria a transformação das empresas.

Primeiro, as normas deveriam ser de natureza geral, permitindo variantes nas aplicações específicas em indústrias específicas.

Segundo, as regras empregariam linguagem jurídica que expusesse claramente as prerrogativas e as obrigações referentes aos direitos de propriedade e operação. O diretor de fábrica, por exemplo, tinha de se comprometer com o estado a produzir lucro ou demitir-se.

Terceiro, o gerente tinha de ter o controle sobre o pessoal contratado e as questões atinentes à mão de obra, assim como sobre a distribuição.[14]

Zhu também apresentou recomendações sobre a forma como as novas normas deveriam ser implementadas. Antes de delegar ao administrador de fábrica autoridade para contratar e despedir mão de obra, a regulamentação deveria estar apta a prover segurança para aqueles que houvessem perdido o emprego, isto é, treinamento funcional e orientação profissional. Mudanças teriam de ser implantadas de forma a garantir estabilidade social.

No que se referia às sensíveis questões da responsabilidade por lucros e prejuízos e da função reguladora e diretora do estado sobre a produção, Zhu defendia a redução dos órgãos reguladores, sendo que os remanescentes ofereceriam apenas orientação, e não direção. O administrador tomaria as próprias decisões; entretanto, depois de um ano, alguma forma de órgão supervisor, incluindo-se as necessárias agências estatais, representantes da classe trabalhadora, banqueiros e empresários, faria uma auditoria na empresa, a fim de determinar se ela havia alcançado seus objetivos.

Finalmente, Zhu sugeriu que os ajustes de salário fossem vinculados à produtividade total da indústria em causa. Assim, se as principais empresas decidissem salários com base em percentagens fixas, todas as outras empresas do ramo só poderiam conceder aumento no limite desse valor. Ademais, aumentos de salários também levariam em conta os anos que dessem prejuízo. A prática de repassar todos os lucros para o aumento de salários, sem nada deixar em reserva para a eventualidade de um ano ruim, obrigava as empresas a recorrerem aos bancos por empréstimos. Era melhor ter um fundo de reserva criado para esse fim. Zhu concluiu que, a não ser que suas ideias fossem incorporadas à regulamentação da reforma das empresas, o esforço poderia ser em vão.[15]

Quando Deng visitou a Shoudu de Ferro e Aço, ele autorizara as empresas estatais a implementarem esses novos mecanismos, transformando o programa de Zhu em política nacional. A formalização ocorreu quando o Conselho de Estado transformou esses mecanismos em lei, em agosto de 1992, sob o título de "Regulamento para a substituição dos mecanismos operacionais das indústrias de propriedade do estado".[16]

A facção de Deng também, nessa ocasião, emitiu o Documento nº 5, que estabelecia as condições para o desenvolvimento das indústrias terciárias ou de serviços. Esse setor deveria receber autorização para a articulação de uma economia de mercado num ritmo mais acelerado do que o da indústria estatal, a fim de complementar a economia de mercado e prover as regiões rurais e urbanas com os serviços de comércio, finanças, agricultura, turismo, assistência jurídica, contabilidade, auditoria, bens imobiliários e consultoria de negócios.[17] Esperava-se que isso também absorvesse parte da mão de obra excedente.

Embora a economia decolasse rapidamente, durante a segunda metade de 1992, em consequência das novas políticas de Deng, a facção da reforma sentiu-se compelida a justificar as políticas de Deng perante seus seguidores e detratores igualmente. Uma campanha pública foi lançada com o propósito de retratar a nova economia de Deng como se fosse um desenvolvimento teórico em consonância com o socialismo de características chinesas. Este aspecto era importante, porque, para muitos, Deng parecia estar dizendo que socialismo e marxismo não mais pesavam na balança, e ele agora advogava nada além do capitalismo para apressar o crescimento econômico e o desenvolvimento. A campanha baseava-se na filosofia da "economia de mercado socialista." Jiang Zemin introduziu o conceito em um discurso à Escola Central do partido, em 6 de junho. Em seguida, diversos artigos foram publicados, os quais discutiam o novo dispositivo e apresentavam-lhe uma justificativa de um ponto de vista marxista. O conceito também foi usado para explicar as políticas de Deng no XIV Congresso do partido.

O conceito era uma tentativa de leais seguidores de mascarar, da melhor maneira possível, o fato de Deng haver virtualmente rejeitado o marxismo ao concluir que uma saudável política socialista era qualquer política econômica que melhorasse a qualidade de vida do povo. Em vista dessa percepção, o capitalismo, uma vez que melhorava o padrão de vida, não era mais capitalismo, mas socialismo, embora com características chinesas. Seu trabalho necessitava de uma redefinição dos termos. No dicionário marxista padrão, "economia de mercado" era sinônimo de "capitalismo". Mas Deng declarara, durante sua passagem pela região sul, que capitalismo tinha planejamento; e socialismo tinha mercados; planificação não era equivalente a socialismo; e mercados não eram a mesma coisa que capitalismo.

Com isso, Deng tentara pôr um fim ao debate sobre o que estava em um nome, socialista ou capitalista. Mesmo que suas novas políticas parecessem capitalistas, elas também se aplicavam ao socialismo. No léxico marxista, a explicação tinha de ser mais específica: "a economia de *commodities* planificada também é uma economia de *commodities*, a qual, após se desenvolver até certo ponto, torna-se economia de mercado."[18] A chave estava em que a economia de mercado não era a economia de *commodities* com um acréscimo quantitativo, mas com um acréscimo qualitativo. Na economia de *commodities*, o mecanismo de mercado não desempenhava um papel na distribuição de recursos e de mão de obra. A economia de mercado transformara todas as transações econômicas em mercado e moeda corrente.

O propósito da nova formulação era retirar o governo do microgerenciamento da economia. O Documento nº 4 reduziu o papel da Comissão de Planejamento Estatal e aumentou o papel do mercado. Esse novo dispositivo deixou bastante claro que o papel principal era do mecanismo de mercado que controlava toda a distribuição. O planejamento central continuaria com a vigência do novo dispositivo, mas o governo não mais interferiria nas empresas por meio de ordens administrativas. Em vez disso, regulamentaria e padronizaria as atividades empresariais por meio de planejamento não obrigatório e do uso de alavancas econômicas tais como impostos, taxas de juros e políticas industriais, manobra muito semelhante àquela aplicada pelos japoneses por intermédio do Ministério de Indústria e Comércio Internacional (MITI).

Quaisquer que fossem as maquinações usadas para explicar a "economia de mercado socialista", não havia como negar que Deng arrancara completamente o desenvolvimento chinês da árvore do marxismo, embora ele discordasse desta interpretação. Deng raciocinava com o emprego do capitalismo no socialismo. Não via, entretanto, a questão como sendo assunto para o partido, uma vez que o único interesse deste era permanecer no poder. Repita-se que Deng acreditava que o partido somente sobrevivera ao incidente em Tiananmen porque, ao contrário do caso da União Soviética, o povo chinês dava mais valor ao crescimento econômico do que às liberdades políticas. Na verdade, ele entendia ser este o caso de outros regimes autoritários em todo o Sudeste Asiático que se haviam tornado dínamos econômicos. O segredo do entendimento das políticas de Deng estava na percepção de que antes, depois e sempre, Deng era devoto de um estado unificado e da manutenção do poder pelo partido.

Duas coisas aconteceram às vésperas do XIV Congresso para complicar os planos de Deng de remoldar o partido e a política. Primeiro, seus antigos críticos, inclusive Song Ping, Lu Feng, Li Peng e mesmo, até certo ponto, o próprio Chen Yun começaram a cantar loas a uma reforma e abertura aceleradas. Segundo, a economia decolara desde a visita dele à região sul, refletindo a queda de braço de Deng, em fevereiro e março, para forçar o partido a engrenar a marcha acelerada e apressar a reforma econômica.

O estado da economia

Em 1º de setembro, Zou Jiahua, vice-primeiro-ministro do Conselho de Estado e ministro encarregado da Comissão de Planejamento Estatal, inteirou o comitê permanente do Congresso Nacional do Povo da execução do plano econômico de 1992 referente aos primeiros sete meses.¹⁹ Segundo Zou, inspirado pelos importantes discursos de Deng feitos durante a passagem pela região sul, e pela decisão do Politburo, "o povo libertara a mente, acentuara o vigor e exibira grande disposição e força de vontade. Em consequência, apressara-se o ritmo da reforma e da abertura para o mundo exterior, a atividade econômica florescera e a economia nacional entrara numa nova fase de desenvolvimento acelerado". Zou creditou o crescimento da economia ao empenho de Deng. O resultado total, segundo o serviço estatal de estatística, foi que o produto nacional bruto cresceu 12% desde o mesmo período no ano anterior; e as indústrias primária, secundária e terciária cresceram a taxas de 6,7%, 17,5% e 6,7%, respectivamente.

Zou também descreveu a situação em vários setores da economia. No setor rural, o clima cooperara, e havia uma abundante colheita de grãos naquele verão, superando o recorde anterior. Algodão, oleaginosas e açúcar também acusaram ganhos modestos. As atividades secundárias de criação animal e pesca haviam igualmente aumentado. As carnes suína, bovina e ovina, assim como produtos pesqueiros, passavam dos 10%. Até mesmo as empresas radicadas em vilas e cidades continuaram a crescer, apesar da política de três anos de retificação e retomada do controle instituída por Li em 1989, devido, sem dúvida, à viagem de Deng, a qual forçara uma mudança nas políticas monetária e de empréstimos. Realmente, essas indústrias apresentavam uma espetacular taxa de crescimento, com um resultado da combinação dos fatores de produção acima de 525 bilhões de yuans para os primeiros seis meses de 1992, 38% maior do que o índice do ano anterior. As exportações também cresceram a uma taxa fenomenal, 58,5% sobre o índice no mesmo período.

A produção industrial acumulada cresceu 19% acima do índice registrado no mesmo período do ano anterior, muito longe dos planejados 6% advogados por Li Peng e Chen Yun. Neste quadro, porém, os verdadeiros destaques eram as cooperativas, as municipalidades e as empresas não pertencentes ao estado, cujas taxas chegavam a 27%. As empresas estatais haviam participado com um índice de crescimento de somente 12,8%. Zou deu diversas razões para a agilidade da economia e a velocidade do crescimento, entre as quais as mais significativas eram:

(1) aumentaram as demandas sociais, resultando em investimentos crescentes na produção para consumo;

(2) por instância de Deng, as forças sociais tomaram a iniciativa, e todas as empresas fizeram o melhor possível para tirar vantagem das novas políticas de reforma e abertura; e

(3) a aceleração da economia de exportação.

Em suma, o milagre econômico foi o resultado da oposição de Deng às políticas conservadoras de Li Peng. Foi bem-sucedido em desafogar o desenvolvimento e a demanda do confinamento em que se encontravam.

Noutros trechos de seu relatório, Zou ressaltou que investimentos em ativos fixos também haviam tomado impulso, embora deixasse de reconhecer que os fundos investidos em empresas estatais, acima de 163 bilhões de yuans, 35% mais que em 1991, ainda constituíam jogar dinheiro bom em cima de dinheiro ruim. Mas outras empresas não estatais também receberam fundos de investimento, o que teve um efeito total positivo no setor privado ou de mercado da economia.

Embora os investimentos estivessem em ascensão, reagindo a uma carência de fundos que já durava três anos sob a tutela de Li, a economia foi ajudada pelo fato de que havia um abundante suprimento de bens de consumo de primeira necessidade, de modo que os preços permaneceram estáveis. As vendas no mercado subiram mais de 14% em relação ao ano anterior, ajudadas pelo aumento da entrada de recursos financeiros. A fecunda colheita do verão aumentara a renda dos agricultores, de modo que o setor rural da economia também acelerara o crescimento. Finalmente, o setor de comércio exterior também registrava ganhos rápidos. O valor das exportações aumentou em 19%, ao passo que as importações cresceram a uma taxa de 33%. O total de investimentos estrangeiros, algo que Li e Chen tinham sentido repugnância em aceitar por receio de comprometer a soberania nacional, chegava ao surpreendente índice de 43%, enquanto o investimento direto subia em 102%. Turismo crescera 12%, e o superávit do comércio exterior aumentara em 30%.

Mesmo assim, havia ponderáveis problemas que exigiam atenção. Zou listou oito relevantes setores da economia que mereciam monitoramento contínuo e ajustes ocasionais.

Primeiro, a aceleração do desenvolvimento econômico tinha de se assentar na melhora do desempenho econômico. Mudanças quantitativas não eram suficientes; mudanças qualitativas eram necessárias. Ademais, a China precisava otimizar sua infraestrutura, aperfeiçoar a tecnologia, desenvolver o setor de exportações e aprimorar a eficiência. Tendo em vista que estes eram objetivos estratégicos de longo prazo, Zou recomendou com insistência o enfoque concentrado na atual questão de transformar os mecanismos operacionais das empresas, de modo a permitir que estas alterem seus produtos de acordo com os mercados doméstico e externo. As empresas claudicantes não mais seriam protegidas. Finalmente, tomar-se-iam providências no sentido de reduzir as perdas e aumentar os lucros no prazo de um ano.

Segundo, Zou enfatizou a necessidade de se continuar a prover insumo ao setor agrário da economia. Duas áreas em particular deveriam receber atenção especial. Primeira, o bem-estar dos agricultores não deveria ser perturbado. Todas as medidas possíveis deveriam ser adotadas para que os agricultores tivessem bons preços para suas colheitas e para que as mercadorias não fossem pagas com notas promissórias sem valor. Além disso, as empresas locais tinham de ser apoiadas quando se empenhassem ativamente em se tornar eficientes. Segunda, o governo deveria dar prioridade à prevenção de desastres e ao desenvolvimento de importantes projetos de conservação de água que estivessem fora da capacidade de empresas regionais e agricultores.

Terceiro, Zou falou da necessidade de se exercer controle sobre os investimentos. Pregou um controle mais rígido dos fundos de investimento, limitando-se a competência das autoridades locais para aprovar investimentos por meio de auditorias meticulosas e de nova regulamentação que efetivamente dirigisse os investimentos locais e estatais para os setores ou projetos pretendidos. Exigiu mais flexibilidade e experimentação, a fim de incluir compra e venda de ações e delegar aos administradores de empresas total responsabilidade por ganhos e perdas com investimentos. Instou, contudo, que se criasse uma regulamentação que dispusesse sobre o estabelecimento de novas áreas de desenvolvimento, regulamentação esta cujo objetivo seria instituir normas padronizadas e uniformes sobre direitos de propriedade, uso da terra e impostos.

Quarto, além de apoiar o controle regulador, ou macroeconômico, dos planos de investimento, Zou pediu uma política saudável que regulasse o sistema bancário e a circulação da moeda. Consentâneo com a política de aceleração do desenvolvimento do interior, ao longo das fronteiras e das hidrovias mais importantes, Zou recomendou que se regulamentassem os fundos bancários, de modo a voltá-los para os programas de exportação e setores do mercado.

O quinto foi o apelo de Zou pelo desenvolvimento da economia terciária em todos os setores – local, regional e nacional. A ênfase estava no desenvolvimento de bens para o mercado de consumo e, simultaneamente, no fomento do mercado de consumo. As empresas deveriam desenvolver produtos para todos os tipos de consumidores. Deveriam também entrar nos serviços ligados aos setores de assistência jurídica, seguros, contabilidade, consultoria, tecnologia e investimentos. Numa declaração fundamental, ele disse: "As indústrias de grande e médio portes administradas pelo estado, enquanto estiverem efetuando a transformação de seus mecanismos operacionais, devem, gradativamente, permitir que os serviços logísticos por elas prestados entrem em competição na sociedade, e devem também encaminhar o excesso de mão de obra para os comércios terciários." Para esse fim, Zou anunciou que se realizaria um debate nacional, antes do fim do ano, com o propósito de criar uma regulamentação para o implemento de um plano com tais características válido para o restante da década de 1990.

Sexto, Zou mencionou a força motriz da modernização econômica: o comércio exterior. Zou recomendou que se autorizasse o envolvimento de muito mais firmas privadas no comércio exterior; e também pediu prioridade maior para a eficácia do emprego de capitais de fora. De acordo com Zou, a situação internacional era favorável à China e ao seu esforço para expandir as exportações. Assim, a China tinha de aproveitar o momento e incentivar as exportações que favorecessem seus próprios operários; consolidar os mercados de que dispunha; e abrir novos mercados. Entretanto, advertiu que tal expansão deveria ser realizada de forma equilibrada, de modo que os reajustes estruturais pudessem ser executados e as receitas em moeda estrangeira do comércio exterior permanecessem equilibradas. Com este propósito, também recomendou o fortalecimento da política industrial para o controle da utilização racional do capital estrangeiro e o destino do seu investimento.

Sétimo, Zou abordou um dos tópicos favoritos de Deng: atenção crescente a ciência e tecnologia. Repetindo o pensamento de Deng, Zou pediu aperfeiçoamento da educação, a fim de produzir técnicos e cientistas. Ele também clamou por um limitado "florescimento cultural" para suporte do novo pensamento. Embora não fosse um apelo por outra "Campanha das Cem Flores" [NT: *em 1956, política de afrouxamento, com certa liberdade de ideias e de crítica*], ele estava defendendo um "florescimento" em apoio à nova sociedade socialista que estava por emergir.

Oitavo, ele comentou a decisão de se separar a administração e a regulamentação governamentais do funcionamento diário das empresas estatais. Recomendou que se delegasse aos administradores das empresas autoridade de gerência, enquanto o governo assumia o papel de controlador macroeconômico. Pediu mais rapidez na reforma das políticas de preços, nos planejamentos, nos financiamentos, nas atividades bancárias e no comércio exterior.

Zou não deixou qualquer margem para especulação: "Ao reformar o sistema de planejamento, pretendemos, antes de tudo, alterar ainda mais as funções e a metodologia da gestão planificada, com o propósito de possibilitar que o planejamento reflita corretamente o mercado, dê orientação eficaz ao mercado e cumpra sua função de prover uma orientação geral melhor ao desenvolvimento econômico e sobre este desenvolvimento exercer o controle macroeconômico." Esta era a linha de ação geral – os mecanismos do mercado seriam testados. Além disso, haveria uma tentativa de racionalizar as relações entre os governos regionais e o central, um dos fundamentos das mudanças institucionais pretendidas por Deng na estrutura do poder. O sistema de distribuição do estado que beneficiava as empresas estatais seria revisto para que viesse a refletir uma economia de mercado; o processo do orçamento seria alterado; tributação e sistema financeiro teriam ajustes, de modo a retratarem as necessidades do mercado; e as economias locais receberiam orientação sobre como implementar o desenvolvimento com capital estrangeiro.[20]

Assim, na véspera do XIV Congresso do partido, pelo menos na esfera econômica, haveria a impressão de que Deng chegara aos seus objetivos. A economia decolara. Deng tivera êxito em forçar Li e seus planejadores centrais a afrouxarem as rédeas da economia – e o afrouxamento foi tanto que até mesmo Zhu começara a se preocupar com o superaquecimento da economia. Dirigindo-se a uma plateia restrita no final de agosto ou início de setembro, provavelmente em uma informal reunião do Politburo, expandida de modo a incluir as chefias do Escritório de Economia e Comércio e do Conselho de Estado, Zhu fez uma revisão do crescimento econômico desde as reformas e indicou ser necessário conter certas atividades.

Significativa foi a abordagem de Zhu na solução do problema. Ele enunciou claramente os pontos: "O empenho por uma taxa de crescimento maior, mencionada nas palestras de Deng Xiaoping proferidas durante sua viagem à região sul, apresenta três atributos: grande eficiência, alta qualidade e orientação para as exportações. Qualquer alta taxa de um crescimento cego, que não esteja em consonância com as três condições supracitadas, vai gerar problemas."[21] As taxas de crescimento econômico para o ano em curso excediam consideravelmente os planejados 6% defendidos por Li Peng e Chen Yun. Com efeito, o crescimento total superara a taxa prevista em 10% a 20%, e, até então, não havia provocado qualquer problema. Zhu estava preocupado com a tendência dos investimentos. Os investimentos de capital em construções cresceram 40% em relação ao ano anterior, a maior parte fora do controle da Comissão de Planejamento Estatal, uma vez que os governos regionais tinham autoridade para aprovar tais projetos. O influxo de novas fontes de capital suplantara a capacidade de absorção da economia, o que afetava os critérios de Deng referentes à eficiência e à capacidade de exportar. Pequenas cervejarias, fabricantes de cigarros e outras pequenas indústrias de bens de consumo haviam brotado, protegidas pelos governos locais, tornando mais difícil o controle dos investimentos. A tendência geral era de que o alvo do investimento de 400 bilhões de yuans estivesse ultrapassado antes do fim de junho. Com o propósito de "conduzir" os investimentos aos canais apropriados, o Conselho de Estado tinha de revisar a regulamentação sobre investimentos e empréstimos e tentar persuadir as empresas estatais a adotarem esquemas sensatos de reinvestimentos para montar uma infraestrutura. Consentâneo com as mudanças econômicas planificadas no gerenciamento de empresas, o Conselho de Estado implementou novas reformas no sistema de preços, aumentando os preços de produtos básicos e primários, aumentando serviços profissionais, aumentando os preços de aquisição pelo estado de produtos agrários e retirando do estado o controle sobre mais de 570 produtos, permitindo aos fabricantes fixar os próprios preços. O resultado final foi que, às vésperas do congresso do partido, o estado controlava os preços de apenas 89 produtos, enquanto 80% do poder para fixar preços havia sido transferido para as empresas.[22] Zhao fracassara em 1988; Zhu foi bem-sucedido apenas quatro anos mais tarde. Nesse ínterim, o mundo tinha mudado.

O quadro geral em setembro de 1992 era, em muitos aspectos, uma imagem no espelho das condições existentes em 1988, quando uma economia superaquecida levara à retomada dos controles pelo estado. Os empréstimos bancários haviam atingido um recorde de 20% para o ano, enquanto a produção crescera somente 12%. A moeda em circulação alcançara um nível abaixo apenas do histórico ano de 1988. Compondo esses problemas, as pressões inflacionárias também se tinham elevado; créditos e empréstimos aumentaram espetacularmente – duas vezes mais que a taxa prevista, e o dobro do que se registrara no mesmo período em 1991; a circulação da moeda estava tendo injeções à frente do calendário planejado, enquanto o recolhimento de moeda caíra ao nível mais baixo desde 1982, com exceção de 1988; e os depósitos bancários efetuados pelas empresas aumentaram, ao passo que os depósitos dos consumidores haviam caído 3% a partir de 1991.[23] A razão por que a inflação deixara de se manifestar como uma questão crucial estava no relativo equilíbrio entre oferta e procura no mercado de consumo, com a ajuda de um terceiro ano de colheitas abundantes, as quais contribuíram para a estabilização dos preços. Embora a poupança dos consumidores estivesse baixa, ela havia crescido em relação aos anos anteriores. Como um todo, o cenário a ser apresentado ao congresso do partido era o de uma economia extremamente aquecida, porém uma situação administrável por talvez 12 a 24 meses. Aquela não era uma previsão muito otimista, mas Deng conseguira o objetivo fixado em janeiro: a economia se organizara. Deng só estava interessado nos dados brutos contidos nos índices econômicos. Ele precisava forçar o povo, as lideranças e a burocracia a enxergarem o valor do crescimento econômico e também precisava atrair os investimentos do Ocidente. Assim que tivesse assegurado uma grande quantidade de crédito ocidental, a

China estaria capacitada a partir para uma expansão similar àquela obtida pelos outros tigres asiáticos – Singapura, Hong Kong, Taiwan e Coreia do Sul.

Apesar das mudanças institucionais e dos altos índices de crescimento, Deng não fez qualquer esforço para retirar o estado de seu papel de formulador da política industrial, nem para transferir o controle daqueles ativos industriais para as províncias ou pessoas físicas. O estado, inclusive o exército, manteve o controle sobre as indústrias essenciais, tais como aço, armamentos, eletrônica, química e recursos naturais. Em vez disso, Deng deu mais poder aos tecnocratas leais ao partido e à ideia do capitalismo de estado. Aqueles novos empresários não eram capitalistas, mas stalinistas, ideologicamente mais próximos do pensamento de Chen Yun, porém mais práticos. Eles reconheceram o valor da economia de mercado ao empregarem a imensa força de trabalho da China rural. Eles, como Chen, acreditavam que a China seria um estado-nação poderoso, com um vigoroso governo central financiado por uma indústria pesada sob controle do estado. Na verdade, o exército constituía agora um estado dentro do estado por conta de sua capacidade de interferir na política. Unido às indústrias civis, o complexo industrial militar fazia todos os outros setores da economia parecerem pequenos.

Deng se decidira a assumir o controle dos instrumentos decisórios que havia perdido no 4º Pleno do XIII Congresso do partido, em novembro de 1989. Uma vez de posse desse controle, ele precisaria assegurar a permanência de suas políticas. Portanto, as novas políticas econômicas e o crescimento econômico não eram suficientes para atender à estratégia de longo prazo marcada por Deng. Ele não podia confiar em tipos como Li Peng e Zou Jiahua. Era preciso fazer a mudança estrutural do partido e do governo, para que suas políticas sobrevivessem a ele.

―――― 5 ――――
O Exército "protetor e escolta"

中

Novos tempos, novas estratégias

Antes de documentar as mudanças feitas pelo XIV Congresso, é importante compreender o novo e ampliado papel do Exército de Libertação do Povo (ELP) na sociedade chinesa. Afinal de contas, a chefia havia se empenhado muito para que o ELP voltasse aos quartéis, após o X Congresso em 1973. Em consequência do caos resultante da Revolução Cultural, Mao apelara ao exército como se este fosse a encarnação da ideologia e única força capaz de restaurar a ordem e o processo de produção da sociedade. Em seguida, Deng havia sido resgatado do exílio, a fim de ajudar no desmanche do domínio que os militares exerciam sobre o poder político. Em grande parte, ele obtivera êxito. Evidentemente, ou as coisas tinham mudado ou Deng entrara em desespero. Qualquer que fosse o caso, é preciso entender um pouco da história recente do ELP, a fim de captar o significado das atitudes de Yang Baibing no começo de 1992, quando ele prometeu que o exército apoiaria os esforços de Deng para reacender a chama da modernização econômica. Yang, em última análise, estava encostando o cano da pistola do exército no crânio da central do partido. O partido vacilou, e Deng emergiu vitorioso. Mas, agora, o exército tinha um papel na política relevante como nunca antes.

A fim de compreender o papel do Exército no esquema de Deng para tomar o poder e redirigir a política econômica, é preciso ter uma visão de sua história recente e do papel de Deng nessa história.

Quando Deng voltou ao poder em 1978, ele veio para assumir o comando do exército. Foi nomeado Chefe do Estado-Maior. Mas sua verdadeira autoridade nada tinha a ver com o cargo; Deng era um dos participantes da "Longa Marcha", e o seu poder derivava desses fortes laços e de suas credenciais revolucionárias. Também recebeu de volta seu lugar no Comitê Permanente do Politburo, assim como a função de vice-presidente do Conselho de Estado. Algum tempo depois, ele expulsou Hua Guofeng do poder, mas em vez de ocupar o cargo de secretário-geral ele mesmo, deu-o a seu *protegé* Hu Yaobang, mantendo para si um lugar na Comissão Militar Central (CMC) e o controle sobre o exército na qualidade de comandante em chefe *de facto*, por meio de uma ligação histórica longa, bem como de sua posição oficial de Chefe do Estado-Maior. Quando Deng lançou suas Quatro Modernizações, no limiar da década de 1980, a defesa nacional foi a última prioridade. Assim sendo, o orçamento da defesa nunca foi suficiente para modernizar uma pesada força formada de camponeses, o grande orgulho de Mao.

Deng e seus conselheiros avaliaram o cenário internacional no início da década de 1980 e concluíram que a União Soviética era uma grave ameaça. Isto implicou uma leve aproximação com os Estados Unidos, quando as gestões pela normalização das relações com Moscou encalharam na esteira do apoio soviético ao Vietnam na guerra sino-vietnamita travada em 1979, e da subsequente invasão soviética do Afganistão. Em 1980 e 1981, os analistas estratégicos da China, numa reavaliação do poder soviético, consideraram que Moscou se estendera demais e se encontrava em decadência inexorável.[1] Com esta conclusão veio o corolário de que era muito baixa a probabilidade de uma guerra de proporções entre as superpotências. A expectativa era de um período de paz. Como resultado, os planejadores da defesa da China entenderam que menos verbas precisavam ser destinadas ao exército, desviadas da tarefa urgente de modernizar a economia – indústria e agricultura.

A fim de garantir um reinvestimento mínimo, Deng e seus assessores haviam autorizado o ELP a entrar no mercado de exportação. Assim, em 1979, o exército começou a vender armamento no mercado internacional. A ocasião mostrou-se propícia para o exército com a deflagração da guerra entre Irã e Iraque. Mas é mais provável que o momento tenha sido aproveitado para tirar vantagem da relutância de Moscou em abastecer o Iraque, devido ao desejo russo de ter boas relações com a nova República Islâmica do Irã vizinha à Rússia. A situação deu à China oportunidade de jogar na mesa política das superpotências.

De qualquer forma, a China transformou-se rapidamente num dos cinco principais comerciantes de armas do mundo. Embora suas armas não fossem competidoras para a qualidade dos produtos ocidentais – Estados Unidos, Inglaterra, França e Alemanha –, eram baratas e de fácil manutenção. No terceiro mundo, o que importava era a quantidade, não a qualidade. Portanto, durante os primeiros anos de sua campanha de modernização, Deng permitiu que o exército vendesse seu armamento a preços baixos, com o propósito de obter fundos para o desenvolvimento de material bélico novo. Autorizou o exército também a fabricar produtos não militares em seus arsenais. Em vez de armamento, a indústria de defesa voltou-se para a produção de máquinas de lavar, carros, bicicletas e televisões. O dinheiro ganho com iniciativas civis era, por sua vez, empregado no desenvolvimento de novos sistemas de armas.[2]

Com a eleição de Ronald Reagan para presidente dos Estados Unidos, os chineses perceberam o poder soviético e sua influência em declínio, especialmente depois que Gorbachev assumiu o governo. Assim, Deng e seus assessores começaram a reexaminar a doutrina militar, afastando-se da estratégia de aprestamento para uma guerra total contra a União Soviética e se preparando para conflitos de objetivos limitados, localizados, com batalhas acirradas nas regiões periféricas à China.[3] Esta reavaliação, em 1985, indicava que um grande exército regular permanente não mais era necessário. Com efeito, não era mais válido o ideal maoista de manter um imenso exército de camponeses com o propósito de travar uma guerra de atrito defensiva, atraindo o inimigo ao coração da China. Em vez disso, precisava-se de uma força menor, tecnologicamente sofisticada, configurada para operar com rapidez e mobilidade, apta a concentrar poder de fogo em alvos específicos. Os planejadores de defesa da China chegaram à conclusão de que a tecnologia militar moderna dava ao agressor a capacidade de tomar a iniciativa das primeiras batalhas da guerra, e aquelas primeiras batalhas seriam cruciais para as guerras futuras. Mobilizar o país inteiro e todo mundo deixava de ser uma opção.

A guerra contemporânea e a guerra futura exigiam forças prontas e aptas a reagir com golpes rápidos e letais. Portanto, tomaram a decisão de que a cada região militar seria atribuída a missão de se adestrar para combater no teatro de operações delimitado por sua área de jurisdição e periferias, a fim de atuar em conflitos locais de objetivos limitados. Também deveriam estar prontas para integrar operações conjuntas e criar novas unidades necessárias para assimilar novas tecnologias ou estratégias. A China também criou grupos de operações de assalto destinados a ações "duras" e rápidas, a exemplo dos Rangers americanos. A par de seus planos para o fortalecimento do Exército de Libertação do Povo, a China também tratou de expandir a Marinha, transformando-a de costeira em marinha capaz de operar em mar aberto, longe de suas bases.[4] Assim, criou-se um corpo de fuzileiros navais, e se delinearam planos para a construção de um navio-aeródromo. Em 1985, convocou-se uma reunião da CMC com o propósito de dar início a essa alteração na estratégia.

Se a meia década de 1980 o exército esteve faminto de verbas do estado, tudo isso mudou em 1989. A necessidade de chamar o Exército de Libertação do Povo para acabar com o levante dos estudantes, sem dúvidas, favoreceu acréscimos orçamentários de dois dígitos. Mas duas coisas ocorreram, em 1991, que impuseram uma revisão do papel do exército na sociedade chinesa.

A primeira foi a demonstração da esmagadora superioridade tecnológica dos Estados Unidos sobre as forças combatentes iraquianas, cujos equipamentos e material eram os mesmos padronizados entre as forças armadas comunistas. A vitória dos Estados Unidos foi essencialmente uma vitória sobre os sistemas de armas da República Popular da China, os quais não passavam de cópias do equipamento soviético no Iraque. A China teria de modernizar seus sistemas de armas, caso pretendesse competir no mercado internacional de armamentos. Equipamentos de baixo custo eram, de certa forma, economicamente compensadores, mas, para resumir, as nações mais ricas estavam em busca de comprar qualidade.

A segunda foi o fracasso do golpe na União Soviética, em agosto de 1991. O exército soviético não obedecera ao partido. Aos olhos da China, aquilo era um mau sinal, pois unidades do exército se recusaram a marchar contra os estudantes em Tiananmen, em 1989. Vários comandantes de tropa foram punidos e exonerados de seus comandos. Por fim, o Exército de Libertação do Povo entrara na praça de acordo com as ordens recebidas. No entanto, a máxima de que o partido controlava o canhão estava arranhada.

Portanto, quando Deng convocou uma reunião da CMC em dezembro de 1991, ele já estava imaginando como daria prosseguimento à reforma do exército, a fim de assegurar sua lealdade ao partido. Declarou ele no *Diário do Exército de Libertação*: "É inconcebível que o exército, os órgãos de segurança pública, os tribunais e o sistema prisional decaiam em meio a um cenário onde existem classes, imperialismo e compulsão hegemônica. Devemos formar um exército revolucionário poderoso que seja moderno e padronizado."[5] Na reunião da CMC realizada no início de dezembro, Deng abriu caminho para financiar o trabalho de modernização e efetuou alterações na estrutura interna, a fim de lidar com incidentes como a insubordinação dos militares em Tiananmen. Num lance mais expressivo, ele decretou que o exército reteria o controle das indústrias militares pelo tempo que vigessem suas políticas, isto é, por um século. Isto se refletiu nas instruções expedidas por Yang ao exército: "Se desejamos bem cumprir nossa missão, é imperativo que o exército assimile a linha justa do partido, subordine todo o seu trabalho ao desenvolvimento econômico do estado e apoie a reforma do país e a estruturação econômica com atitudes concretas. Se nos mantivermos neste rumo, resolutamente, ao longo dos próximos 100 anos, haverá grandes esperanças para a China."[6]

Logo em seguida à reunião da CMC, os militares seguidores de Deng, assim como aqueles em cargos no governo e no partido, se espalharam para divulgar sua mensagem e tomar providências para a investida dele visando tomar o partido. O próprio Deng empreendeu um exaustivo programa de viagens ao interior do país para divulgar o apoio que ele tinha do exército. Deng apareceu em Jinan, em 2 de janeiro de 1992, acompanhado de Liu Huaqing e Qin Jiwei, ambos integrantes da Comissão Militar Central. Era evidente para qualquer observador: o exército estava abertamente ao lado de Deng contra a legítima chefia do partido em Pequim. Dali, Deng dirigiu-se a Shanghai, em 15 de janeiro, acompanhado por Yu Qiuli, outro veterano do ELP. Deng deixou sua mensagem com os chefes do partido em Shanghai e prosseguiu para Guangdong e Shenzhen, em 18 de janeiro, chegando a Shenzhen no dia 19. Em Shenzhen, concluiu os acertos para o "Grande Compromisso" entre o exército, os funcionários regionais e os anciãos. Estava, portanto, pronto para regressar a Pequim e à central do partido, passado o ano-novo, e fazer as modificações na política.

Assim, após o relatório de trabalho encaminhado por Li Peng ao Congresso Nacional do Povo, em março de 1992, Yang Baibing estava preparado, com o apoio de Deng, para anunciar que o exército proveria uma "escolta" para dar respaldo ao novo chamamento de Deng por uma reforma e uma abertura mais amplas, mais ousadas e mais rápidas.[7] Embora não fosse o primeiro a proclamar o apoio do exército ao programa econômico de Deng, ele falou oficialmente em nome da CMC e do exército: "A linha de ação do partido de um centro e dois pontos fundamentais é o mais relevante sumário da experiência, tanto positiva como negativa, de desenvolvimento econômico desde a criação da Nova China." Yang Baibing declarou ainda que a política de Deng refletia o propósito da lei e era uma garantia fundamental para transformar o país numa nação próspera e poderosa (*fu qiang, prosperidade e poder nacional*). Esta última declaração refletia um estado mental que surgira no seio da chefia, uma visão da China restaurada ao lugar que lhe cabe por direito na família das nações – uma potência equivalente às nações ocidentais, as quais por tanto tempo haviam dominado a China e lhe continuavam a assombrar a psique.

Ao comentar o discurso de Li Peng no Congresso Nacional do Povo, Yang considerou-o um relatório muito bom: "Reflete o pensamento do camarada Deng Xiaoping a respeito da construção do socialismo de características chinesas e, claramente, assinala o tema principal da aceleração do ritmo da reforma e da abertura para o mundo exterior." Yang prosseguiu:

"Quando falamos de 'salvaguardar ou proteger', estamos nos referindo à salvaguarda da estruturação econômica. Não apenas devemos assumir uma atitude bem definida em relação a este assunto, mas também precisamos entrar em ação realista. Em primeiro lugar, devemos ser conscientemente pacientes e formar o exército com diligência e parcimônia. Temos de compreender os problemas do estado, evitar pedir ajuda, ser mais pacientes, fazer cálculos cuidadosos, orçamentos rigorosos, exercer esforço para poupar e reduzir despesas, e aumentar a eficácia dos gastos militares.

"Segundo, é necessário ensinar quadros e praças a compreenderem o princípio de que 'a riqueza individual das gentes conduz à opulência do estado que vai produzir poderio militar', de forma que venham a reagir positivamente a várias políticas e medidas tomadas no decurso da aceleração da reforma. Recentemente, com aval da Comissão Militar Central, o departamento geral de assuntos políticos do exército organizou dois grupos de comandantes de regiões militares para uma visita às zonas econômicas especiais, inclusive às de Shenzhen e Zhuhai. O propósito era estudar e demonstrar nosso apoio à reforma e à abertura.

"Terceiro, o exército deve participar ativamente dos principais projetos de construção executados tanto pelo estado como por várias localidades." Neste ponto, sem qualquer sombra de dúvida, Yang estava associando os empreendimentos industriais do exército aos do setor civil.

Aspectos do "Grande Compromisso" ecoavam nestes e em outros comentários feitos para consumo público. De acordo com Yang, "ao se manter em permanente vigilância e em boas condições de pessoal e material, o exército provê efetiva garantia à segurança da pátria e à estabilidade, além de um apoio eficaz à reforma e à abertura. Devemos atuar bem nas reformas das esferas militares, políticas, logísticas e de pesquisa, cumprindo as tarefas distribuídas pela CMC".

Yang Baibing não foi o único alto oficial do exército a sair em defesa da nova política de Deng, conforme exposta por Li Peng na sessão do Congresso Nacional do Povo. Qin Jiwei, ministro da Defesa e membro da CMC, descreveu o discurso de Li como "prático e inspirador." "Precisamos implementar a linha justa do partido de 'uma tarefa central e dois pontos fundamentais' com mais consciência". Ele exortou a nação a tomar a iniciativa de apressar a reforma e a abertura, a fim de acelerar o desenvolvimento econômico, ecoando o que Deng identificara como ponto crucial – o critério de oportunidade. Entretanto, para a consecução deste objetivo, ele observou que o exército teria de abrir a mente e superar o formalismo. Declarou que o exército levaria suas reformas internas adiante vigorosamente, em cumprimento às exigências da CMC, enquanto continuava a implementar a linha justa do partido.

Chi Haotian, chefe do Estado-Maior do Exército e integrante

da CMC, também aduziu seu louvor e definiu o novo papel do exército na sociedade como sendo o de protetor da estabilidade interna, assim como garante a segurança nacional. Segundo Chi, "o espírito da reforma permearia todas as funções do exército". Ele definiu a tarefa principal: "Prover um ambiente seguro e estável para a construção econômica do país, a reforma e a abertura ao mundo exterior." Com o propósito de exercer suas funções de salvaguardar a segurança nacional, a estabilidade social e apoiar a estruturação econômica, ele exortou o exército a ser ousado e criativo.[8] Assim, o Estado-Maior do Exército, a CMC e o ministro da Defesa se manifestaram favoravelmente à nova política de Deng por maior audácia e mais rapidez nas reformas, no desenvolvimento econômico e na abertura. Não poderia haver a menor dúvida de que lado estava o exército.

Deng não perdeu tempo em agir para fazer o partido ajustar-se à linha de ação do exército de acumular riqueza para sustentar um país poderoso, um exército poderoso. Na noite de 28 de março, Deng convidou altas patentes do exército à sua residência quase imediatamente após a sessão do Congresso Nacional do Povo, a fim de reafirmar seus objetivos de longo prazo. Essa reunião – um encontro informal da CMC com alguns convidados – contou com a presença de comandantes e de comissários políticos das regiões militares, dos serviços especiais e das armas e de várias academias. O encontro também contou, nominalmente, com a participação de Jiang Zemin, Yang Shangkun, Qiao Shi, Ding Guangen, Wen Jiabao, Hong Xuezhi, Liu Huaqing, Yang Baibing, Chi Haotian, Zhao Nanqi, Qin Jiwei e Li Desheng.[9] Deng aproveitou a ocasião para reafirmar o papel do exército: "A missão do Exército do Povo deve estar voltada para os oito traços chineses que significam 'defender a pátria, construir a pátria' [NT: *o idioma oficial da China, o mandarim, tem milhares de ideogramas, mas apenas oito traços fundamentais. A expressão significa, pois, metaforicamente, cuidar do essencial*]. O exército deve fazer um bom trabalho para melhorar o nível cultural, adquirindo mais conhecimentos militares e aprimorando a capacitação profissional, de forma que as três forças armadas possam estar sempre em perfeito estado de aprestamento. Só isto já constitui um poderoso fator de dissuasão. E somente assim o exército terá condições de dar à atividade central de todo o partido e de toda a nação garantia e apoio realistas."[10] Era evidente que Deng estava usando o exército para chantagear o partido, forçando-o à submissão, e claramente instando o exército a se engajar na construção econômica no interesse da própria modernização.

Deng passou a explicar a importância da ciência e tecnologia no mundo contemporâneo, como ficara claramente demonstrado na Guerra do Golfo. Declarou que a maioria dos países do mundo inteiro andava ocupada com as próprias reformas e a apressar o desenvolvimento nesses campos. Assim, era vital que a China fizesse o mesmo; caso contrário, "nós certamente ficaremos para trás por um longo tempo, incapazes de erguer a cabeça e intimidados pelos outros".[11]

Em seguida, Deng abordou a questão crítica de quem controla o Exército de Libertação do Povo. Sempre fora axiomático o fato de o partido controlar o canhão; Deng, porém, não desejava correr riscos. Reafirmou o princípio: "O partido comanda o canhão. O canhão deve se submeter totalmente ao comando do partido e atender expedita e resolutamente aos chamados e executar as ordens do Partido. Dessa forma, propiciará garantia confiável de que pretende aderir à linha justa do partido ao longo dos próximos 100 anos."[12] Deng reuniu o comando do exército em sua casa por uma razão: para que hipotecasse lealdade pessoal a Jiang e ao partido, ali representado pelo grupo de anciãos.[13] Determinou que os militares se subordinassem ao seu sucessor designado, Jiang Zemin: "Os senhores estão sob a chefia de Jiang Zemin, o mais jovem presidente da Comissão Militar Central, e ele trabalhará com os senhores para mudar a face do exército e marchar para o século XXI."[14]

Além disso, Deng obteve a promessa de apoio pessoal a Jiang por parte dos comandantes, expressa por Zhu Dunfa, comandante da região militar de Guangzhou que se comprometeu: "O Exército do Povo certamente há de seguir a linha do partido e obedecer às ordens do presidente Jiang, seja em cenário de paz (...) ou mesmo em tempos de violentas tempestades."[15] Sendo a construção econômica o pilar do desenvolvimento da defesa nacional, os generais também assumiram o compromisso de que "em face da nova situação em que o estimado camarada Deng Xiaoping clama pelo apressamento da reforma e da abertura, nós, de várias grandes regiões militares, devemos entrar em ação tangível em apoio e defesa da reforma e da abertura. Ao mesmo tempo que estivermos executando a missão precípua do exército, devemos apoiar a construção e trabalhar em várias localidades do nosso país onde daremos nossa contribuição espontânea e desinteressada".[16] Isto se traduziu em lugares no Politburo para um grupo seleto de generais.[17] Era também a luz verde para empreitadas econômicas.

Enquanto Deng tomava providências para solidificar o controle do partido sobre o exército com a ajuda dos Yangs e de Liu Huaqing, o cão de guarda político a vigiar os militares – o Departamento Geral de Política, chefiado por Yang Baibing – lançou seu próprio programa de reforço da fidelidade. Num artigo escrito depois do fracassado golpe soviético, a propaganda do departamento geral para assuntos políticos definiu a natureza partidária do exército.[18] O artigo salientou que a evolução pacífica afetara o exército. A liberalização burguesa se infiltrara, e a ideia de que o exército não deveria ser politizado nem agregado ao partido recebera adeptos entre um pequeno número de oficiais e praças. De acordo com o artigo, "é necessário eliminar a influência dessas falácias de que o exército deveria se afastar da política, e partido e exército deveriam ser entidades separadas, e deixar bem claro que o exército é o braço armado do partido".[19] Afirmava também que a noção de que o exército era neutro e não deveria interferir na política era um erro. "O exército é um grupo armado que executa tarefas políticas do partido e é uma ferramenta da luta política."[20]

Deng tinha reposto o exército sob o controle direto da chefia do Comitê Permanente e dos anciãos.

Para aqueles que tinham alguma dúvida sobre o entendimento da participação do exército na política interna, o artigo foi bastante explícito: "Internamente, a oposição à subversão e a proteção do trabalho pacífico do povo também representam importante função das forças armadas (...) a supressão da contrarrevolução logo após a criação da república bem como a repressão da insurgência contrarrevolucionária em Pequim no fim da primavera e início do verão de 1989 demonstraram cabalmente que um poderoso exército do povo tem importância decisiva quando se trata de estabilizar a situação (...) A tarefa fundamental do exército é manter a estabilidade como precondição básica e importante garantia para o avanço da modernização socialista."[21]

O artigo passava a enumerar um grande número de situações internas que exigiam acompanhamento contínuo.

Primeiro, embora o partido houvesse decretado que a luta de classes era coisa do passado, uma vez que a classe exploradora fora eliminada, acreditava-se que a luta de classes ainda poderia ressurgir e se intensificar, a qualquer momento, em determinadas áreas.

Segundo, embora o exército tivesse obtido êxito em eliminar o levante de Tiananmen, em 1989, o conflito entre os Quatro Princípios Cardeais e as forças da liberalização burguesa persistiria por anos a fio, enquanto a China estivesse no processo de se modernizar, à medida que elementos hostis à modernização continuassem a ir às últimas consequências no intuito de sabotar o programa; e o impacto econômico de uma correção de rumo também poderia provocar violentas revoltas.

Terceiro, o processo da reforma em si estaria sujeito a erros de quando em vez, os quais dariam às forças hostis oportunidade de semear a cizânia. Por todas estas razões, o artigo concluía ser importante descartar qualquer noção de que o exército só serve para ser empregado contra ameaças externas. Em vez disso, argumentava: "As forças armadas devem ser firmemente leais ao partido, ao povo e ao socialismo; estar prontas para, a qualquer momento, lidar com situações de ruptura, a fim de salvaguardar a liderança do partido e o sistema socialista."[22]

Enquanto o departamento geral para assuntos políticos destacava a necessidade de correção política e fidelidade ao partido, outros artigos publicados no jornal do exército, *Diário do Exército de Libertação*, explicavam minuciosamente os pré-requisitos de um exército moderno. Os militares chineses estiveram envolvidos com a produção de armamentos ao longo dos anos; entretanto, conforme assinalado acima, no início da década de 1980, Deng ordenara ao exército que se concentrasse tanto na produção de bens não militares como na venda de armas no exterior. O exército, a princípio, objetara, tendo em vista que a medida retardaria a renovação dos meios de suas próprias forças. Mas com o fim da União Soviética, Deng conseguiu convencer o comando do exército de que era mais fácil, em alguns casos, adquirir armamento de última geração e tecnologia militar do que produzi-los. Naturalmente, isto exigia dinheiro, e o único meio de tê-lo seria a modernização econômica, conforme fora discutido na reunião de dezembro da CMC. Deng decidiu que a maneira mais rápida e eficiente de êxito era a união de chefes da indústria – nacional e local – com o comando militar a fim de forjar o complexo industrial-militar clássico.

O exército não seria retirado das indústrias que controlava na linha de manufaturas, na eletrônica e na produção de armamento, porém, cada vez mais, compartilharia essas atividades com indústrias mais eficientes, estatais ou privadas. Xinxing, Norenco e Poly Tech, para citar algumas empresas comerciais pertencentes ao exército, seriam modernizadas de modo a, por meio da integração vertical e da cooperação horizontal, se tornarem aptas a competir no mercado mundial e absorver o excesso de mão de obra – a praga da economia que, na ocasião, assolava as empresas estatais. Futuras áreas de cooperação também se abririam com as correspondentes empresas estatais civis. O objetivo final era criar imensos consórcios do tipo *zaibatsu* [*conglomerado de empresas*], como no Japão e na Coreia. Com esse tipo de arranjo, as indústrias estatais não teriam, necessariamente, de ser tão eficientes como no Ocidente, mas o grau de cooperação entre gerência, mão de obra, estado e exército seria bastante alto.

Outros artigos publicados no *Diário do Exército de Libertação* abordaram a modernização. De acordo com um desses artigos, "a modernização nos últimos 20 anos passara a ser sinônimo de melhora em qualidade e quantidade. Era a margem da vitória. Um exército mal equipado ante um oponente de qualidade superior seria derrotado, mesmo que contasse com um efetivo de um milhão. O exército se via diante de um mundo turbulento, irrequieto e intensamente competitivo. Havia embates por hegemonia e poder político. A fim de lidar com o cenário internacional, era necessário elevar o nível tecnológico do exército. Tal melhora, contudo, não se limitava apenas ao armamento, mas também a miríades de assuntos, como política, teoria doutrinária, estrutura e pessoal."[23]

O artigo passava a rever as recentes mudanças na arte da guerra, e isso era importante, uma vez que o exército compreendia agora que as velhas teorias de Mao, que pregavam a retirada a fim de atrair o inimigo para o interior e, em seguida, atacá-lo com um contingente de grande número, não mais funcionariam. Guerras modernas poderiam estar concluídas em alguns dias sem que forças terrestres sequer se encontrassem. Evidentemente, o orgulho do Exército de Libertação Popular – o fato de ser numeroso – não era mais um fator de força, mas de fraqueza. Teóricos mais destacados do exército haviam acompanhado e analisado as guerras nas Malvinas, no Oriente Médio, em Granada, na Líbia e no Panamá. Chegaram à surpreendente conclusão de que a guerra havia mudado. Agora, a maior ameaça vinha das guerras limitadas, travadas com armamento de alta tecnologia. As do futuro se caracterizariam pela guerra eletrônica e por teatros de operações unificados, empregando forças combinadas de terra, mar e ar, assim como espaciais. Comando e controle se tornariam centralizados, e as guerras seriam travadas à distância, usando armas de última geração, tais como mísseis de cruzeiro, sem combate corpo a corpo. O articulista conclamava os militares a mudarem para fazer face às novas condições. A Guerra do Golfo de 1991 havia sido o campo de provas para as novas armas tecnologicamente sensíveis: "Bombardeiros não detectáveis, mísseis de cruzeiro, Mavericks, Patriots, uma nova geração de plataformas operacionais, sistemas de guerra eletrônica, equipamentos de controle remoto de qualidade superior, dispositivos de visão noturna, sistemas avançados de comando, controle, comunicações e inteligência." O resultado final desses aprimoramentos qualitativos na guerra – grande rapidez, armas de alta precisão com grande capacidade de destruição, assim como o alto nível de resistência dos sistemas – havia mudado a natureza da guerra moderna, sendo que a força aérea emergia como ator principal. A Guerra do Golfo revelara a natureza de todas as novas tecnologias da guerra moderna, e a China precisava prestar atenção.

Os artigos acima explicavam minuciosamente a razão por que o exército concordara com a função crucial no "Grande Compromisso" de Deng. Nas palavras do articulista: "O maior interesse em termos de sobrevivência e desenvolvimento da China nas duas próximas décadas jaz na consecução do objetivo estratégico da renovação econômica. A consecução desse objetivo exige estabilidade interna, segurança ao longo das fronteiras com estados periféricos e uma ordem mundial que se coadune com o interesse comum dos povos do mundo. Tudo isso requer que incrementemos o poder militar e que atribuamos importância à política, à ciência econômica, à tecnologia e à diplomacia."

Para o exército, o começo do reconhecimento das revolucionárias mudanças na arte da guerra ocorreu quando os militares adotaram as políticas de Deng nos anos 80, as quais se afastavam da crença de que tropa de massa era sinônimo de poder. Em 1985,

Deng, como presidente da Comissão Militar Central, decidira reduzir o efetivo do exército em um milhão. "Foi esta momentosa decisão que quebrou os grilhões que impediram a modernização do exército por um longo tempo." Mais uma vez, no final de 1991, depois de apelar para o exército, Deng mudou a doutrina para atender à necessidade de preparo para guerras de curta duração, localizadas, de empate ou para escaramuças. A política de Deng se espelhava na das nações ocidentais que haviam se tornado fortes, assentadas em economias nacionais fortes. Suas economias nacionais haviam induzido a tecnologia militar, e dependiam de paz e comércio para se desenvolverem.

Deng lançou a China em uma transformação econômica ocidentalizada, sendo a relação entre as forças armadas e o setor industrial um fator capital para o sucesso. Não fosse alguém suspeitar do eterno complexo de inferioridade da China como estímulo para uma produtividade maior, o artigo fechava com uma retumbante nota patriótica que certamente transmitiu arrepios aos vizinhos asiáticos: "Os anos de hoje até o ano 2000 serão um período crucial durante o qual a construção nacional e do nosso exército será acelerada. Depende de a China chegar a compreender ou não o objetivo estratégico de obter um considerável desenvolvimento econômico até o ano 2000 e de nosso exército conseguir ou não o intento de se tornar um dos mais poderosos exércitos do mundo em meados do século XXI."[24] Somente por meio da relação entre o desenvolvimento econômico nacional e a modernização das forças armadas poderia a China se tornar rica e poderosa no cenário mundial. O complexo industrial-militar foi cimentado em Pequim, com um aviso ameaçador ao mundo. Não existe qualquer menção a respeito da separação do exército de seus empreendimentos econômicos. Na realidade, foi justamente o contrário; conforme vimos, o Chefe do Estado-Maior clamara por uma maior integração vertical, a fim de aumentar a eficiência.

Um editorial do *Diário do Exército de Libertação* de 1º de janeiro de 1992, que abordava ambas as questões – lealdade ao partido e modernização do exército –, pedia melhores medidas de controle como parte de um exército modernizado. Enunciava as principais tarefas do exército para o ano-novo: implementar as teorias de Deng sobre a construção do exército durante o novo período, destacando qualidade e as tradições de trabalho e frugalidade; e continuar o reajuste, a reforma e o aperfeiçoamento do modo de operar dos quadros. O editorial pedia "pesquisa no campo das ciências ligadas à defesa nacional, a fim de garantir maior eficácia do domínio absoluto do partido sobre o exército e aumentar o poder combatente em todos os sentidos".[25] Para melhorar a qualidade, os comandos e a tropa precisavam adquirir alto grau de consciência política; uma avançada formação militar, com a inclusão de adestramento tecnológico e científico; armas e equipamentos modernos e sofisticados; e modernas organizações militares que combinem pessoal e material. Além disso, o exército tinha de se reorganizar em unidades de elite – flexíveis, de reação rápida, com grande poder de fogo.[26]

A modernização do exército era um dos principais objetivos de Deng, e o núcleo de modernizadores lhe deveria ser leal. Esperava-se, entretanto, que os perdedores lhe causassem problemas. Em 1985, ele lançara o programa que reduziria o efetivo da tropa em um milhão no prazo de dez anos, o qual deveria estar concluído em 1995. Um artigo publicado no número de julho de 1992 da revista *Liaowang* declarou que o esforço da reforma estava apenas em seu sétimo ano.[27] Apesar disso, já era manifesta a transformação da força que antes tinha seu cerne na infantaria. Sessenta por cento do exército se transformara em forças heterogêneas, combinadas, de grupamento. Eram unidades integradas de forças ou corpos de artilharia, engenharia, carros de combate, comunicações, guerra química e contramedidas eletrônicas.

Segundo a matéria da revista, haviam chegado ao fim os dias do soldado rústico pé de poeira, substituído por um novo soldado mais refinado. A força aérea e a marinha eram agora forças armadas favorecidas. No que tange aos oficiais, mais de 40% tinham nível universitário. Considerando-se que as reformas tiveram início em 1985, um coerente sistema educacional, chefiado durante os primeiros anos por Zhang Zhen, decidido seguidor de Deng, estava a evoluir de modo a ocupar, mais cedo ou mais tarde, a posição das antigas lealdades do exército como o vínculo comum à elite militar. Mais de 600 mil militares passaram pelo novo sistema educacional. Naturalmente, a maior ênfase ainda recaía sobre a fidelidade política; com efeito, o artigo mostrava que, nos últimos anos, o exército mantivera uma reputação imaculada de ter posto a lealdade ao partido acima de todo o resto.

O resultado final dessa nova formação militar foi um exército que ainda via o Ocidente como o inimigo – não como um adversário ou competidor esportivo, mas um "inimigo". Jiang Zemin declarou que "qualquer um que me critique por brindar com líderes ocidentais deveria saber que as minhas razões são puramente táticas. Estou consciente do fato de que o Ocidente continua a ser nosso principal inimigo".[28]

Nas vésperas do 8º Pleno, em outubro de 1991, Deng realizou uma reunião do Comitê Permanente do Politburo com a Comissão Consultiva Central ou pelo menos com diversos anciãos presentes. Além de argumentar em prol de um impulso renovado na reforma e na abertura, a fim de reforçar os laços de lealdade de uma nova geração de chefes militares, Deng assumiu a responsabilidade pelo incidente de 4 de junho, e isto significava que o exército – o velho e o novo – não precisava assumir qualquer culpa além de ter cumprido ordens. Deng pedira a todos que assumissem um compromisso de lealdade pessoal com o chefe por ele escolhido, Jiang Zemin. Yang Shangkun declarou que Jiang doravante tomaria as decisões referentes aos assuntos da CMC. Yang, na qualidade de secretário, não mais tinha autoridade para movimentar tropas ou executar ordens sem o beneplácito de Jiang.[29] A presença tanto de Liu Huaqing como de Yang Baibing indicava que Deng estava solidificando o próprio poder dentro do exército, agora sob o comando de um núcleo de antigos seguidores ou anciãos militares. Por sua vez, membros da CMC e oficiais-generais em cargos de chefia teriam assento nas discussões do Politburo.[30] Assim, o consenso regeria a cadeia de comando desde o Politburo, o Comitê Permanente e a CMC, através do Estado-Maior até os comandantes no campo, muitos dos quais teriam participado das discussões políticas, garantindo a concertada linha política justa.

Numa ação adicional com o intuito de consolidar a aliança do ELP com as autoridades regionais do partido – muitas das quais por ele nomeadas –, Deng propôs que se atraísse Ye Xuanping, filho do marechal Ye Jianying, ex-governador de Guangdong e um dos chefes reformistas. Ye Xuanping era casado com a irmã de Zou Jiahua, considerado um conservador político da facção de Chen Yun. Zou, posteriormente, fez a declaração de que o país poderia suportar uma taxa de crescimento de 20%, se fosse baseada em eficiência.[31] A relação próxima entre Ye e Zou redundou no endosso tácito às novas políticas de Deng e numa grande derrota para Li Peng. Com Zhu e Zou, ambos oriundos do baluarte de Shanghai liderado por Jiang Zemin, aliado das forças de Guangdong que defendiam as mudanças, Deng conseguiu apoderar-se do controle virtual da política econômica. O complexo industrial-militar se formava transpondo as barreiras ideológicas. Os chefes das províncias essenciais à economia estabeleciam íntimas relações de trabalho com autoridades civis e chefes militares poderosos do governo central, num movimento para permitir um crescimento suave e destravado da economia – local, regional e nacional. O resultado de tais relações incentivaria o crescimento total e aumentaria o orçamento do exército. A indústria, tanto estatal como privada, se beneficiaria.

Em dezembro, o jornal porta-voz do exército publicara editoriais que justificavam o papel do exército na produção – algo de que o exército não estava disposto a abrir mão –, destacando o fato de que era em benefício de todos os chineses, uma vez que o Exército de Libertação do Povo administrava suas indústrias com eficiência e, portanto, não era um fardo para o estado. Conforme asseverou o artigo: "Seguramente, o exército não deve jamais abrir mão das atividades produtivas e econômicas."[32] A resposta do exército foi que, nas atuais circunstâncias, em que pouco estava disponível no orçamento do estado para despesas militares, o exército engajara na produção para se tornar autossuficiente e reduzir a carga sobre o povo e o estado.

A situação, porém, realmente apresentava um dilema para os chefes chineses. "Por um lado, o exército é o braço armado do estado para a execução de missões especiais – a missão do exército o torna impróprio para envolvimento em atividades econômicas e produtivas; mas, por outro lado, tendo em vista que a China agora se encontra no estágio inicial do socialismo, o exército não pode de forma alguma depender inteiramente do estado para seu abastecimento em curto prazo e, por conseguinte, não pode interromper as atividades econômicas e produtivas."[33] O exército vinha tentando separar a atividade econômica da militar e, de um modo geral, foi malsucedido; a maioria das unidades desejava preservar as empresas, porque estas eram grandes fontes de renda. Mas no longo prazo o comando do exército se comprometera com uma administração unificada das empresas.[34] Em todo caso, em dezembro, Deng concordara que a verba destinada à modernização do exército estaria garantida e, por causa disso, autorizou que o Exército de Libertação do Povo continuasse com suas empresas.[35]

Reunião da CMC em abril

A reunião de abril da Comissão Militar Central começou no ponto em que a reunião de janeiro em Zhuhai havia terminado. Foi uma reunião ampliada pela presença de todos os altos comandantes, comandantes de regiões militares e comissários. Embora não tivesse o nome mencionado, Qiao Shi, sem dúvida, esteve presente, uma vez que ele recebeu o controle total das forças policiais, a Polícia Armada do Povo e a "polícia secreta" especial como um meio de assegurar o controle pelo partido.³⁶ Dessa forma, Deng, Peng Zhen e Yang Shangkun selaram o "Grande Compromisso". A reunião, segundo fontes taiwanesas, tratou da política a empreender no restante do período de Deng no cargo. Um tema crucial foi a decisão de reestruturar o ELP e eliminar as sete regiões militares – manobra que poria todo o exército sob o controle único e direto da CMC.

Como parte do acordo para empurrar os velhos comandantes militares para a reserva e fazê-los abrir mão de seus poderosos comandos de regiões, Deng criou uma comissão consultiva da CMC, cujos membros manteriam os privilégios a que faziam jus no serviço ativo. Em resultado, centenas de novos cargos de comandos de tropa abriram vagas para oficiais mais jovens e de melhor formação intelectual – tecnicamente competentes e politicamente neutros ou, mais precisamente, leais ao partido. Em suma, Deng dava aos oficiais mais jovens participação na nova ordem que transformaria a China em uma potência militar de primeira linha. Em retribuição, esses oficiais apoiariam e protegeriam o partido, e enfrentariam qualquer ameaça, interna ou externa, à permanência do estado unido. Assim, segundo a fonte taiwanesa, as alterações e eliminações de comandos militares davam a garantia de controle central.³⁷

As decisões tomadas na reunião ampliada da CMC foram mais tarde divulgadas pelo Documento nº 26 da repartição geral do Comitê Central. Tal qual o discurso proferido por Yang Baibing no Dia do Exército, o documento continha os pormenores da reforma e da otimização do exército, baseado em racionalização, reajustes e transferências para a reserva.³⁸ As sete regiões militares seriam reduzidas a quatro – afastamento do conceito de comandos geográficos e adoção do conceito de comandos funcionais móveis a fim de melhorar a eficiência e instituir uma estrutura modernizada e científica de comando e controle. Prerrogativas de comando foram também drasticamente reduzidas em favor do comando direto pelo Estado-Maior e a CMC. O efetivo total da tropa deveria ser diminuído em outro milhão, como já se fizera em 1985. Ademais, as muitas escolas e academias seriam desativadas, a fim de simplificar o fluxo educacional e instituir um processo melhor de formação maneável e centralizado sob o controle do Estado-Maior-Geral, desfazendo ainda mais as ligações internas dos exércitos. Os oficiais excedentes deveriam ser transferidos para os distritos militares, os quais tinham agora a missão principal de consolidar vínculos econômicos íntimos com o povo. Isto significava a realização de projetos conjuntos de construção econômica.

O ponto com maior destaque no Documento nº 26 tratava da centralização da estrutura de comando em Pequim, subordinada à CMC e ao Estado-Maior. Como parte desse esforço, as armas especializadas – artilharia, guerra química, corpo de blindados e engenharia – foram fundidas em um ramo diretamente subordinado ao Estado-Maior. Firmando-se a prioridade em forças heterogêneas ou exércitos de grupamentos, a cadeia de comando agora não mais passava pela região militar. Os exércitos de grupamentos – novas forças de reação rápida em treinamento para combates relâmpagos ou de curta duração – estariam sob supervisão direta do Estado-Maior e teriam um novo quadro de comandantes com uma formação militar adquirida em um sistema de ensino que, nos últimos anos, trazia o selo de qualidade de Zhang Zhen e outros modernizadores – uma nova geração de formados no estilo "Whampoa" [NT: *Academia Militar de Whampoa da China, que funcionou de 1924 a 1949*]. Deng estava montando uma força politicamente confiável – não uma força divorciada da política, e sim totalmente controlada pelo grupo de chefes no alto escalão, a CMC.[39] Ele seguia os passos de Sun Yat-sen e Chiang Kai-shek; cada um deles exigia lealdade pessoal. No caso de Deng, lealdade ao partido e à chefia do momento.

A reunião de abril também debateu futuras movimentações de pessoal nas regiões, nos distritos e nas armas, inclusive a promoção de Liu Huaqing a vice-presidente da CMC. Mas essas alterações só seriam efetivas depois do Congresso do partido, a fim de assegurar que Deng pudesse contar com as forças leais disponíveis até que Zhu e outros lugares-tenentes de Deng estivessem em posição e Chen Yun, neutralizado. Na época, a troca de poder da geração dele para a de Jiang e Zhu seria completa, com alguns anciãos selecionados, ungidos por Deng e Peng Zhen para ocuparem assentos nas discussões do Politburo e oferecerem orientação.[40]

A elevação de Liu a primeiro vice-presidente da CMC era mais um sinal da rearrumação dada por Deng na relação de poder entre os anciãos, o Politburo e a CMC. Em virtude de sua integração também ao Comitê Permanente do Politburo, a promoção de Liu restaurou a supervisão da CMC pelo Comitê Permanente. Yang Shangkun seria promovido acima do Politburo e conduzido ao todo-poderoso corpo consultivo de Decanos, o qual continuaria com a incumbência de dar solução às questões relevantes, e Yang Baibing, cujo cargo na CMC foi abolido, continuaria a ter influência nos assuntos militares, sendo membro do Politburo.

A reunião de abril da CMC não transcorreu inteiramente sem dissensão, especialmente em relação às ações decorrentes da otimização e redução de efetivos. Os soldados estavam apreensivos com a perda de benefícios – moradia, quotas de gêneros, facilidade dos reembolsáveis, soldo e assistência médica. O estado aliciou muitos oficiais superiores para a aposentadoria com promessas de sinecuras na indústria, as quais lhes proporcionariam moradia e pensão; e, para alguns dos oficiais mais antigos, participação nos conselhos de administração de grandes empresas e um automóvel. Assim, para esse grupo e suas famílias, não houve perda de posição nem de renda. As amplas possibilidades de patrocínio nas empresas foram a tábua de salvação para as altas autoridades do Exército de Libertação do Povo. Para a vasta maioria – os soldados rasos –, dar baixa significava o retorno a uma aldeia natal que não os poderia sustentar. Alguns se agruparam em unidades locais de milícia que lhes deram pagamento extra; na maioria dos casos, porém, o pessoal afetado pela redução do efetivo das forças armadas era atirado na vala comum da mão de obra disponível, e os desempregados tinham de se virar sozinhos.

O noticiário do exército divulgou uma série de artigos que justificavam a redução do efetivo ou a "otimização estruturada", conforme se dizia em 1992.[41] Um artigo de maio dizia que, embora uma força militar moderna dependesse de três ingredientes essenciais – armas e equipamentos de última geração, pessoal altamente qualificado e um sistema de integração orgânica entre pessoal e material –, o enfoque dos militares se concentrara em pessoal e armamento de melhor qualidade, sem dar muita importância à organização científica que permite a integração orgânica entre o homem e o armamento. O artigo citava estrategistas militares estrangeiros dos Estados Unidos e da União Soviética que ressaltavam a singular importância da organização estrutural. Enquanto o pessoal podia mostrar um aprimoramento individual de um-por-um em capacitação militar com a aquisição de novo armamento, o aperfeiçoamento da organização apresentava efeito multiplicador em combate. A capacidade de reação às mudanças numa batalha, ocorrida de forma oportuna, era o fator determinante de vitória ou derrota.

Os militares preocupavam-se com o fato de o exército não estar preparado para a guerra moderna. Mudanças na organização e na estrutura poderiam melhorar a eficiência e eliminar os ineficazes. Essas providências tomavam pouco tempo e não exigiam grandes investimentos. Assim, chegamos ao ponto crucial da questão: a China não dispunha de fundos para investir em armamento, equipamento e pessoal. Ao devotar todos os esforços ao desenvolvimento econômico, não restava ao estado dinheiro a ser aplicado no exército. Segundo o articulista, não era realista contar com o aprimoramento de homens e armas em curto prazo, ao passo que aperfeiçoamento estrutural podia ser alcançado. Portanto, oficiais e praças nada tinham a temer em relação à otimização em andamento nas forças armadas; era para o bem dos militares e do povo. "Se o conceito de superioridade quantitativa não for substituído pelo de superioridade qualitativa, ficará difícil reduzir racionalmente o efetivo das forças armadas; se o conceito de fazer guerra de acordo com o estágio das forças armadas não der lugar ao de construir forças armadas de acordo com as exigências das guerras futuras, ficará difícil determinar o modelo de otimização estrutural."[42]

Como parte dos esforços para preservar a lealdade dos chefes militares até que estes passassem para a reserva, Deng e a CMC, na reunião de janeiro em Guangdong, autorizaram Yang Baibing a agendar para os oficiais superiores e os comissários das sete regiões militares uma série de visitas de inspeção a Shenzhen e Zhuhai, de modo que pudessem constatar quão bem-sucedidas eram a abertura e a reforma de Deng. Consta que os comandantes militares voltaram dessas visitas comprometidos em apoiar e executar a reforma e a abertura. Deng conseguira acalmá-los com um falso sentimento de segurança em relação aos seus cargos de comando.[43]

Em seguida à reunião de abril da CMC, Deng estendeu mais seu programa de modernização. O cerne de seus esforços, que vinham sendo empreendidos desde 1985, mas, em especial, desde 1989, de Tiananmen e do fracassado contragolpe soviético de 1991, estava na obsessão de Deng por um mecanismo que garantisse o total controle do partido sobre os militares. Assim, não foi surpresa que Deng estivesse implantando uma estrutura unificada de comando, similar às ocidentais ou propusesse a desativação das sete regiões militares, as quais ele já reduzira de onze para sete alguns anos antes.[44]

Durante o verão, após a reunião da CMC, o departamento de assuntos políticos, sob o controle de Yang Baibing, entrou em ação, publicando inúmeros artigos que atestavam a lealdade do exército, destacavam o desejo dos militares de participar das atividades locais em prol da reforma e da estruturação econômica e enalteciam as políticas de Deng para a reforma e a abertura.

No Dia do Exército – 1º de agosto –, oficiais e praças das forças armadas estavam bem conscientes da iminência de expressivas mudanças referentes a pessoal e a estrutura, especialmente depois do XIV Congresso do partido. As unidades de propaganda estavam a todo vapor. Documentos como aqueles expedidos após a demissão de Deng da CMC em 1989 voltaram a circular. Acentuavam a função da célula do partido dentro do exército, que promovia a lealdade ao partido. A origem desses documentos remonta aos primeiros dias do Exército Vermelho, quando a combalida tropa não entrou em colapso sob a pressão do ataque do Kuomintang [NT: *o antigo Partido Nacionalista Chinês, fundado em 1912*] por causa da existência, dentro do exército, da célula do partido.[45]

Em aditamento às "Minutas" da reunião política de trabalho da CMC em 1989, houve outros documentos divulgados que orientavam para um treinamento correto em lealdade. Três deles constituíam os textos básicos que tratavam do medo do partido em relação à lealdade do exército, tendo em vista a lenta reação aos acontecimentos em Tiananmen no verão de 1989. Eram:
1. Perfil da Estruturação do Exército em suas Bases
2. O Regulamento para a Missão Política do Exército e
3. Normas para as Funções Ideológicas Rotineiras do Exército.[46]

O princípio fundamental de todos esses documentos estava na inquestionável manutenção e no fortalecimento do absoluto domínio do partido sobre os militares. Os documentos davam destaque à história do partido e ao papel da educação. A ênfase estava em sustentar a teoria marxista aplicada à estruturação do exército, em preservar a qualidade e os objetivos da força, em desempenhar corretamente a função do exército no novo período e em montar um exército revolucionário moderno, regulamentado e com características chinesas.

Os chefes do partido deveriam ressaltar o estudo, a unidade, a administração limpa e o pragmatismo, e também preocupar-se com os mínimos detalhes da célula do partido no baixo escalão –

O Exército "protetor e escolta"

a extremidade nervosa ou posição avançada –, o ramo partidário de raiz. Consta que dezenas de milhares dessas células vinham estudando e pesquisando liderança partidária. Percebia-se que o ambiente era o mais propício, na história recente, para efetuar esse tipo de controle. "O partido tem muito orgulho dos sistemas e dos princípios que criou desde os dias do Exército Vermelho, para garantir o absoluto domínio do partido. Alguns desses princípios: 'Em nenhuma circunstância se deve mostrar insubordinação ou antagonismo em relação ao partido em busca de poder militar; todas as ações devem permanecer sob o comando do partido, e ninguém está autorizado a transferir ou comandar unidades militares sem autorização; é absolutamente inadmissível outros partidos ou grupos políticos instalarem suas organizações ou terem atividades no seio do exército; todas as atividades devem ser subordinadas ao partido e servir tão somente aos programas e à linha do partido; e o sistema de a responsabilidade caber ao chefe do setor de trabalho e o centralismo democrático devem ser adotados sob liderança coletiva.'"[47]

Daí emerge um tema coerente: o partido controla o canhão. Deng, entretanto, sabia bem do corolário: "aquele que controla o canhão, controla o partido", e esta foi a intimidação levada por ele à mesa de debates em Pequim na primavera de 1992, para melhor transmitir sua mensagem. Era o caso de o exército servir de fiador daquele que vencesse o conflito interno do partido e pudesse pagar o preço de ter as forças armadas como escolta. Conforme publicado no noticiário militar do Dia do Exército: "A extraordinária estrada de 1927 a 1992 demonstra esta conclusão: a China não consegue subsistir sem o Exército do Povo; e o exército não teria se desenvolvido, crescido nem cumprido sua missão sem uma integral liderança do partido." Este era o exército que se comprometera a escoltar e proteger as políticas de Deng em seu trajeto rumo ao século seguinte.

Como parte importante da missão do Exército do Povo de garantir a execução das políticas econômicas referentes à reforma e à abertura, Deng iniciara a reforma e as mudanças dentro do próprio exército. Assim, ao assumir sua missão histórica de respaldar as reformas de Deng por cem anos, o exército, em passo suficientemente acelerado, chamava a si a exigência de se tornar mais eficiente e de centralizar suas atividades, a fim de preparar-se para um mundo em rápida mutação, onde os avanços tecnológicos podiam esmagar um oponente que não se mantivesse a par do progresso.

Refletindo as ideias de Deng, mas publicado com sua assinatura como diretor de ideologia e encarregado do *Diário do Exército de Libertação*, Yang Baibing expôs o novo papel do exército: "A linha justa deve permanecer em vigor por 100 anos sem sofrer perturbações. O exército e o poder do estado devem salvaguardar este caminho, este sistema e esta política. Isso deu origem a uma nova e gloriosa tarefa histórica para o exército. Para atuar como escolta, o exército, por um lado, precisa manter um alto grau de estabilidade; por outro lado, o exército deve também atuar de forma concreta no sentido de apressar a reforma, intensificar a reforma, buscar o próprio desenvolvimento por meio de uma autorreforma, instituir um alto grau de centralização e coesão por meio de um desenvolvimento positivo, intensificar sua força coesiva e assim aumentar ao máximo sua capacidade de prestar escolta à reforma, à abertura e ao desenvolvimento econômico."[48]

A resultante de todos os documentos internos, inclusive, naturalmente, os documentos de setembro de 1991 e fevereiro de 1992, nos quais Deng analisava o cenário internacional, foi uma única constante: "a ocasião está significativamente madura: se não aproveitarmos esta oportunidade para realizar reformas, o cenário político internacional poderá não se repetir de forma tão favorável à China."[49] Com uma Rússia frágil ao norte, com a retirada norte-americana do Pacífico Ocidental e com a disponibilidade e a disposição do capital estrangeiro para investir na China, Deng argumentou que seria agora ou nunca. A reforma e a abertura devem ser levadas a limites extremos. A recém-concluída Guerra do Golfo demonstrara a inutilidade do conceito militar maoista de atrair o invasor e contra-atacar com uma tropa numerosa. No futuro, o soldado inimigo talvez nem sequer seja visto. Em vez disso, mísseis de cruzeiro poderiam penetrar em profundidade o território inimigo que, se estiver desprovido de sistemas de defesa, perderá a batalha numa questão de dias ou mesmo de horas.

Deng estava claramente se empenhando para transmitir seu ponto de vista com a ajuda dos Yangs: "No mundo contemporâneo, que é cheio de rivalidades, para se chegar a uma posição de liderança, o segredo está em 'aproveitar a oportunidade de se desenvolver'. Isso não se aplica apenas à esfera da economia, mas é também aplicável à esfera militar. Uma nova força motriz deve ser obtida por intermédio do estudo das importantes palestras do camarada Deng Xiaoping; surgiu uma oportunidade para a profunda reforma do exército, e as condições se tornaram ideais. O fato de sermos ou não capazes de aproveitar esta oportunidade para executar uma profunda reforma decidirá o futuro do exército. Quando se perdem as oportunidades oferecidas pela ocasião, corre-se o risco de se incorrer em perdas imperdoáveis. A este respeito, devemos ter em mente um forte senso de urgência e de compromisso com a missão."[50]

Discurso de agosto de Yang Baibing

Talvez a expressão mais autêntica do pensamento de Deng tenha sido o editorial de Yang Baibing, publicado em 1º de agosto no jornal de grande circulação do partido, o *People's Daily*.[51] Para se entender sua perspectiva ideológica, o texto pode ser comparado ao que Deng disse pelas penas de Huangfu Ping e Tian Jiyun. Yang pôs em contexto o cenário de então: "A tendência do mundo é a multipolaridade. Paz e desenvolvimento são duas questões a serem enfrentadas pelo povo chinês. Deng enxergou as possibilidades do momento e clamou por um esforço renovado no sentido da reforma e da abertura. O exército, que é a salvaguarda da pátria, está determinado a defender os interesses do povo, proteger e respaldar a reforma e a construção pedidas por Deng."

Dada a história pregressa do partido, Yang admitiu que se cometeram erros ao longo da jornada. Esses erros só foram corrigidos "depois da 3ª sessão plenária do XI Comitê Central do Partido Comunista Chinês, representado por Deng que, tendo aderido à busca da verdade dos fatos e combinado os princípios básicos do marxismo com a realidade concreta das condições chinesas, lançou a teoria da construção do socialismo com características chinesas, estabeleceu a ideia básica de um centro e dois pontos fundamentais e conduziu o esforço de modernização da China ao longo do caminho correto. Deng advogara a estratégia dos três passos rumo à modernização que levariam a China a se tornar uma potência intermediária em termos de desenvolvimento num prazo de 100 anos a partir da fundação do estado".

Yang também captou o momento fugaz da mesma forma que Deng. "Impelida pela rápida evolução da ciência e da tecnologia e pela aguda competição econômica internacional, a humanidade enfrentará novo período de avanço nos últimos anos deste século e no início do século seguinte. Esta é uma oportunidade dourada para a reforma e a construção da China. Se recusarmos o que os céus estão a nos oferecer, poderemos em troca receber a culpa; se não estivermos à altura dos novos tempos, poderemos em troca ser punidos. Devemos nos valer plenamente das atuais condições favoráveis, tanto no país como no exterior, a fim de impulsionar nossa construção econômica para um novo estágio e de assentar uma base sólida para um desenvolvimento rápido no próximo século. Se dizemos que, de meados do século XIX a meados do XX, a nação chinesa, afinal, manteve-se de pé por mais de 100 anos de lutas heroicas, durante as quais alguém ocupava a brecha quando outro caía, então de meados do século XX a meados do XXI, no decurso de outros 100 anos de lutas, nosso país vai se livrar completamente da pobreza e verdadeiramente seguir, em largas passadas, rumo à condição de nação próspera e desenvolvida, como um gigante do Oriente."

O programa simples de Deng para dobrar o produto nacional bruto, dobrá-lo mais uma vez, e então, dobrá-lo de novo até meados do século XXI já havia obtido êxito. De acordo com Yang, "O PNB já dobrou. O problema de alimentação e vestuário foi resolvido e, até o fim do século, o PNB será novamente dobrado. Em um período crítico dos cenários nacional e internacional, Deng deu agora um passo adiante com um apelo renovado para apressar o ritmo da reforma e da abertura e promover a estruturação econômica de maneira melhor e mais rápida. Foi nestas circunstâncias que Deng, o partido central e a CMC solicitaram que o exército se empenhasse em cumprir a missão de proteger e escoltar a reforma e a estruturação econômica."

O exército foi também instruído sobre seu lugar na equação econômica. O partido e a CMC ensinaram o exército a servir a reforma e a missão da estruturação econômica, tarefa que deveria durar cem anos, prazo que Deng pedira para a adoção da reforma e da abertura. Isto é compatível com o acordo de Deng em dezembro de 1991 para assegurar ao exército uma fonte de renda estável durante o tempo em que apoiasse a reforma e a abertura, isto é, cem anos. Novamente, Yang chamou atenção para o fato de o partido haver se extraviado ao longo dos anos. Perdera diversas oportunidades de tirar vantagem da ciência e tecnologia para alcançar o nível do mundo desenvolvido. Assim, o abismo entre a China e os países desenvolvidos se aprofundara.

Quando Deng finalmente conseguiu apontar a política no sentido da estruturação econômica, em 1978, o mundo já estava entrando num período de aquecimento da economia e de competição tecnológica. A verdadeira questão era se a China seria ou não capaz de tocar a construção econômica com rapidez suficiente para alcançar e manter uma posição entre as nações avançadas. É bom que se repita ter sido neste contexto que a China desperdiçara outras oportunidades, quando a situação mundial era diferente; se deixasse passar a efêmera oportunidade atual de atingir o nível de desenvolvimento do Ocidente, a China ficaria à beira da estrada, uma nação decadente. Deng, conforme assinalavam os artigos de Huangfu Ping, criticava o partido por não haver, no passado, aproveitado as vantajosas aberturas para o Ocidente.

Yang passou a comentar os fatores que faziam grande uma nação. Segundo ele, só com um estado próspero, o exército pode ser forte. O reforço da defesa nacional e a ampliação da modernização do exército dependiam de um sólido embasamento econômico. Concluiu, como Deng, que somente com a concentração do poder nacional chinês em prol do avanço de uma nova revolução científica e tecnológica e com a concentração da energia chinesa na construção econômica poderia o país se tornar invencível na arena da competição mundial e alcançar uma posição estratégica que lhe possibilite a sobrevivência além deste século. Quando se promovesse o desenvolvimento econômico, o povo enriqueceria, e o abrangente poder nacional cresceria, e este seria o fundamento sólido para a construção da defesa nacional.

Receoso de que alguém não captasse seu ponto de vista, Yang explicou: "A força da defesa nacional é também um aspecto importante na abrangência do poder nacional. Para promover nosso impulso modernizador, é preciso que tenhamos um exército poderoso que nos sirva de garantia. É dever comum do povo, de toda a nação, preocupar-se com a formação do exército e apoiá-la. Numa época em que o cenário político internacional é governado por uma filosofia hegemônica e uma política de força, a nação não deve relaxar o ânimo dos esforços em prol de sua defesa. Somente quando houvermos ativado a economia e construído um exército poderoso e um firme sistema de defesa, estaremos aptos a ocupar a posição adequada a um grande país integrante da comunidade internacional. Dessa forma, ninguém nos há de tratar com pouco caso nem se atreverá a nos afrontar."

Yang instruiu o exército a respeito do significado de socialismo. Uma batalha havia sido travada entre esquerdistas e reformistas durante mais de um ano sobre a acepção da natureza do fenômeno socialista, e sobre o entendimento do capitalismo. Citando os discursos feitos por Deng na excursão realizada através da região sul, Yang expôs as principais opiniões de Deng que apontavam os esquerdistas, e não os direitistas, como o problema mais grave do partido. No entendimento de Deng e dos reformadores, alguns esquerdistas teriam dificuldade em relação às medidas atinentes à reforma, porquanto estariam sempre inseguros quanto à sua natureza socialista ou capitalista.

Com o propósito de tornar mais fáceis as questões e as decisões, Deng tinha uma solução simples para distinguir um do outro, com base em três aspectos: se a medida contribuía para o desenvolvimento das forças produtivas de uma sociedade socialista; para o crescimento do abrangente poder nacional de uma nação socialista; e para o aprimoramento da qualidade de vida. Assim, todo o conteúdo da modernização que satisfizesse essas três exigências seria considerado uma boa prática, inclusive os métodos capitalistas ocidentais. Yang transmitiu um alerta aos militares: as forças armadas tinham de estar prontas para absorver ideias novas, para apoiá-las e implementá-las.

O papel do exército na reforma, na abertura e na construção econômica também exigia resposta positiva à nova diretiva estratégica de Deng no sentido da eficácia, da otimização e da modernização. Yang apresentou ao exército os critérios de Deng:

1. É necessário sustentar o domínio absoluto do Partido sobre o Exército e preservar, incansavelmente, a natureza do Exército do Povo, de modo a assegurar que o Exército atue verdadeiramente como um grande muro de aço a proteger a pátria, um vigoroso pilar da ditadura popular democrática, e uma importante força na construção de uma civilização socialista material e espiritual.
2. É necessário respeitar o princípio da integração das exigências de um exército revolucionário regular e moderno, considerar

a modernização do Exército como um elo essencial, adotar o critério da capacidade de combater, dar importância à qualidade do Exército e trabalhar com afinco para intensificar a capacidade de combate do Exército à luz da guerra moderna.

3. É necessário aderir ao conceito de tropa de elite, sistemas de armas combinados e de alta eficiência, aperfeiçoar constantemente a estrutura e as instalações do Exército, efetuar a integração científica entre homem e arma e utilizar um sistema que combine um exército enxuto, muito bem adestrado com poderosos contingentes de reserva.

4. É preciso apoiar a autoconfiança e a consciência das próprias carências, intensificar a pesquisa científica no campo da defesa nacional e fortalecer as forças técnicas de reserva com enfoque em determinados aspectos, e melhorar gradualmente o padrão de modernização do material e do armamento.

5. É necessário atribuir, persistentemente, importância estratégica à educação do pessoal e ao adestramento, aplicar um treinamento rigoroso para cumprir requisitos rígidos, tentar fazer o melhor possível na administração de instituições militares de ensino e usar de todo o empenho para melhorar a qualificação militar e a política do Exército, de modo a garantir que as autoridades e os combatentes do Exército saberão dominar com maestria tanto as técnicas militares como alguns recursos úteis à construção socialista.

6. É necessário administrar persistentemente o Exército de acordo com a lei e segundo rígidos critérios, desenvolver e aprimorar normas, ordenações e regulamentos, assim como sistemas, uma legislação militar perfeita, com o propósito de garantir que se realizem atividades em diferentes áreas de atuação durante o processo de desenvolvimento de tropas regulares.

7. É necessário sustentar o princípio da organização de um exército com parcimônia e trabalho árduo, subordinar a organização do exército à estruturação da economia nacional, aumentar vigorosamente a renda, reduzir a despesa e trabalhar com afinco

para aumentar a eficiência militar e o rendimento financeiro e ampliar a capacidade logística e a abrangência do apoio.

8. É necessário aferrar-se à herança do pensamento militar de Mao Tse-tung e desenvolvê-lo, explorar intensamente as teorias da operação do Exército do Povo e da condução da guerra do povo nas condições próprias de um conflito moderno e desenvolver e aperfeiçoar um sistema chinês para a ciência militar moderna.

9. É necessário apoiar o princípio de que o trabalho político é o sangue que dá vida ao Exército, executar integralmente o papel do Exército relacionado com a realização e a salvaguarda da atividade política, instruir o pessoal das unidades militares nos ensinamentos de Marx, Lênin e Mao Tse-tung, elevar na carreira um contingente de oficiais que sejam mais revolucionários, medianamente mais jovens e profissionalmente mais competentes, e estreitar cada vez mais a união entre oficiais e praças, entre o Exército e o governo e entre o Exército e a população.

10. É necessário defender o princípio da reforma como motivação para o desenvolvimento, atuar a partir das condições nacionais e das características especiais do Exército Chinês, fazer uso da valiosa experiência de exércitos estrangeiros, realizar o reajuste e a reforma consistente, vigorosa e, apropriadamente, com pertinácia, levar adiante o desenvolvimento do Exército.

Em consideração ao sexagésimo quinto aniversário da criação do Exército de Libertação do Povo, Yang falou de sua longa e briosa tradição e da necessidade de se tomar a iniciativa, que poderia não mais voltar a acontecer. Segundo Yang, "desde que todo o partido, todo o exército e a população chinesa de todas as nacionalidades trabalhem com ardor, com coração, com vontade e desde que nos dediquemos com firmeza ao objetivo em causa, a China decerto formará entre as outras potências mundiais ao completar seu primeiro centenário; e seu exército certamente alcançará o mesmo nível dos outros exércitos de primeira linha do mundo, em termos de padrões de modernização na esteira do desenvolvimento econômico".⁵²

Assim, Yang apresentou os argumentos de Deng, os quais em nada haviam mudado desde 1978. Deng conseguira o apoio do exército, mas teve um preço a pagar. Os comandantes das regiões militares e os comissários políticos haviam todos se comprometido, publicamente, a apoiar a reforma e a abertura e aumentar a eficiência com a remoção do excesso de gordura, ao mesmo tempo que se mostraram compreensivos em relação às necessidades do estado.⁵³ O exército chegou a se comprometer com uma mudança de gerações no alto escalão.⁵⁴

A CMC concordara com importantes alterações e com uma crescente centralização do controle; mas isso ainda não significava que Deng estivesse completamente convencido da lealdade do exército. Parte do motivo para a ênfase na centralização e na redução das prerrogativas dos comandantes de campo estava em garantir que não mais ocorresse a confusão de Tiananmen, quando diversos oficiais questionaram as ordens para esmagar os estudantes, e generais da reserva, de alta patente, haviam apelado para a revogação das ordens. Em resposta, Deng formara um grupo de estudos na CMC, chefiado por Liu Huaqing, a fim de examinar os golpes recentes ao redor do mundo, com ênfase especial na Romênia e em diversos golpes de estado realizados na Tailândia. Deng ficara inquieto com a rápida queda do regime de Ceaucescu e com a aparente indiferença, nos círculos financeiros, em relação aos golpes militares tailandeses.⁵⁵

Outra evidência da preocupação de Deng foi o fato de ele haver arrancado, por escrito, de todo o alto-comando do exército a promessa pessoal de apoio às suas políticas. Houvera uma clara referência a este assunto nas opiniões publicadas de Deng a respeito da viagem que fizera à região sul, quando ele empregou o termo *baojia* que pode ter a acepção de "proteção ao imperador" ou "proteção à dádiva preciosa".⁵⁶ Em qualquer caso, não poderia ser interpretado como apoio ao governo constitucional; a China não tivera um histórico de instituições democráticas. A definição do termo estava apenas em contexto: aquela significação tinha de ser interpretada como a proteção ao trono ou ao partido político responsável por tais programas.

Era evidente que Deng estava a repetir um modelo antigo, similar àquele empregado por Sun Yat-sen e Chiang Kai-shek, de governar baseado em militares de elite que, pessoalmente, se comprometessem a apoiar a instituição, o homem. Deng estava conseguindo juras de fidelidade de seus leais lugares-tenentes e seguidores em apoio à sabedoria coletiva dos anciãos do exército – Peng Zhen, Liu Huaqing, Yang Shangkun, Yang Baibing, Zhang Zhen, Yang Dezhi, Li Desheng e todos os outros que haviam participado das reuniões da CMC em dezembro, janeiro, abril e durante o verão, enquanto providenciava a própria sucessão. Visivelmente, os anciãos do exército estavam sendo investidos com a autoridade para decidir sobre a sucessão; mas igualmente visível era o fato de o exército estar respaldando um estado unido e o poder do partido em troca de sua modernização e de um assento no Politburo.

No Dia do Exército, em 1º de agosto, a questão de quem ficaria no comando do exército havia sido resolvida por meio de uma série de reuniões não divulgadas em Pequim e Beidaihe.[57] Inicialmente, diversos comandantes de regiões militares encaminharam requerimentos à CMC, pedindo que Yang Shangkun permanecesse na CMC. Isso aconteceu depois que Deng já havia decretado a aposentadoria de Yang, uma redução das regiões militares e a passagem para a reserva da maioria dos oficiais de alta patente – particularmente todos os comandantes das regiões militares e os oficiais mais antigos das armas –, os quais deveriam ser substituídos por oficiais mais jovens logo após o término do congresso partidário. Caso Deng houvesse concordado, seria o fim da troca de gerações, porquanto não se poderia esperar que Yang exonerasse os oficiais que lhe serviam de base de apoio. Deng ficou ao lado do sangue novo – comandantes com formação profissional e integrados aos novos grupos de interesse verticais e horizontais –, uma nova raça com novas armas, mais dinheiro, mais prestígio e leais ao estado.[58]

Uma nova administração do Exército de Libertação do Povo era necessária, para possibilitar a supervisão da substituição da panelinha de Yang por um novo núcleo, leal a Liu Huaqing. Os generais passariam para a reserva. A lealdade deles, entretanto, seria comprada com sinecuras no setor industrial ou com promoções para ocuparem cargos em uma nova junta militar que prestaria assessoria à CMC, tal como Deng, durante o XII Congresso do partido de 1982, engendrara a aposentadoria do pessoal pertencente à era Yenan que ocupava altos cargos no partido, a fim de introduzir novos talentos no Comitê Central do Politburo. Assim, no fim de julho, pouco antes do Dia do Exército, Deng e Yang anunciariam a decisão de que os comandantes das regiões militares e os comandantes das armas passariam para a reserva. Mas continuariam a assessorar a CMC nos assuntos referentes à reforma do exército.[59] Não sendo, jamais, de arriscar perder o controle do partido, Deng criou seus conselhos consultivos e pôs todo o controle nas mãos dos seus colegas combatentes do exército remanescentes – os verdadeiros revolucionários, e Yang era um deles.

Assim, na véspera do XIV Congresso, Deng tinha sua recompensa. As forças de segurança pública, subordinadas a Peng Zhen e Qiao Shi, garantiriam a estabilidade interna, apoiadas pelo exército, se necessário. Todas as forças armadas recebiam suas ordens da CMC, a qual era subordinada aos revolucionários remanescentes da Longa Marcha, seguidores de Deng na maior parte. O exército – um estado dentro do estado –, as forças de segurança pública e os anciãos estavam prontos para garantir a estabilidade no futuro. O centro político de gravidade mudara de lugar definitivamente e para durar até bem longe no futuro.

6
Triunfo

中

A mecânica do XIV Congresso

Deng tinha a cooperação do Exército de Libertação do Povo e o apoio dos governadores regionais. Os pontos-chave do compromisso por ele articulado obtiveram a concordância das partes envolvidas, mas Deng ainda tinha um longo caminho pela frente. Precisava refazer a organização do partido para garantir que suas políticas sobreviveriam a ele. Assim, Deng deu início à sua campanha de retomar o controle do partido, de forma deliberada, reminiscente do seu empenho em ajudar Mao a reconquistar o partido e o governo das mãos de Lin Piao e do exército, na esteira do IX Congresso do partido, em 1969. Visivelmente, ele não perdera o toque de organizador nem a destreza em lidar com os conflitos burocráticos internos.

Para ter sucesso, Deng precisava superar dois obstáculos: a autoridade *de facto* de Chen Yun e da Comissão Consultiva Central (CCC), e a autoridade de direito que Song Ping e os conservadores detinham sobre a vida do partido, em razão do controle que exercem sobre o departamento de organização do partido, responsável pelo estabelecimento dos requisitos dos delegados e pelos critérios para seleção desses delegados, além de ser encarregado do controle dos dossiês pessoais e dos históricos de todas as funções exercidas pelos membros do partido. Para se considerar bem-sucedido, Deng tinha de sair do congresso com a autoridade de nomear os integrantes do Politburo, do Comitê

Permanente e do Comitê Central. E, mais ainda, precisava pôr gente sua à frente do exército.

É importante repassar eventos anteriores, para se compreender até que ponto Deng pretendia ir com o fim de assegurar o controle sobre o congresso, bem como sua capacidade de planejar e executar uma agenda complexa por vários meses, com sua saúde visivelmente em declínio.

Deng atacou primeiro o problema urgente da seleção dos delegados para o congresso. Logo após o fracassado golpe soviético em agosto de 1991, Chen Yun e seus seguidores defenderam a escolha de delegados que tivessem apoiado a repressão na Praça da Paz Celestial, *Tiananmen*, e cujas credenciais fossem mais de "vermelhos" que de "especialistas". Para conseguir isso, Li Peng, Song Ping e Lu Feng tinham de ter o controle do processo seletivo, que estava nas mãos dos burocratas locais do partido – gente que fora promovida por Deng depois de sua volta ao poder, em 1978. O problema deles complicou-se pelo fato de as novas políticas de reforma terem se tornado simpáticas à população local e haverem propiciado aos chefes regionais uma oportunidade de buscar legitimidade popular pelo apoio às reformas em oposição a Pequim. Deng chegou a ir a Shanghai para identificar-se com o herói local, Zhu Rongji, e dar apoio moral para Zhu contestar as políticas então em vigor. Era improvável, portanto, que as autoridades locais fossem escolher para delegados ao Congresso e para novos membros do Comitê Central indivíduos que se tivessem mostrado favoráveis à recentralização e à retomada dos controles pelo planejamento central.

Conforme vimos, Li Peng lançara uma nova campanha de educação socialista nas províncias, tal como fizera Mao no início da década de 1960, quando quis derrubar as políticas conservadoras orientadas para a economia de mercado pregadas por Chen Yun, Deng e por outros que vinham tentando remendar os graves estragos econômicos causados por Mao com o "Grande Salto para a Frente". Naquela época, Mao empregara grupos de trabalho do exército para examinar os dossiês de membros locais do partido e ver se eles eram mais "vermelhos" do que "especialistas". Mao pôde então refazer todos os cargos do partido à sua própria imagem. Em 1991, Li e Chen tentavam fazer o mesmo.

Pouco antes do Pleno de março, Song Ping delineara um plano para repartir os representantes e delegados ao próximo congresso do partido. O plano propunha uma alocação que favorecesse o governo central e o aparato do partido: 63% a 68% dos delegados e membros do novo Comitê Central viriam do Comitê Central e dos ministérios do Conselho de Estado, enquanto apenas 26% a 32% seriam escolhidos pelas organizações provinciais, e somente 4% a 6% sairiam das forças armadas. Quando Song apresentou seu relatório ao Pleno, dois firmes aliados de Deng, Qiao Shi e Wan Li, saíram em oposição aberta ao plano. Expressaram a opinião de que o centro de gravidade do desenvolvimento econômico mudara de Pequim para as províncias. Ambos, portanto, advogavam uma inversão das percentagens em favor das províncias.[1]

Como quem aproveita a deixa, Jiang fez uma reunião do Politburo logo após o término do Pleno, em 14 de março, a fim de aprovar medidas que invertessem a proposta de Song. Os delegados das províncias constituiriam 63% do total, enquanto o governo central só ficaria com 32%, e o exército teria um pequeno acréscimo. Jiang então apresentou as preocupações de Deng a respeito dos critérios para a seleção dos delegados: "A distribuição dos lugares no Comitê Central do Partido Comunista Chinês deve se fazer a partir do nível da base, e deve ter a participação dos chefes locais." Jiang continuou: "O camarada Xiaoping está imensamente preocupado com o andamento dos preparativos para o XIV Congresso nacional do Partido Comunista Chinês, e exige que se façam preparações mais completas e que o XIV Congresso introduza uma nova fase."[2]

Deng não poderia ter sido mais impositivo. Ele exigiu uma reavaliação de todo o trabalho até aquele ponto. Isto significava que todas as seleções efetuadas antes de abril, sob a orientação de Lu

Feng, seriam revistas, e as credenciais, reverificadas. A percentagem seria também redistribuída. Li, Chen e Song haviam perdido a vantagem tática e, com ela, a capacidade de controlar a agenda do XIV Congresso. Para garantir sua vitória, Deng retirou Song e o departamento de organização de todo o controle do processo de seleção e da redação de documentos de formulação política, exceto por uma participação meramente figurativa. No lugar de Song, Jiang foi designado para o controle geral dos preparativos do Congresso. Bo Yibo, junto com Jiang e com o sempre fiel parceiro de bridge de Deng, Ding Guangen, e mais Wen Jiabao, supervisionaria as minutas dos documentos e a escolha dos delegados.[3] Assim, em março, a seleção dos delegados passou para o âmbito de Deng. Não se vislumbrou uma oposição direta. Restava agora tão só a via da informalidade – a capacidade de os anciãos e a Comissão Consultiva Central interferirem na política. Foi esta a via tomada por Chen para se opor às iniciativas de Deng.

Após reunião do Politburo, Deng ordenou a Jiang que comunicasse suas decisões, imediatamente, às chefias locais e regionais do partido. Deng não podia dar chance de Li e Song tentarem, rapidamente, descobrir delegados que lhes fossem favoráveis. Jiang realizou uma teleconferência nacional com todos os chefes locais e regionais do partido em 13 de abril, durante a qual retransmitiu as instruções e preocupações de Deng a respeito do trabalho de preparação para o XIV Congresso realizado até aquela data.

Deng queria que todos os delegados libertassem a mente e pensassem no século XXI. Os que estivessem velhos ou fracos ou não apoiassem a reforma deveriam ser forçados a sair de cena. Aqueles que semeavam a desavença teriam de sair de cena. A ênfase estaria aplicada nos princípios, no caráter partidário e nas qualificações. Esses critérios, naturalmente, sujeitos à interpretação dos aliados de Deng. Deng também mandou que a lista de candidatos deveria conter um número maior que o de vagas, prática similar à empregada no XIII Congresso do partido que permitiria a introdução de uma característica de democracia popular. Nem todos os indicados seriam eleitos.⁴

Assim, ficou patente, no início de abril, que Deng tomara a iniciativa e ganhara o controle da dinâmica que levaria à realização do XIV Congresso do partido. Tendo em vista que aquela seria, com toda certeza, sua última oportunidade de influenciar a política chinesa, ele nada pretendia deixar ao acaso. O congresso seria composto por delegados das províncias, as quais se haviam beneficiado da reforma e da abertura de Deng, e, ao efetuar a abertura de todo o país com os Documentos nº 4 e nº 5, Deng garantira, no congresso, apoio cerrado para a sua agenda. O novo equilíbrio de poder no partido penderia para as chefias regionais, e não para a burocracia central.⁵ Com o exército a apoiar a reforma e a abertura, Deng estava dando novas formas à política chinesa, do mesmo modo que o sucesso de Mao contra a facção internacional, em 1945, enformara a política chinesa por quarenta anos.

Muito embora Deng fosse bem-sucedido em manipular a mecânica da organização em seu favor, a política das influências ainda vigorava na política chinesa e lhe poderia solapar todo o trabalho. Deng foi então obrigado a travar um duelo ideológico durante a primavera e o verão anteriores ao congresso, a fim de assegurar sua vitória sobre Chen Yun e sua Comissão Consultiva Central.

Logo no início do ano-novo, Chen fizera uma tentativa de interromper o ímpeto de Deng. Os primeiros golpes foram aplicados imediatamente após o retorno de Deng de sua viagem ao sul. Numa manobra para conter Deng nas reuniões do Politburo em fevereiro e março, Chen Yun, Li Xiannian, Wang Zhen, Wang Renzhong, Chen Zuolin, Deng Liqun, Hu Qiaomu, He Jingzhi e outros membros da Comissão Consultiva Central encaminharam ao Politburo e ao próprio Deng uma lista de reivindicações que ameaçariam seu plano econômico.⁶ A tentativa foi por terra, quando Deng conseguiu que o Politburo referendasse e distribuísse suas opiniões, o Documento nº2. Mais uma vez, nas vésperas do

Congresso Nacional do Povo, em março, Chen enviou mensagem à Comissão Consultiva Central e ao Conselho de Estado noutra tentativa de minar as novas propostas de Deng para a economia. Chen afirmava que diversas graves questões não haviam sido resolvidas, inclusive o problema das empresas estatais que continuavam a perder milhões (ele deixou de mencionar que, durante os três anos anteriores de retomada do planejamento central, suas próprias políticas não haviam melhorado a situação). Chen também reagia às acusações de que suas ideias estavam fossilizadas ao declarar que o único meio de desenvolver a economia estava na confiança nas leis econômicas aplicadas de modo científico, e isto significava que a China só podia seguir um plano econômico marxista para a consecução de uma economia socialista. Creditava a este plano o fato de a China ter aguentado o caos da Revolução Cultural.

Em seguida, Chen convenceu 56 membros da Comissão Consultiva Central a assinarem, empenhando seu prestígio de anciãos, uma carta a Deng e ao Politburo, solicitando uma conferência para debater se a política em curso formulada por Deng estava correta. Chen declarava: "No momento, existe uma perigosa tendência de revigorar a economia para acabar com o planejamento estatal. Esta é uma inclinação grave. Certamente, vai criar caos, afetar toda a economia nacional e levar ao tumulto social. A principal causa da inquietação política de 1989 foi uma economia nacional superaquecida e descarrilada que resultou numa inflação insuportável." Mas Chen culpava o núcleo da chefia do partido. Disse que a corrupção burocrática foi explorada por gente com tendências liberalistas burguesas que incitou os estudantes. Chen, portanto, responsabilizava pelos acontecimentos de 1989 o núcleo de simpatizantes do liberalismo de dentro da chefia – isto é, Deng. Chegou a dizer que, se a China continuasse sob a orientação de Deng, acabaria como a Rússia e a Iugoslávia.

Segundo Chen, a economia precisava de direção – direção marxista – ou resultaria em caos, como ocorrera em 1988 e 1989.

Voltou a citar sua "teoria da gaiola" para a economia, mencionada pela primeira vez em 1982. Pedia uma economia revivida, mas em vez de soltar o passarinho – aspecto capitalista de uma economia vigorosa – propunha aumentar o tamanho da gaiola, porque, solta, a ave da modernização perderia o rumo.

Deng replicou que quem estivesse em dúvida visitasse as Zonas Econômicas Especiais e olhasse tudo. Atestariam que a prática era acertada. Na reunião de 12 de março do Politburo, Peng Zhen, que fora um dos críticos mais acirrados, apoiou abertamente o chamamento de Deng a uma abertura mais ampla e ao desenvolvimento econômico. Declarou que o marxismo-leninismo não podia ser separado da prática e do desenvolvimento sociais. Caso não evoluísse, perderia seu valor como verdade.

A jogada seguinte de Chen foi convocar uma reunião da Comissão Consultiva Central no início de março, na qual ele propôs que, embora a CCC devesse ser extinta pelo XIV Congresso do partido, um grupo consultivo central precisava ser criado em seu lugar com duração de cerca de quatro anos. Para integrantes desse novo grupo de transição, Chen propunha Song Ping, Yao Yilin, Bo Yibo, Song Renqiong, Wang Zhen, Chen Zuolin, Deng Liqun, Hu Qiaomu e Wang Renzhong. Chen estava, na verdade, propondo a redução da velha CCC a alguns ativos membros que fariam oposição à política vigente. Chen não esperava que Deng concordasse com tal proposta; com efeito, Deng reconheceu a jogada de Chen pelo que representava e reagiu com uma lista por ele mesmo elaborada. Se a existência de um novo grupo consultivo era inevitável, Deng propôs nomear Yang Shangkun, Bo Yibo, Song Ping, Li Desheng e Liu Huaqing. Este novo grupo não teria participação formal na política ou poder decisório no Politburo, mas exerceria um poder informal de interferência nas resoluções ou propostas do governo central. Apesar de nada haver resultado da ideia na ocasião, os dois chefes deixaram à mostra o que todos sabiam seria o rumo da futura política. A China continuaria a ter um corpo consultivo informal que tomaria as decisões. Esse corpo seria o árbitro final da política chinesa, representando um papel similar àquele desempenhado pelo *genro* japonês quando o shogunato foi transformado em governo imperial.

Embora Deng já houvesse conquistado a iniciativa, Chen ainda detinha seu poder de ancião. Num esforço para desfazer o crescente desencontro com Chen, Deng convocou uma reunião de figurões do partido no Zhongnanhai em 25 de abril. Estavam Deng, Chen, Li Xiannian, Peng Zhen, Yang Shangkun, Bo Yibo, Jiang Zemin, Li Peng, Qiao Shi e Wan Li. A formação, com cerca de sete no campo de Deng e três no campo de Chen, contando-se Li Xiannian e Li Peng, indicava Deng por cima. Estes homens seriam a massa crítica do grupo consultivo pós-congresso. Obviamente, Deng estava vencendo a guerra de influência e a campanha de formação de consenso.

Mas Chen não recuou. O resultado foi uma agenda de meio-termo. Os pontos principais acertados foram:

1. a linha mestra seguida desde o 3º Pleno do XI Congresso estava correta;
2. era preciso construir um socialismo com características chinesas e confiar principalmente nos esforços, na sabedoria e nos recursos financeiros da China na reforma e na abertura;
3. havia necessidade de aproveitar a oportunidade e de se fazer uso das condições favoráveis à aceleração da abertura para o mundo de forma onidirecional e de exercer controle sobre a administração das zonas econômicas especiais;
4. as excelentes condições de Shanghai para o desenvolvimento da área nova de Pudong estavam maduras, e deviam ser aproveitadas pelos funcionários locais e centrais;
5. o relatório de trabalho de 1992 do Conselho de Estado era pragmático e expressava a linha mestra e a tarefa central do partido;
6. devia-se limitar o mercado de ações, confinando a bolsa a

Shanghai e Shenzhen, e era necessário reforçar os controles macroeconômicos;
7. para fazer uma administração limpa, todos os membros do partido devem combater seriamente a corrupção e o suborno;
8. o XIV Congresso promoveria uma quantidade de quadros de meia-idade e mais jovens que demonstravam condições para sucessores e muito contribuíam para a reforma e a abertura; e
9. para resolver futuros tumultos, medidas preventivas seriam tomadas no estágio inicial do fato; depois, ações rápidas, firmes, fortes e eficazes para liquidá-los prontamente.

Este programa claramente desbordava as questões essenciais que dividiam os dois lados. Chen e Deng não ficaram mais próximos de um acordo. Chen asseverava que, enquanto os erros passados da "esquerda" atingiram principalmente a construção econômica, os erros da "direita" tinham resultado em suborno, corrupção, crise de fé no partido, e no revisionismo e desprestígio do marxismo – sendo tudo isso causa de instabilidade e agitação social. Deng redargüiu que era a influência da "esquerda" que impedia que o indivíduo soltasse a mente e tivesse novas ideias. Deng chamou o pensamento marxista-leninista-maoista de dogmático; esses dogmas impediam a prática de novas políticas. O resultado da "reunião dos dez" foi um impasse. Deng tinha os votos para prosseguir, mas Chen tinha poder de influenciar, e sua tropa ainda era o governo.[7]

Depois de constatado o fracasso da reunião de abril dos anciãos do partido, cada facção procurou influenciar os acontecimentos por meio de críticas acerbas à relação de candidatos apresentada pelo oponente para o congresso e para o novo Politburo. Deng supervisionara a confecção da lista, mas Chen e os demais anciãos também produziram listas que Deng, pelo menos, teria de considerar. A Comissão Consultiva Central chegou a submeter sua própria relação de candidatos ao Politburo. Embora Deng permitisse alguns vetos em suas preferências, não estava disposto a ceder em dois pontos: o novo congresso seria pesadamente representado pelo aparato local do partido e não pelo aparato central; e ele apresentaria no relatório político ao Congresso seu argumento sobre os perigos do "esquerdismo". Deng teria o controle do voto de consenso.

Deng decidiu-se por uma dupla estranha para disseminar sua mensagem sobre reforma e abertura entre o Pleno de março e o Congresso do outono. Um deles foi o jovem tecnocrata de Shanghai, Zhu Rongji; o outro, um antigo aliado incondicional de sua província natal de Sichuan e ex-colega de Zhao Ziyang, Tian Jiyun.

Nascido em Feicheng, na província de Shandong, em 1929, Tian teve educação secundária e se juntou ao Partido Comunista em 1945. Foi designado para o sudoeste da China por diversos anos, trabalhando em departamentos financeiros. A cada promoção, ele ia melhorando sua posição na hierarquia do partido. Fora secretário para assuntos sigilosos da Comissão de Controle Militar no sudoeste da China, instrutor na Universidade do Povo em Guiyang e, mais tarde, chefe do departamento financeiro da província de Guizhou. Foi depois transferido para Sichuan, como chefe do departamento de finanças da província sob as ordens do governador Zhao Ziyang.

Zhao ficara tão impressionado com a capacidade de Tian Jiyun que, quando foi elevado ao círculo da chefia em Pequim, levou Tian para Pequim, em 1981, para cuidar da rotina do Conselho de Estado de Zhao como secretário-geral. Tian foi promovido a vice-primeiro-ministro do Conselho de Estado em 1983 e, em 1985, no 5º Pleno do XII Congresso, chegou ao Politburo e ao secretariado. Foi um incentivador consistente da reforma e da abertura, mesmo após a perda de seu protetor Zhao Ziyang. Deng continuou a protegê-lo, e foi Tian, não Jiang, quem preparou a argumentação coerente do contra-ataque de Deng à chefia de Pequim, em 1992.

Deng escolheu Tian por duas razões principais. Primeiro, como remanescente da facção liberal de Zhao Ziyang, Tian possuía credenciais de liberal. A burocracia regional e todos podiam confiar no que ele dizia, de vez que sempre fora um consistente defensor das políticas de Deng. A segunda razão era confiança pessoal. Ao longo dos anos, Tian trabalhara estreitamente com Zhao e Deng, em particular no setor agrário, de grande interesse para Deng desde o lançamento de suas políticas de reforma e abertura, em 1978. Deng poderia ter escolhido Zhu ou Jiang para a divulgação de sua mensagem. O fato de ter preferido um antigo liberal significava que ele percebera que Tian – ao contrário de Zhao, que tomara o partido dos liberais democráticos em torno de Hu Yaobang – permanecera leal à abordagem marxista da economia, e era, portanto, aceitável aos olhos dos anciãos – e até mesmo de Chen Yun e Li Peng.

Em 25 de abril, Tian falou na escola do partido em defesa da aceleração da reforma e da abertura de Deng. O discurso, intitulado "Questões sobre as reformas agrária e rural e o desenvolvimento da China", reconstituiu os passos do desenvolvimento das políticas agrárias e rurais.[8] Durante os anos anteriores de reforma e abertura na China – 1978 a 1992 –, as regiões rurais haviam passado pelas mudanças maiores e mais rápidas. Tais mudanças tiveram origem na criatividade dos camponeses e nas escolhas individuais que fizeram com base na prática efetiva. Tian atribuiu esse desenvolvimento a três medidas essenciais no bojo do programa de reforma.

A primeira, o sistema de responsabilidade no contrato de produção, encadeando produção e família, constituiu, por si só, uma segunda revolução que libertou o trabalho nas áreas rurais (a primeira revolução havia sido a libertação do trabalho pela ascensão dos comunistas, em 1949, e a transformação do campo). Tian ressaltou o reconhecimento geral de que, em 1978, os camponeses ainda eram muito pobres, e as áreas rurais da China não estavam sendo supridas com os alimentos e o vestuário necessários. Após a introdução do sistema de contrato, a produção de grãos subiu de 300 milhões de toneladas, em 1978, para mais de 400 milhões de toneladas, em 1984. A produção de algodão subiu de 2,17 milhões de toneladas para 6,26 milhões de toneladas, enquanto a safra de óleo vegetal aumentou de 5,22 milhões de toneladas para mais de 11,91 milhões de toneladas no mesmo período. Evidentemente, o sucesso do programa de responsabilidade refletia-se nas estatísticas.

Tian passou a repetir a história de como os críticos da política de atribuir responsabilidade aos núcleos domésticos individuais, cujo pagamento dependeria da produção, logo lançaram a acusação de que aquilo equivalia à distribuição da terra como um precursor da volta do regime agrário privado; era a restauração do capitalismo. Somente depois que o programa se mostrou um tremendo sucesso, cessaram as críticas.

Contudo, de acordo com Tian, após os distúrbios políticos da primavera e verão de 1989, os críticos voltaram a atacar o programa rural de Deng. Disseram que a liberalização na esfera política derivava da liberalização na esfera econômica, e esta derivava do emprego do sistema rural com base em núcleos domésticos. Os críticos tentaram reverter totalmente a direção da reforma de Deng, usando todos os tipos de pretextos para um retorno ao velho modelo fracassado de cooperativas que "transformava tudo num grande coletivo".

A segunda medida da reforma estava na rescisão do sistema unificado de aquisição de produtos e pesquisa de mercado, no reajuste e na suspensão de restrições dos preços de alguns produtos agrários e na autorização dada aos agricultores para participarem na circulação de mercadorias. No que dizia respeito a essas medidas, tais reformas precisavam ir ainda mais longe.

A terceira medida da reforma, baseada nas duas primeiras, foi a possibilidade de criar nas áreas rurais uma economia em que a mercadoria faz o papel de moeda (*commodity-money economy*). Tian narrou minuciosamente o desenrolar da que talvez tenha sido uma das histórias de êxito mais notáveis sobre Deng, porque, em última análise, foi a chave da solução para o problema da crescente população da China, assim como para o excesso de contingente de mão de obra. O crescimento da *commodity-money economy* lançara no mercado empresas em vilas e municipalidades, administradas por agricultores, financiadas com seus próprios recursos, e com o emprego de uma força de trabalho que se igualava, em número, ao total da mão de obra empregada nas grandes cidades e nas grandes empresas ao longo dos últimos trinta anos. Tian mencionou que, enquanto as empresas estatais chinesas empregavam mais de 100 milhões de trabalhadores, as indústrias rurais empregavam mais ou menos o mesmo número, e o estado não investira um centavo nessa empreitada. Por isso, Tian era cético quanto aos críticos que levantavam a questão de as empresas rurais não pagarem impostos suficientes ao estado. Mais de um terço das empresas rurais estava lucrando em moeda estrangeira. Além disso, usavam os lucros da indústria para reinvestimentos na agricultura, em serviços públicos, na saúde pública e na educação pública num total de 20 bilhões de yuans, e ainda pagavam 45,4 bilhões de yuans em impostos anualmente.

A mensuração mais importante do sucesso das reformas de Deng nas áreas rurais foi a relação entre a renda dos moradores das cidades e a dos habitantes do campo. Em 1981, a razão era de 2,2 por 1; em 1984, a diferença estreitou-se para 1,7 por 1; mas voltou a aumentar em 1990 para 2,2 por 1. Os índices, citados por Tian, confirmavam que a relação entre os preços dos produtos industriais e agrários ainda não se equilibrara. As vendas rurais no varejo cobriam 59,2% de todas as vendas no varejo realizadas na China em 1984; entretanto, em 1990, esse valor caíra para 55,2%. Tian recomendou com insistência que, no futuro, se desse atenção a um amplo desenvolvimento da silvicultura, pecuária, produção secundária e pesca, porquanto todas dariam bons lucros.

Ao comentar a poupança dos camponeses, Tian lamentou o fato de que um trilhão de yuans em depósitos de poupança, mais de 60%, viessem de poupadores urbanos. Com o propósito de mudar essa equação e fomentar uma economia monetarista e uma poupança maior, ele recomendou aos camponeses que saíssem da agricultura e entrassem na indústria. Isso não significava que deveriam migrar para as cidades. Ele recomendava um maciço esforço em prol do desenvolvimento rural que produzisse novas indústrias e fixasse a população no campo, mas fizesse subir o padrão de vida dos camponeses sem despejar um grande número de pessoas errantes nas principais cidades, causando incalculáveis problemas políticos e sociais. Tian reafirmou que as políticas fundamentais não deveriam se alterar. Pediu investimentos crescentes do estado na agricultura da ordem de 7% a 10%, por meio da emissão de títulos e ações no mercado.

Tian também comentou o clamor dos esquerdistas por uma campanha educacional socialista na região rural e o empenho de Deng e seus aliados para transformá-la numa inofensiva campanha publicitária. Observou que, numa reunião ampliada do Politburo, realizada na véspera da 8ª sessão plenária do XIII Congresso, Song Ping, que andava trabalhando ativamente com Li Peng para levar adiante o movimento de oposição à evolução pacífica e substituir os seguidores da reforma por gente de sua confiança, a fim de obter o controle da formação do XIV Congresso do partido, questionara publicamente a autoridade de Tian Jiyun para falar em nome da política do partido nas áreas rurais.

Naquela reunião, Tian, seguindo instruções de Deng para não permitir a difusão de qualquer campanha – e qualquer uma que, porventura, se realizasse deveria ser dirigida tão só ao alto escalão do partido –, insistira em que qualquer movimento de educação socialista tinha de ser implementado, segundo a filosofia da reforma e da abertura. Song objetara: "Tian, você está errado. O objeto da educação rural socialista é garantir a ausência de evolução pacífica no campo", o que implicava uma campanha em massa. Wan Li, o outro ex-liberal do tempo de Zhao no Conselho de Estado, erguera-se em defesa de Tian e ressaltou que Tian tinha autoridade na agricultura, de modo que ele podia impedir qualquer movimento nas áreas rurais que interferissem na produtividade agrícola.[9]

Para demonstrar o absurdo dos argumentos dos "esquerdistas", Tian propôs em seu discurso a criação de uma zona especial esquerdista, onde nenhum investimento estrangeiro seria permitido e onde nenhum estrangeiro poria os pés. Os habitantes dessa zona e seus filhos não poderiam viajar para o exterior. A zona da esquerda seria administrada de acordo com políticas esquerdistas; assim sendo, tudo seria feito a partir de planejamentos centralizados. Isto significava que as pessoas teriam de fazer filas para a obtenção de alimentos e outras necessidades. Ele também contestou a opinião que Deng Liqun começara a disseminar como parte de seus esforços de retratar o governo de Mao como uma era dourada. Tian disse que, na década de 1950, em Sichuan, ele e a esposa tiveram de esperar em pé nas filas, a fim de conseguirem suas rações de carne, disponível somente nos feriados. Tian perguntou-se, em voz alta, se os esquerdistas, que então se beneficiavam da reforma e da abertura, realmente estavam ansiosos para criarem uma zona esquerdista que se pautasse nas velhas políticas.[10]

Tian proferiu seu discurso em várias versões, enquanto visitava centros regionais do partido. Sua importância estava no fato de que tinha autorização de Deng, e também de que as linhas principais eram as mesmas que Deng empregara em sua excursão pela região sul e que apareceriam em documentos posteriores, especialmente naqueles produzidos no XIV Congresso do partido. Tian dissera em seu discurso que Deng voltara da aposentadoria para apontar problemas críticos, num momento crítico da história do partido. O princípio que orientava os discursos de Deng, segundo Tian, era a linha mestra baseada em "um centro, dois pontos fundamentais". Deng reconstruíra a história desta linha mestra desde sua formulação na 3ª sessão plenária do XI Congresso do partido até o XIII Congresso. Segundo Deng, a linha mestra "não deveria ser alterada por 100 anos. Qualquer um que queira mudar esta linha deve ser exonerado da função. Qualquer um que queira alterar esta linha mestra deve ser derrubado".[11]

Citando Deng, Tian respondeu àqueles que questionavam a razão para um édito desses, o qual, em essência, estava a justificar uma revolta contra o partido e o governo. Segundo Tian, Deng dissera que "a linha mestra, delineada na 3ª plenária do XI Congresso estava correta. Estava correta, porque se harmonizava com a situação nacional da China e as aspirações do povo. Representava a vontade do partido e de grandes segmentos da população. Era a linha de ação fundamental em torno da qual a China ergueria uma nação forte. Sem ela, de acordo com Deng, não havia jeito; existia apenas "um beco sem saída".

Deng se manifestara abertamente por dois motivos principais. Primeiro, conforme mencionado, era a única maneira – sem o plano dele de modernização econômica, a nação ficaria estagnada. Igualmente importante, entretanto, era a necessidade de prevenir seus detratores – que estavam, tanto de forma ostensiva quanto dissimuladamente, tentando sabotar, negar e alterar sua política – de que ele, Deng, não toleraria qualquer desvio da linha mestra.

Tian abordou o que ele e Deng consideravam ser o fundamento das contínuas diatribes e ataques contra suas políticas. Declarou que, embora Deng estivesse preocupado com as tendências direitistas, estava ainda mais preocupado com as tendências esquerdistas. De acordo com Tian, "as preocupações da esquerda estão deixando o povo com pés e mãos atados". Ele salientou que, quando se quis pegar empréstimos em moeda estrangeira, os críticos responderam que tal tipo de especulação para criar empresas com base em capital externo resultaria em mais uma dose de capitalismo, o que seria uma ameaça ao caráter socialista da China. Quando se quis permitir que, como parte de um contrato, uma firma estrangeira desenvolvesse um pedaço de terra, os críticos bradaram que a soberania da China estava sendo posta à venda, e a China havia sido humilhada. Tian prosseguiu: "Quando as empresas criadas nas municipalidades se desenvolveram, os críticos denunciaram que elas seriam a fonte de tendências infectas que corroeriam o partido e seus membros. Esses detratores consideravam o sistema de empresas particulares nos municípios ameaça ao socialismo. Mais desenvolvimento e companhias privadas mudariam a natureza do socialismo." Similarmente, quando um diretor de fábrica assumia inteira responsabilidade pelo êxito ou pelo fracasso de sua empresa, tornava-se uma ameaça ao controle partidário. Os críticos de Deng se queixaram de que mais reforma e mais abertura prejudicariam a situação da China, que já era boa. Contudo, Tian replicou que esses críticos pareciam não entender como a China atingira situação assim tão boa.

Tian descreveu a situação que interrompera a aposentadoria de Deng: "Os críticos acusaram a iniciativa de negócios realizados em núcleos empresariais domésticos, com a responsabilidade recaindo sobre as próprias famílias, de estar trilhando a via da agricultura privada em detrimento do sistema coletivista e da prosperidade. Os três tipos de empresas pertencentes a estrangeiros eram um viveiro para a evolução pacífica; as empresas criadas nas municipalidades eram uma fonte de tendências más."[12] Tais acusações, que obrigavam as pessoas a parar e avaliar se cada passo que davam era na direção da via capitalista ou da via socialista, resultaram em inatividade. Este era o fruto do pensamento da "esquerda" que, de acordo com Tian e Deng, persistia entre gente do alto escalão. Tian declarou que, se aquela maneira de pensar não mudasse, a reforma e a abertura seriam nada mais que palavras vazias. Tian concluiu: "Se este problema não for integralmente resolvido, a sobrevivência da reforma e da abertura por um longo tempo permanecerá uma grande dor de cabeça."

A carga sobre os "esquerdistas" continuou, à medida que Deng, depois de prover uma base teórica para seu ataque, voltou a atenção para a mecânica do próximo congresso. Na reunião de 12 de maio com sua equipe, estavam Jiang, Qiao Shi, Li Peng, Li Ruihuan, Yang Baibing, Chi Haotian, Wen Jiabao, Ding Guangen, Yang Shangkun, Wan Li e Qin Jiwei.[13] Deng ressaltou sua crença de que a ameaça de longo prazo ao partido, à reforma e à abertura seria o "esquerdismo" que estrangulava a inovação e se fazia passar por marxismo. Assim, era de se esperar que, estando Deng com o controle da agenda, o relatório sobre os trabalhos conteria uma grande dose de crítica ao "esquerdismo".

Em maio, Deng baixou as regras para o comitê de redação e revisou a relação de candidatos. Então, em junho, ficou patente que Deng montara a agenda do congresso, aprovara os documentos principais, inclusive o relatório de trabalho ou político, fornecera a justificação teórica e escolhera os membros que integrariam o Politburo, a Comissão Militar Central e o Comitê Central. Apesar disso tudo, Deng não fora capaz de convencer Chen Yun.

Com Chen ainda na ofensiva, Deng iniciou o processo de expor o programa dele aos aliados antes do início do Congresso, a fim de assegurar que eles adquirissem uma compreensão perfeita do programa, habilitando-os a rebater a mensagem que Chen estava tentando transmitir por intermédio da Comissão Consultiva Central. Num discurso proferido em junho na escola do partido, Jiang definiu as metas de longo prazo de Deng e sua política onidirecional de abertura, enquanto Qiao Shi disseminava a mensagem aos principais ministérios e departamentos.[14]

Tendo em vista que Deng indicara Tian Jiyun para desfraldar suas ideias a respeito da reforma agrícola e Zhu Rongji para fazer o mesmo pela reforma industrial, seria apropriado que Jiang Zemin, secretário-geral do Partido Comunista e presidente da República Popular apresentasse uma perspectiva da situação interna da China, à luz do cenário internacional.

Em junho, num discurso proferido na escola central do partido, dirigido aos chefes provinciais e ministeriais, Jiang expressou a preocupação de Deng em evitar a repetição dos erros do passado. Da mesma forma que Stalin cometera graves erros que prejudicaram os interesses econômicos da União Soviética, Mao também tomara decisões que causaram danos à China. Segundo Jiang, o intuito da chefia do partido em 1949 havia sido o estabelecimento de relações com todos os países. Infelizmente, a Guerra Fria teve influência, e a China foi obrigada a depender somente do bloco soviético durante os anos 50. Quando, no final daquela década, as relações com Moscou azedaram, a China voltou-se para dentro de si mesma num isolamento extremo. Só no fim da Revolução Cultural foi que a política chinesa começou a mudar, quando a 3ª sessão plenária do XI Congresso do partido, em 1978, sob a presidência de Deng Xiaoping, pôs a China no rumo da reforma e da abertura.[15]

Mais uma vez, entretanto, a China se encontrava numa encruzilhada. Devido ao desmoronamento da União Soviética, a teoria do "Império do Meio" de Deng estava no chão, e os "esquerdistas" ameaçavam reverter ao isolacionismo do passado. A política de abertura onidirecional era a receita de Deng para evitar a repetição de erros antigos. Ao abrir inteiramente a China ao comércio com todos os países, sem olhar a ideologia, ele estava apostando que a força dos interesses regionais impediria tal reversão. Para se obter êxito, contudo, Jiang argumentou que as mentes precisavam se abrir às ideias novas. Segundo ele, a China havia sido forçada a se nutrir das conquistas de toda a civilização, a fim de garantir o apressamento da reforma e da abertura. Isto incluía uma aproximação com os países capitalistas. Conceitos tais como economia de mercado, competitividade, propriedade intelectual e bolsa de valores estavam se tornando práticas comumente aceitas na reforma e na abertura. Em conclusão, Jiang instou todos a se libertarem do ranço dos retrógrados conceitos tradicionais.

Em resumo, era preciso soltar as amarras do jugo do socialismo em favor do capitalismo, se a China quisesse sobreviver. Não havia como dourar a pílula. Deng dissera que qualquer coisa que melhorasse o padrão de vida da população era aceitável para fazer a nação avançar em relação às demais nações do mundo. Jiang e Deng desejavam nada menos que a abertura da China para a invasão do capitalismo estrangeiro. A diferença, dessa vez, era uma questão de confiança e controle. Dessa vez, os chineses eram senhores de seus negócios, e tinham competência para fiscalizar os estrangeiros e seus investimentos. Dessa vez, eram culturalmente superiores. Na verdade, Deng defendia a tese de que os chineses deveriam abandonar o marxismo, a doutrina ocidental que eles haviam empregado para manter o Ocidente à distância. Não era um empreendimento simples para Deng. Os conservadores perceberam as intenções dele.

Jiang também manifestou o sentimento de urgência de Deng para a implementação da reforma e da abertura. Era essencial para a existência da China que se tirasse proveito do intervalo entre o fim da União Soviética e o ressurgimento da Rússia como um poderoso estado nacionalista ou um império, para que ela, a China, crescesse e se tornasse uma nação economicamente poderosa. Deng avaliava que a China dispunha de cerca de cinquenta anos, pouco mais ou menos. Uma vez que a Rússia se recuperasse, seria do interesse de todos fixar limites ao poderio militar e econômico da China no Extremo Oriente. A Rússia se expandiria para controlar o Pacífico Nordeste, onde se encontravam seus principais recursos naturais e onde suas rotas de comércio ficavam mais próximas do Japão e do Sudeste Asiático que de Moscou e da Europa. Claramente, os Estados Unidos também prefeririam uma China mais fraca do que uma China voltada a exercer hegemonia no Sudeste da Ásia, sentada com uma perna de cada lado das principais rotas de petróleo entre o Oriente Médio e a Ásia e o Japão.

Enquanto Jiang proferia seu discurso aos chefes regionais e ministeriais, Deng pediu a Qiao Shi para transmitir a mesma mensagem ao Comitê Central do partido. Segundo Yang Shangkun, os membros do Comitê respeitariam Qiao.[16] Assim, Deng, por intermédio de Jiang e Qiao, preparou a parte final da agenda. Chama atenção, contudo, o fato de a política externa ser a única área de atuação em que Chen Yun, seus aliados conservadores e os anciãos sempre se submetiam à posição de Deng. Embora talvez não concordassem com Deng, nenhum deles tinha a sua confiança e competência na cena internacional, especialmente após a extinção da União Soviética. Deng consistentemente adaptava as políticas internas da China de acordo com a percepção que tinha do panorama internacional.

Em junho, a agenda para o iminente congresso do partido estava concluída, e os delegados, para todos os fins, haviam sido escolhidos por Deng. Zhu, Zou, Tian e Jiang haviam delineado a política de Deng para agricultura, indústria e relações internacionais, que valeria para o restante do século XX e perduraria por boa parte do século XXI. Mas embora Deng tivesse o processo nas mãos, não tinha controle sobre Chen; a influência de Chen era tal que Deng preferiu não dispensá-lo ou lhe atropelar as opiniões à força. Assim, houve uma série de reuniões, entre agosto e o início do congresso do partido, nas quais a chefia procurou eliminar as diferenças entre eles ou, pelo menos, chegar a um denominador comum sobre a maneira de prosseguir. Os chefes, inclusive Deng e Chen, conferenciaram em Beidaihe [*estação de veraneio no norte da China*] no princípio de agosto, mas não conseguiram chegar a um acordo sobre a nova reforma e a abertura de Deng. Devem ter sido discutidos arranjos sobre escolha de pessoal para a composição do congresso que estava para começar, uma vez que surgiram inúmeras listas na imprensa de Hong Kong. Diversos indivíduos figuravam em todas as listas, mas ficou patente que não houvera realmente qualquer acordo sobre quem deveria ser acrescentado ao Politburo ou dele retirado, porque, imediatamente após a reunião, o escritório geral do partido – a rigor, o gabinete pessoal de Deng e Jiang – expediu um novo documento, intitulado "Sobre a necessidade atual de se corrigirem com rigor as tendências e os problemas existentes".[17] Continha a substância de diversos discursos proferidos por Deng e pelos aliados dele, durante o périplo que fizeram por toda a nação com o intuito de apresentar a agenda preparada por Deng. O documento, divulgado logo em seguida a uma reunião que, evidentemente, não obtivera consenso, só podia indicar que Deng sentia a necessidade de, mais uma vez, passar por cima do partido e pregar sua mensagem diretamente aos fiéis.

O documento de Deng atacou doze tendências, as quais, postas no contexto do discurso proferido em abril por Tian Jiyun e no contexto do discurso proferido em junho por Jiang, indicavam o tamanho da preocupação de Deng. Ele denunciou que:

1. Havia gente dentro do partido que andava confusa a perguntar qual era o sistema social atualmente adotado pelo Partido Comunista.
2. Havia gente perguntando se o marxismo-leninismo era aplicável à China de hoje.
3. Certa gente usara de expressões abstratas da literatura marxista para fazer comparações com a reforma e a abertura, dizendo que se opunham às teorias do marxismo.
4. Certa gente usara os dois pontos centrais contidos na linha mestra do partido – os Quatro Princípios Cardeais – para enfraquecer e alterar a linha de ação que representa um dos pontos centrais, qual seja o de que a tarefa principal de todo o partido era a construção econômica.
5. Certa gente contestava e distorcia as resoluções, orientações, linhas de ação e políticas adotadas na 3ª sessão plenária do XI Comitê Central do partido Comunista Chinês ao advogarem as ideias errôneas abraçadas durante os últimos anos de Mao Tse-tung.
6. Certa gente andava aplicando uma abordagem livresca e dogmática para solapar as ideias do camarada Deng Xiaoping, as quais, em função da revolução e dos empreendimentos construtivos da China, haviam se comprovado progressistas, certas e adequadas ao propósito de a China se tornar um estado socialista forte e moderno.
7. Havia gente colecionando, enumerando e compilando os problemas, mesmo os temporários e limitados, assim como os de razoável relevância (aqueles já assinalados pelas autoridades centrais, em processo de correção, com solução encaminhada ou os já solucionados), que surgiram no decurso da reforma

e da abertura, a fim de negar a validade da tarefa principal do partido como também a direção da reforma e da abertura.

8. Alguns, apesar das manifestações de apoio, durante as reuniões, à linha mestra fundamental do partido e à reforma e à abertura, constantemente, quando efetivamente agem, ressaltam a necessidade de se dar mais atenção a posturas, a correção de ideias e ao enfoque exato no rumo a seguir.

9. Alguns críticos, gente teórica, qual autoungidos donos da verdade, insistiam em suas opiniões e em seus pontos de vista errados, negando-se a reconhecer as mudanças nos fatos e também se recusando a olhar de frente as leis objetivas que dispunham sobre o desenvolvimento social e a admitir as mudanças dos novos tempos.

10. Alguns, usando o disfarce de se oporem a tendências direitistas e à liberalização burguesa, criticam um trabalho de progresso, sadio, correto e no rumo certo ou erros e enganos cometidos honestamente nesse trabalho, como sendo manifestações de liberalização burguesa, usando de "esquerdismo" para ir contra um suposto "direitismo".

11. Alguns ignoravam o ambiente real e as condições práticas e desconsideravam a realidade da estabilidade social, propunham o lançamento de um novo movimento político e ideológico e desencadeavam um movimento de luta de classes dentro e fora do partido, com o fim de ensinar como se deve fazer oposição à evolução pacífica e também à intervenção e infiltração de ideias ocidentais; e

12. Alguns brandiam os erros e enganos de estilo de trabalho de quadros jovens e de meia-idade que tinham prestado relevantes serviços ao partido e agora faziam esforço para se corrigirem – com o único propósito de desacreditá-los.[18]

Chen Yun, entretanto, não se renderia diante de Deng. De sua casa de verão, em Hangzhou, ele contestou os "Doze Pontos" de Deng com seus próprios "Dez Pontos." Esse documento foi encaminhado ao Politburo e tema de uma reunião ampliada realizada em 17 e 18 de agosto.¹⁹ Seus "Dez Pontos" foram claramente apontados para Deng:

1. A reforma e a abertura deveriam ter um sentido geral orientado para a ideia de classes.
2. Quando se clama por emancipação da mente, por maior ousadia e mais rapidez, deve-se estar integrado a um espírito científico, a uma atitude de busca da verdade dos fatos e ao trabalho consistente.
3. Embora a política de abertura seja parte da linha mestra do partido, nunca houve, ao longo dos últimos 13 anos, uma avaliação séria dessa política. Nesse período, muito se tem dito de suas conquistas, mas o surgimento da corrupção, da decadência e do declínio do ambiente de moralidade que continua a crescer e a se espalhar, acabará por destruir a base da sociedade.
4. Antes de se expandir o número de ZEE e criar novas áreas, deveria se fazer um apanhado da experiência com as originais. Será mais difícil fechar um número maior quando se tornar evidente o mau resultado e a tendência ao caos.
5. O projeto Pudong [NT: *o setor de Shanghai criado para centro financeiro*], como obra planejada, mensurada, é uma iniciativa correta. Todavia, em face de sua dependência de investimento estrangeiro, está sujeito a forças externas, sendo, portanto, passivo.
6. Estamos de acordo quanto à necessidade de as empresas estatais serem reformadas, mas o problema jaz no sentido da reforma e na escolha das empresas. Se não houver planejamento, teremos somente o caos.
7. Embora pretendam o fim da tigela de arroz de ferro, do salário de ferro e da poltrona de ferro [NT: *os velhos "três ferros" que representavam as "seguranças do socialismo"*], a virtude do socialismo está em cada um de acordo com sua capacidade e a cada um de acordo com

sua necessidade. Este princípio demonstra a superioridade do socialismo e foi copiado até mesmo no Ocidente.
8. O mercado de valores e ações precisava ser contido e regulado sob pena de levar ao caos o planejamento central.
9. Uma intensa investigação devia ser feita antes de se acabar com o controle de preços, a fim de não prejudicar as famílias residentes em áreas de baixa renda, em áreas de reduzido crescimento econômico e em áreas assoladas pela abundância de problemas.
10. A chefia e os funcionários locais precisavam evitar o açodamento na obtenção de resultados. O passo ousado, equiparado à emancipação, é uma manifestação de tendências esquerdistas, que nada têm de científicas, ferem a legislação e se constituem em atitudes temerárias. É preciso haver cautela contra esta crescente tendência.

Em seus "Dez Pontos", Chen chamara o programa de Deng de uma tendência direitista. Na política chinesa, era sempre mais politicamente correto ser mais esquerdista do que direitista. O esquerdismo em defesa do socialismo ainda era visto como açodamento comunista, um equívoco no estilo de trabalho. O direitismo em oposição aos princípios socialistas era visto como reacionário e como o primeiro passo no sentido de pôr um fim na ditadura do proletariado e de se criar alguma forma de capitalismo. Chen regurgitara as acusações da Revolução Cultural. Ele parecia ameaçar a deflagração de um movimento de massas nos moldes do movimento de educação socialista que precedera a Revolução Cultural. Deng foi levado a presumir que, se prevalecesse o pensamento de Chen, todas as políticas de reforma e abertura adotadas desde 1978 seriam revertidas. A batalha pela conquista da simpatia dos fiéis do partido estava a rugir até o início do congresso, embora Deng já detivesse os votos e os meios – o exército – para impor sua visão à China. A verdadeira questão estava no porquê de ele, ostensivamente, haver transigido àquele ponto, isto é, a ponto de permitir a permanência de Li Peng no Politburo.

Chen e Deng travaram a guerra da propaganda durante todo o mês de agosto. Chen convocou a Comissão Consultiva Central e, mais uma vez, expôs seus "Dez Pontos". Foram debatidos e votados para apresentação ao Politburo, em uma reunião ampliada a se realizar no início de setembro. Entretanto, nem todos os presentes, ao que tudo indica, votaram a favor do relatório. Uma vez que Peng Zhen, Bo Yibo e vários outros tinham adotado o ponto de vista de Deng no sentido de se acelerar a economia, eles teriam se abstido; isso, porém, não impediu que Chen, na qualidade de presidente da Comissão, encaminhasse seu relatório. Mais uma vez, este tópico foi parte da pauta de uma disputada reunião ampliada do Politburo em 4 e 5 de setembro.[20]

O fato de Chen não ter apresentado uma votação unânime tornou patente o declínio de sua influência. As indicações mais claras foram informações de que Peng Zhen e Bo Yibo haviam convocado a reunião ampliada de 4 de setembro. Nenhum dos dois era membro do Politburo, mas, como Deng, detinham autoridade informal. Peng, na realidade, presidiu a reunião, ao lado de Jiang.

Chen apresentou seu documento, no qual reiterava as acusações por ele feitas na Comissão Consultiva Central no fim de agosto. Criticou a teoria de Deng da economia de mercado socialista, chamando-a de não científica, carente de qualquer base teórica e incapaz de produzir resultados práticos. Da mesma forma que seu relatório prévio não poupava as reformas básicas de Deng em vigor desde 1978, o relatório dirigido ao Politburo não economizou acusações às políticas de Deng. Chen atacou a instância de Deng pela aceleração do desenvolvimento e, em vez disso, propôs um crescimento medido e cientificamente dirigido que destacasse iniciativa e qualidade. Além disso, Chen investiu violentamente contra a intenção de Deng de realizar uma extensa cirurgia nos corpos de chefia. Chen exigiu a manutenção da atual chefia com poucas substituições, exceto daqueles demasiadamente debilitados para o exercício das respectivas incumbências.[21]

Ao mesmo tempo que anunciou à reunião o intuito de se demitir de todos os seus cargos logo após o término do congresso, Chen desfechou um golpe final no programa de Deng. Acusou a chefia de vender seus princípios por dinheiro, de estar sem rumo e de mentir sobre taxas de crescimento em busca de riqueza. Ademais, acusou a chefia de desprezar a doutrina, defender o regionalismo e incentivar o individualismo. Deng, por sua vez, não fugiu ao confronto com Chen. Estava disposto a concordar com as imputações de Chen, uma vez que ele não se importava que o gato fosse branco ou preto, marxista ou capitalista, desde que caçasse os ratos. Respondeu: "A melhor política nestes tempos é a da construção. As piores ameaças à estruturação são o dogmatismo, a atitude livresca e as velhas ideias e os velhos conceitos que se encontram ainda profundamente enraizados em muitos membros do partido."[22]

Mas o debate no Politburo foi só cortina de fumaça, uma vez que ambos os lados sabiam de antemão o resultado geral e já tinham revisto e comentado a minuta do "relatório de trabalho" para o congresso. Depois da reunião, o Comitê Central, sob orientação de Deng, emitiu um documento a todos os órgãos governamentais, militares e do partido, saudando a abertura do XIV Congresso. O ministério da segurança pública expediu instruções, a fim de assegurar que, durante o período de 1º de outubro até o início de novembro, em que o congresso estaria em sessão, não houvesse contratempos.[23] As listas preparadas por Deng de candidatos ao Politburo, ao Comitê Permanente e ao Comitê Central, assim como para outros setores do partido, foram entregues ao Politburo, à Comissão Consultiva Central e aos anciãos do partido. Assim, todos, um por um, começaram a repetir a receita de Deng para o desenvolvimento econômico, inclusive Li Peng, Song Ping, Lu Feng e, finalmente, embora sem muito entusiasmo, Chen Yun.

A "conversão" de Lu Feng ficou expressa em seus comentários

dirigidos a uma conferência nacional de chefes de departamentos provinciais e municipais, em agosto, quando ele, visivelmente, postou-se ao lado de Deng. Em seus comentários, pediu aos presentes que fizessem um bom trabalho ao exercerem funções nos órgãos do partido, de forma a poderem executar a política de uma tarefa central e dois pontos fundamentais. Foram advertidos de que, ao selecionarem os candidatos, deveriam ousar e "eleger para os órgãos de chefia aqueles quadros jovens que se destacaram, são politicamente firmes e suficientemente audaciosos para explorar e desbravar novos caminhos, realizaram conquistas notáveis ao longo da carreira e merecem a confiança das massas".[24]

Deng, apesar de tudo, ainda estendeu a mão a Chen para algum tipo de meio-termo. Embora Deng não permitisse a subversão de seu plano, ele permitiria alguma preservação da imagem de seus opositores. Li Peng estava na lista de candidatos ao Politburo, assim como Zou Jiahua.[25] Assim, da mesma forma que sempre agira desde seu retorno ao poder em 1978, Deng procurara persuadir e contemporizar em vez de subjugar os oponentes. Deng se afastara do marxismo e adotara uma doutrina relativista de meios e fins utilitários e tinha os votos para fazer aprovar tudo aquilo. Só faltava agora montar a realização do Congresso para apresentar ao povo chinês o novo compromisso, as novas políticas e os novos organismos políticos.

O XIV Congresso, parte 1

Deng efetivou o "Grande Compromisso" por intermédio do XIV Congresso. O XIV Congresso e seus Plenos subsequentes coroaram um trabalho de quatorze anos feito por Deng para impulsionar a China por uma via de modernização econômica que só pode ser caracterizada como capitalismo de estado. Fosse lá o que fosse, não era mais uma economia marxista nem era um estado com alicerces na ideologia marxista. Portanto, é da maior importância que se entenda o resultado do congresso, a fim de compreender o que Deng conseguiu com sua última passagem pela cena política chinesa.

A trajetória do encaminhamento para o XIV Congresso foi um período importante para a China. Os indicadores econômicos mostravam que as reformas de Deng haviam decolado: a produção aumentava, o povo gastava, a inflação estava controlada, fundos estavam disponíveis para investimentos, e as exportações cresciam. Deng ocupava uma posição de eminência, da qual podia gravar o seu selo no novo congresso e na futura política. No início de outubro, o partido realizou a 9ª sessão plenária do XIII Congresso que deveria aprovar os arranjos e a montagem – de Deng – para o XIV Congresso a transcorrer entre 12 e 18 de outubro.

A peça central do novo congresso seria o relatório de Jiang sobre os trabalhos políticos, aprovado pelo 9º Pleno do XIII Congresso.[26] Seu conteúdo não foi surpresa, uma vez que a minuta já era conhecida havia meses para ser revisada e comentada por vários anciãos, juntas consultivas e indivíduos selecionados. Sob a orientação dos lugares-tenentes de Deng – Zhu, Ding, Wen, Jiang e Bo –, refletia claramente todas as noções e ideias que Deng vinha tornando públicas desde sua viagem à região sul. Na realidade, era a corporificação de seus objetivos desde a volta dele ao poder, em 1978.

Jiang começou seu relatório com uma abertura que, mais uma vez, expressava a principal inquietação de Deng – o destino da China estava em jogo, e a hora de agir era agora ou a oportunidade se perderia para sempre. Segundo Jiang, "o 13º Comitê Central analisou amplamente a situação atual e concordou por unanimidade: as condições internas correntes estão maduras; e a situação internacional nos é vantajosa, oferecendo-nos desafios e oportunidades. A tarefa deste congresso é integrar conscientemente as experiências práticas dos 14 anos decorridos desde a 3ª sessão plenária do 11º Comitê Central do Partido Comunista Chinês (*desde o retorno de Deng ao poder – comentário do autor*), elaborar o plano estratégico para certo período do porvir, mobilizar camaradas de todo o partido e a população de todas as nacionalidades no país inteiro, emancipar a mente ainda mais, aproveitar a oportunidade de ouro, apressar o ritmo da reforma e da abertura e da modernização, conquistar vitórias maiores pela causa do socialismo com características chinesas".

Na 3ª plenária do XI Congresso em 1978, naturalmente, o partido abandonara o errôneo princípio "esquerdista" de "considerar a luta de classes como o elo principal", o qual se tornara impróprio em uma sociedade socialista, e transferira a ênfase para a ciência econômica. Esta foi a decisão que deu início à reforma e à abertura ao mundo exterior, ao mesmo tempo que sustentava a via socialista, a ditadura popular democrática, a liderança do Partido Comunista Chinês e o pensamento marxista-leninista-maoista. De acordo com Jiang, marcou também o começo da linha política de "um centro, dois pontos fundamentais", a qual, gradualmente, emergiria como a linha mestra. Quando teve início o XII Congresso em 1982, a ideia de construir o socialismo com características chinesas – de integrar o marxismo à experiência chinesa (cultura) – surgira como o verdadeiro caminho para a China. Como parte desta nova fórmula, firmou-se o objetivo estratégico ao qual Deng haveria de se referir, frequentemente, ao longo dos anos. Esse objetivo era quadruplicar o produto interno bruto, em dois estágios, até o fim do século. Este conceito foi posteriormente expandido para incluir um terceiro passo: dobrar novamente o PNB até meados do século XXI.

Jiang passou então em revista a história da reforma e da abertura. Na frente rural, ele falou sobre a eliminação das comunas e a implementação do sistema contratual com base na responsabilidade familiar, cuja remuneração dependia da produção. Ele também chamou atenção para o fato de que as quotas obrigatórias para compra de produtos agrários foram abandonadas. Examinou a reforma urbana, centrada na abertura de zonas econômicas especiais ao longo do litoral, a qual envolvia mais de 200 milhões de pessoas. Jiang taxou de irrelevante o debate sobre se as ZEE seriam ou não de natureza socialista ou capitalista; e em resposta aos detratores que amaldiçoavam as ZEE como fontes de evolução pacífica e de infiltração de liberalismo burguês, Jiang disse que, ao mesmo tempo que implantava a reforma e a abertura ao mundo exterior, o partido também iniciara a repressão ao crime e à corrupção. Como parte desse esforço, ele exortou o partido a permanecer vigilante contra a liberalização burguesa ao longo de todo o processo de modernização socialista.

Jiang passou a dissertar sobre a história do XIII Congresso, abordando o rápido crescimento positivo da economia entre 1984 e 1988 – o período em que esteve sob a condução de Zhao. Jiang confessou, todavia, que, embora muitos aspectos do período houvessem sido favoráveis, graves flutuações de preços e duplicação de investimentos demandaram um período de reajuste a fim de repor nos eixos a economia como um todo. No que se referia ao incidente de Tiananmen, ele reafirmou que o partido estivera com a razão, declarando: "Na virada da primavera para o verão de 1989, o partido e o governo enfrentaram o tumulto com uma resistência bem delineada, confiando no povo; aplacaram a rebelião contrarrevolucionária que teve lugar em Pequim; defenderam o poder político do estado socialista; salvaguardaram os interesses primordiais do povo; e asseguraram reforma, abertura e modernização, ao mesmo tempo que continuou o progresso." As decisões posteriores do 8º Pleno, no final de 1991, em relação aos Planos Quinquenal e Decenal também foram expressas, assim como as decisões referentes às reformas nas empresas estatais e à contínua preocupação com a agricultura.

Finalmente, Jiang falou sobre o périplo sulino de Deng, referindo-se ao evento como uma "viagem de inspeção". De acordo com Jiang, "Deng avaliou com agudeza as situações interna e no exterior, resumindo o trabalho do partido desde a 3ª plenária do XI Congresso. Concluíra que a linha mestra guiaria durante um século inteiro e jamais deveria ser mexida. Exigiu também que o povo emancipasse a mente e se tornasse ainda mais ousado em relação à reforma e à abertura, com um ritmo mais acelerado no processo, de modo a não desperdiçar a oportunidade".

Jiang também explicou o cenário histórico do experimento socialista da China. A China se encontrava "no estágio inicial do socialismo, o qual perduraria pelo menos por 100 anos, com a meta primordial de eliminar a contradição entre as crescentes necessidades materiais da população e a retrógrada situação da economia". Para resolver esta incoerência, "só há um jeito, é por meio da reforma e da abertura. Agir de outra forma implica a estagnação. O caminho do progresso se exprime no desenvolvimento da economia de mercado socialista. Esta se define em considerar como cerne do processo a propriedade e a distribuição pública de bens proporcionais ao trabalho, suplementado por outros segmentos econômicos e modos de distribuição. Uma parte relevante da reforma é a abertura para o exterior, e isto se explica como uma exigência do mundo moderno, onde o cenário internacional se caracteriza por um ambiente de paz e desenvolvimento, em que capitalismo e socialismo rivalizam em um nível e se absorvem mutuamente em outro. Sendo este o caso, a China fizera a escolha – na realidade, fora forçada a essa escolha pelas tendências históricas – de se abrir para o mundo, a fim de assimilar e utilizar todos os avanços e conquistas alcançados por vários países, inclusive as nações capitalistas, com o propósito de desenvolver o socialismo". Segundo Jiang, uma China fechada seria apenas a perpetuação do atraso; ao se abrir, porém, a China insistiria numa política externa independente, baseada na paz com todas as nações. Jiang enalteceu os aditamentos teóricos ao marxismo. Deng, disse ele, "exibira uma tremenda coragem política ao descerrar novas trilhas na construção do socialismo e uma imensa ousadia teórica ao fundar uma nova área no marxismo, fazendo, desse modo, uma importante contribuição histórica para a teoria da construção do socialismo com características chinesas".

Jiang passou então a tratar da verdadeira razão por que Deng deixara a aposentadoria para enfrentar a chefia do partido: fazer da construção econômica a linha mestra do partido. A luta de classes estava desconsiderada, a não ser que houvesse uma invasão estrangeira. Jiang e Deng não poderiam ser mais explícitos: "problemas ocorreriam com natureza de classe ao longo do tempo, mas nunca teriam peso igual ao da linha mestra. Não se permitiria nem mesmo a interferência de questões internacionais na construção econômica".

Numa declaração muito reveladora, Jiang reconheceu que, no passado, a construção econômica da China sofrera, porque os chineses reagiram de cabeça quente a problemas internacionais. Mas esses erros não deveriam ser repetidos. Por esta razão, Jiang martelou na ameaça à linha mestra representada pela influência "esquerdista" dentro do partido, particularmente entre membros do primeiro escalão da chefia (Chen Yun). Conforme explicou Jiang, a influência "direitista" causara ataques aos Quatro Princípios Cardeais e até mesmo rebelião política e liberalização burguesa, mas a influência "esquerdista" afrontava a linha mestra da reforma e da abertura. Os "esquerdistas" insistiam que a fonte da evolução pacífica estava na reforma e na abertura, e usavam a ideia da luta de classes para lhes fazer oposição.

Jiang alertou que os erros ao longo dos últimos vinte anos haviam sido cometidos, principalmente, pelos "esquerdistas", erros que tiveram grande impacto negativo sobre a economia. Ele exortou os membros do partido a abrirem suas mentes a fim de evitar os erros do passado. Evidentemente, o ponto crucial de todas as ideias de Deng era este simples fato: a China cometera um erro, em 1950, ao se aliar à União Soviética contra o Ocidente. A partir desta, todas as decisões subsequentes haviam deixado a China numa posição de atraso em relação ao resto do mundo. A única forma de corrigir esse erro era por meio da reforma e da abertura – já, e não amanhã. Amanhã seria tarde demais. Isto levanta a interessante questão de que talvez houvesse muitas discussões sobre como se deveria lidar com o Ocidente na véspera da vitória do comunismo chinês, em 1949. Deng dá a impressão de estar insinuando que todos eles estavam cientes dos problemas que emergiram na ocasião. De qualquer forma, dessa vez, Deng não permitiria que se voltasse atrás. Os elementos do "Compromisso" impediriam a volta atrás e o isolamento.

Jiang explicou o que se tinha a fazer durante o restante da década de 1990: apressar a reforma e a abertura. Disse: "A história mostrara que a atual competitividade internacional se baseava no aspecto mais amplo da força econômica e científica de uma nação. Para a China, isso significava que a taxa planificada de crescimento de 6% era insuficiente para permitir que alcançasse as principais nações do Ocidente. A taxa tinha de ser ajustada para cima até, pelo menos, 9% ou 10%. Ademais, a hora de agir era agora. O desenvolvimento precisa ser acelerado, de forma equilibrada. A chave para o desenvolvimento da China estava na integração da economia planificada e da regulação de mercados."

Jiang reiterou a conclusão de Deng – de que o capitalismo continha alguma planificação, e o socialismo continha alguns mecanismos de mercado. Sendo este o caso, não importava se algo era rotulado de "socialista" ou "capitalista". O que realmente tinha importância era se este algo seria capaz de melhorar a qualidade de vida da população e fazer subir os níveis de produção.

Como parte da nova política de economia de mercado socialista, Jiang enumerou as dez ações principais a serem efetivadas pelo XIV Congresso do partido:

1. Criar a economia de mercado socialista, de modo a abranger uma implementação completa do mecanismo operacional nas empresas estatais; acelerar o desenvolvimento da economia de mercado, de modo a incluir o mercado monetário, o mercado de valores, as reformas nos sistemas de preços e de distribuição, a reforma tributária e a remoção da interferência governamental na microeconomia.
2. Ampliar ainda mais a abertura para o mundo; empregar, mais e

melhor, os fundos, os recursos, as tecnologias e as experiências gerenciais provenientes do exterior.
3. Ajustar e otimizar a agricultura, de modo a incluir maiores insumos agrários e esforços para desenvolver as indústrias terciárias, a fim de possibilitar a absorção da mão de obra e da poupança dos camponeses e aumentar a receita do estado.
4. Apressar o progresso científico e tecnológico, desenvolver a educação e dar plena liberdade de ação às atividades dos intelectuais, porquanto, destituída da contribuição de uma numerosa classe de cientistas e tecnólogos, a China não teria condições de competir nos mercados internacionais e não seria capaz de atrair investimentos estrangeiros, uma vez que sua força de trabalho não teria suficiente instrução para trabalhos especializados.
5. Todas as localidades devem ter condições de pôr em ação seu potencial pleno, o que significava que a economia precisa estar em equilíbrio em toda a nação, mas também quer dizer que os benefícios decorrentes de uma localização propensa a boas oportunidades, da abundância de recursos naturais, de linhas de comunicação logística favoráveis e de outros fatores podem predispor uma determinada região a se tornar líder na produção de certa mercadoria ou na prestação de certo serviço. Esses benefícios devem ser explorados ao máximo e integrados ao quadro econômico geral, para que se chegue a uma economia de escala.
6. Promover a reestruturação do sistema político. A estrutura política estava a exigir alterações para que pudesse refletir a mudança na situação econômica. Entretanto, a China, absolutamente, não implantaria os sistemas parlamentaristas e multipartidários do Ocidente. A República Popular da China sustentaria o princípio do centralismo democrático.
7. Reformar os sistemas administrativos com a eliminação de órgãos do partido e do governo que se sobrepunham, melhorando a eficiência.

8. Fazer crescer a qualidade da cultura espiritual socialista. O partido deve atribuir grande importância à proteção da liberdade acadêmica, deve integrar teoria e prática e deixar florir as Cem Flores. Ao mesmo tempo, é preciso continuar a repressão aos males associados com a reforma e a abertura que prejudicavam a modernização.
9. Prosseguir o aprimoramento dos padrões de vida, controlar estritamente a natalidade e reforçar a proteção ambiental.
10. Reforçar a estruturação das forças armadas, ampliar o alcance da defesa nacional e assegurar o andamento fluente da reforma, da abertura para o mundo exterior e da estruturação econômica.[27]

Jiang descrevia o exército como "o potente pilar da ditadura democrática do povo, grande muro de aço na defesa da pátria socialista e força importante na construção do socialismo com características chinesas. No momento, e por muito tempo, a modernização socialista do nosso país terá prosseguimento, metida num complicado cenário internacional em mutação. É necessário agir de acordo com o pensamento de Deng Xiaoping a respeito da estruturação das forças armadas durante o novo período; seguir a metodologia distintamente chinesa para a formação de um exército melhor; transformar o Exército de Libertação do Povo em uma poderosa força permanente, moderna e revolucionária; e buscar constantemente o fortalecimento da defesa de nosso país, a fim de prover uma forte garantia de segurança para a reforma, a abertura para o mundo exterior e a construção econômica. O exército precisa se adaptar às necessidades da guerra moderna, incrementando a capacidade de combate em todos os sentidos, e assim arcar com a missão de defender a soberania territorial do país em terra e no ar, e também lhe resguardar os interesses no mar; e deve ser capaz de salvaguardar a unidade e a segurança da pátria".

Jiang também discutiu a política externa chinesa num cenário internacional em mutação. A visão de Deng, exposta por Jiang, era a de que "o mundo passava por um período histórico de tremendas mudanças. O padrão bipolar chegara ao fim, e diversas forças, ao se redividirem e recombinarem, tornavam o mundo cada vez mais multipolar. Esse novo padrão será complexo e levará algum tempo para tomar forma; nesse entretempo, vai ser possível evitar a guerra. Mas o novo mundo será tumultuoso. Por sua parte, a China prosseguiria no trabalho positivo para estimular os laços com nações estrangeiras; para criar um cenário internacional mais favorável à reforma, à abertura e à modernização; para contribuir com sua parcela para a paz e o desenvolvimento mundiais". Conforme declarou Jiang: "A China está decidida a abrir o país ao mundo exterior. A China está disposta a estreitar os laços e expandir a cooperação tecnológica com outros países na base da igualdade e do benefício mútuo, além de pretender um intercâmbio crescente. Entretanto, a China protegeria sempre a própria política externa independente e pacífica. A salvaguarda de sua independência e soberania, assim como o fomento da paz e do desenvolvimento, são os fundamentos da política externa da China. A China jamais cederá a pressões externas; não fará alianças com qualquer bloco ou nação; e não integrará alianças militares. Ademais, a China se oporá às políticas que busquem a predominância de um estado sobre os demais ou a expansão de poder; está disposta, porém, a estabelecer relações de amizade com qualquer país com base nos Cinco Princípios de Coexistência Pacífica."

Jiang nunca teve muita criatividade para as questões ligadas às relações exteriores, as quais ficavam estritamente sob a supervisão pessoal de Deng; por isso, não se alongou no tema. Concluiu o relatório com um trecho sobre vida partidária e construção do partido. Na parte final, discutiu a necessidade de se escolherem sucessores que fossem mais revolucionários, mais jovens, mais bem formados, mais competentes e que possuíssem tanto capacidade como integridade política. Este último atributo deve ser avaliado com base no comportamento do candidato em relação ao implemento da linha mestra do partido.[28] O "Relatório" de Jiang não deixou espaço para qualquer acordo com a oposição a Chen. O crescimento moroso não era um caminho. Não havia espaço para ideias "esquerdistas", movimentos de massa destrutivos e ameaças de luta de classes. O congresso cobraria contas antigas e ficaria com os trunfos, a fim de garantir que não houvesse possibilidade de reversão da linha política do partido de "um centro e dois pontos fundamentais". Deng montaria uma estrutura que lhe facilitasse a execução de suas políticas.

O pessoal selecionado pelo novo congresso para o Comitê Permanente, o Politburo e a Comissão Militar Central representou uma vitória marcante para Deng em seu impulso de fazer profundas mudanças institucionais. O novo Comitê Central era de 189 membros efetivos e 130 membros alternativos, num total de 319, dos quais 46,7% eram sangue novo. Era uma mistura de veteranos da era revolucionária, pessoas de meia-idade e um promissor segmento de jovens. A idade média era 56,3 anos, e mais de 83% possuíam educação superior. Fiel às suas primeiras promessas aos chefes provinciais, antes do Congresso, 62% do total eram membros representantes de regiões e municípios, constituindo a mudança de maior expressão estratégica resultante do Congresso. Este fato também selou a promessa de Deng, feita na primavera de 1992, pela qual os chefes regionais teriam força para frustrar qualquer alteração na política em Pequim que interferisse na reforma e na abertura.[29] Além disso, o histórico da carreira dos membros repartia-se igualmente entre burocratas do partido e gente oriunda de profissões técnicas, criando, dessa forma, o elo entre vermelhos e especialistas. Mas não havia qualquer caso de defensores do liberalismo político.

O Politburo foi aumentado para vinte membros, a saber, Ding Guangen, Tian Jiyun, Zhu Rongji, Qiao Shi, Liu Huaqing, Jiang Zemin, Li Peng, Li Lanqing, Li Tieying, Li Ruihuan, Yang Baibing, Wu Bangguo, Zou Jiahua, Chen Xitong, Hu Jintao, Jiang Chunyun, Qian Qichen, Wei Jianxing, Xie Fei e Tan Shaowen. Os membros alternativos eram Wen Jiabao e Wang Hanbin.

O Comitê Permanente tinha Jiang Zemin, que reteve seu cargo de secretário-geral, Li Peng, Qiao Shi, Li Ruihuan, Zhu Rongji, Liu Huaqing e Hu Jintao.

O Secretariado contava com Hu Jintao, Ding Guangen, Wei Jianxing, Wen Jiabao e Ren Jianxin.

Deng acertou uma conta antiga: Song Ping e Yao Yilin ficaram de fora. Foram-se também os "esquerdistas" que haviam impedido a divulgação de sua mensagem no ano anterior. Exonerados de suas funções e das posições que ocupavam no Politburo, estavam Wang Renzhi, chefe do Departamento de Propaganda; He Jingzhi, ministro da Cultura; e Gao Di, diretor do *People's Daily*.

No novo Politburo, chefes regionais ou municipais constituíam 25% dos membros, representando Pequim (Chen Xitong), Shanghai (Wu Bangguo), Tianjin (Tan Shaowen), Shandong (Jiang Chunyun), e Guangdong (Xie Fei). Deve-se também incluir nesta percentagem o peso adicional de Zhu Rongji, por Shanghai, Li Ruihuan, por Tianjin, Li Lanqing, por Tianjin, e Hu Jintao, pelo Tibet. Em suma, quase 50% do Politburo tinham raízes que eram uma forte indicação de que todos veriam com carinho os problemas referentes à administração de uma municipalidade ou província de importância. Yang Baibing, o ex-secretário da CMC, representava o exército, embora estivesse sem uma boa base eleitoral, em face da perda do cargo na CMC e da função de comissário-chefe. Ding Guangen, parceiro de bridge de Deng, que o ajudara a conseguir sua vitória, estava lá, a fim de garantir que todas as partes adeririam ao Grande Compromisso. Zou Jiahua lá estava para aplacar Chen Yun, mas ele também era o reflexo da tentativa de Deng de escalar tecnocratas do ramo da economia em posições-chave. Ele também ajudaria nos esforços de recentralização descarregados sobre Zhu, que se tornaria o czar da economia após o VIII Congresso Nacional do Povo, realizado na primavera de 1993.[30] Li Peng foi mantido no cargo como recompensa pelo fiel cumprimento das ordens relativas à lei marcial em 1989. (Ele reteve o cargo de primeiro-ministro no VIII Congresso, mas quando seu segundo e último mandato estatutário chegasse ao fim, ele seria aposentado.) Da mesma forma que Zou, a competência dele em planificação central seria usada para equilibrar o centro contra as regiões.

Wei Jianxing, protegido de Qiao Shi e representante do poderoso órgão de segurança pública, emprestou seu peso político ao compromisso. Qian Qichen, que tinha experiência em lutar no cenário internacional pela implementação da política externa de Deng, estava lá para orientar o inexperiente Jiang e assegurar que a política do "Império do Meio" ou "independente" seria cumprida. Li Lanqing, um tecnocrata com experiência regional, estava lá para dar apoio à reforma e à abertura. Li Ruihuan era o representante das forças regionais e também o *alter ego* de Deng na linha de frente da propaganda. Li Tieying, ministro da educação, era uma concessão de Deng aos intelectuais. Finalmente, Tian Jiyun, o leal lugar-tenente de Deng, que cuidara do setor agrário da economia com grande competência, foi mantido no cargo pelo novo Congresso. Ideologicamente, a formação do Politburo era quase 75% a favor da reforma e da abertura e orientada no sentido dos interesses regionais.

O novo Comitê Permanente ficou com sete membros: Jiang, Li Ruihuan, Zhu Rongji, Hu Jintao, Li Peng, Qiao Shi e Liu Huaqing. Neste grupo, só restava Li Peng da facção de Chen Yun de planejadores centrais da escola marxista. Jiang era um peso leve, o candidato do compromisso que Deng apressadamente escolhera em 1989. Deng tinha pouca confiança nele; para não ter, porém, de admitir que cometera um erro, Deng desenvolvera o conceito de um "núcleo" de liderança construído em torno dele. Jiang fazia parte da velha e tradicional burocracia, mas não detinha poder. Fora obrigado a fazer diversas autocríticas, e várias vezes se ofereceu para dar demissão. Deng recusara, optando, em vez disso, por cercá-lo de elementos de personalidade forte que o manteriam na linha, evitando, assim, o constrangimento de demitir outro de seus sucessores escolhidos. Li, Zhu e Hu podiam ser considerados o miolo dos reformadores que levavam adiante o socialismo de mercado de Deng.

Qiao Shi, que enxergou o propósito utilitário da reforma, prestaria sua colaboração, a fim de garantir que as regiões prosperassem e que o partido permanecesse no poder.

Finalmente, Liu Huaqing, veterano do exército, de idade avançada, estava no Comitê Permanente a fim de garantir o compromisso e, ao lado do Estado-Maior da comissão militar, que, em razão de um acordo sigiloso, tinha direito a comparecer às discussões do Politburo a fim de proteger os interesses do Exército de Libertação do Povo.

A análise dessas listas (*quadros a seguir*) revela dois pontos de destaque: representando mais de 60% do Comitê Central, em contraste com os parcos 25% do XIII Congresso do partido, os chefes regionais detinham o voto da maioria em qualquer uma das futuras reuniões ampliadas do Politburo ou em qualquer sessão plenária.[31] Este não havia sido um problema relevante no congresso anterior, porque Deng então ainda estava no poder e seus cuidadosamente escolhidos lugares-tenentes tinham o controle sobre as funções críticas tanto no estado como no partido. Entretanto, uma vez que Deng e seus lugares-tenentes perderam o controle efetivo a partir de novembro de 1989, tornou-se imprescindível restabelecer o controle institucional sobre o partido e o estado no XIV Congresso, assim como pôr em execução um plano de longo prazo, a fim de manter esse controle.

Finalmente, foi nomeada a última das juntas de cunho político.

COMISSÃO MILITAR CENTRAL
Jiang Zemin, presidente
Liu Huaqing, vice-presidente e Zhang Zhen, vice-presidente
Chi Haotian,
Zhang Wannian,
Yu Yongbo e
Fu Quanyou

Politburo - Comitê Permanente

Socialistas de mercado	Planejadores centrais	Lei e Ordem
Li Ruihuan	Li Peng	Qiao Shi
Zhu Rongji		Liu Huaqing
Hu Jintao		Jiang Zemin

Politburo

Mercado e Regionais	Planejadores centrais	Lei e Ordem
Li Ruihuan	Li Peng	Qiao Shi
Zhu Rongji	Zou Jiahua	Liu Huaqing
Hu Jintao		Yang Baibing
Ding Guangen		Wei Jianxing
Li Lanqing		
Wu Bangguo		
Chen Xitong		
Qian Qichen		
Jiang Chunyun		
Xie Fei		
Tan Shaowen		

O exército também recebeu sua paga pelo apoio prestado a Deng. A representação dos militares no Comitê Central aumentou para 22% dos 18% que conseguiram no XIII Congresso. Fiel à promessa de representar todas as forças armadas, a fim de obter um equilíbrio político que ele chamava de "cinco mares e quatro oceanos", Deng deu ao IV e ao V Exércitos as maiores representações, seguidos pelo I e pelo II.[32] Assim, embora o sistema de exércitos de campanha ainda influencie a política chinesa, novas relações contraditórias estão a surgir que talvez tenham maior influência na decisão da política de facções do exército.[33] Seja o caso que for, o exército recebeu garantias de verbas para modernização, e as províncias garantias de independência em relação ao governo central. Assim, duas das promessas de Deng foram cumpridas.

Num ato final, Deng dissolveu a Comissão Consultiva Central, eliminando todos os órgãos de aconselhamento que pudessem interferir no Comitê Permanente. Na China, entretanto, poder informal é tudo. No lugar da CCC, Deng criou dois organismos informais de supervisão (*ver o quadro seguinte que mostra a provável composição dos dois organismos*). Um, representando o exército, era um grupo informal composto por antigas autoridades, principalmente da Comissão Militar Central. Esses anciãos do exército, que representavam a geração fundadora da República Popular da China e do Exército de Libertação do Povo, constituiriam o núcleo do "corpo consultivo" *ad hoc* criado por Deng, com o propósito de garantir o cumprimento do "Grande Compromisso" por todas as partes. Seu domínio contínuo sobre o pico da estrutura informal de poder, contudo, não mudou o fato de que o controle operativo do exército também passara à geração seguinte, a geração pós-Guerra da Coreia, caracterizada por laços de escolaridade técnica e profissional. Todavia, ao lado de Liu e Yang Baibing, respectivamente, no Comitê Permanente e no Politburo, esta nova geração há de assegurar que os interesses do exército sejam protegidos. Esse arranjo também se estende aos níveis local e regional, com representantes do exército em órgãos decisórios locais.

O segundo organismo informal, entretanto, é o mais poderoso. Trata-se do grupo remanescente de anciãos do partido – os membros ativos da extinta CCC e outros que ainda exerciam autoridade informal. Entre estes, Peng Zhen, Bo Yibo e Yang Shangkun permanecem os mais influentes. Cabe a eles assessorar a liderança, por intermédio, principalmente, da Comissão Militar Central do exército, a qual, por sua vez, prestará assessoria ao Comitê Permanente, ou, mais diretamente, por meio de entrevistas com seus protegidos do Comitê Permanente. O aspecto importante está em que o processo decisório passou agora a ficar mais distante e alheio aos mecanismos formais. Os anciãos controlarão a política por intermédio do exército que é o guardião do compromisso de Deng, e o exército prestará assessoria ao Politburo com sua presença formal ou informal.

Anciãos (GENRO)

Jiang Zemin (*Comitê Permanente*)
Peng Zhen
Bo Yibo
Yang Shangkun
Liu Huaqing (*Comitê Permanente*)
Zhang Zhen
Qiao Shi   (*Comitê Permanente*)
Yang Dezhi
Song Renqiong
Tian Jiyun   (*Politburo*)
Wan Li   (*Politburo*)
Yang Baibing   (*Politburo*)

Conselheiros Militares

Jiang Zemin (*Comitê Permanente*)
Peng Zhen
Qiao Shi   (*Comitê Permanente*)
Liu Huaqing (*Comitê Permanente*)
Zhang Zhen
Yang Dezhi
Yang Shangkun
Li Desheng

O lócus do poder do Partido Comunista voltou, portanto, às suas raízes – o Exército. É necessário comentar as mudanças introduzidas por Deng no papel do exército, para se perceber o significado das alterações na estrutura de poder ocorridas no XIV

Congresso. Os anciãos que detinham o governo nas mãos eram velhos veteranos do exército. Antes do congresso, havia muita especulação em Hong Kong e no exterior acerca das perspectivas dos irmãos Yang. Muitos esperavam que Yang Baibing assumisse a Comissão Militar na condição de vice-presidente. Em vez disso, o cargo de secretário-geral permanente da CMC foi abolido. Ele também perdeu sua função no Estado-Maior-Geral. Especulava-se que ele recebera a posição como prêmio de consolação por haver aceito o rebaixamento.[34]

É importante lembrar que, em abril de 1992, Deng e a CMC entraram em acordo sobre uma ponderável reestruturação do exército. O propósito era construir um exército moderno, centralizado totalmente sob o controle do partido. Conforme ocorrera em reestruturações anteriores, a partir de 1985, e especialmente em 1990 e 1991, Deng mudara os comandos regionais de posição, a fim de evitar o surgimento de uma burocracia interesseira e centralizada, de assegurar o controle central pelo partido e de evitar acusações de favoritismo – referência aos "cinco mares e quatro oceanos" feita em sua carta a Jiang na véspera do XIV Congresso, pedindo a demissão de Yang Baibing. A ênfase crescente na nomeação de comandantes militares mais bem formados e com melhor grau de instrução implicava mais mudanças.

Logo após o término do congresso, ocorreu uma substancial "mudança da guarda"; inicialmente, mais de trezentos oficiais foram passados para a reserva. No fim do ano, mais de mil foram exonerados de seus cargos e substituídos por oficiais mais jovens e tecnicamente mais qualificados.[35] Embora de fato eliminasse a influência dos Yangs e de seus protegidos em todo o exército, fazia parte do planejamento geral centralizar o controle, pôr um fim à estrutura de comando com bases regionais e, gradualmente, substituí-la por uma cadeia de comando centralizada e funcionalmente definida, capaz de assegurar o controle completo do exército pelo partido.[36] Este último plano estava a exigir uma força guarnecida por gente mais jovem, mais instruída e mais profissional, que estivesse comprometida com uma China coesa, e não um país que dependesse de patrocínio superior.

Deng, naturalmente, devia ter tido a concordância de Yang Shangkun e Yang Baibing para efetuar essas mudanças. Ele decidira remover os Yangs em abril, quando anunciasse a promoção de Liu Huaqing. Simplesmente esperou pelo momento apropriado para implementar a medida no XIV Congresso do partido. Afinal de contas, os subordinados de Deng lhe haviam apoiado a investida contra o partido ao longo dos meses que antecederam o XIV Congresso. Tivessem sabido que perderiam seus cargos tão rapidamente, é possível que houvessem prestado seu apoio a outras figuras; talvez Chen e Li Peng. Por isso, Deng agira com rapidez, após o XIV Congresso, para substituí-los no comando por gente de sangue novo, cuja lealdade pertencesse à nova ordem capitaneada por Liu. Sua atitude também facilitou a exoneração de vários oficiais que haviam comandado tropas durante o sangrento incidente de Tiananmen. A saída desses oficiais mitigou o renitente ressentimento popular em relação ao exército, por causa das ordens recebidas para marchar contra os estudantes. A atitude de Deng possibilitou a perspectiva de mobilidade ascendente no exército. Com efeito, ele comprou a lealdade da próxima geração de comandantes.

De um ponto de vista jurídico, quando Deng se retirou em 1989, ele, ostensivamente, deixou em vigor um acordo com Yang Shangkun, que assumiu o cargo de primeiro vice-presidente permanente da Comissão Militar, pelo qual Yang podia autorizar a movimentação de tropas, com apenas uma assinatura, ou talvez com a assinatura do secretário permanente, o irmão Yang Baibing. Antes de sua aposentadoria, em 1989, Deng tivera o controle do exército, desde seu retorno em 1978. Mao jamais permitira que se delegasse o controle operacional a qualquer autoridade fora da chefia, isto é, fora do Comitê Permanente do Politburo. O acordo de Deng com Yang, entretanto, punha o exército tecnicamente sob o comando de alguém sem tais credenciais, uma vez que Yang, embora fosse membro do Politburo, não integrava o Comitê Permanente. Isto deixava implícito que o secretário-geral do partido não tinha competência funcional para dirigir o exército. Deng, portanto, reafirmou o controle superior do partido ao nomear Liu Huaqing, membro do Comitê Permanente do Politburo, para o posto de primeiro vice-presidente da Comissão Militar Central em abril de 1992 e anunciou que Yang Shangkun se aposentaria no XIV Congresso do partido.

Deng, entretanto, não ficou satisfeito apenas com mudanças institucionais que garantissem o controle do exército pelo partido. Ele estava consciente do fato de que usara o próprio prestígio pessoal e a relação próxima que tinha com os Yangs, especialmente Yang Shangkun, para mobilizar o exército contra a oposição conservadora existente no partido. Se ele podia fazer o que fizera, outros também poderiam. A fim de evitar que isso viesse a dividir o exército e dar-lhe o poder de decisão num debate interno do partido, Deng criou um grupo informal de controle sobre a CMC, comentado acima, composto pela geração remanescente de anciãos revolucionários do exército, tais como Yang Shangkun, Yang Baibing, Li Desheng, Yang Dezhi, assim como a chefia da CMC e a chefia dos órgãos internos de segurança, isto é, Peng Zhen e Qiao Shi.

De acordo com esse arranjo, qualquer debate sobre política interna será decidido pelo informal conselho militar de segurança, o qual, por sua vez, apresentará à CMC uma posição consolidada e instruções sobre como mobilizar o exército. Assim se explica a decisão de Deng de permitir que a CMC participasse informalmente das discussões do Politburo. Na condição de fiador e guardião do "Grande Compromisso", o exército deve tomar conhecimento da política econômica, a fim de impedir retrocesso na modernização. Isso também explica a substituição de oficiais de alta patente logo após o término do congresso. Os oficiais que foram exonerados ou transferidos para a reserva haviam sido empossados em cargos de comando pelos irmãos Yang, com o intuito de apoiar o contínuo domínio de Deng sobre o exército. Uma vez que se conformara em deixar o poder em 1992, Deng teve de permitir a substituição daquele grupo central por uma nova geração de comandantes nomeados pela autoridade legítima da CMC, Liu Huaqing.

A reestruturação do exército havia sido concluída, no papel, na véspera do XIV Congresso do partido. Imediatamente após o 1º Pleno em 23 de outubro, convocou-se uma reunião ampliada da CMC cujo propósito era aprovar o novo comando. Liu Huaqing e Chi Haotian delinearam a nova política, a qual respondia à questão levantada em dezembro de 1991: como tornar o Exército de Libertação do Povo e a China ricos e poderosos. A resposta, naturalmente, estava numa economia nacional em expansão, sólida e eficiente. Esta noção perpassava pelos discursos proferidos pelos chefes militares. Durante o congresso, Liu teria dito: "As forças armadas não devem deixar de cumprir a gloriosa missão que lhes foi confiada pelo XIV Congresso, e o exército deve se tornar poderoso, permanente, e revolucionário, de acordo com o pensamento de Deng Xiaoping."[37] Liu também foi rápido em apontar como isso traria vantagens para as forças armadas: "Nosso país desfruta uma situação política estável, e temos desenvolvimento econômico. O padrão de vida da população está melhorando. A situação de nosso país é excelente. É necessário aproveitar a oportunidade favorável e fazer um esforço para elevar o poder nacional em sua totalidade."

Liu deu outras entrevistas à imprensa e expôs o novo entendimento da liderança sobre modernização e sobre o que era importante. "A modernização do exército não se limitava à atualização do armamento; sem este tipo de atualização, porém, nada mais seria possível. Creio que, junto com o desenvolvimento econômico da nação, nosso exército dará um gigantesco passo adiante em sua modernização. Este esforço se firmava numa valorização maior da ciência e da tecnologia. Modernização seria uma palavra vazia, se não houvesse avanço em ciência e tecnologia e um povo instruído em conhecimento sensível. É por isso que o exército deve fortalecer o aprendizado em ciência e tecnologia."[38]

O novo vice-presidente da Comissão Militar e chefe do Estado-Maior do Exército, Chi Haotian, também expressou seu entendimento sobre modernização. Citando Sun Tzu, ele declarou: "A defesa nacional é questão de suma relevância para o estado, a qual possui influência direta na vida e na morte de uma nação. Não deve ser deixada de lado." Chi continuou: "Quanto mais cedo a China desenvolver sua economia, realizar a reforma e abrir as portas para o resto do mundo, maior será a necessidade de se fortalecer a defesa nacional. Sendo assim, seremos capazes de criar um ambiente estável e seguro e de resistir às intimidações, à humilhação e à opressão do exterior."[39]

Deng arrolara o exército em último lugar na lista de prioridades da modernização em 1978. Ao fim e ao cabo, para garantir o êxito de seu objetivo de longo prazo, fora obrigado a transferir o próprio sonho aos cuidados do exército para que este o escoltasse até uma bem-sucedida conclusão, depois que ele saísse de cena. No processo, Deng estabilizou a sociedade. Os efeitos só se tornarão evidentes com a passagem do tempo. O "Grande Compromisso" de Deng tinha de prosseguir após sua morte, embora, ao término do Congresso, faltassem ainda alguns tijolos para serem postos na infraestrutura. Esses tijolos seriam rapidamente adicionados em uma série de plenos que se seguiram à reestruturação dos órgãos com competência para decidir sobre políticas.

XIV Congresso, parte 2

No XIV Congresso, Deng pôs todos os seus lugares-tenentes em posição. Deixou a eles acertar os elementos finais do Grande Compromisso. Seus lugares-tenentes Zhu Rongji e Liu Huaqing levaram algum tempo, mas, ao se realizar o 3º Pleno, no outono de 1993, recém um ano após o congresso haver assentado a nova estrutura de poder, eles haviam, em essência, conseguido o que queriam.

O elemento-chave do Grande Compromisso foi a promessa das províncias de darem uma solução para a insuficiente remessa de fundos para o governo central. No início do ímpeto da modernização, Zhao Ziyang autorizara as províncias favorecidas a reterem a parte do leão das rendas que tivessem, à guisa de recompensa por seu empenho e como parte de sua tentativa de romper o férreo controle exercido pelos ministérios do governo central sobre a economia. Isso provocou remessas desiguais para o governo central, porque províncias como Guangdong retinham 90% de suas rendas e mal encaminhavam ao tesouro nacional 10% dos impostos recebidos.

Os baixos impostos eram definidos com o intuito de favorecer a rapidez do desenvolvimento e atrair investimentos externos. Por outro lado, cidades e regiões localizadas fora das primeiras áreas abertas, tais como Shanghai, tinham de transferir para o governo central mais de 50% de suas rendas. Assim, Guangdong recebeu acima de 22 bilhões de yuans em 1992 e transferiu apenas 7,5 bilhões, enquanto Shanghai arrecadou 37 bilhões de yuans e foi obrigada a transferir 27 bilhões para Pequim.[40] O resultado líquido foi que a arrecadação do governo central, em termos de percentagem do Produto Interno Bruto, caíra de 37%, no início da reforma em 1978, para 19% em 1992. Se aquela tendência continuasse, a parcela da renda destinada a Pequim despencaria para 10% até o ano 2000.

Coube a Zhu Rongji lidar com os problemas da diminuição na arrecadação e de uma economia inflacionária. Para isso, ele delineou um plano de dezesseis pontos, cujos objetivos eram conter as tendências inflacionárias na economia e restabelecer o controle do governo central sobre a renda dos impostos. De um modo geral, o programa de Zhu propunha reformas no sistema bancário, nas finanças, na tributação e nos investimentos. O enfoque estava em restringir empréstimos destinados a projetos especulativos; assegurar que as verbas seriam suficientes e adequadamente empregadas em projetos agrários e de infraestrutura; instituir a venda de títulos de compra compulsória; elevar as taxas de lucro na poupança; fortalecer o Banco Central; e enviar equipes de trabalho às províncias para garantir o cumprimento.

Criou também um sistema para reformar a política fiscal.[41] Anteriormente, o governo central fora forçado a negociar, todos os anos, com cada província, a fim de determinar a percentagem de rendas que cada uma delas teria de repassar para Pequim. Os fundos gerados acima da quantia acertada ficavam nas províncias. Se as percentagens não fossem aumentadas – e não foram –, o efeito da crescente atividade econômica seria o acúmulo cada vez maior de riqueza que permaneceria sob o controle das províncias. Zhu propôs um sistema de divisão de receita em substituição às sessões anuais de regateio. O novo sistema dividiria a receita entre o governo central e as províncias, ficando Pequim com 60%, e as províncias, com 40%. O acordo, contudo, assegurava que a arrecadação das províncias não cairia abaixo do patamar obtido em 1993, enquanto as regiões mais empobrecidas teriam a garantia de repasses de verbas até o ano 2000. Zhu, Jiang e outros chefes viajaram por toda a China, com o propósito de garantir que as autoridades locais concordassem com o novo sistema.[42]

Embora os valores das taxas não estivessem expressos na política, esta era específica sobre a base tributária. Impostos destinados à salvaguarda e ao fomento dos interesses nacionais e ao exercício do controle macroeconômico eram reservados ao governo central. Os impostos diretamente relacionados ao desenvolvimento econômico deviam ser repartidos entre os governos locais e o nacional. Pequim, entretanto, reservava 33 modalidades de tributos para si, inclusive taxas aduaneiras, impostos sobre o consumo, impostos sobre os lucros cobrados de empresas estatais, taxas sobre serviços financeiros e impostos sobre bebidas alcoólicas e cigarros. Os impostos que ficavam nas províncias eram as taxas sobre lucros pessoais, taxas referentes a construções urbanas, diversos tributos relacionados à agricultura e impostos sobre os lucros de empresas locais, com exceção de operações bancárias, finanças, seguros, serviços de correios, energia elétrica e transporte ferroviário.

Além disso, algumas receitas foram divididas entre a província e o governo central, incluindo-se a taxa de valor agregado, sendo 75% para o governo central e 25% para a província; taxas referentes às transferências de ações; e tributos sobre recursos. Assim, as províncias mais abastadas – aquelas que se haviam beneficiado da política de abertura – pagariam maiores tributos a Pequim. O novo sistema tributário também criou uma taxa uniforme de 33% sobre toda atividade empresarial não coberta, e cobrava o mesmo das empresas estatais, reduzindo-lhes as quotas em 55% para torná-las competitivas em relação às empresas que não pertenciam ao estado.[43]

Durante o périplo de Deng pela região sul, no ano anterior, ficara acertado que as províncias concordariam com este plano. A visita de Jiang para promover a nova política, antes da apresentação no pleno do outono, teve o propósito manifesto de lembrar aos chefes políticos locais a responsabilidade que tinham em honrar os acordos feitos com Deng. O assunto foi comentado pelo governador de Sichuan, Xiao Yang, numa entrevista em Chengdu. "Naturalmente, eu gostaria de dar menos dinheiro ao primeiro-ministro Li Peng. Mas Li Peng tem de pensar no país como um todo, e ele vai pensar: 'Xiao Yang, vocês devem dar mais.'"[44] Xiao continuou a explicar que as receitas cada vez menores estavam estorvando a capacidade de Pequim de investir em projetos relevantes, tais como estradas de ferro, aeroportos e autoestradas. E este fato, segundo Xiao, retardaria o desenvolvimento regional.

Num claro indício do "compromisso", o sistema tributário foi aprovado no 3º Pleno, em novembro.[45] O novo Politburo e o novo Comitê Central, embora compostos principalmente de membros provinciais, aprovaram as novas políticas de Zhu, e, efetivamente, abriram mão da autonomia das províncias. Assim, o congresso assentiu na implementação do "Grande Compromisso", especificamente, na promessa de aumentar e tornar rotineiras as remessas de receita ao governo central – receitas que seriam usadas para pagar as obras regionais mencionadas por Xiao Yang e modernizar o exército.

A reforma tributária tratava apenas da metade do problema enfrentado por Pequim como resultado das políticas delegatórias de Deng. Embora a reforma fiscal de Zhu talvez fosse, por si só, a política mais importante a surgir com implicações de longo prazo, o problema do controle do suprimento de moeda continuou a prejudicar os esforços no sentido de conter a inflação que mostrava as garras cada vez que a economia começava a decolar.

O principal problema estava no controle político do sistema bancário, exercido pelo partido. Os bancos chineses eram instrumentos políticos, e não financeiros. Assim, as autoridades de Pequim ordenariam ao banco central que, havendo falta, imprimissem dinheiro. Se empresas estivessem sem caixa para pagamento de salários em razão de vendas fracas, esperava-se que o banco central concedesse empréstimos para cobrir a folha de pagamento. Esses empréstimos nunca eram pagos. Como resultado dessa política de delegação de iniciativa às províncias, autoridades provinciais também podiam determinar aos bancos que concedessem empréstimos ou aumentassem a quantidade de dinheiro em circulação, a fim de atender às necessidades locais.

Após o XIV Congresso e a reunião do Congresso Nacional do Povo de março de 1993, e uma vez confortavelmente instalado em seu cargo de czar da economia, Zhu Rongji assumiu o controle operacional do Banco do Povo da China. Definiu que os bancos seriam separados entre um grupo de bancos políticos e outro de bancos financeiros, prática similar à empregada no Ocidente. Os comerciais ou financeiros concederiam empréstimos com base estritamente na capacidade de pagamento do tomador. Os políticos, por sua vez, dariam empréstimos a projetos favorecidos pelo governo central. Zhu reservou para si, na qualidade de czar econômico, o cargo de governador do BPC, que ele tornou banco central da China, com um papel similar ao desempenhado pelos bancos centrais do Ocidente. O vice-governador do banco, Chen Yuan, explicou que sua função seria fazer política monetária ao estilo ocidental, especialmente o controle do suprimento de dinheiro e a estabilização da moeda.

Zhu estabeleceu que só o BPC podia autorizar empréstimos e impôs limites estritos à transferência de fundos entre bancos. Depois, unificou a taxa de câmbio, dando um passo no sentido de tornar o yuan conversível nos mercados de câmbio internacionais.[46] Assim, Zhu pôde firmar o controle sobre os assuntos financeiros das províncias. O complexo industrial-militar estava vivo e muito bem, com o filho de Chen Yun a colaborar com Zhu, a fim de assegurar que o governo central se garantisse contra as províncias, que era o que Deng queria com sua ideia de compromisso.

Os resultados do primeiro ano de Zhu no comando da política econômica, embora encorajadores, estiveram abaixo do que poderia ser considerado um sólido sucesso. Quando ele assumiu, no começo de 1993, a economia já registrara um crescimento real de 13% para 1992. Para a primeira metade de 1993, foi de 14%, índice anualizado; a produção industrial foi 25% maior que em 1992, e os investimentos fixos subiram 70%. Em cima disso, a alta dos preços e a emissão de moeda se aceleraram. Zhu tomou providências imediatas. Acabou com os investimentos em ativos fixos e determinou que milhões fossem investidos em gargalos da infraestrutura, tais como telecomunicações, energia e transporte. No início de 1994, os investimentos tinham baixado para 30% e a produção industrial para 19%. A inflação geral, contudo, excluindo-se o custo da alimentação, que alcançou um pico acima de 20% em 1993, despencou para um nível de 9% a 10%. Zhu pôde reduzir a emissão de moeda aos pretendidos 20% em 1995, diminuindo vitoriosamente a inflação de 35% de 1994 e 1993.[47] Assim, Zhu foi capaz de restaurar certo controle central sobre a economia, por meio de políticas fiscais e monetárias.

Além da reforma dos sistemas fiscal e monetário, Zhu teve de enfrentar o caso das empresas estatais ineficientes. Em Shanghai, Zhu propusera maneiras de privatizar essas empresas. Em termos nacionais, o 3º Pleno também anunciou que tinha diversas opções para resolver o problema das empresas estatais em más condições, uma das quais era a privatização. Outras opções eram a fusão de empresas doentes com as prósperas ou elas fazerem *joint ventures* com empresas estrangeiras. Durante 1993 e 1994, muitas empresas foram vendidas na forma desses empreendimentos conjuntos ou de contratos de participação acionária.

Zhu, entretanto, embora não fosse um planejador central ao estilo de Stalin, não acreditava ser necessariamente benéfico aos interesses do estado vender todas as empresas estatais a preços baixos ou permitir-lhes a falência. Todos sabiam, tanto nos governos provinciais como no centro, que empresas estatais tinham mais de 100 milhões de empregados, os quais, liberados sobre a economia, criariam caos. Portanto, falência seria o último recurso. Ademais, as empresas em má situação eram responsáveis por 50% da produção industrial, e da mesma forma que o exército não desejava abrir mão de sua parte da riqueza industrial, representada pela propriedade que tinha de companhias de eletrônica e de artigos manufaturados de consumo, o estado, obviamente, não estava disposto a ceder seus interesses ao setor privado.

Zhu, portanto, tinha de transformar aquelas empresas em firmas rentáveis, capazes de competir no mercado mundial. Assim, já na primavera de 1994, menos de seis meses depois do Pleno, estava a defender um retardamento da privatização e em busca de maneiras de tornar as empresas mais responsáveis por seus próprios lucros e por suas próprias perdas.[48] Algumas transferências para o setor privado haviam ocorrido, mas parece que foi deixado intacto o acordo firmado entre Deng e seus reformadores com os planejadores do governo central, o qual fixava que uma parcela considerável da produção industrial – produção da indústria pesada de acordo com o modelo stalinista de complexo industrial-militar

– continuaria subordinada aos ministérios do governo central. Em vez de privatizar, dar-se-ia liberdade de ação aos administradores, e indústrias debilitadas se fundiriam com as saudáveis.

Assim, mais um elemento do Grande Compromisso foi posto em prática. Os planejadores centrais continuariam a controlar a parte do leão da produção industrial, do que a Represa das Três Gargantas é um exemplo. Sendo um projeto multiprovincial, de muitos bilhões de yuans, só poderia ser realizado sob a forma de projeto nacional. E esta é a confirmação de que os ministérios centrais continuarão a influenciar grandes setores da economia.

Deng também estava decidido a garantir o controle partidário sobre os progressos da *nomenklatura*, obtidos no governo, nas forças armadas e no setor privado.[49] Isso ficou claro quando Jiang e Liu não tiveram problemas para se livrar dos seguidores de Yang Baibing – mais de mil oficiais – logo após o XIV Congresso. Liu então promoveu outros mil, dando-lhes uma parte na preservação da ordem em vigor. Mas no setor civil, o problema de refrear as prerrogativas locais – em especial, dos governadores das províncias mais prósperas – foi uma batalha constante durante os anos de crescimento rápido. Funcionários locais, como os governadores Ye Xuanping, de Guangdong, e Zhao Zhihao, de Shangdong, tinham rejeitado as exigências de Li Peng, em 1990, para o repasse de mais fundos a Pequim.[50]

Se a forma de nomear e demitir empregada por Jiang não teve impacto sobre as autoridades locais desdenhosas de Pequim, claramente a decisão do Politburo, em 1993 e 1994, de redistribuir a maioria dos cargos provinciais para a eliminação do crescente regionalismo teve de acabar com a perspectiva do reaparecimento dos feudos militares na China. Novos executivos do governo e do partido foram instalados em pelo menos quinze províncias, inclusive Jiangsu, Zhejiang, Hunan, Henan, Shanxi, Guizhou, Gansu, Liaoning, Heilongjiang, Xinjiang, Fujian e Hubei, durante 1993 e 1994. Zhu Rongji chegou mesmo a demitir o governador e o secretário de Heilongjiang porque deixaram de cumprir diretivas do governo central.⁵¹ Finalmente, a decisão de demitir por corrupção o secretário do partido em Pequim, Chen Xitong, um membro do Politburo, foi o sinal mais claro da determinação do poder central de governar, uma vez que não poderia ter sido tomada sem a concordância do Politburo.

Para não ficar de fora, o Exército de Libertação do Povo, fiador do Grande Compromisso, continuou a ter seu prêmio na forma de crescentes orçamentos anuais. Desde 1988, o orçamento das forças armadas cresceu 200%.⁵² Entre 1988 e 2000, o orçamento aumentou a taxas de dois dígitos; em 1994, cresceu 22% em relação a 1993; e em 2001, espera-se que cresça mais 17%.⁵³ Como resultado do acordo de dezembro de 1991 com Deng, o exército continuará a acumular sua parte no bolo do orçamento. Uma estimativa dá o valor dessa parcela do orçamento próximo de 3% do PNB da China, o que corresponderia ao quíntuplo da estimativa de $6 bilhões dos Estados Unidos. De qualquer forma, se os gastos da defesa continuarem a ser o prometido por Deng, uma percentagem fixa do PNB anual, então, com a economia a crescer 9% ou 10% por ano, o exército terá um significativo aumento orçamentário. Mais uma vez, o Grande Compromisso está funcionando. As forças armadas, visivelmente bem supridas de dinheiro, entraram numa febre de aquisições. Compraram-se da Rússia caças de tecnologia avançada, o Su-27 e o Su-30, assim como submarinos de propulsão diesel-elétrica da classe Kilo e contratorpedeiros da classe *Sovremmeny*, configurados com mísseis de cruzeiro supersônicos antinavio, adquiridos, e de Israel o projeto do caça Lavi. O negócio com os russos será de produção licenciada para os caças, e os projetos israelenses foram usados para produzir o caça nacional J-9 de assento único. O ELP continua a se modernizar com equipamentos de alta tecnologia ocidental.

O ELP também se torna uma poderosa força na Ásia. Teve força suficiente no Politburo para forçar um confronto com os Estados Unidos sobre Taiwan no início de 1996. Nessa crise, Pequim tentava obstruir a eleição popular do líder taiwanês Lee Teng-hui.

Fracassada a tentativa, a China esperava limitar-lhe a margem da vitória e negar-lhe um mandato para prosseguir a política independente de Taiwan. As manobras no Estreito de Taiwan envolveram todas as forças armadas e incluíram o lançamento de mísseis no mar nas proximidades de dois importantes portos taiwaneses. Foi dessa maneira que as forças armadas chinesas anunciaram à Ásia e a Taiwan que tinham capacidade de exercer um bloqueio naval, e o fariam, caso a ilha se declarasse independente. Contudo, temendo o impacto que a manobra teria no crescimento econômico, os chineses, sem intenção de iniciar uma guerra, rapidamente a reduziram e diminuíram o tom da linguagem, assim que o impacto negativo sobre a economia começou a se fazer sentir nos centros litorâneos vitais do sul da China.

Claro, tudo isso não quer dizer que a política chinesa prosseguirá sem percalços. O debate sobre o que é um estado "comunista" e a imagem que a China tem de si nesse contexto ainda precisa de solução, especialmente à luz das mudanças sociais de uma economia em rápida expansão. Mas a solução prática de Deng para manter a coesão nacional enquanto transforma a China em potência mundial deve conservar o país em um rumo estável. A China deverá emergir como usina de força econômica asiática neste limiar do século XXI. Talvez as instruções finais de Deng ao partido acabem se tornando seu legado:

> A política de manter a construção econômica como o elo vital jamais deve ser contestada; a reforma e a política da porta aberta jamais devem ser alteradas. A linha mestra do partido não pode ter mudança nos próximos 100 anos. Precisamos tirar a lição correta da ex-União Soviética e saber lidar com as relações entre partido central e local. Temos de apoiar a chefia do Partido Comunista Chinês. O status do Partido Comunista Chinês de partido governante jamais deve ser contestado. A China não pode adotar um sistema multipartidário (...) A chefia do Partido Comunista Chinês é inabalável (...) Nada se conseguirá, se a autoridade central for enfraquecida.[54]

Epílogo

中

DENG, REABILITADO, VOLTOU À CENA POLÍTICA EM 1978 e trouxe consigo uma agenda – pôr a China na estrada da modernização econômica e, assim, transformá-la numa nação próspera e poderosa pela metade do século XXI. Ele se retirou das funções públicas em 1989, acreditando que todos os segmentos políticos estavam de acordo em que o retrocesso de suas reformas políticas, ocorrido logo após Tiananmen, seria temporário. Em 1991, entretanto, o arcabouço do plano principal de Deng começou a desmoronar, mais uma vez, quando os acontecimentos na União Soviética atingiram proporções críticas. No que o Exército Soviético deixou de apoiar o Partido Comunista da União Soviética, em agosto de 1991, o partido desabou, assim como se esfacelou o comunismo na Rússia e, antes mesmo, nos países satélites. Temendo destino igual, Chen Yun e os conservadores do Partido Comunista Chinês uniram-se outra vez em torno das velhas ideias de um partido forte com um compromisso ainda mais forte com a ideologia. Tal implicava mais retrocesso das políticas econômicas liberais de Deng. Assim, Deng viu-se forçado a retornar à rinha política para salvar seu grande plano.

Com o apoio do Exército de Libertação do Povo, das forças de segurança e dos reformadores remanescentes entre os anciãos, Deng reagrupou os funcionários provinciais num grande esforço a fim de impedir o retrocesso econômico e o retorno às já descartadas e desacreditadas políticas da era Mao. Mas desta vez ele não confiaria em outra gente para a execução de suas políticas. Em vez disso, Deng introduziu alterações institucionais e pessoais, com o propósito de assegurar um apoio de base ampla.

Desde sua volta em 1978, Deng vinha, metodicamente, substituindo a geração dos tempos de Yenan no Comitê Central e no Politburo, a fim de compor cuidadosamente a inevitável sucessão de uma chefia que estivesse de acordo com seus propósitos. Em vez de admitir que assumissem o poder duros do partido que haviam avançado e assumido posições intermediárias na hierarquia do governo, do exército e do próprio partido durante a era revolucionária e os anos imediatamente após 1949, ele procurou, para assumir o poder, um novo tipo de gente, mais instruída e tecnicamente qualificada. Em outras palavras, ele preferia o "instruído" ao "vermelho".

Na época do XIV Congresso do partido, já tivera êxito em transformar o caráter e a atitude do exército, daquele do soldado camponês para o do soldado tecnocrata, e em converter a liderança partidária do grupo fechado da experiência revolucionária em uma coalizão ampla de burocratas e tecnocratas militares e de governo, todos firmemente comprometidos com o socialismo de mercado e com um estado unitário sob o controle do Partido Comunista Chinês. Talvez, o melhor sinal dessa transformação tenha sido a abolição pelo XIV Congresso do último vestígio legal da influência da velha geração, a Comissão Consultiva Central.

Deng também estabeleceu fixamente a política para esses novos chefes, de modo que não se extraviassem sob a pressão de acontecimentos externos ou internos. Ao abrir completamente a China às reformas, durante os últimos meses de 1992, Deng garantiu forte apoio institucional para suas políticas de modernização das províncias, as quais ficaram pesadamente representadas no XIV Comitê Central, também por vontade sua. Assim, a simpatia predominante em qualquer reunião ampliada do partido estaria com os interesses das províncias, e isto implicaria apoio para a reforma e a modernização.

Deng também tomou providências para garantir que o partido

continuasse a ser o incontestável governante da China. Trouxe as forças de segurança pública para um "grupo consultivo" informal de anciãos, formado por veteranos das forças armadas e reformadores econômicos com fundas raízes nas províncias, como Tian Jiyun e Wan Li. Qiao Shi e seus protegidos, representantes da segurança pública e da segurança do estado, ganharam assento no "grupo consultivo", a fim de assegurar que, em futuros incidentes semelhantes a Tiananmen ou em ocasiões onde um distúrbio local fuja ao controle, haja uma resposta coordenada pela Polícia Armada do Povo e pelo Exército de Libertação do Povo.

Os militares veteranos do grupo, inclusive Yang Shangkun, Yang Baibing, Yang Dezhi, Li Desheng, Zhang Zhen e Liu Huaqing, além de outros integrantes da CMC, terão poder supervisor sobre as atividades das forças armadas. Também poderão ocupar cadeiras nas discussões do Politburo, a fim de assegurar que o "Grande Compromisso" seja respeitado por todas as partes. Na verdade, Deng reuniu todas as partes – Exército de Libertação do Povo, segurança pública, funcionários provinciais e chefes centrais – em um corpo de vigilância mútua, e atou o destino de todos ao trabalho de modernização. Assim fazendo, Deng tornou Qiao Shi, Yang Shangkun e Liu Huaqing, e os seus escolhidos sucessores, os árbitros finais das políticas para o futuro imediato.

Olhando-se para trás, é possível dizer que o 3º Pleno do XI Comitê Central, em dezembro de 1978, e o 3º Pleno do XIV Comitê Central, em novembro de 1993, são os "firma-livros" que mantêm em pé os empenhos de Deng Xiaoping pela modernização da China. Foi a visão dele durante aqueles anos que deu ímpeto às políticas econômicas e às mudanças institucionais que serão o seu legado. No começo, Deng advogava uma modernização com um controle mínimo exercido pelo governo central, a fim de romper as algemas do planejamento central que levara a China à entalada de 1978.[1] Por fim, o enfoque ainda era a modernização, mas sob um macrocontrole do centro. Deng havia efetivamente quebrado o domínio dos planejadores centrais que tinham tentado minimizar, sabotar e descarrilar seu socialismo de mercado estilo ocidental durante os anos entre 1978 e 1993. Finalmente, o partido concluiu por uma direção geral de mudança. Ela controlaria a inflação, regularia a emissão de moeda, atacaria a corrupção e orientaria a economia em íntima aliança com os chefes da indústria, em grande semelhança com o modo como a burocracia japonesa orienta a própria economia por intermédio de poderosas organizações estatais como o Ministério da Indústria e do Comércio Internacional, o famoso MITI.

Deng foi o único grande chefe que eficazmente impôs uma visão de uma nova China. Se examinarmos os arquivos referentes ao período entre 1978 e 1994, é visível que outros mais inclinados se mostravam a restaurar o *statu quo ante*, o que significava o retorno a um tempo anterior à época em que Mao impôs suas políticas radicais após o VIII Congresso, em 1956 e, naturalmente, ao tempo de antes de Mao deflagrar sua Revolução Cultural.[2] Deng foi bem explícito na acusação que fez a Mao e às suas políticas. O partido cometera erros:

> A verdade é que, nestes 38 anos desde então (1949), cometemos uma montanha de erros. Nossa meta fudamental – construir o socialismo – é correta, mas ainda estamos tentando compreender o que seja socialismo e de que forma construí-lo. A principal tarefa do socialismo é desenvolver as forças produtivas. (...) Porém nós atuamos muito mal no desenvolvimento das forças produtivas. Isso principalmente porque tivemos pressa demais, adotamos políticas de "esquerda" e o resultado foi que, em vez de acelerar o desenvolvimento das forças produtivas, nós o atrapalhamos. Começamos pelos nossos erros "esquerdistas" no campo da política, em 1957; no campo econômico, esses erros conduziram ao Grande Salto para a Frente de 1958, que redundou em penúria para o povo e estragos imensos na produção. De 1959 a 1961, passamos por tremendas dificuldades – a população não tinha comida, para não mencionar outras coisas. Em 1962, as coisas começaram a melhorar, e a produção gradualmente se restabeleceu no nível anterior.

Epílogo

Mas o pensamento "de esquerda" persistia. Então, em 1966, veio a "revolução cultural" que durou uma década inteira, um verdadeiro desastre para a China. (...) Disseram-nos que deveríamos estar satisfeitos com a pobreza e o atraso, e que era melhor ser pobre em um regime socialista e comunista do que ser rico num regime capitalista. Foi este o tipo de asneira propagada pela Gang dos Quatro. A tese absurda da Gang dos Quatro sobre socialismo e comunismo só gerou pobreza e estagnação.

Nos dois primeiros anos, depois que esmagamos a Gang dos Quatro, nem todos os erros de "esquerda" foram corrigidos. Os anos de 1977 e 1978 foram um período de hesitação na China. Só em dezembro de 1978, quando o XI Comitê Central convocou sua 3ª sessão plenária, foi que começamos a fazer uma análise séria de nossas experiências ao longo dos trinta anos desde a fundação da nova China.[3]

Deng resolveu oferecer uma alternativa à China, e assim ele e seus seguidores

> formulamos uma série de novas políticas, notadamente a política da reforma e a política da abertura, tanto interna como externa. Marcamos uma nova linha mestra que iria mudar o foco de nosso trabalho para a construção econômica, derrubando todos os obstáculos e devotando todas as nossas energias ao avanço da modernização socialista. Para alcançar a modernização, implementar a reforma e fazer a abertura política, precisamos, internamente, de estabilidade política e unidade e, externamente, de um ambiente internacional pacífico. Com isto em mente, firmamos uma política externa que, em essência, cifra-se na oposição ao hegemonismo e na preservação da paz mundial.[4]

Deng estava, claramente, se desligando de Mao e divorciando suas políticas das políticas maoistas. Marxismo estava fora de cogitações; agora, era capitalismo com uma forte dose de controle estatal, capitalismo burocrático. Isso foi batizado de socialismo com características chinesas, mas Deng havia, de fato, se afastado de Mao e de seus ideólogos com o propósito de redefinir a China. No futuro, os teóricos terão de falar sobre marxismo, leninismo, o pensamento de Mao Tse-tung e as teorias de Deng Xiaoping – socialismo pragmático com governo leninista de partido único.[5] No entanto, Deng foi para o túmulo pensando, sem dúvida, que ele, tal qual Mao, meramente refinara o marxismo.

Em conclusão, Deng enxergou o momento certo de agir no desmoronamento da União Soviética; barrado, porém, por seus antigos amigos e colegas, fez um pacto com o Exército de Libertação do Povo para tirar a iniciativa das mãos dos conservadores aliados com Chen Yun.

Deng foi vitorioso, porque ele, como Mao, sempre soube que o êxito do partido devera-se ao Exército de Libertação do Povo. Sem ele, não teriam existido nem o Partido Comunista da China nem a República Popular. Assim, Deng, a partir de seu retorno ao poder em 1978, tratou diligentemente de cuidar do exército e de supri-lo. Por isso, quando ele lhe pediu ajuda, em 1991, em troca de uma participação maior na política e de um plano para modernizar as forças armadas, a resposta dos militares foi rápida. Todos os outros acordos, quer entre as lideranças regionais quer entre os líderes centrais, basearam-se no fato de que Deng controlava o canhão. O que não está claro é até que ponto o Exército de Libertação do Povo será uma força para a modernização e a estabilidade na China e na Ásia.

Enquanto os militares e as facções de segurança pública são os principais atores no "Grande Compromisso", os anciãos são sua argamassa.[6] Eles mantêm íntegro o acordo da sucessão e da transição de gerações. Deng obviamente arriscou em que os anciãos viveriam o tempo suficiente para que a coalizão fosse institucionalizada e capaz de "transferir" seu poder de liderança e influência da facção dos anciãos para os *protegés* mais jovens. Se isso não acontecer, os anos de trânsito serão palco de grandes conflitos entre facções, embora, no fim, o resultado venha a ser o mesmo: o partido, as

Epílogo

forças armadas e as forças de segurança pública constituirão as forças dominantes na sociedade chinesa.

Portanto, com um consenso geral entre as facções do "Grande Compromisso" – o ELP, os funcionários regionais, os anciãos, as forças de segurança pública e os economistas – em relação à necessidade de desenvolvimento econômico e estabilidade, é bem possível que a China passe para uma era pós-Deng com muito pouco da confusão associada às mudanças do passado ocorridas no governo, como em 1912 e 1949.

Isto não indica, porém, que não se travarão batalhas de sucessão. Na realidade, já houve um incidente dessa natureza, quando Jiang Zemin tentou restaurar o cargo de presidente do partido no XV Congresso do partido, em 1997.[7] Seu esforço foi inútil, em parte, porque ele não contava com uma base de poder – e esta havia sido a razão da escolha dele como "candidato do acordo" entre Deng e Chen em 1989 –, mas também porque seu empenho em ressuscitar o cargo de presidente do partido e ganhar mais poder não se ajustava aos interesses das várias facções partidárias, tendo em vista que isso teria resultado em um redesenho do equilíbrio de poder. Mas o ponto é que esse incidente permaneceu um assunto interno do partido. Não haverá mais movimentos de massa, como a Revolução Cultural ou as demonstrações da Praça da Paz Celestial Tiananmen que possam vir a ameaçar a estabilidade.

Da mesma forma, o consenso entre os integrantes da coalizão não exclui a possibilidade de desvios erráticos de rumo para a esquerda ou para a direita.[8] Os problemas crescentes de banditismo, corrupção oficial, desemprego, mão de obra ociosa, invasão do "liberalismo burguês" e do destino das empresas estatais têm potencial para causar fissuras significativas e realinhamentos entre todas as facções, inclusive na atual chefia de coalizão.[9] Isto fica evidente na crescente maré de nacionalismo que a China está usando para mobilizar o apoio da população na esteira do declínio do interesse pela ideologia comunista.[10]

Nos anos recentes, a chefia se concentrou na recuperação da

posse de Taiwan. Os linhas-duras do partido e do Exército de Libertação do Povo impuseram a posição de forças com sistemas de mísseis defronte à ilha, e manobras militares nas proximidades do estreito, numa tentativa de coagir e intimidar os taiwaneses, porquanto receiam que Taiwan esteja caminhando rumo à declaração de independência. No entanto, abstiveram-se de partir para uma invasão direta ou um bloqueio militar que resulte num confronto com os Estados Unidos. A este respeito, os reformadores econômicos, liderados por Zhu Rongji, foram bem-sucedidos em seu argumento de que retórica e demonstrações belicosas têm efeito negativo na economia e, portanto, a escalada da crise seria desastrosa. Por isso, o jingoísmo e o tilintar dos sabres nacionalistas foram mantidos dentro de um limite acordado. Contanto que prevaleça o consenso em relação às prioridades nacionais, o nacionalismo estará sob controle, evitando algum erro de cálculo.[11]

Da mesma forma, considerações econômicas prevaleceram em 1999, quando os EUA bombardearam, acidentalmente, a embaixada chinesa em Belgrado durante a operação da OTAN no Kosovo. Na época, a China discutia com os EUA questões relativas aos requisitos preliminares para associação à Organização Mundial de Comércio (OMC). Injuriada com o que via como um ato deliberado, a China interrompeu as negociações e deu início a demonstrações antiamericanas que resultaram na destruição de propriedades americanas na China. (O consulado em Changsha foi incendiado, e a embaixada em Pequim, seriamente danificada.)

Quando, porém, essas demonstrações começaram a sair do controle, o partido lhes pôs um fim. Não podiam permitir que o nacionalismo desenfreado descarrilasse a entrada na OMC, de cujos mercados abertos a China precisa para abastecer o próprio crescimento econômico e modernizar suas indústrias internas. Assim, depois de uma indenização de $32,5 milhões pelos prejuízos, a China moderou sua indignação e retomou as negociações.

Embora esses incidentes mostrem o imperativo econômico em ação, há possibilidade de o nacionalismo minar a pragmática abordagem de longo prazo que Deng pretendeu imprimir às relações internacionais, uma vez que ninguém existe, na liderança atual, com a experiência e a visão dele, e seus protegidos, como Qian Qichen no Ministério do Exterior, têm pouca ou nenhuma voz em qualquer dos organismos com poder de tomar decisões. Dada a crença dele na necessidade de um cenário internacional estável que favoreça o crescimento econômico, pode-se dizer que esta foi uma grande inadvertência da parte de Deng.[12]

Embora Deng houvesse frisado a necessidade de se evitar aliança com uma superpotência contra outra, Li Peng e Jiang Zemin andam a conversar sobre uma "parceria estratégica" com Moscou, a fim de fazer frente ao poderio americano na Ásia. Eles se puseram ao lado da Rússia contra a expansão da OTAN na Europa e em oposição à intenção dos EUA de instalar e ativar mísseis de defesa nacional e de teatros de operações.[13] A parceria evoluiu ao ponto de, em 2001, os dois países firmarem um tratado de amizade com duração de 20 anos, o qual só serve para antagonizar os Estados Unidos.

Quando o ministro da Defesa, Chi Haotian, um linha-dura que, em 1989, comandou a tropa na Tiananmen, visitou os Estados Unidos, em dezembro de 1996, ele disse às plateias americanas que nenhum estudante havia morrido no incidente da Praça da Paz Celestial. Embora estivesse se referindo a relatórios da chefia chinesa que atestavam a ausência de vítimas fatais entre os estudantes no interior do perímetro da praça, a declaração desdenhosa e arrogante de Chi evidentemente enfureceria muitos americanos, inclusive congressistas.[14] Similarmente, os comentários de Chi para o secretário da Defesa William Cohen, durante a visita deste à China em julho de 2000, de que o esforço armamentista litorâneo em frente a Taiwan era uma questão interna e não um assunto que dissesse respeito aos Estados Unidos, mostram o desprezo manifesto que a China tem pela sensibilidade ocidental e indicam a possibilidade de um erro de cálculo por parte dos chineses quanto ao limite até onde podem empurrar os EUA.

Os Estados Unidos, contudo, não estão destituídos de recursos. Ao constatarem a vulnerabilidade da China – sua economia –, os americanos vislumbram uma gama de opções que lhes permitem levar adiante os próprios interesses nacionais. O contínuo crescimento econômico da China se nutre do acesso ao capital e aos mercados estrangeiros, principalmente o mercado americano ou os mercados influenciados pelo mercado americano. Aproximadamente 30% de suas exportações destinam-se exclusivamente aos Estados Unidos. Seria um duro golpe no esforço de modernização da China, se esse comércio fosse interrompido.

Por que, então, deveria a América permitir acesso incondicional aos mercados americanos, ao passo que a China nega o mesmo acesso às empresas dos EUA? Da mesma forma, se a China prosseguir na recusa de restringir a transferência de mísseis e tecnologia nuclear para Irã, Líbia, Coreia do Norte e Paquistão, por que não deveriam os Estados Unidos e seus aliados associar as contínuas atividades de proliferação da China ao acesso que ela possui ao capital e aos mercados ocidentais? Ademais, deveria ser dito claramente aos chineses que qualquer tentativa de reanexação forçada de Taiwan ao continente terá consequências econômicas.

Portanto, embora a transição para uma liderança pós-Deng venha provavelmente a ser um período turbulento nas relações sino-americanas, é obrigação dos Estados Unidos se concentrarem em objetivos de longo prazo, tais como o meio ambiente global, vendas de armamento para regiões sensíveis, proliferação nuclear e estabilidade no sul da Ásia e na península coreana. Os Estados Unidos não devem permitir que qualquer questão política isolada, como a dos direitos humanos, defina as relações sino-americanas. Os Estados Unidos devem localizar e encorajar as facções e políticas que tenham o efeito desejado de longo prazo de melhorar a economia da China, dando suporte à sua estabilidade interna e atraindo-a para a arena política internacional.

Assim, o conhecimento do "Grande Compromisso" criado por Deng e seu imperativo econômico são ferramentas valiosas para analistas e formuladores de políticas na interpretação das estratégias, das prioridades e dos objetivos da China. As relações entre EUA e China não precisam ter mão única, sendo a China a parte eternamente ofendida, a ditar os termos das conversações. Isto não significa que os Estados Unidos devam adotar uma linha dura ou posição antichinesa; em vez disso, devem reconhecer que dispõem de opções a serem utilizadas em troca de uma cooperação maior em temas vitais e de alternativas para a formulação de políticas eficazes, à luz dos interesses nacionais dos Estados Unidos. Esta abordagem, no final, beneficiará a China, a Ásia e o mundo.

中

Notas

I
Reforma e abertura

1. Deng Xiaoping, *Deng Xiaoping Wenxuan*, Obras Seletas de Deng Xiaoping, 1975-1982, vol. 2, Pequim, Xinhua Press, 1983, pp. 130, 142-43. As Quatro Modernizações foram redigidas por Deng Xiaoping e Chou Enlai, e anunciadas por Chou no IV Congresso Nacional do Povo, em janeiro de 1975. Clamavam por modernizações, em ordem de prioridade, nos campos da agricultura, da ciência e tecnologia e da defesa nacional. Entretanto, não seriam implementadas antes do final de 1978, após a morte de Chou e Mao, da deposição da Gangue dos Quatro e do retorno de Deng ao poder. Desde então, Deng tornou-se a força orientadora por trás do programa.
2. Richard C. Thornton, *China: A Political History, 1917-1980*, Westview Press, Boulder, 1982, pp. 411-16, 425-31.
3. *Ibid.*, p. 425.
4. Deng, *Wenxuan*, pp. 119-20.
5. Zeng Jianhui, "The Birth of an Important Decision – A New Step in Opening the Country to the World", *Liaowang*, nº 24, 11 jun. 1984; *Xinhua*, 11 jun 1984, Sistema de Difusão Externa de Informações - China, sigla, FBIS-CHI-84-118, 18 jun 1994, p. K1.
6. Deng Xiaoping, *Fundamental Issues in Present-Day China*, Pequim, Foreign Language Press, 1987, pp. 172, 177.
7. Chen Qimao, "New Approaches in China's Foreign Policy", *Asian Survey*, nº 37, 1993, p. 239.
8. Zhao Xiaowei, "The Threat of a New Arms Race Dominates Asian Geopolitics", *Global Affairs*, verão 1992, p. 29.
9. Deng, *Fundamental Issues*, pp. 99, 116, 178.
10. *Ibid.*, p. 116.
11. Thornton, *China*, pp. 397-98.
12. *Ibid.*

13. *Ibid.*, p. 412.
14. *Ibid.*, p. 411.
15. *Ibid.*, pp. 434-35.
16. *Ibid.*, p. 412.
17. *Ibid.*, p. 429.
18. *Ibid.*, p. 430. Este é apenas um delineamento geral, mas apóia o entendimento do autor de que Deng emergira na condição de líder da facção dominante e incumbida de conduzir a política chinesa.
19. Kenneth Lieberthal, *Governing China, From Revolution Through Reform*, W.W. Norton, New York, 1995, p. 187.
20. *Vide* Parris H. Chang, "Chinese Politics, Deng's Turbulent Quest", *Problems in Communism*, jan.-fev. 1981, pp. 6-8, para a formação de facções; *Vide* também Michael Oksenberg, "China's 13th Party Congress", *Problems in Communism*, nov.-dez. 1987, p. 3, para uma visão da formação de facções de um modo geral; e Thornton, *China*, p. 430, para a formação das facções maiores.
21. *Ibid.*
22. David Shambaugh, *The Making of a Premier*, Westview Press, Boulder, 1984, p. 81.
23. Deng fez referência a uma das regiões da China controladas por comunistas durante a Guerra Revolucionária entre comunistas e nacionalistas, travada de 1937 a 1949.
24. Zeng, "The Birth of an Important Decision", *Xinhua*, 11 jun. 1984, FBIS-CHI-84-118, 18 jun. 1984, pp. K2-3.
25. *Ibid.*
26. *Ibid.*, p. K3.
27. Jan Prybyla, "China's Economic Dynamos", *Current History*, set. 1992, p. 265.
28. Shambaugh, *The Making of a Premier*, pp. 81, 105.
29. "No Change in China's Special Economic Zone Policies", *Wen Wei Po*, 25 abr 1982, p. 1, FBIS-CHI-82-083, 29 abr. 1982, p. W2.
30. "CCP in Hot Pursuit of Economic Criminals, Party Members and Cadres to Make Three Examinations," *Ming Pao*, 25 abr. 1982, p. 6, FBIS-CHI-82-083, 29 abr. 1982, p. W1.
31. Deng, *Wenxuan*, p. 357.
32. *Ibid.*, p. 358.
33. O novo Politburo, composto por colegas reabilitados, apoiaria a política de Deng para reverter a excessiva atenção dada à luta de classes.

Notas

34. Deng, *Fundamental Issues of Present-Day China*, Pequim, Foreign Language Press, 1987, p. 3.
35. *Ibid.*
36. *Ibid.*
37. Thornton, *China*, pp. 418-19.
38. *Ibid.*, pp. 400-07, para uma análise do cenário geopolítico internacional, envolvendo China, União Soviética e Estados Unidos na véspera da normalização das relações entre Pequim e Washington; e pp. 417-22 para uma avaliação da invasão do Vietnã.
39. *Ibid.*, pp. 422-27, para uma discussão sobre o fracasso da abertura para Moscou; *Vide* também Richard C. Thornton, "Chinese-Russian Relations and the Struggle for Hegemony in Northeast Asia", *Problems of Post-Communism* nº 1, jan.-fev. 1995, pp. 29-34.
40. *Vide* Harry Harding, "A Fragile Relationship, The United States and China Since 1972", Washington, D.C., The Brookings Institution, 1992, capítulo 4, para uma revisão do papel de Taiwan nas relações sino-americanas e do Comunicado de agosto de 1982, o qual resolveu o impasse. Para Reagan e as posturas dos EUA, *vide* George P. Shultz, *Turmoil and Triumph*, Charles Scribner's Sons, New York, 1993, pp. 381-85; e Ronald Reagan, *An American Life*, Simon & Schuster, New York, 1990, p. 361.
41. Schultz, *Turmoil and Triumph*, p. 385.
42. Thornton, "Chinese-Russian Relations", p. 30.
43. Mao usara os Estados Unidos para equilibrar Moscou quando foi ameaçado de um ataque nuclear, em 1969. Este incidente levou à abertura com Washington em 1971. Mas ficou evidente, depois de 1973, que os Estados Unidos não mais dariam apoio ao Vietnã do Sul, permitindo que o Vietnã do Norte, um satélite de Moscou, consolidasse o poder político sobre a Indochina; na verdade, desmantelando a política de Pequim de manter a região dividida e cercando a China com vizinhos hostis. Reconhecendo que suas políticas haviam falhado, Mao designou Deng para compor o argumento e a linha de ação a empreender em resposta ao novo cenário geopolítico. Assim, Deng proferiu o célebre discurso dos "Três Mundos" nas Nações Unidas em 1974, a fim de distanciar a China de Washington e tentar uma reconciliação com Moscou.
44. Deng, *Fundamental Issues*, p. 3.
45. Desde a volta de Deng ao poder, em 1978, e a reavaliação do potencial expansionista soviético no fim da década de 1970 e início da década de 1980, o orçamento de defesa diminuiu continuamente de 1979 até que o Massacre de Tiananmen em 1989 e os eventos no Oriente Médio,

em 1991, convenceram Deng e outros de que o orçamento precisava ser aumentado. Para um apanhado geral da distribuição orçamentária durante aqueles anos, *vide* Chong Pin-Lin, "Red Fist, China's Army in Transition", *International Defense Review*, nº 28, fev. 1995, pp. 30-34; Ellis Joffe, "The PLA and the Chinese Economy, The Effect of Involvement", *Survival*, nº 2, verão 1995, pp. 24-43.

46. Zeng, "The Birth of an Important Decision", p. K2.
47. *Ibid.*, p. K4.
48. *Ibid.*
49. *Ibid.*, pp. K4-6.
50. *Ibid.*, pp. 81, 105.
51. Steven Mufson, "China's Global Grain of Difference", *Washington Post*, 9 fev. 1996, pp. A1, A31.
52. "Communiqué of the Third Plenary Session of the 12th Central Committee of the Chinese Communist Party", *Xinhua*, 20 out. 1984, FBIS--CHI-084-205, 22 out. 1984, p. K1.
53. *Ibid.*, p. K15.
54. Nicholas R. Lardy, "Chinese Foreign Trade", *China Quarterly*, nº 131, set. 1992, p. 715.
55. Deng, *Fundamental Issues*, p. 118.
56. Lardy, "Chinese Foreign Trade", p. 694.
57. Deng, p. 142.
58. William H. Overholt, "China After Deng", *Foreign Affairs*, nº 3, maio--jun. 1996, p. 72.
59. *Ibid.*; Lieberthal, *Governing China*, p. 274.
60. Deng, *Fundamental Issues*, p. 142.
61. *Ibid.*, pp. 145-53, para uma discussão geral dos problemas.
62. *Ibid.*, pp. 113-15.
63. Ruan Ming, *Deng Xiaoping*, pp. 56-57.
64. *Ibid.*, pp. 154-55.
65. Richard C. Thornton, "Deng's 'Middle Kingdom' Strategy", in George Hicks, ed., *The Broken Mirror, China After Tiananmen*, St. James Press, Chicago, 1990, pp. 390-91.
66. *Vide* Harding, "A Fragile Relationship", pp. 364-66, para dados e índices referentes ao crescimento do comércio sino-americano.
67. Thornton, "Deng's 'Middle Kingdom' Strategy", pp. 392-96. *Vide* os capítulos sobre estratégias de normalização de relações nas atitudes dos

Notas

EUA e da China nas obras de Thornton, *China*, e de Harding, *A Fragile Relationship*, para a discussão ampla sobre as forças políticas por trás das ações chinesas, soviéticas e americanas na Ásia em geral, e em relação à China, em particular.

68. *Vide* Ramesh Thakur e Carlyle A. Thayer, eds., "The Soviet Union as an Asian Power", Westview Press, Boulder, 1987, pp. 201-27, para conhecimento do texto do discurso de Gorbachev. *Vide* Richard C. Thornton, *The Grand Strategy Behind Renewed Sino-Soviet Relations and Detente II–SALT III, American Dream or Nightmare?*, Washington, Institute for Sino-Soviet Studies, Reprint Series, n° 120, para a discussão da estratégia soviética em relação à normalização das relações com a China.
69. Richard Nixon, *In The Arena*, Simon and Schuster, New York, 1990, p. 58.
70. *Ibid.*, p. 59.
71. *Ibid.*
72. *Ibid.*, pp. 59-60.
73. *Ibid.*, p. 60.
74. *Ibid.*
75. *Ibid.*
76. Thornton, "Deng's 'Middle Kingdom' Strategy", p. 394.
77. *Ibid.*, pp. 161-73.
78. *Ibid.*, pp. 171-72.
79. Wu Wenmin, "Xing ban jingji te chu zheng zhi bu hui shou su yao ba te chu ban de gen kui xie geng hao xie" [*Administrar com maior eficácia as zonas econômicas especiais; não permitir que práticas nocivas se desenvolvam*], *Renmin Ribao*, 7 fev. 1987, p. 1.
80. Deng, *Fundamental Issues*, p. 196.
81. "Zhongguo Gongchan Dang De Shi San Zi Quan Guo Dai Biao Da Hui Kai Mu", Abertura do XIII Congresso do Partido Comunista, *Renmin Ribao*, 26 out. 1987, p. 1.
82. *Ibid.*
83. Oksenberg, "China's 13th Party Congress", pp. 4-5.
84. *Ibid.*, p. 14.
85. A. Doak Barnett, *The Making of Foreign Policy in China*, Westview Press, Boulder, 1985, pp. 10-11.
86. Esta formação do Politburo é a tentativa do autor de mostrar a composição das facções, e incluiu muitos aliados de Deng na facção dele, uma vez que, presumivelmente, mereciam confiança em termos de apoio.

87. Li Yunqi, "China's Inflation", *Asian Survey,* nº 7, jul. 1989, p. 665.
88. CIA, Central Intelligence Agency dos EUA, *The Chinese Economy in 1989 and 1990, Trying to Revive Growth While Maintaining Social Stability,* Washington, D.C., Central Intelligence Agency, 1990, p. 17; Lardy, "Chinese Foreign Trade", pp. 715-17.
89. Andrew G. Walder and Xianxia Gong, "Workers in the Tiananmen Protests, The Politics of the Pequim Workers' Autonomous Federation", *Australian Journal of Chinese Affairs,* nº 29, jan. 1993, p. 2.
90. *Ibid.*
91. *Ibid.*
92. Ruan Ming, *Deng Xiaoping, Chronicle of an Empire,* Westview Press, Boulder, 1994, pp. 205-10. Esta foi também uma investida de Wang Zhen contra Zhao, numa reunião de Deng com os decanos do Partido na casa de Deng, durante o auge da crise, em 21 de maio. *Vide* Zhang Liang, compil., Andrew J. Nathan e Perry Link, eds., *The Tiananmen Papers,* Public Affairs, New York, 2001, pp. 258-59.
93. "Deng Xiaoping Nanxun Jiang Huo De Er Hao Wen Jian 'Wan Wen'". O texto completo do documento nº 2 sobre os comentários de Deng durante a viagem ao sul, *Cheng Ming,* 1º abr. 1992, pp. 23-27.
94. Steven Mufson, "A Tiananmen Symbol", *Washington Post,* 3 jun. 1995, p. A18. Para uma versão do testemunho de Zhao, conforme registrado nos documentos em *The Tiananmen Papers,* recentemente liberados, que, embora fiéis aos sentimentos de Zhao, citados na época, apresentam algumas discrepâncias na tradução. *Vide* Zhang, Nathan, e Link, *The Tiananmen Papers,* p. 442.
95. CIA, *The Chinese Economy in 1989 and 1990,* p. 1; Thornton, "Deng's 'Middle Kingdom' Strategy", p. 395.
96. Zhang, *The Tiananmen Papers,* p. 26.
97. CIA, *The Chinese Economy in 1989 and 1990,* pp. 1-2.
98. Mufson, "A Tiananmen Symbol", p. A18.
99. Zhang, *The Tiananmen Papers,* pp. 256-64.
100. "Communiqué of the Fourth Plenary Session of the 13th CCP Central Committee", FBIS-CHI-121-89, 26 jun. 1989, p. 15; para uma discussão sobre os ataques contra Zhao, sem lhe citar o nome, *vide* "Zhuan da Deng Xiaoping tong zhi de zhong yao jiang hua jiang diao ba si xiang tong yi dao jiang hua shang lai" [*Transmissão dos importantes ensinamentos do camarada Deng Xiaoping sobre a ênfase no pensamento que nos une*], *Renmin Ribao,* 14 jun. 1989, p. 1. A reunião também é comentada nos documentos incluídos no livro recentemente publicado que reúne os

papéis referentes às discussões da alta liderança, a obra de Zhang Liang et al., *The Tiananmen Papers*. O livro *The Tiananmen Papers*, além dos documentos oficiais que registram as reuniões partidárias, contém as atas das discussões informais das lideranças sobre a melhor maneira de lidar com os insurgentes. Essas atas informais, memorandos *ex post facto* a respeito do que se dissera nas reuniões, apresentam um retrato vivo de uma liderança unida em torno do esforço de evitar a recorrência da violência generalizada que caracterizou a Revolução Cultural, embora a autenticidade desses documentos apresente algum problema.
101. Jim Hoagland, "Senior Chinese Official Who Fled Emerges from Hiding," *Washington Post*, 4 set. 1989, p. A1.
102. *Ibid.*, pp. 324, 420-32.

2

Perdendo o controle

1. *Vide* Robert Delfs, "Power to the Party", *Far Eastern Economic Review*, 7 dez. 1989, pp. 23-25; Louise de Rosario, "Quick Step Back", *Far Eastern Economic Review*, 19 out. 1989, pp. 47-48; CIA, *The Chinese Economy in 1989 and 1990, Trying to Revive Growth While Maintaining Social Stability*; e David L. Shambaugh, "The Fourth and Fifth Plenary Sessions", *China Quarterly*, nº118, dez. 1989, pp. 860-61, uma discussão das medidas adotadas no campo econômico para inverter o rumo e o ritmo do liberalismo de Deng e Zhao.
2. De Rosario, "Quick Step Back", p. 47.
3. *Ibid.*
4. Louise de Rosario, "Three Years' Hard Labor", *Far Eastern Economic Review*, 30 nov. 1989, p. 68.
5. De Rosario, "Quick Step Back," p. 48.
6. Shambaugh, "The Fourth and Fifth Plenary Sessions of the 13th CCP Central Committee".
7. Deng Maomao, *Deng Xiaoping: My Father*, Basic Books, New York, 1995, p. 470.
8. CIA, *The Chinese Economy in 1991 and 1992: Pressure to Revisit Reform Mounts*, Washington, D.C., 1992, p. 3.
9. De Rosario, "'Three Years' Hard Labor", p. 69.
10. *Vide* Tai Ming Cheung, "Policy in Paralysis", *Far Eastern Economic Review*, 10 jan. 1991, pp. 10-11; e K.C. Yeh, "Macroeconomic Issues in

China in the 1990s", *China Quarterly*, nº 132, dez. 1992, pp. 542-44 para uma interessante análise do efeito dos novos programas; *vide* "Zhong gong zhong yang guan yu zhi ding guo min jing ji he she hui fa zhen shi nian guai hua he 'ba wu' ji hua de jian ji" [*Propostas do comitê central do partido comunista chinês para o programa decenal de desenvolvimento e o VIII plano qüinqüenal*], *Renmin Ribao*, 29 jan. 1991, pp. 1-4, para a transcrição dos documentos.

11. K.C. Yeh, "Macroeconomic Issues", p. 543.
12. Tai Ming Cheung, "Policy in Paralysis", p. 10.
13. Os membros do Politburo propensos a apoiar Deng, mas que não integravam o Comitê Permanente e, portanto, não podiam controlar a pauta, incluíam Tian Jiyun, Wu Xueqian, Li Tieying, Wan Li, Li Ximing, Yang Shangkun, Qin Jiwei e Ding Guangen.
14. *Ibid.*
15. Lena H. Sun, "Moderate to Become Chinese Vice Premier", *Washington Post*, 3 abr. 1991, p. A20.
16. "Commentator Huangfu Ping's Identity Viewed", *Ta Kung Pao*, 7 out 1992, p. 14, FBIS-CHI-92-201, 16 out. 1992, p. 19.
17. Huangfu Ping, "New Lines of Thought Needed in Reform and Opening," *Jiefang Ribao*, 2 mar. 1991, p. 1, FBIS-CHI-91-047, 11 mar. 1991, p. 64.
18. "Commentator Huangfu Ping's Identity Viewed", *Ta Kung Pao*, 7 out. 1992, p. 14, FBIS-CHI-92-201, 16 out 1992, pp. 18-21; Zhao Suisheng, "Deng Xiaoping's Southern Tour", *Asian Survey*, nº 8, ago. 1993, p. 749. Para uma discussão da participação de Deng Xiaoping e da filha dele, Deng Nan, na direção dos artigos de "Huangfu Ping", *Vide* He Bin e Gao Xin, *Zhong Gong "Tai Zi Dang"* [*The Communist Party's Princely Party*], Taipei, Shi Bao Wen Huo, 1992, pp. 74-78.
19. "Commentator Huangfu Ping's Identity Viewed", *Ta Kung Pao*, p. 18.
20. *Ibid.* pp. 18-21.
21. "Grasp the Key Points in the Crucial Period – On Investigating State-Owned Large and Medium-sized Enterprises", *Jiefang Ribao*, 8 fev. 1991, p. 1, FBIS-CHI-91-034, 20 fev. 1991, p. 49.
22. *Ibid.*
23. *Ibid.*
24. *Ibid.*
25. Ping Huangfu, "Reform and Opening Requires a Large Number of Cadres With Both Morals and Talent", *Jiefang Ribao*, 12 abr. 1991, p. 1, FBIS-CHI-91-074, 17 abr. 1991, p. 61.

26. *Ibid.*
27. *Ibid.*, p. 62.
28. *Ibid.*, pp. 61-62.
29. Wei Yung-cheng, "Reveal the Mystery of Huangfu Ping", *Ta Kung Pao*, 8 out. 1992, p. 14, FBIS-CHI-92-201, 16 out. 1992, p. 21.
30. Zhao Susheng, "Deng Xiaoping's Southern Tour", p. 749.
31. Sun, "Moderate to Become Chinese Vice Premier"; Lincoln Kaye, "Avoid-ing the Issues", *Far Eastern Economic Review*, 12 dez. 1991, p. 12.
32. Shambaugh, *The Making of a Premier*, pp. 115-16.
33. Tai Ming Cheung, "Marking Time", *Far Eastern Economic Review*, 8 ago. 1991, p. 25.
34. "NPC: Stability and Development", *China News Analysis*, 1.433-1, 1991, p. 3.
35. Tai Ming Cheung, "The Last Post", *Far Eastern Economic Review*, 23 nov. 1989, p. 10.
36. Shambaugh, "The Fourth and Fifth Plenary Session", pp. 854-57.
37. Wei Yung-cheng, "Reveal the Mystery of Huangfu Ping", FBIS--CHI-92-201, 16 out. 1992, p. 21.
38. Liu Pi, "Evil Wind of Praising Chen, Speaking Ill of Deng, Criticizing Zhao Prevails in Pequim, Difficulties in Implementing Deng Xiaoping's Three Policy Decisions", *Ching Pao*, out. 1991, pp. 26-28, FBIS--CHI-91-198, 11 out. 1991, p. 15.
39. Lincoln Kaye, "Bitter Medicine", *Far Eastern Economic Review*, 5 set. 1991, p. 10.
40. "Jiang Zemin di da su lian jin xing zheng zhi fang wen" [*Jiang Zemin Chega à União Soviética para uma Visita Oficial*], *Renmin Ribao*, 16 maio 1991, p. 1.
41. *Ibid.*
42. *Ibid.*
43. *Vide Renmin Ribao*, 16 maio 1991, p. 1, e 17 maio 1991, p. 8, para acesso ao relato da viagem de Jiang, discursos oficiais e comentários nos noticiários.
44. Jiang Zemin, "Building Socialism the Chinese Way", *Beijing Review*, 8-14 jul. 1991, pp. 15-32.
45. "Sulian zhengbian chendiao Beijing" [*Deposição do governo soviético estremece Pequim*], *Pai Hsing*, 1º out. 1991, pp. 3-4.
46. Jiang Zemin, "Building Socialism", p. 22.
47. *Ibid.*, p. 23.

48. *Ibid.*; Liu Pi, "Evil Wind", p. 15.
49. "Sulian Zhengbian", *Pai Hsing*, 1º out. 1991, pp. 3-4.
50. Para entender essas campanhas anteriores e as razões que levaram os chineses a temerem o início de outra campanha em massa, *vide* Thornton, *China: A Political History, 1917-1980*, especialmente os capítulos XI e XII; e Maurice Meisner, *The Deng Xiaoping Era*, Hill and Wang, New York, 1996, pp. 39-41, 48-55.
51. Jiang Zemin, "Building Socialism", p. 25.
52. *Ibid.*, p. 26.
53. *Ibid.*
54. *Ibid.*
55. "Sulian Zhengbian", p. 3.
56. A campanha contra a liberalização burguesa nada tinha de novo; houvera campanhas anteriores, com autorização de Deng, quando não interferiam em suas reformas econômicas. Para uma excelente discussão das campanhas ideológicas durante o mandato de Deng, *vide* Merle Goldman, *Sowing the Seeds of Democracy In China*, Harvard University Press; Cambridge, 1994, especialmente capítulos 3, 4, 5 e 8.
57. Lu Yu-sha, "Deng Xiaoping jiu erwu jianghuo fadong gaige er gongshi", discurso de Deng, proferido em 25 de setembro, lança a Segunda Onda da Reforma, Tangtai, 15 jan. 1992, p. 35.
58. "Sulian Zhengbian", p. 3.
59. *Ibid.*
60. He Po-shih, "Sulian bianzheng, zhonggong dui nei ru he shuo?" [*O que diz internamente o Partido Comunista Chinês na esteira da mudança de situação ocorrida na União Soviética?*], *Tangtai*, nº 10, jan. 1992, p. 43.
61. Liu, "Evil Wind".
62. He, "What Does the CCP Say", p. 42.
63. *Ibid.*, pp. 44-45.
64. *Ibid.*
65. *Ibid.* pp. 43-44.
66. Liu, "Evil Wind", p. 16.
67. Gao Di, "Problems Posed by the Soviet Situation", *China Quarterly*, nº 130, jun. 1992, pp. 482-91. Gao foi um ideólogo linha-dura, nomeado para a vice-presidência da Escola do Partido em 1988. Em 1989, ele assumiu o controle do *Diário do Povo* como parte de uma reação conservadora ao incidente de Tiananmen. Impôs as políticas de Deng Liqun, a fim de suprimir a dissensão dos intelectuais.

Notas

68. *Ibid.*, pp. 482-83.
69. *Ibid.*, pp. 487-89.
70. *Ibid.* p. 490.
71. Liu, "Evil Wind", p. 16. Membros do partido recordariam que o caos e o sofrimento difundidos em conseqüência da Revolução Cultural tiveram início no grupo principal formado por Mao para liderar o ataque contra o partido em 1967.
72. Liu, "Evil Wind", pp. 14-16.
73. Chen Yeping, "De sai jian ye yi de wei shu" [*Sede tão politicamente íntegros quanto hábeis, com ênfase na habilidade política*; sobre os critérios para a seleção de quadros], *Renmin Ribao*, 1º set. 1991, p. 5.
74. "Sulian Zhengbian", pp. 3-4.
75. Chi Ma, "Fan he ping yan bian gao de cao mu jie bing jiang ju Deng Xiaoping ming pao zhong xuan bu" [*Instruído por Deng Xiaoping, Jiang Zemin critica ferozmente o departamento central de propaganda por causa da extrema inquietação em se oporem à transição pacífica*], *Ming Bao*, 8 out. 1991, p. 2.
76. Lo Ping, "Wang Meng shi jain yu He Jingzhi xin zheng shi" [*A hora de Wang Meng e a nova ofensiva de He Jingzhi*], *Cheng Ming*, nº 170, 1º dez. 1991, pp. 18-21.
77. Chung Hsiao, "Li Ruihuan Goes to Shanghai to Promote Reform Vigorously as Deng, Jiang, and Zhu Hit by Sniper's Shot", *Cheng Ming*, nº 173, 5 dez. 1991, pp. 18-20, FBIS-CHI-91-234, 5 dez. 1991, p. 19.
78. *Ibid.*
79. Zhao, "Deng Xiaoping's Southern Tour", p. 743.
80. He Po-shih, "Ba zhong chuanhui qianxi Wang Zhen dangmian da ma Deng Xiaoping, Deng Xiaoping yuan chengdan 'Liu Si' ze ren, Yang Shangkun biaotai wan jun ting Jiang Zemin" [*Wang Zhen censura Deng Xiaoping na véspera do 8º Pleno, quando Deng se mostra disposto a assumir responsabilidade pelo "4 de junho," e Yang Shangkun apóia ostensivamente o rumo do trabalho que Jiang Zemin desenvolve no Exército*], *Tangtai*, 15 dez. 1991, p. 16.
81. Lu Yu-sha, "Deng Xiaoping's '25 September' Speech", *Tangtai*, jan. 1992, pp. 35-37.
82. *Ibid.*
83. "Evolution Toward Multipolar Global Pattern Seen", Joint Publications Research Service, 27 set. 1991, pp. 2-3.
84. *Ibid.*

85. Chi Ma, "Instructed by Deng Xiaoping, Jiang Zemin Bombards Central Propaganda Department for Being in State of Extreme Nervousness in Opposing Peaceful Evolution", *Ming Pao*, 8 out 1991, p. 2.
86. *Ibid.*
87. Lo Ping e Li Tzuching, "Jie Mi Wen Jian Zhong De Bu Wen Di Chu" [*Regiões instáveis arroladas em documento de alto sigilo*], *Cheng Ming*, 1º jan. 1992, pp. 8-9.
88. Guan Chuan, "Nung Cun Heping Yanbian Chongji Shejiao" [*A transição pacífica em áreas rurais impede o Movimento Educativo Socialista*], *Cheng Ming*, 1º jan. 1991, pp. 24-25.
89. "Realities To Be Faced in China in the Wake of the Dramatic Changes in the USSR and Strategic Choices", *Zhongquo Qingnian Bao*, 1º set. 1991, FBIS-CHI-92-050-A, 13 mar. 1992, p. 8.
90. Cheng Ying, "CCP's Internal Propaganda Outline in Perspective", *Chiu-shih Nientai*, 1º set. 1991, pp. 34-35, FBIS-CHI-91-177, 12 set. 1991, pp. 29-31.
91. Guan Chuan, "Nung Cun", pp. 24-25; Lo Ping, "Ji Mi," p. 9.
92. Li Ming, "Deng Says That Failure to Boost Economy Will Lead to Collapse of Communist Party", *Ching Pao*, 5 dez. 1991, p. 34, FBIS-CHI-91-237, 10 dez. 1991, p. 24.
93. *Ibid.*
94. *Ibid.*
95. *Ibid.*
96. *Ibid.*
97. Lin Painiao, "Zhong Gong Xin Xing Dui Mei Zheng Ce" [*O Partido Comunista Chinês formula nova política em relação aos EUA*], *Cheng Ming*, 1º dez. 1991, pp. 17-19.
98. *Ibid.*
99. *Ibid.*
100. *Ibid.*
101. *Ibid.*
102. Liu Ying, "Deng Personally Decided on Tactics for Talks with Baker", *Ching Pao*, Hong Kong, 5 dez. 1991, pp. 30-31, FBIS-CHI-91-237, 10 dez. 1991, p. 6.
103. Lin Painiao, "Zhong Gong", pp. 8-9.
104. Lena H. Sun, "Baker Says Gains Made with China", *Washington Post*, 18 nov. 1991, p. A1.

Notas

105. Lo Ping and Li Tzuching, "Deng Chen liang pai jiao feng yu ba zhong chuan hui" [*Duelo entre as facções de Deng e Chen e a 8ª Sessão Plenária*], *Cheng Ming*, 1º dez. 1991, pp. 6-8.
106. FBIS-CHI-91-234, 5 dez. 1991, p. 20; O *Renmin Ribao* fez um relato da conferência, mas só uma referência ao discurso de Deng. Vide "Fa zhan dang de shi ye yao xie xi dang shi dang jian li lun" [*Estudo da teoria da estruturação do partido*], *Renmin Ribao*, 21 nov. 1991, p. 8.
107. Li Peng, "Guan yu dang qian jing ji xing kuan he jin yi bu gao hao guo ying da zhong xing qi ye de wen ti" [*A atual situação econômica e a questão do aprimoramento das empresas estatais de grande e médio porte*], *Renmin Ribao*, 11 out. 1991, p. 1.
108. *Ibid.*
109. *Ibid.*
110. "Ba shen zhen te chu jian she de geng hao" [*Intensificar o empenho para o desenvolvimento de zonas econômicas especiais*], *Renmin Ribao*, 6 dez. 1991, p. 1.
111. *Ibid.*
112. *Ibid.*
113. "Nu li kai qiang nung ye he nung cun gong zuo xin ju huo" [*Trabalhar com afinco para criar uma nova situação para a agricultura e as atividades rurais*], *Renmin Ribao*, 30 nov. 1991, p. 1.
114. "Zhong gong shi san jie zhong gong wei yuan hui jian kai quan hui" [*Comunicado da 8ª Sessão Plenária do XIII Comitê Central do Partido Comunista Chinês*], *Renmin Ribao*, 30 nov. 1991, p. 1.
115. *Ibid.*
116. *Ibid.*
117. Li Renzhu, "Da li jia qiang ge ji ling dao ban zi jian she" [*Principais linhas da organização do Partido Comunista Chinês para o exercício de 1992*], *Renmin Ribao*, 10 dez. 1991, p. 1.
118. *Ibid.*
119. Tsen Shan, "Kuanglung kai ming pai de fan chi xuan" [*Desânimo do ataque frenético contra o Grupo dos Esclarecidos*], *Cheng Ming*, 1º fev. 1992, pp. 16-17.
120. Lo Ping, "Wang Meng shi jian yu He Jingzhi xin zheng shi" [*A hora de Wang Meng e a nova ofensiva de He Jingzhi*], *Cheng Ming*, 1º dez. 1991, pp. 11-13.
121. *Ibid.*, p. 20.
122. Geoffrey Crothall, "Deng, Chen Yun 'Plotting' Strategy in Shanghai",

South China Morning Post, 19 dez. 1991, p. 14, FBIS-CHI-91-244, 19 dez. 1991, p. 18.

3
Reação

1. "CCP To Set Directives on Personnel Changes", *Kyodo*, 3 dez. 1991, FBIS-CHI-91-232, 3 dez. 1991, p. 32. Willy Wo-lap Lam, "PLA Prepares for 'High-Level' Personnel Changes", *South China Morning Post*, 10 dez. 1991, p. 10, no qual se lê que a reunião começou em 2 de dezembro; Tang Chia-liang, "Zhonggong junwei guangda huiyi mi liang renshi biange jianxiao yezhang jun, qi ta jun chu bu biandong" [*A Comissão Militar se reúne em segredo numa sessão ampliada para discutir cortes em pessoal, redução nos Corpos de Exército, sem alterações em sete das regiões militares*], *Kuang Chiao Ching*, 16 maio 1992, pp. 12-16.
2. Tang Chia-liang, "Central Military Commission Enlarged Meeting Secretly Discusses Personnel Changes", *Kuang Chiao Ching*, 16 maio 1992, pp. 12-13.
3. Para uma discussão sobre as vendas internacionais de armamento do exército, *vide* Eric Hyer, "China's Arms Merchants, Profits in Command", *China Quarterly*, nº 132, dez. 1992, pp. 1101-18.
4. *Ibid.*
5. People's Radio Network, 17 dez. 1991, FBIS-CHI-91-243, 18 dez 1991, p. 41
6. "Chief of General Staff Calls for Modernization," *Agence France-Presse*, 17 dez 1991, FBIS-CHI-91-243, 18 dez 1991, p. 41
7. *Ibid.*
8. "Deng Calls for Maintaining Powerful Army," *Agence France-Presse*, 20 dez 1991, FBIS-CHI-91-245, 20 dez 1991, p. 20
9. *Ibid.*
10. Li Tzu-ching, "Deng xunshi wu sheng shi fan ji Chen Yun" [*Deng Xiaoping em viagem de inspeção por cinco províncias; reação contra Chen Yun*], *Cheng Ming*, 1º fev. 1992, pp. 9-12.
11. *Ibid.*, p. 10.
12. *Ibid.*
13. *Ibid.*, p. 11.
14. Liu Donggeng, "Jiao ta shi di, zhen zhuo shi gan, li shi xing shi zhu yi" [*Enquanto inspeciona tropas sediadas em Jiangsu, Jiang Zemin exorta todo*

o Exército a dar apoio aos princípios da estruturação do Exército por meio de trabalho árduo, de parcimônia e com ênfase em resultados práticos], *Jiefang Junbao*, 26 jan 1992, pp. 1, 4

15. Lu Tai, "Yang Shangkun dao xinjiang buzhi fang tubian" [*Yang Shangkun inspeciona Xinjiang, toma providências para evitar mudanças súbitas*], *Cheng Ming*, 1º fev. 1992, pp. 27-28.
16. *Ibid.*
17. Li Tzu-ching, "Deng Xunshi," *Cheng Ming*, 1º fev. 1992, pp. 9-12.
18. *Ibid.*
19. Wang Yihua, "Jun dui sheng chan jing ying wen si liu" [*O que se vê quanto às atividades econômicas e de produção da tropa e ideias resultantes*], *Jiefang Junbao*, 12 dez. 1991, p. 2.
20. *Ibid.*
21. "Zhuan jun she hui zhu yi xin nian jiao yu chu de chen ji" [*O exército se concentra na educação socialista*], *Renmin Ribao*, 5 dez. 1991, p. 7; "Gai ge kai fang shi tui jin bu dui jian she de jiang da dong li" [*Espera-se que reforma e abertura propiciem a estruturação do exército*], *Jiefang Junbao*, 20 nov. 1991, p. 3.
22. *Ibid.*, p. 3.
23. Lei Feng foi o herói da campanha do partido de educação socialista lançada nos anos 1960. Militar, ele morreu num acidente; o diário dele registra sua devoção por Mao e pelo partido. Na década de 1990, sua imagem foi repaginada, de acordo com as exigências da era eletrônica.
24. *Ibid.*, p. 7.
25. *Ibid.*
26. Geoffrey Crothall, "Deng, Chen Yun 'Plotting' Strategy in Shanghai", *South China Morning Post*, 19 dez. 1991, p. 14, FBIS-CHI-91-244, 19 dez. 1991, p. 18; *Lien Ho Pao*, 10 maio 1992, p. 2, FBIS-CHI-92-091, 11 maio 1992, p. 16.
27. Chou Tieh, "Zhong ceng wei lian ming cu qu xiao jing ji te chu" [*Alguns membros da Comissão Consultiva Central submetem um requerimento ao Comitê Central, pedindo a abolição das zonas econômicas especiais*], *Ming Pao*, 6 mar. 1992, p. 2.
28. Hsia Yu-hung, "Deng Xiaoping Says Army Must Serve as Guarantee for Reform and Opening Up," *Lien Ho Pao*, 10 maio 1992, p. 2, FBIS--CHI-92-091, 11 maio 1992, p. 16.
29. "Deng Xiaoping tan Guangdong cheng lung tou yao qi hao cuo yong" [*Deng Xiaoping vai a Zhuhai e diz que a economia de Guangdong deveria ter um papel de liderança no desenvolvimento econômico da China*], *Ta*

Kung Pao, 26 jan. 1992, p. 1.

30. Wen Li, "Instill Sense of Urgency on Reform and Opening Up," *Wen Wei Po*, 28 jan. 1992, p. 2, FBIS-CHI-92-018, 28 jan. 1992, p. 22.
31. *Ibid.* Lei Zhonyu, "Geng Fang Kuan Xie Geng Da Dan Xie" [*Abertura mais ampla e mais rápida*], *Renmin Ribao*, 26 jan. 1992, p. 1.
32. *Ibid.* p. 1; Lei Zhongyu, "Yang Shangkun dao cha Zhu Hai Shen Zhen" [*Yang Shangkun inspeciona Zhuhai e Shenzhen*], *Renmin Ribao*, 2 fev. 1992, p. 1.
33. *Ibid.*
34. *Ibid.*
35. *Ibid.*
36. Pang Xiecheng, "Jiang Zemin hui lai Shanghai" [*Jiang Zemin retorna a Shanghai*], *Renmin Ribao*, 26 jan. 1992, p. 1; Ying Yi, "Jiang Zemin Recently Returns to Shanghai to Encourage Local Officials", *Ming Pao*, 30 jan. 1992, p. 8, FBIS-CHI-92-20, 30 jan. 1992, p. 21.
37. "Tian Jiyun In Hainan; Notes Urgency of Opening", *Xinhua*, 28 jan. 1992, FBIS-CHI-92-018, 28 jan. 1992, p. 27.
38. Cary Huang, "Bo Yibo Supports Shenzhen Price Reform Program", *Standard*, 24 jan. 1992, p. A6, FBIS-CHI-92-016, 24 jan. 1992, p. 15.
39. Wu Duanze, "Gaige kaifang bi xu jia qiang zheng fa gongzi" [*Intensificar o empenho jurídico em apoio à reforma e à abertura*], *Renmin Ribao*, 29 jan. 1992, p. 8.
40. *Ibid.*
41. Lu Yu-shan, "Deng Xiaoping yi jun gan gaige" [*Deng Xiaoping usa o Exército, em vez do Partido, para promover a reforma*], *Tangtai*, 15 maio 1992, pp. 19-20; Lin Wu, "Zhu Hai Yuan Lin jun wei huiyi neiqing" [*Informações de analistas do setor de Inteligência sobre a reunião em Zhuhai de Yuan Lin com a CMC*], *Cheng Ming*, 1º mar. 1992, pp. 15-16, 89; Tang Hsio-chao, "Jiang Zemin shi lung nei mu" [*Versão interna sobre a perda de prestígio de Jiang Zemin*], *Kai Fang*, 18 mar. 1992, pp. 16-17.
42. *Ibid.*
43. Yang Baibing, "Zhun dui yao wei gaige kaifang 'bao jia hu hang'" [*Exército será a "escolta" da reforma, abertura*], *Renmin Ribao*, 24 mar. 1992, p. 2.
44. *Ibid.*
45. Luo Yuwen, "More on Yang's Remarks", *Xinhua*, 23 mar. 1992, FBIS--CHI-92-057, 24 mar. 1992, p. 15.
46. Willy Wo-lop Lam, "Jiang, 'Shanghai Faction' Expanding Influence", *South China Morning Post*, 2 jan. 1992, p. 10, FBIS-CHI-92-001, 2 jan.

1992, pp. 25-26.

47. Chen Chieh-hung, "Deng Xiaoping Puts Forward the 'Eight Shoulds,' Says 'Three Kinds of People' Must Step Down", *Ching Pao*, 5 mar. 1992, pp. 45-46, FBIS-CHI-92-045, 6 mar. 1992, pp. 14-16.
48. *Ibid.*, p. 15.
49. *Ibid.*
50. *Ibid.*
51. Lo Ping, "Chen Yun xiang Deng de xin tiao zhan" [*Resposta de Chen Yun à nova contestação de Deng*], *Cheng Ming*, 1º fev. 1992, pp. 6-8.
52. *Ibid.*, p. 31.
53. *Ibid.*
54. *Ibid.*
55. *Ibid.*
56. *Ibid.*, p. 27.
57. *Ibid.*
58. *Ibid.*, p. 28.
59. Lo Ping, "Liang jutou Shanghai jiao feng ji" [*Ata da reunião de Shanghai entre os dois líderes*], *Cheng Ming*, 1º mar. 1992, pp. 6-11.
60. Tan Xiancai, "Qiao Shi Inspects Guangxi", *Xinhua*, 6 fev. 1992, FBIS--CHI-92-028, 11 fev 1992, p. 21; Lu Tai, "Yang Shangkun", pp. 27-28; Lu Donggeng, "Jiao ta shi di, zhen zhuo shi gan, li shi xing shi zhu yi" [*Enquanto inspeciona tropas sediadas em Jiangsu, Jiang Zemin exorta todo o Exército a dar apoio aos princípios da estruturação do Exército por meio de trabalho árduo, de parcimônia e com ênfase em resultados práticos*], *Jiefang Junbao*, 26 jan 1992, pp. 1, 4; Huo Szu-fang, "Three Main Points in Deng Xiaoping's Remarks Delivered During Southern China Tour, Principles Set for Personnel Arrangements at 14th National Congress", *Ching Pao*, 5 mar. 1992, pp. 34-37, FBIS-CHI-92-060, 27 mar. 1992, p. 34.
61. Willy Wo-lap Lam, "Sources Report 'Intensified' Factional Strife", *South China Morning Post*, 11 mar. 1992, p. 13, FBIS-CHI-92-048, 11 mar. 1992, p. 15.
62. Cheng Te-lin, "Chen Yun Says There Are Two Major Dangers Inside CCP", *Ching Pao*, 5 mar. 1992, p. 47, FBIS-CHI-92-054, 19 mar. 1992, p. 39.
63. *Ibid.*
64. Lo Ping, "Deng Chen jiao feng de xin zhan yi" [*Um novo capítulo na batalha entre Deng e Chen*], *Cheng Ming*, 1º abr. 1992, pp. 8-12. As informações dos parágrafos seguintes foram colhidas desta fonte.

65. *Ibid.*
66. Zhao Suishen, "Deng Xiaoping's Southern Tour", *Asian Survey*, nº 8, ago. 1993, p. 754.
67. Lo Ping, "Deng Chen", pp. 8-9.
68. *Ibid.*, pp. 10-11.
69. *Ibid.*, p. 11.
70. Wally Wo-lap Lam, "Politburo Session Upholds 'Deng Xiaoping Line'", *South China Morning Post*, 13 mar. 1992, pp. 1, 10, 18, FBIS--CHI-92-050. As informações contidas nos parágrafos seguintes foram colhidas desta fonte.
71. *Ibid.*
72. "Deng Xiaoping Nanxuan Jianghuo Di Er Hao Wen Jian", Íntegra do texto do Documento nº 2 sobre os comentários de Deng, *Cheng Ming*, 1º abr. 1992, pp. 23-27. As informações deste parágrafo foram colhidas desta fonte.
73. *Ibid.*
74. *Ibid.*
75. *Ibid.*
76. Shih Chun-yu, "Zhong yang bu zhi jia su gaige kaifang" [*Governo Central providencia rapidez na reforma e abertura*], *Ta Kung Pao*, 4 mar. 1992, p. 2; "Zhua zhu you li shi ji jia kuai gaige kaifang ji zhong shen li ba jing ji" [*Apressar o ritmo da reforma e da abertura e da reformulação das repartições públicas em atenção à ciência econômica*], *Renmin Ribao*, 3 mar. 1992, p. 1. As informações contidas nos parágrafos seguintes foram colhidas desta fonte.
77. *Ibid.*
78. Wally Wo-lap Lam, "Deng Puts Bo Yibo in Charge of Appointments", *South China Morning Post*, 4 abr. 1992, p. 12, FBIS-CHI-92-064, 2 abr. 1992, p. 38.
79. ___, 25 mar. 1992, FBIS-CHI-92-058, 25 mar. 1992, p. 12.
80. *Ibid.*
81. "Zhu 'Leading Voice on Reform'", *AFP*, 25 mar. 1992, FBIS-CHI-92-058, 25 mar. 1992, p. 13; "Guo wu Yuan cheng li jing ji mao yi ban gong shi" [*Conselho de Estado cria Escritório Geral de Economia e Comércio*], *Renmin Ribao*, 12 jun. 1992, p. 1; "State Planning Commission to Transform Function in Five Areas", *Ching-chi Tao-pao*, 15 jun. 1992, p. 11, FBIS-CHI-92-120, 22 jun. 1992, p. 31.
82. *Ibid.*, p. 13.

4
Mais, melhor, mais depressa

1. "Jiang Zemin jie 'si hao wen jiang' biao tai" [*Jiang Zemin declara sua posição por meio do "Documento nº 4"*], *Tangtai*, 15 jun. 1992, p. 10.
2. Tien Fu, "Bo Yibo nuli kaolung Deng Xiaoping" [*Bo Yibo tenta cerrar fileiras com Deng Xiaoping*], *Tangtai*, 15 jun. 1992, p. 21.
3. "Zhong gong jue ding cai chu yi xie xin zheng ci xin zuo shi li zheng chuan guo jing ji geng hao geng kuai shang xin tai jie" [*Partido Comunista Chinês decide adotar uma série de novas políticas, a fim de impulsionar a economia*], *Renmin Ribao*, 8 jun. 1992, p. 1; "The CCP Issues Document Number Four, Fully Expounding Expansion of Opening Up", *Ta Kung Pao*, 18 jun. 1992, p. 2, FBIS-CHI-92-118, 18 jun. 1992, pp. 19-20; "Jiang Zemin Declares Stand Through 'Document Nº 4'", *Tangtai*, 15 jun. 1992, p. 10; Lam, *China After Deng Xiaoping*, Wiley, Singapore, 1995, pp. 76-78; *China Quarterly*, nº 131, set. 1992, p. 848.
4. *Ibid.*, p. 19.
5. "Guo wu yuan cheng li jing ji mao yi ban gong shi" [*Conselho de Estado cria Escritório Geral de Economia e Comércio*], *Renmin Ribao*, 12 jun. 1992, p. 1. As informações contidas nos parágrafos seguintes foram colhidas desta fonte.
6. *Ibid.*
7. "State Planning Commission To Transform Functions in Five Areas", *Ching-chi Tao-pao*, 15 jun. 1992, p. 11, FBIS-CHI-92-120, 22 jun. 1992, p. 31.
8. Sun Kuo-han, "Deng Delivers Long Speech at Shoudu Iron and Steel Company, Advocates Promoting Talent in Economic Management to Run Government", *Ching Pao*, 5 jul. 1992, pp. 31-35, FBIS-CHI-92-129, 6 jul. 1992, pp. 21-24; Yen Shen-tsun, "Deng Xiaoping's Talk During His Inspection of Shoudu Iron and Steel Complex", *Kuang Chiao Ching*, 16 jul. 1992, pp. 6-7, FBIS-CHI-92-138, 17 jul. 1992, pp. 7-8. As informações contidas nos parágrafos seguintes foram colhidas desta fonte.
9. *Ibid.*
10. Zhu Rongji, "Excerpts", *Zhongguo Jingji Tizhi Gaige*, 23 fev. 1992, pp. 7-9, FBIS-CHI-92-107, 3 jun. 1992, pp. 29-31.
11. *Ibid.*
12. *Ibid.*

13. "Guo Wu Yuan pi zhuan jin nian jing ji ti zhi gaige yao dian" [*Conselho de Estado publica os aspectos principais da reforma do sistema econômico referentes ao ano em curso*], Renmin Ribao, 29 mar. 1992, p. 7.
14. Zhu Rongji, "Excerpts", *Zhongguo Jingji Tizhi Gaige*, 23 fev. 1992, pp. 7-9, FBIS-CHI-92-107, 3 jun. 1992, pp. 29-31.
15. *Ibid.*
16. *Ibid.*
17. Lam, *China*, p. 79.
18. Bao Xin, "A New Important Formulation in China's Reform", *Liaowang Overseas Edition*, 17 ago. 1992, p. 2, FBIS-CHI-92-184, 22 set. 1992, p. 36.
19. Zou Jiahua, "Chuan guo ren da chang wei hui zhu xing chuan ti hui" [*Comitê Central do Congresso do Povo realiza uma reunião ampliada especial*], Renmin Ribao, 2 set. 1992, p. 1-2. As informações contidas nos parágrafos seguintes foram colhidas desta fonte.
20. *Ibid.*
21. "Gui ding qi yi na xie jing ying zi you chuan" [*Criar alguma regulamentação sobre a economia*], Renmin Ribao, 11 set. 1992, p. 2; "Da lu jing ji ceng zhang shi tou Zhu Rongji jiang qian shi du kongzhi" [*Zhu Rongji clama por controles adequados sobre o ímpeto do crescimento econômico da China*], Ming Pao, 9 set. 1992, p. 8.
22. "Prices of Primary, Basic Products to be Raised", *Xinhua*, 10 set. 1992, FBIS-CHI-92-177, 11 set. 1992, p. 55; Tian Huiming, "China's Price Reform Is Moving from the 'Realm of Planning' to the 'Realm of Market'", *Zhongguo Xinwen She*, 1º set. 1992, FBIS-CHI-92-177, 11 set. 1992, p. 55.
23. *Ibid.*

5
O Exército "protetor e escolta"

1. Para uma discussão geral das mutáveis percepções da "ameaça" soviética, vide Wang Chongjie, "Acute Economic Troubles", *Beijing Review*, nº 4, 26 jan. 1981, pp. 15-16; Mu Youlin, "Focus on Soviet Strategy," *Beijing Review*, nº 20, 18 maio 1981, p. 3; Chen Ci, "1980 in Retrospect", *Beijing Review*, nº 1, 5 jan. 1981, pp. 11-13; Qi Ya e Zhou Jirong, "Expansionist Soviet Global Strategy", *Beijing Review*, nº 23, 22 jun. 1981, pp. 22-25; Jonathan D. Pollack, "Chinese Global Strategy and Soviet Power", *Problems in Communism*, jan.-fev. 1981, pp. 54-69, es-

pecialmente pp. 64-68; Paul H.B. Godwin, "Chinese Military Strategy Revised, Local and Limited War", *Annals of American Academy of Political and Social Scientists*, nº 519, jan. 1992, pp. 191-201.

2. Para antecedentes da reabilitação de Deng, *vide* Richard C. Thornton, *China: a Political History, 1917-1980*, Westview Press, Boulder, 1982, Section XV; discussões sobre vendas de armas pelo exército, *vide* Eric Hyer, "China's Arms Merchants, Profits in Command", *China Quarterly*, nº 132, 1992, pp.1101-1118; para uma discussão das noções estratégicas do exército no início da década de 80, *vide* Jonathan D. Pollack, "Chinese Global Strategy and Soviet Power", *Problems in Communism*, jan.-fev. 1981, pp. 54-69; "Soviet Military Strategy for World Domination", *Beijing Review*, 28 jan 1980, pp. 15-19, 26; e "Expansionist Soviet Global Strategy", *Beijing Review*, 22 jun. 1981, pp. 23-25.

3. Paul H.B. Godwin, "Chinese Military Strategy Revised, Local and Limited War", *Annals of American Academy of Political and Social Scientists*, jan. 1992, p. 191.

4. *Ibid.*, pp. 191-201; para uma discussão da emergente "ameaça" chinesa no sudeste asiático, assim como dos pormenores gerais da nova estratégia militar, *vide* Ross H. Munro, "Awakening Dragon", *Policy Review*, outono 1992, pp. 10-16; Chong Pin-lin, "Red Fist", *International Defense Review*, fev. 1995, pp. 30-34; A. James Gregor, "China's Shadow Over Southeast Asian Waters", *Global Affairs*, 1993, pp. 1-13; and John W. Garver, "China's Push Through the South China Sea, The Interaction of Bureaucratic and National Interests", *China Quarterly*, nº 131, dez. 1992, pp. 999-1029.

5. "Deng Calls for Maintaining Powerful Army", *Agence France-Presse*, 20 dez. 1991, FBIS-CHI-91-245, 20 dez. 1991, p. 20.

6. *Ibid.*

7. Yang Baibing, "Zhun dui yao li gaige kaifang 'baojia hu hang'" [*Exército precisa "escoltar" a reforma e a abertura*], *Renmin Ribao*, 24 mar. 1992, p. 2. As informações contidas nos parágrafos seguintes foram colhidas desta fonte.

8. *Ibid.*

9. Chen Shao-pin, "Deng Xiaoping Fetes High-Ranking Officers of 'Three Armed Services'", *Ching Pao*, 5 maio 1992, p. 40, FBIS-CHI-92-094, 14 maio 1992, pp. 32-33.

10. *Ibid.*, p. 33.

11. *Ibid.*

12. *Ibid.*

13. Wally Wo-lap Lam, *China After Deng Xiaoping*, John Wiley and Sons, New York, 1995, p. 197.
14. Chen Shao-pin, "Deng Xiaoping Fetes High-Ranking Officers of 'Three Armed Services'", *Ching Pao*, 5 maio 1992, p. 40, FBIS-CHI-92-094, 14 maio 1992, pp. 32-33.
15. *Ibid.*
16. *Ibid.*
17. Lam, *China*, p. 197. Lam declara que os arranjos sigilosos também se aplicavam aos distritos militares locais. No âmbito nacional, dez generais eram membros da CMC, inclusive Zhang Zhen, Chi Haotian, Zhan Wannian, Yu Yungbo e Fu Quanyou.
18. He Po-shih, "Zhonggong li cu jia qiang kongzhi jun dui" [*Lamentando as mudanças na União Soviética, o Partido Comunista Chinês busca um controle mais rígido sobre as Forças Armadas*], *Tangtai*, 15 jan. 1992, pp. 53-54.
19. *Ibid.*, p. 39.
20. *Ibid.*
21. *Ibid.*
22. *Ibid.*, pp. 39-40.
23. Zeng Guangjun, "Zhi liang, jun dui de sheng ming" [*Qualidade, o salva-vidas do Exército*], *Jiefang Junbao*, 3 jan. 1992, p. 3. As informações contidas nos parágrafos seguintes foram colhidas desta fonte.
24. *Ibid.*
25. "Jia qiang zhi liang jian she, duo you zhong guo te se de jing bing zhi lu" [*Melhorar a qualidade, seguir uma via indiscutivelmente chinesa para a instrução de tropas de elite*], *Jiefang Junbao*, 1º jan. 1992, p. 1.
26. *Ibid.*
27. Jia Yong, "Zai Gai ge zhong fen jin de ren min jun dui" [*A reforma do Exército do Povo avança rapidamente*], *Liaowang*, 27 jul. 1992, pp. 4-5.
28. "West Remains Chief Enemy," *Der Spiegel*, 16 jan. 1995, p. 110, FBIS--CHI-92-08, 16 jan. 1995, p. 1.
29. He Po-shih, "Ba zhon chuan hui qian xi Wang Zhen dangmian ma Deng Xiaoping, Deng Xiaoping yuan chengdan 'liu si' zeren, Yang Shangkun baiotai chuan jun ting Jiang Zemin" [*Wang Zhen censura Deng Xiaoping na véspera do 8º Pleno, quando Deng se mostra disposto a assumir responsabilidade pelo acontecido em "4 de junho," e Yang Shangkun apóia ostensivamente o rumo do trabalho que Jiang Zemin desenvolve no Exército*], *Tangtai*, 15 dez. 1991, p. 16.

30. Lam, *China*, p. 197.
31. Willy Wo-lap Lam, "Deng Said Securing Military's Support for Reform", *South China Morning Post*, 1º abr. 1992, p. 11, FBIS-CHI-92-063, 1º abr. 1992, p. 28.
32. Wang Yihua, "Jun Dui Sheng Chan Jing Ying Wen Si Liu," [*O que se vê quanto às atividades econômicas e de produção da tropa e ideias resultantes*], *Jiefang Junbao*, 12 dez 1991, p. 2
33. *Ibid.*
34. *Ibid.*
35. No fim, contudo, a tentação das riquezas interferiu na missão do militar profissional. A corrupção se instalou, e o exército conseguiu se esquivar do pagamento de impostos, aduana e taxas referentes às suas empresas comerciais. O alto-comando do Exército de Libertação Popular (ELP) temia que a corrupção estivesse prejudicando o ELP e, por isso, quando Jiang Zemin determinou que o ELP se desligasse de suas transações comerciais, em julho de 1998, o ELP obedeceu. Embora retivesse suas empresas produtivas e também usasse as empresas locais para empregar seu pessoal, e o estado lhe compensasse a perda de receita com um aumento de orçamento, o Exército de Libertação Popular permanece um ator importante em alguns setores comerciais. Para uma excelente discussão sobre a ascensão e queda do comércio militar, *vide* James C. Mulvenon, *Soldiers of Fortune, The Rise and Fall of the Chinese Military-Business Complex 1978-1998*, M.E. Sharpe, New York, 2001.
36. Lin Wu, "Zhuhai Yuanlin junwei huiyi neiqing", versão interna da reunião da Comissão Militar Central realizada na casa de hóspedes de Yuanlin, em Zhuhai, *Cheng Ming*, 1º mar. 1992, pp. 15-16, 89.
37. Terry Cheng, "Military Changes Said Prompted by Deng's Age," *Standard*, 5 maio 1992, p. A5, FBIS-CHI-92-087, 5 maio 1992, p. 23; *AFP*, 14 set. 1992, FBIS-CHI-92-178, 14 set. 1992, p. 24.
38. "Document Nº 26 of CCP Central Committee General Office Reveals Considerable Reduction of PLA Soldiers, Readjustment in Seven Military Regions", *Ching Pao*, 2 jul. 1992, p. 2, FBIS-CHI-92-128, 2 jul. 1992, pp. 34-35.
39. *Ibid.* Embora muitas das mudanças programadas tivessem início, o número de sete regiões militares não se alterou. Provavelmente, por razões de segurança e para evitar uma batalha política, o assunto foi engavetado.
40. Lam, "Deng Xiaoping Names Liu Huaqing to CMC", *South China Morning Post*, 15 jul. 1992, p. 10, FBIS-CHI-92-136, 15 jul. 1992, p. 16.
41. Xing Laizhao, "Ba you huo jie gou fang zai tu chu wei zhi" [*Dar prioridade*

à *organização estrutural*], *Jiefang Junbao*, 15 maio 1992, p. 3.
42. *Ibid.*
43. Yi Jianru, "Generals' Trips to Special Economic Zones", *Liaowang Overseas Edition*, 29 jun. 1992, pp. 4-7, FBIS-CHI-92-137, 16 jul. 1992, pp. 13-15.
44. *Agence France-Presse*, 14 set. 1992, FBIS-CHI-92-178, 14 set. 1992, p. 24.
45. Yuan Xuequan, "Qiang gan zi yong yuan ting dang zhi hui" [*Canhão fica sempre sob comando do Partido*], *Jiefang Junbao*, 19 jul. 1992, p. 1; Hong Heping, "'Sheng Ming Xian' geng ju sheng ming li" [*"Salva-vidas" ganha mais vigor*], *Jiefang Junbao*, 21 jul. 1992, p. 1.
46. *Ibid.*
47. *Ibid.*
48. Shi Genxing, "Jian ding bu yi de shen huo jun dui gaige" [*Aprofundar resolutamente a reforma do exército*], *Jiefang Junbao*, 31 jul. 1992, p. 3.
49. *Ibid.*
50. *Ibid.*
51. Yang Baibing, "Bang ze qi wei guo jia gaige he jian she bao jia hu hang de zung gao shi ming" [*Arcando com a sublime missão de escoltar e proteger a reforma e a construção da China*], *Renmin Ribao*, 29 jul. 1992, pp. 1, 3. As informações contidas nos parágrafos seguintes foram colhidas desta fonte.
52. *Ibid.*
53. Kuang Pi-hua, "Zhong gong jun fang da zheng dun" [*Reorganização em grande escala das forças armadas chinesas*], *Kuang Chiao*, 16 ago. 1992, pp. 14-15.
54. *Ibid.*, p. 28.
55. Lam, "Army Sets Up Committee to Prevent Coup Attempts" *South China Morning Post*, 14 ago. 1992, p. 1, FBIS-CHI-92-158, 14 ago. 1992, p. 27.
56. "Deng Xiaoping Nanxuan", pp. 26-27.
57. *Ibid.*, pp. 27-28; Chen Chieh-hung, "Yang Shangkun, Wan Li Will Completely Retire from Office at the 14th Party Congress", *Ching Pao*, 5 set. 1992, pp. 37-38, FBIS-CHI-92-174, 8 set. 1992, p. 30.
58. Guan Chuan, "Deng Chu Mian Tiao Jie Qin, Yang Fen Zheng" [*Deng, pessoalmente, mediou disputas entre Qin Jiwei e Yang Baibing*], *Cheng Ming*, 1º out. 1992, pp. 19-20; "The PLA After the Fourteenth Party Congress", *China News Analysis*, 1º fev. 93, pp. 6-9.

59. Chen, "Yang Shangkun", p. 30.

6
Triunfo

1. He Po-shih, "Shi si ta daibiao ben yue di chansheng" [*Nomes dos delegados para o XIV Congresso Nacional do Partido Comunista Chinês serão divulgados no fim de maio*], *Tangtai*, 15 maio 1992, p. 12; Liu Li-kai, "Two Preparatory Groups for 14th CCP National Congress", *Chiu-shih Nien-tai*, 1º abr. 1992, p. 17, FBIS-CHI-92-066, 6 abr. 1992, p. 41; Shan Yueh, "Shi si da ren shi dou zheng su mu zhan" [*Prelúdio da luta pela designação de pessoal na véspera do XIV Congresso Nacional do Partido Comunista Chinês*], *Cheng Ming*, 1º abr. 1992, p. 15.
2. *Ibid.*
3. *Ibid.*
4. *Ibid.*
5. Harry Harding, "'On the Four Great Relationships.' The Prospects for China", *Survival*, vol. 36, nº 2, verão 1994, p. 33.
6. Lo Ping, "Chen Yun pai de da fan pu" [*Contraofensiva de grande escala das facções de Chen Yun*], *Cheng Ming*, 1º abr. 1992, pp. 12-14. As informações contidas nos parágrafos seguintes foram colhidas desta fonte.
7. *Ibid.*
8. Sun Chin-hui, "Tian Jiyun Reveals Background on Deng Xiaoping's Talks During His Inspection in South China", *Kuang Chiao Ching*, 16 jul. 1992, pp. 12-14, FBIS-CHI-92-152 6 ago. 1992, pp. 11-13; "Tian Jiyun dang jiao jiang huo ji yao" [*Sumário do discurso de Tian Jiyun diante da Escola do Partido*], *Pai Hsing*, 16 jun. 1992, pp. 4-5; Ming Chuang, "Deng Xiaoping and Chen Yun Reached a Political Agreement More Than Two Months After the Publication of Deng's Remarks Made During His Tour in Southern China", *Ching Pao*, 6 jun. 1992, pp. 36-38, FBIS-CHI-92-116, 16 jun. 1992, pp. 18-23. As informações contidas nos parágrafos seguintes foram colhidas desta fonte.
9. Ibid, p. 20.
10. Willy Lo-Lap Lam, "Tian Jiyun Proposes 'Special Leftist Zone'", *South China Morning Post*, 7 maio 1992, pp. 1, 10, FBIS-CHI-92-089, 7 maio 1992, pp. 22-23.
11. Sun Chin-hui, "Tian Jiyun Reveals Background on Deng Xiaoping's

Talks During His Inspection in South China", *Kuang Chiao Ching*, 16 jul. 1992, pp. 12-14, FBIS-CHI-92-152, 6 ago. 1992, pp. 11-13; "Tian Jiyun Dang Jiao", *Pai Hsing*, 16 jun. 1992, pp. 4-5.

12. *Ibid.*, p. 13.
13. Lin Wu, "Deng Xiaoping tan pi 'zuo' yu zheng gai" [*Deng Xiaoping e a crítica ao 'esquerdismo' e à reforma política*], *Cheng Ming*, 1º jun. 1992, pp. 13-14.
14. Jiang Zemin, "Ba jing ji jian she he gai ge kai fang gao de geng kuai geng hao" [*Reforma e abertura devem ser implementadas de um modo melhor e mais rápido*], *Renmin Ribao*, 15 jun. 1992, p. 1; "Opening Wider", *China Daily*, 16 jun. 92, p. 4, FBIS-CHI-92-116, 16 jun. 1992, pp. 16-17.
15. *Ibid.*
16. Lo Ping, "Deng Xiaoping cheng ren dang nei fen ji yan zhong" [*Deng Xiaoping admite existência de sérias diferenças dentro do Partido Comunista Chinês*], *Cheng Ming*, 1º jul. 1992, pp. 15-17.
17. Tseng Chi, "Zhong yang wen jian lie yu 'zuo qing' cuo wu" [*Documento do governo central relaciona erros dos "esquerdistas"*], *Cheng Ming*, 1º set. 1992, pp. 27-28.
18. *Ibid.*
19. Huang Ching, "Chen Yun ti shi tiao yi jiang" [*Chen Yun apresenta dez opiniões divergentes*], *Cheng Ming*, 1º ago. 1992, pp. 15-16.
20. Lo Ping, "Shi si ta qian xi Deng Chen dui zhen" [*Deng e Chen se enfrentam na véspera do XIV Congresso Nacional do Partido Comunista Chinês*], *Cheng Ming*, 1º out. 1992, pp. 6-8.
21. *Ibid.*
22. *Ibid.*
23. "CCP Issues Document to Greet 14th Party Congress; Police Mobilized to Maintain Public Order in Beijing", *Ching Chi Jih Pao*, 12 set. 1992, p. 3, FBIS-CHI-92-178, 14 set. 1992, p. 18.
24. Lu Feng, "Zu zhi gong zuo yao geng hao wei jing ji jian she fu wu" [*O trabalho de organização deve servir à estruturação econômica*], *Renmin Ribao*, 5 ago. 1992, p. 1.
25. Cheng Te-lin, "Some Inkling of Members of Political Bureau Standing Committee to Be Proposed by 14th CCP National Congress", *Ching Pao*, 5 ago. 1992, pp. 47-48, FBIS-CHI-92-152, 6 ago. 1992, pp. 8-9. Esta relação é apenas uma entre várias que surgiram na imprensa de Hong Kong. Todas as fontes tinham, de um modo geral, a mesma lista de candidatos.
26. Jiang Zemin, "Jiakuai gaike kaifang he xiandaihua jianshe bufa duoqu

zhongguo tese shehui zhuyi shiye de genda shengli" [*Acelerar o ritmo da reforma, da política de portas abertas e da modernização, a fim de sustentar o empenho por vitórias ainda mais grandiosas pela causa do socialismo com características chinesas*], Renmin Ribao, 21 out. 1992, pp. 1-3. Todas as fontes tinham, de um modo geral, a mesma lista de candidatos.

27. *Ibid.*
28. *Ibid.*
29. Lam, *China*, pp. 197, 364.
30. David Bachman, "China in 1993", *Asian Survey*, nº 1, jan. 1994, pp. 31-33; Lincoln Kaye, "Shaping the Succession", *Far Eastern Economic Review*, 8 abr. 1993, pp. 10-11.
31. Harry Harding, "'On the Four Great Relationships', The Prospects for China", *Survival*, nº 36, verão 1994, p. 33.
32. *Ibid.*, p. 197.
33. Li Cheng e Lynn White, "The Thirteenth Central Committee of the Chinese Communist Party", *Asian Survey*, nº 4, abr. 1988, pp. 371-99; Michael D. Swaine, *The Military and Political Succession in China*, Rand Report R-4254-AF, Rand Corporation, Santa Monica, 1992.
34. Para especulações a respeito da queda política de Yang Baibing, *vide* especialmente Tai Ming Cheung, "General Offensive", *Far Eastern Economic Review*, 10 dez. 1992, p. 14; Wally Wo-Lap Lam, *China After Deng Xiaoping*, p. 213, ff. 72.
35. Lam, *China*, pp. 213-16; Li Cheng e Lynn White, "The Army in the Succession to Deng Xiaoping", *Asian Survey*, nº 8, ago. 1993, pp. 757-86.
36. Por razões de segurança e talvez para evitar um confronto político, a estrutura atual das regiões militares permaneceu a mesma, embora o comando fosse centralizado, permitindo aos comandos regionais atuarem como frentes, na eventualidade da ocorrência de hostilidades em suas respectivas regiões.
37. Luo Yuwen, "Army Urged to Fulfill 'Glorious Mission'", *Xinhua*, 15 out. 1992, FBIS-CHI-92-200-S, 15 out. 1992, p. 27.
38. *Ibid.*
39. *Ibid.*
40. Lam, *China*, p. 88.
41. *Ibid.*; Lena H. Sun, "Center May Reclaim Power in China", *Washington Post*, 29 out. 1993, p. A33; David Bachman, "China in 1993", *Asian Survey*, nº 1, jan. 1994, p. 34.

42. Sun, "Center May Reclaim Power in China", p. A33.
43. Lam, p. 89.
44. Sun, "Center May Reclaim Power", p. A33.
45. "Sansi shizi zhongyang zhunhui jueding" [*XIV Congresso divulga decisão no 3º Pleno*], *Renmin Ribao*, 17 nov. 1993, pp. 1-2.
46. Lam, *China*, pp. 91-92.
47. "China's Economy, Reined In", *The Economist*, 21 maio 1994, p. 38, "China's Runaway Economy", *The Economist*, 16 maio 1993, p. 16, "Economy, Wait and See", *Far Eastern Economic Review*, 31 ago. 1995, p. 40.
48. Lam, *China*, p. 85, Lena H. Sun, "Beijing, Fearing Unemployment, Slows Reform of State Industries", *Washington Post*, 20 abr. 1994, p. A15.
49. *Vide* John P. Burns, *The Chinese Communist Party Nomenklatura System, a Documentary Study of Party Control of Leadership Selection*, M.E. Sharpe, Armonk, NY, 1989, discussão do sistema patronal chinês.
50. Lam, *China*, pp. 58-59.
51. *Ibid.*, p. 406.
52. Nayan Chanda, "Fear of the Dragon", *Far Eastern Economic Review*, 13 abr. 1992, p. 25.
53. "Stepping Out, China's Lengthening Shadow", *International Defense Review*, fev. 1995, p. 35; e Craig S. Smith, "China Sends Its Army Money, And A Signal To The US", *New York Times*, 11 mar. 2001, p. A1.
54. Lam, *China*, pp. 28, 286.

Epílogo

1. Deng sempre foi pragmático. Ele é conhecido por sua célebre declaração, em 1962, que não importa se o gato é branco ou preto, desde que pegue o rato. Em 1962, Deng e Chen Yun defendiam a agricultura familiar para ajudar a economia a se recuperar do desastroso Grande Salto para a Frente. Entretanto, toda sua vida, ele jamais hesitou em relação ao compromisso com o direito do partido de governar a China. Ele ajudou Mao no movimento antidireitista de 1956, quando o partido perseguiu intelectuais que haviam criticado o partido, e ajudou Mao a expurgar indivíduos no início da Revolução Cultural.
2. A defesa feita por Tian Jiyun das políticas de Deng, em 1992, foi uma resposta à contínua oposição conservadora às mesmas, desde 1978.

Conforme observado nas declarações de Deng, ele queria tomar medidas pragmáticas, mas não se submeteria à norma ditatorial do Partido Comunista.

3. Deng, *Fundamental Issues*, pp. 179-83.
4. *Ibid.*, p. 183.
5. *Vide* pormenores anteriores sobre os encontros de Deng com Nixon para melhor compreender a essência do pragmatismo de Deng.
6. Naturalmente, à medida que a geração de Deng – a "segunda geração" – vai morrendo um por um, a "terceira geração", que forma a liderança ativa dos dias atuais – Jiang Zemin, Li Peng, Qiao Shi, Chi Haotian e Zhang Wannian – passará para o banco de trás, atrás do trono, a fim de mexer os pauzinhos como fizeram Deng e seus colegas. Assim, o "genro" evoluirá para a "terceira geração", enquanto a liderança atuante formará a "quarta geração", representada por Wen Jiabao, Zeng Qinghong, Wu Bangguo e outros. Para uma excelente discussão sobre a política de gerações na China, *vide* Cheng Li, "Jiang Zemin's Successors, The Rise of the Fourth Generation of Leaders in the PRC", *China Quarterly*, nº 161, mar. 2000, pp. 1-40.
7. Para discussões sobre a possibilidade de restauração da presidência do Partido, *vide* "China in Transition", *Far Eastern Economic Review*, 18 jul. 1996, p. 26.
8. Para uma visão otimista sobre a liderança pós-Deng, com base em um acordo unificado e consensual, *vide* H. Lyman Miller, "The Post-Deng Leadership, Premature Reports of Demise?" *Washington Journal of Modern China*, nº 2, outono-inverno 1994, pp. 1-16.
9. Para uma discussão geral sobre os atuais problemas econômicos da China, assim como uma análise dos assuntos internos provenientes da política de Deng para o crescimento econômico, *vide* Steven Mufson, "China's Growing Inequality", *Washington Post*, 1º jan. 1997, pp. A1, A26-A27.
10. Para uma discussão geral sobre a ascensão da onda de nacionalismo na China, *vide* Nayan Chanda e Karl Huus, "The New Nationalism", *Far Eastern Economic Review*, 9 nov. 1995, pp. 20-26; Karl Huus, "The Hard Edge", *Far Eastern Economic Review*, 9 nov. 1995, p. 28; e Liu Binyan, "Against the Wind", *Far Eastern Economic Review*, 9 nov. 1995, p. 26.
11. *Vide* Nigal Holloway, "No Ordinary General", *Far Eastern Economic Review*, 12 dez. 1996, para uma discussão do erro de avaliação dos militares com as manobras ao largo de Taiwan.
12. *Ibid.*
13. Steven Mufson, "China, Russia Swap Support, Sign Array of Agreements",

Washington Post, 26 abr. 1996, p. A27; Lee Hockstader, "Russia, China Affirm 'Strategic Partnership'", *Washington Post*, 26 dez. 1996, p. A19.

14. Julian Baum, "A Case of Nerves", *Far Eastern Economic Review*, 26 dez. 1996 e 2 jan. 1997, p. 20.

1. Deng Xiaoping menino.

China Features/Sygma/Corbis

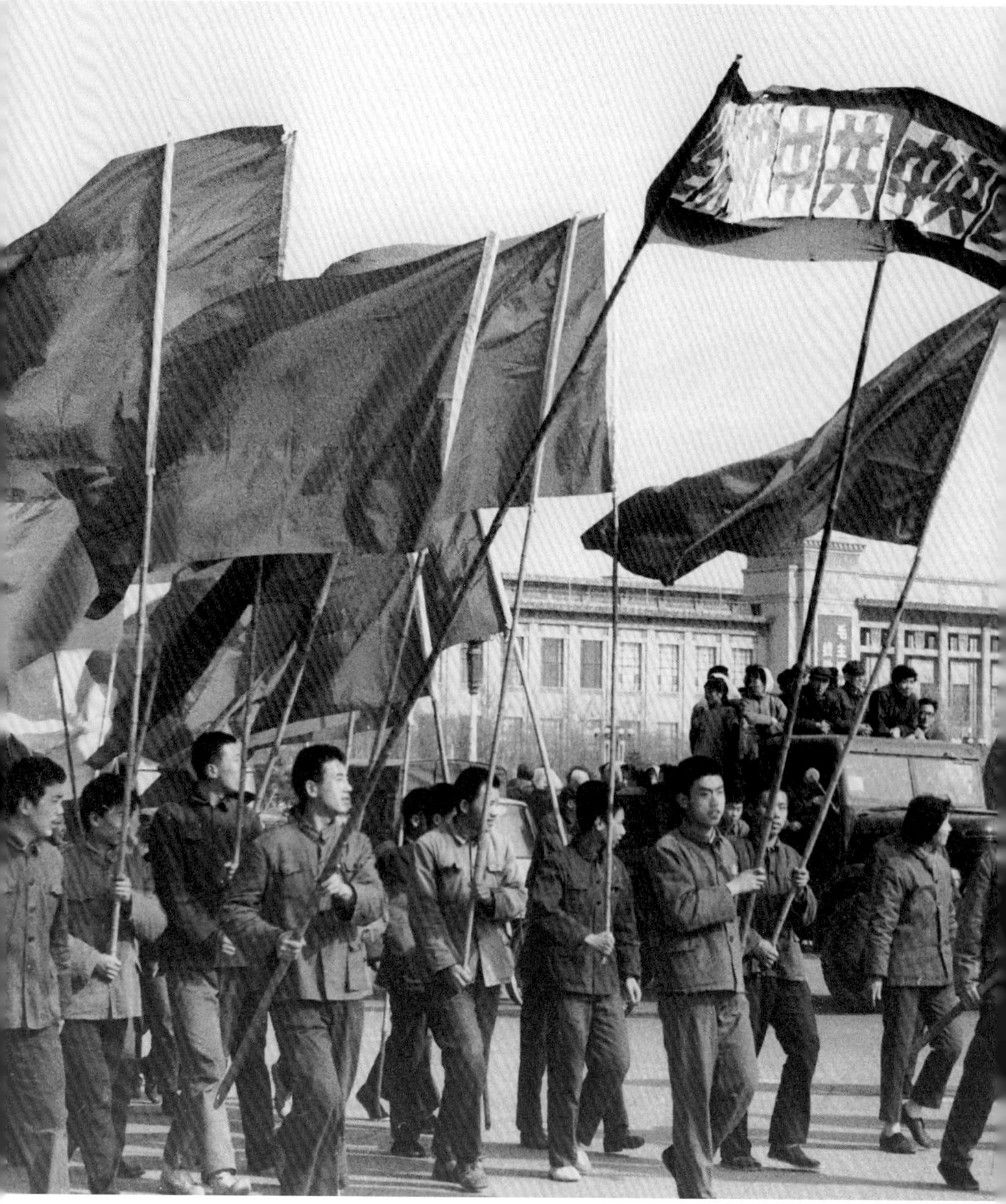
中共中央

2. Demonstração em memória do falecido primeiro-ministro Chou Enlai na Praça da Paz Celestial, Tiananmen, em 5 de abril de 1976. Outra demonstração em Tiananmen, em 1989, degenerou em forte repressão que repercutiu no mundo.

AFP Getty Images

3. Deng Xiaoping com a primeira-ministra inglesa Margaret Thatcher, em 19 de dezembro de 1984, por ocasião da declaração sobre o futuro de Hong Kong.

AFP Getty Images

4. Deng Xiaoping com Henry Kissinger, Secretário de Estado americano, em Nova York, em 14 de abril de 1974.

BETTMANN/CORBIS

5. Deng Xiaoping com o presidente Ronald Reagan, em Pequim, em 28 de abril de 1984.
Bettmann/Corbis

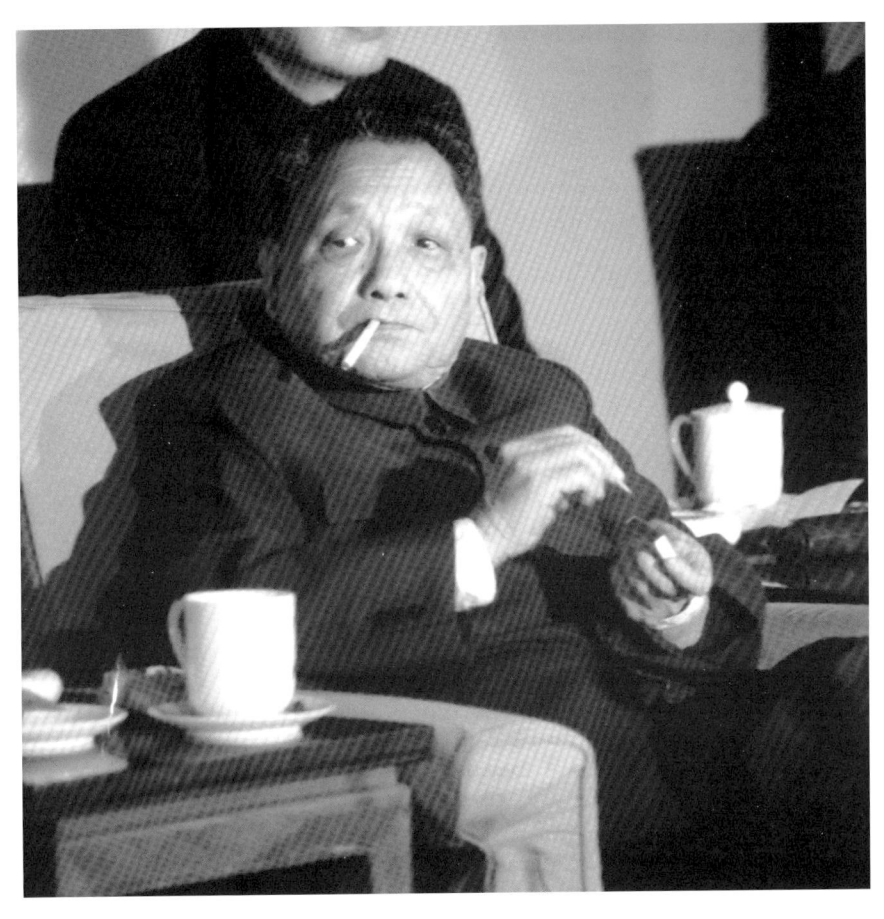

6. Deng Xiaoping acende seu cigarro numa entrevista coletiva em Pequim, em 5 de janeiro de 1979.

Bettmann/Corbis

7. Ao lado. Os chefes em 1962. A partir da esquerda: Chou Enlai (1898-1975), Liu Shaoqi (1898-1969), Mao Tse-tung (1893-1976), Deng Xiaoping (1904-1997), Peng Zhen (1902-1997) e, de costas, falando com Mao, Chen Yun (1905-1995), o arquirrival de Deng Xiaoping.

AFP Getty Images

8. Deng Xiaoping assiste a um rodeio em Simonton, Texas, Estados Unidos, em 2 de fevereiro de 1979.

Bettmann/Corbis

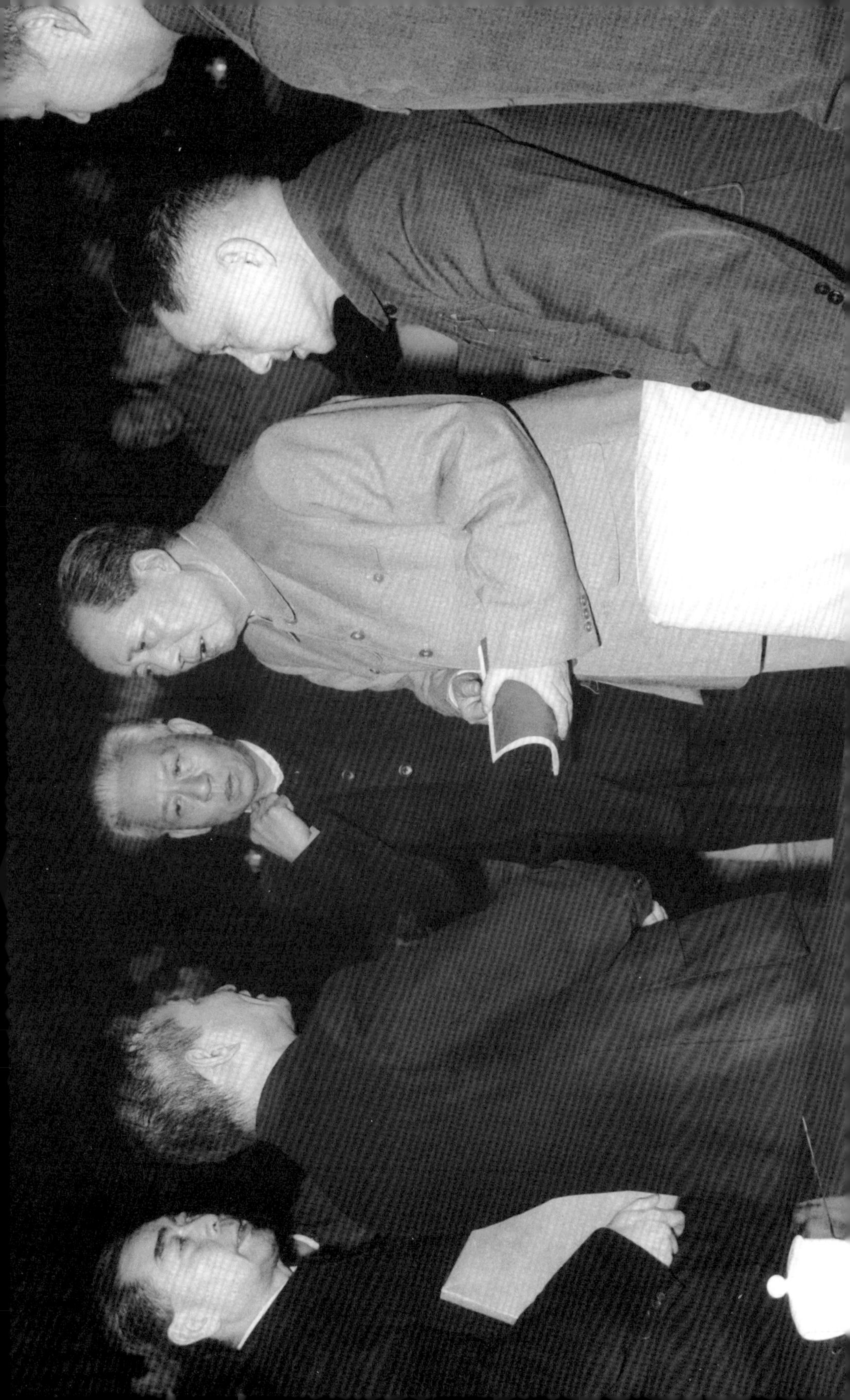

9. Deng Xiaoping, 1º de janeiro de 1950.

China Features/Sygma/Corbis

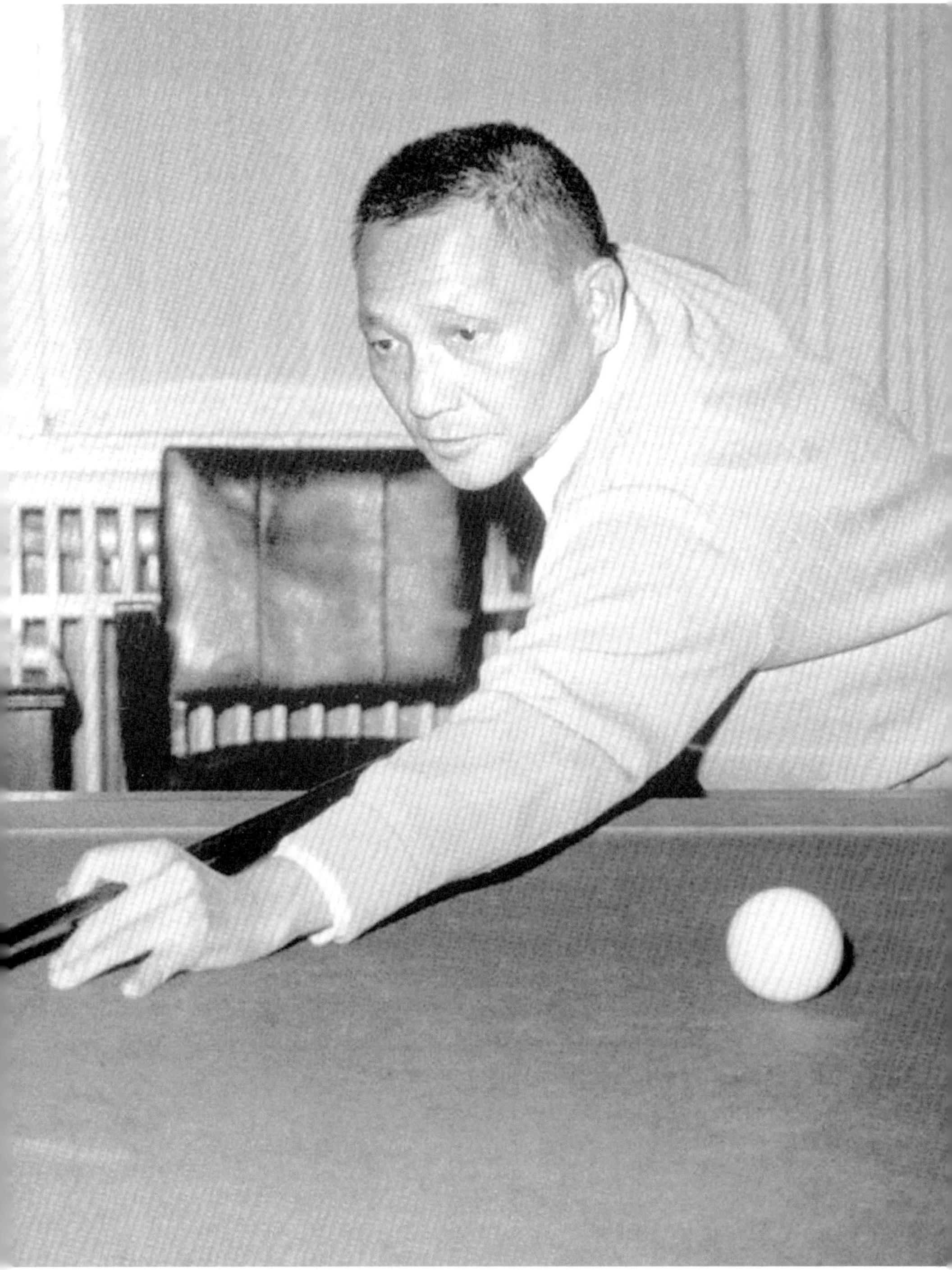

10. Deng Xiaoping com Mikhail Gorbachev e Raíssa Gorbachova em Pequim, em 16 de maio de 1989.

Peter Turnley/Corbis

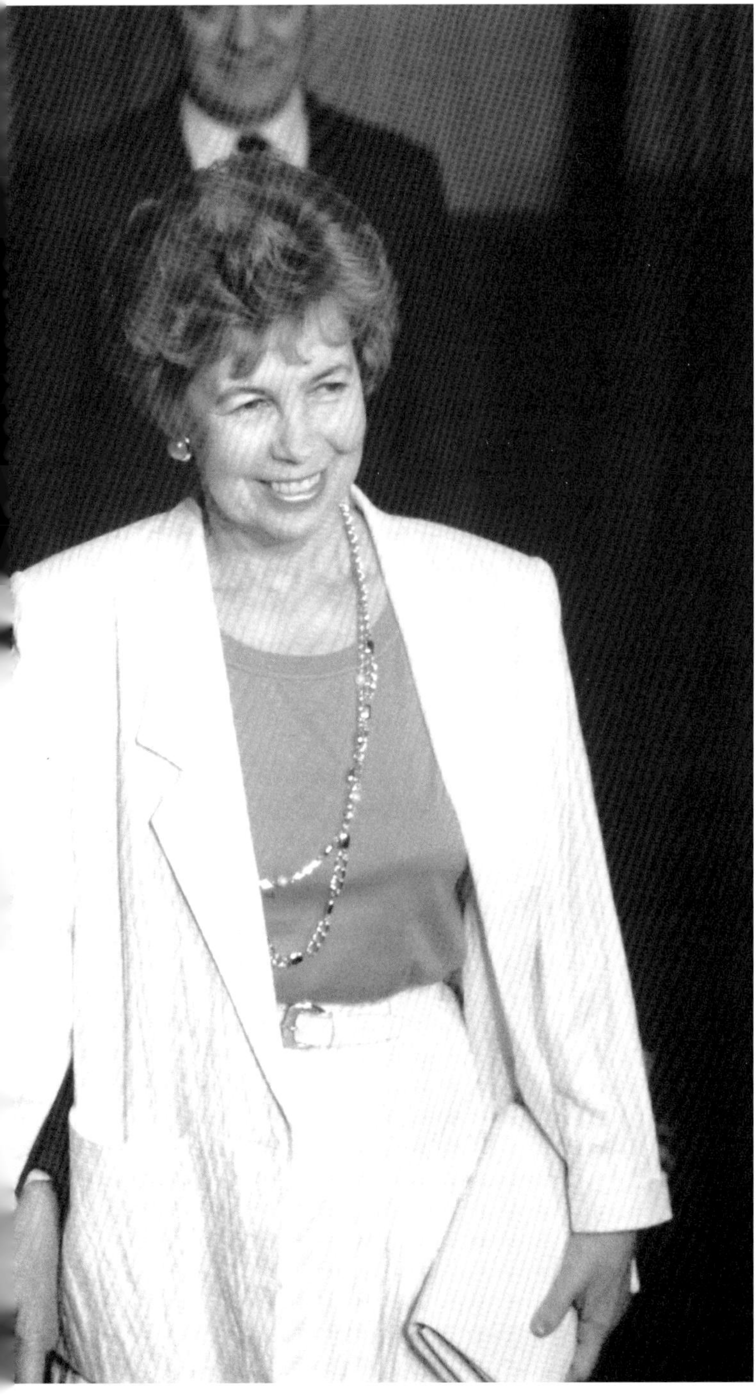

11. Deng Xiaoping com os presidentes Jimmy Carter e Richard Nixon, num jantar de estado em Washington, Estados Unidos, em 29 de janeiro de 1979. CORBIS

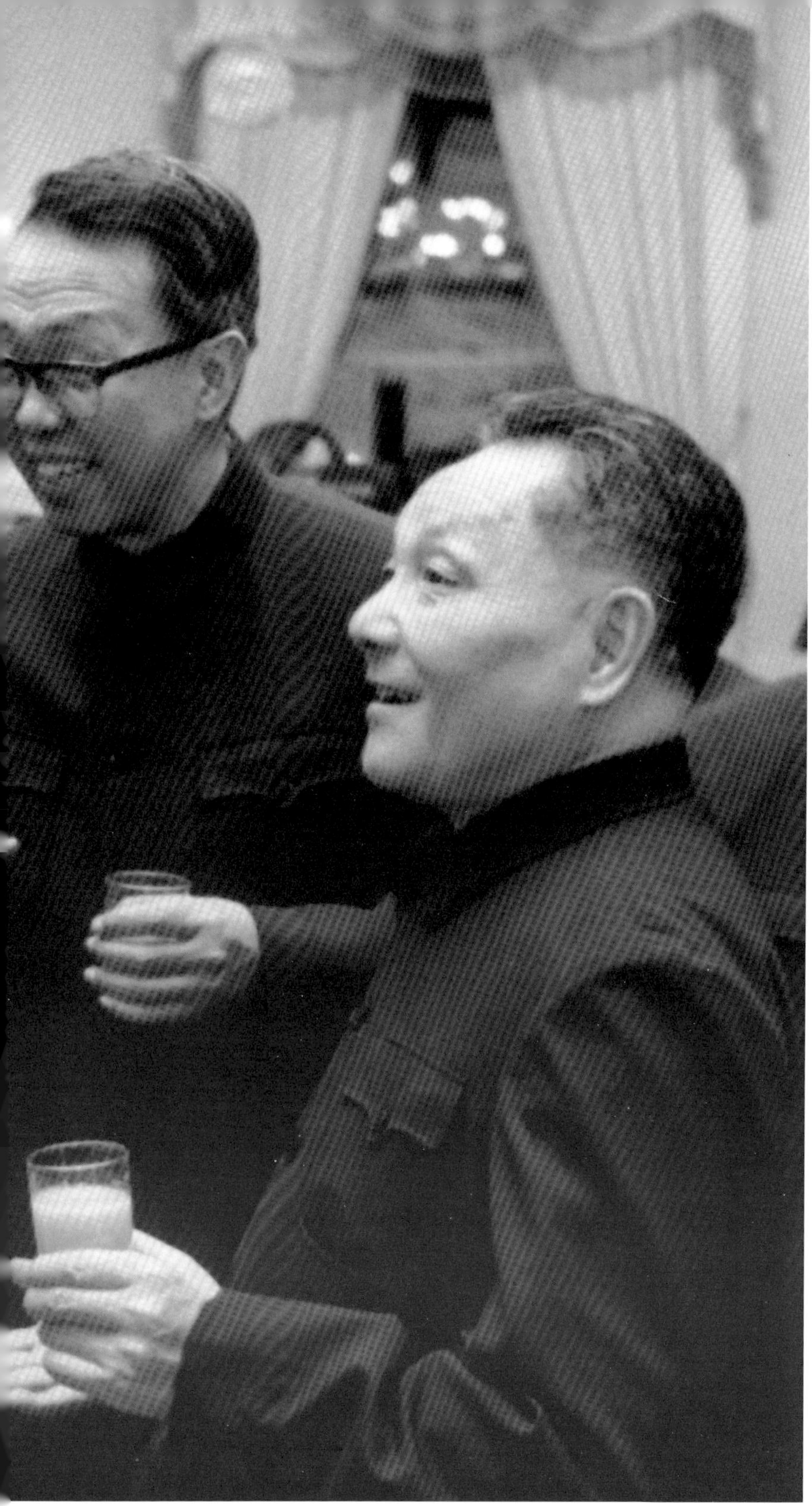

12. Deng Xiaoping em visita à Marinha na ilha de Xiamen, China, em 1º de janeiro de 1986.

Corbis/SYGM

Bibliografia

JORNAIS E AGÊNCIAS DE NOTÍCIAS

New York Times, Washington Post e *Wall Street Journal*, nos Estados Unidos; *South China Morning Post, Ming Pao* e *Ta Kung Pao*, em Hong Kong; e *People's Daily, Liberation Army Daily* e *Liberation Daily*, na China, todos deram valiosas informações sobre o dia a dia.

LIVROS E ARTIGOS

"A visit that will open up the future", *Wen Wei Pao*, 15 maio 1991, p. 2.

"Ba Shen Zhen te chu jian she de geng hao" [*Aprimorar a reforma econômica em Shenzhen e Zhuhai*], *Renmin Ribao*, 6 dez. 1991, p. 1.

Bachman, David M., *Bureaucracy, Economy, and Leadership in China. The Institutional Origins of the Great Leap Forward*, Cambridge University Press, New York, 1991.

——, "China in 1993". *Asian Survey*, n° 1, jan 1994, pp. 31-34.

Baker, James A., III, "America in Asia, Emerging Architecture for a Pacific Community", *Foreign Affairs*, vol. 70, n° 5, inverno 1991-92, pp. 1-18.

Barnett, A. Doak, *The Making of Foreign Policy in China*, I.B. Tauris, London, 1985.

Baum, Julian, "A Case of Nerves", *Far Eastern Economic Review*, 26 dez. 1996 e 2 jan. 1997.

Bonavia, David, *Deng*, Longman, Hong Kong, 1989.

Brzezinski, Zbigniew, "A Plan for Europe", *Foreign Affairs*, vol. 74, n° 1, jan.-fev. 1995, pp. 26-42.

Burns, John P., "China's Nomenklatura System", *Problems in Communism* n° 36, set.-out. 1987, pp. 36-51.

——, "Chinese Civil Service reform, the Thirteenth Party Congress proposals", *China Quarterly*, n° 120, dez. 1989, pp. 739-70.

——, *The Chinese Communist Party Nomenklatura System, A Documentary Study of Party Control of Leadership Selection*, M.E. Sharpe, Armonk, NY, 1989.

"CCP in hot pursuit of economic criminals, party members and cadres to make three examinations", *Ming Bao*, 25 abr. 1982, p. 6.

"CCP to set directives on personnel changes", *Kyodo*, 3 dez. 1991.

"CCP issues document to greet Fourteenth Party Congress; police mobilized to maintain public order in Beijing", *Ching Chi Jih Pao*, 12 set. 1992, p. 3.

Central Intelligence Agency - CIA, *The Chinese Economy in 1989 and 1990, Trying to Revive Growth While Maintaining Social Stability*, Central Intelligence Agency, Washington, D.C., 1990.

——, *The Chinese Economy in 1990 and 1991, Uncertain Recovery*, Central Intelligence Agency, Washington, D.C., 1991.

——, *The Chinese Economy in 1991 and 1992, Pressure to Revisit Reform Mounts*, Central Intelligence Agency, Washington, D.C., 1992.

Chanda, Nayan, "Fear of the Dragon," *Far Eastern Economic Review*, 13 abril 1992, p. 25.

Chanda, Nayan e Huus, Karl, "The New Nationalism", *Far Eastern Economic Review*, 9 nov .1995, p. 28.

Chang King-yuh, ed., *Mainland China After the Thirteenth Party Congress*, Westview Press, Boulder, 1990.

Chang, Parris H., "Chinese Politics, Deng's Turbulent Quest", *Problems in Communism*, vol. 30, n° 1, jan.-fev. 1981, pp. 1-21.

Chen Chieh-hung, "Deng Xiaoping Puts Forward the 'Eight Shoulds,' Says 'Three Kinds of People' Must Step Down", *Ching Pao*, 5 mar. 1992, pp. 45-46.

——, "Yang Shangkun, Wan Li Will Completely Retire From Office at the 14th Party Congress", *Ching Pao*, 5 set. 1992, pp. 37-38.

Chen Shao-pin, "Deng Xiaoping Fetes High-Ranking Officers of 'Three Armed Services'", *Ching Pao*, 5 maio 1992, p. 40.

Bibliografia

Chen Yeping, "De sai jian ye yi de wei shu" [*Ter integridade e habilidade políticas com ênfase na habilidade política, sobre os critérios de seleção de pessoal*], *Renmin Ribao*, 1 set. 1991, p. 5.

Chen Yun, *Chen Yun Wenxuan [Selected Works of Chen Yun 1956-1985]*, Xinhua She, Pequim, 1986.

Cheng Li e White, Lynn, "The Thirteenth Central Committee of the Chinese Communist Party", *Asian Survey*, nº 4, abr. 1988, 371-99.

——, "The Army in the Succession to Deng Xiaoping", *Asian Survey*, nº 8, ago. 1993, pp. 757-86.

Cheng Te-lin, "Chen Yun Says there are two major dangers inside CCP", *Ching Pao*, 5 mar. 1992, p. 47.

——, "Some inkling of members of political bureau standing committee to be proposed by Fourteenth CCP National Congress", *Ching Pao*, 5 ago. 1992, pp. 47-48.

Cheng Ying, "CCP's internal propaganda outline in perspective", *Chiushih Nientai*, 1 set. 1991, 34-35; "Chief of General Staff calls for modernization", *Agence France-Presse*, 17 dez. 1991.

Chi Hsin, *Deng Xiaoping: A Political Biography*, Cosmos Books, Hong Kong, 1978.

Chi Ma, "Fan he ping yan bian gao de cao mu jie bing Jiang ju Deng Xiaoping ming pao zhong xuan bu" [*Instruído por Deng Xiaoping, Jiang Zemin critica ferozmente o Departamento Central de Propaganda por causa da extrema inquietação em se oporem à evolução pacífica*], *Ming Bao*, 8 out. 1991, p. 2.

"China's economy, reined in", *The Economist*, 21 maio 1994, p. 38.

China Quarterly, "Deng Xiaoping, an assessment", Special issue nº 135, set. 1993.

Chong Pin-Lin, "Red fist, China's army in transition", *International Defense Review*, nº 28, fev. 1995, pp. 30-34.

Chou Tie, "Zhong ceng wei lian ming cu qu xiao jing ji te chu" [*Alguns membros da Comissão Consultiva Central submetem um requerimento ao Comitê Central, pedindo a abolição das zonas econômicas especiais*], *Ming Pao*, 6 mar. 1992, p. 2.

"Commentator Huangfu Ping's identity viewed", *Ta Kung Pao*, 7 out. 1992, pp. 14-21.

Chuang Ming, "Deng Xiaoping and Chen Yun reached a political agreement more than two months after the publication of Deng's remarks made during his tour in southern China", *Ching Pao*, 6 jun. 92, pp. 36-38.

Chung Hsiao, "Li Ruihuan goes to Shanghai to promote reform vigorously as Deng, Jiang, and Zhu are hit by sniper's shot", *Ching Pao*, nº 173, 5 dez. 1991, pp. 26-28.

Crothall, Geoffrey, "Deng, Chen Yun 'plotting' strategy in Shanghai", *South China Morning Post*, 19 dez. 1991, p. 14.

"Da lu jing ji ceng zhang shi tou Zhu Rongji jiang qian shi du kongzhi" [*Zhu Rongji pede controles adequados sobre o ritmo do crescimento econômico da China*], *Ming Pao*, 9 set. 1992, p. 8.

Delfs, Robert, "Power to the party", *Far Eastern Economic Review*, 7 dez. 1989, pp. 23-25.

"Deng instructs leaders on peaceful evolution", *Ming Pao*, 8 out. 1991, p. 2.

"Deng calls for maintaining powerful army", *Agence France-Presse*, 20 dez. 1991.

Deng Maomao, *Deng Xiaoping: My Father*, Basic Books, New York, 1995.

Deng Xiaoping, *Fundamental Issues in Present-Day China*, Foreign Language Press, Pequim, 1987.

———, *Deng Xiaoping Wenxuan, Obras seletas de Deng Xiaoping, 1975-1982*, vol. 2, Foreign Language Press, Pequim, 1984.

"Deng Xiaoping nanxuan jiang huo de er hao wen jian" [*Transcrição do Documento nº 2 sobre os comentários de Deng*], *Cheng Ming*, nº 187, 1º abr. 1992, pp. 23-27.

"Deng Xiaoping tan Guangdong cheng lung tou yao qi hao cuo yong" [*Deng Xiaoping vai a Zhuhai e diz que a economia de Guangdong deveria ter um papel de liderança no desenvolvimento econômico da China*], *Ta Kung Pao*, 26 jan. 1992, p. 1.

de Rosario, Louise, "Quick Step Back", *Far Eastern Economic Review*, 19 out. 1989, pp. 47-48.

———, "Three Years' Hard Labor", *Far Eastern Economic Review*, 30 nov. 1989, p. 68.

"Document nº 26 of CCP Central Committee general office reveals considerable reduction of PLA soldiers, readjustment in seven military regions", *Ching Pao*, 2 jul. 1992, p. 2.

Domes, Jurgen, "Who and What Comes Next in Communist China", *Global Affairs*, verão 1993, pp. 125-40.

Dreyer, June Teufel, "Deng Xiaoping, the Soldier", *China Quarterly*, nº 135, set. 1993, 536-51.

"Economy, wait and see", *Far Eastern Economic Review*, 31 ago. 1995, p. 40.

"Evolution toward multipolar global pattern seen", *Joint Publications Research Service*, 27 set. 1991, pp. 2-3.

"Fa zhan dang de shi ye yao xia xi dang shi dang jian li lun", [*Estudo da teoria da estruturação do partido*], *Renmin Ribao*, 21 nov. 1991, p. 8.

Foreign Broadcast Information Service, *China Daily Report*, vários informes, Arlington, Virginia.

Franz, Uli, *Deng Xiaoping*, Harcourt, Brace Jovanovich, New York, 1988.

"Gai ge kai fang shi tui jin bu dui jian she de jiang da dong li" [*Espera-se que reforma e abertura propiciem a estruturação do exército*], *Jiefang Junbao*, 20 nov. 1991, p. 3.

Garver, John W., "China's push through the South China Sea, the interactions of bureaucratic and national interests", *China Quarterly*, nº 132, dez. 1992, pp. 999-1028.

Godwin, Paul H.B., "Chinese military strategy revised, local and limited war", *Annals of the American Academy of Political and Social Science* vol. 519, jan. 1992, pp. 191-201.

Goldman, Marshall I., *What Went Wrong with Perestroika*, W.W. Norton, New York, 1991.

Goldman, Merle, *Sowing the Seeds of Democracy in China*, Harvard University Press, Cambridge, 1994.

Goldstone, Jack A., "The Coming Chinese Collapse", *Foreign Policy*, nº 99, verão 1995, pp. 35-52.

Goodman, David S., *Deng Xiaoping and the Chinese Revolution*, Routledge, New York, 1994.

Goodman, David S.G. e Segal, Gerald, eds., *China in the Nineties*, Oxford

University Press, New York, 1991.

Gorbachev, Mikhail, *The August Coup*, Harper Collins, New York, 1991.

"Grasp the key points in the crucial period – on investigating state-owned large and medium-sized enterprises", *Jiefang Ribao*, 8 fev. 1991, p. 1.

Gregor, A. James, "China's Shadow over Southeast Asian Waters", *Global Affairs*, vol. III, n° 3, verão 1992, pp. 1-13.

Guan Chuan, "Deng chu mian tiao jie Qin, Yang fen zheng" [*Deng, pessoalmente, mediou disputas entre Qin Jiwei e Yang Baibing*], *Cheng Ming*, n° 192, 1° out. 1992, pp. 19-20.

——, "Nung cun heping yanbian chongji 'Shejiao'" [*A evolução pacífica em áreas rurais impede o "Movimento Educativo Socialista"*], *Cheng Ming*, n° 171, 1 jan. 1991, pp. 24-25.

"Gui ding qi yi na xie jing ying zi you chuan" [*Criar alguma regulamentação sobre a economia*], *Renmin Ribao*, 11 set. 1992, p. 2.

"Guo wu yuan cheng li jing ji mao yi ban gong shi" [*Conselho de Estado cria Ministério de Economia e Comércio*], *Renmin Ribao*, 12 jun. 1992, p. 1.

"Guo wu yuan pi zhuan jin nian jing ji ti zhi gaige yao dian" [*Conselho de Estado publica os aspectos principais da reforma do sistema econômico referentes ao ano em curso*], *Renmin Ribao*, 29 mar. 1992, p. 7.

Haass, Richard N., "*Paradigm Lost*", *Foreign Affairs*, vol. 74, n° 1, jan.-fev. 1995, pp. 44-58.

Hao Yufan e Huan Guacang, eds., *The Chinese View of the World*, Pantheon Books, New York, 1989.

Harding, Harry, *China's Foreign Relations in the 1980s*, Yale University Press, New Haven, 1984.

——, *A Fragile Relationship. The United States and China since 1972*, Brookings Institution, Washington, D.C., 1992.

——, *China's Second Revolution*, Brookings Institution, Washington, D.C., 1987.

——, "'On the Four Great Relationships', The Prospects for China", *Survival*, vol. 36, n° 2, verão 1994, pp. 22-42.

——, "China at the Crossroads, Conservatism, Reform or Decay?", *AdELPhi*, 275, mar. 1993, pp. 36-48.

―, "Asia Policy to the Brink", *Foreign Policy*, n° 96, outono 1994, pp. 57-74.

Harrison, James Pinckney, *The Long March to Power, A History of the Chinese Communist Party, 1971-79*, Praeger, New York, 1972.

He Bin e Guo Xin, "Zhong gong "taize dang" [*O principesco partido do Partido Comunista*], *Shi Bao Wen Hua*, Taipei, 1992.

He Po-shih, "Ba zhong chuan hui qianxi Wang Zhen dangmian ma Deng Xiaoping; Deng Xiaoping yuan chengdan 'Liu Si' ce ren; Yang Shangkun biaotai quan jun ting Jiang Zemin" [*Wang Zhen censura Deng Xiaoping na véspera do 8º Pleno, quando Deng se mostra disposto a assumir responsabilidade pelo acontecido em "4 de junho," e Yang Shangkun apóia ostensivamente o rumo do trabalho que Jiang Zemin desenvolve no exército*], *Tangtai*, 15 dez. 1991, p. 16.

―, "Shi si ta daibiao ben ye di chan sheng" [*Nomes dos delegados para o XIV Congresso Nacional do Partido Comunista Chinês serão divulgados no fim de maio*], *Tangtai*, 15 maio 1992, p. 12.

―, "Sulian bianzheng, zhonggong dui nei ru he shuo?" [*O que diz internamente o Partido Comunista Chinês na esteira da mudança de situação ocorrida na União Soviética?*], *Tangtai*, jan. 1992, pp. 41-52.

―, "Zhonggong li cu jia qiang kongzhi jun dui" [*Lamentando as mudanças na União Soviética, o Partido Comunista Chinês busca controle mais rígido sobre as Forças Armadas*], *Tangtai*, 15 jan. 1992, pp. 53-54.

Hicks, George, *The Broken Mirror, China After Tiananmen*, St. James Press, Chicago, 1990.

Hoagland, Jim, "Senior Chinese Official Who Fled Emerges from Hiding," *Washington Post*, 4 set. 1989, p. A1.

Hockstader, Lee, "Russia, China Affirm 'Strategic Partnership'". *Washington Post*, 26 dez. 1996, p. A19.

Holloway, Nigal, "No ordinary general", *Far Eastern Economic Review*, 12 dez. 1996.

Hong Heping, "'Sheng ming xian' geng ju sheng ming li" [*"Salva-vidas" ganha mais vigor*], *Jiefang Junbao*, 21 jul. 1992, p. 1.

Hsia Yu-hung, "Deng Xiaoping says army must serve as guarantee for reform and opening up", *Lien Ho Pao*, 10 maio 1992, p. 2.

Huang, Cary, "Bo Yibo Supports Shenzen Price Reform Program", *Stan-*

dard, 24 jan. 1992, p. A6.

Huang Ching, "Chen Yun ti shi tiao yi jiang" [*Chen Yun apresenta 10 opiniões divergentes*], *Cheng Ming*, 1º ago. 1992, pp. 15-16.

Huang Yasheng, "Why China Will Not Collapse", *Foreign Policy*, nº 99, verão 1995, pp. 54-68.

Huo Szu-fang, "Three main points in Deng Xiaoping's remarks delivered during southern China tour, principles set for personnel arrangements at Fourteenth National Congress", *Ching Pao*, 5 mar. 1992, pp. 34-37.

Huus, Karl, "The Hard Edge", *Far Eastern Economic Review*, 9 nov. 1995, p. 28.

"Jia qiang zhi liang jian she, duo you zhong guo te se de jing bing zhi lu" [*Melhorar a qualidade, seguir uma via indiscutivelmente chinesa para o adestramento de tropas de elite*], *Jiefang Junbao*, 1º jan. 1992, p. 1.

Jia Yong, "Zai gai ge zhong fen jin de ren min jun dui" [*A reforma do Exército do Povo avança rapidamente*], *Liaowang*, 27 jul. 1992, pp. 4-5.

Jiang Zemin, "Ba jing ji jian she he gai ge kai fang gao de geng kuai geng hao" [*Realizar um trabalho melhor e mais rápido com a reforma e a abertura*], *Renmin Ribao*, 15 jun. 1992, p. 1.

——, "Building Socialism the Chinese Way", *Beijing Review*, 8-14 jul. 1991, pp. 15-32.

——, "Jiakuai gaike kaifang he xiandaihua jianshe bufa duoqu zhongguo tese shehui zhuyi shiye de genda shengli" [*Acelerar o ritmo da reforma, da política de portas abertas e da modernização, a fim de sustentar o empenho por vitórias ainda mais grandiosas pela causa do socialismo com características chinesas*], *Renmin Ribao*, 21 out. 1992, pp. 1-3.

"Jiang Zemin jie 'si hao wen jian' biaotai" [*Jiang Zemin declara sua posição por meio do "Documento Nº 4"*], *Tangtai*, 15 jun. 1992, p. 10.

"Jiang Zemin Di da su lian jin xing zheng zhi fang wen" [*Jiang Zemin Chega à União Soviética para uma visita oficial*], *Renmin Ribao*, 16 maio 1991, p. 1.

Joint Economic Committee, Congress of the United States, *China's Economic Dilemmas in the 1990s*, M.E. Sharpe, Armonk, NY, 1992.

Joffe, Ellis, *Party and Army Professionalism and Political Control in the Chinese Officer Corps, 1949-1964*, Harvard University Press, Cambridge, 1971.

——, "The PLA and the Chinese Economy, The Effect of Involvement", *Survival*, n° 2, verão 1995, pp. 42-43.

Kau, Michael Ying-Mao e Susan H. Marsh, eds., *China in the Era of Deng Xiaoping*, M.E. Sharpe, Armonk, NY, 1993.

Kaye, Lincoln, "Bitter Medicine", *Far Eastern Economic Review*, 5 set. 1991, p. 10.

——, "Avoiding the Issues", *Far Eastern Economic Review*, 12 dez. 1991, p. 12.

——, "Shaping the Succession", *Far Eastern Economic Review*, 8 abr. 1993, pp. 10-11.

Kim, Samuel S., *China and the World*, Westview Press, Boulder, 1984.

——, "China as a Regional Power", *Current History*, vol. 91, n° 566, set. 1992, pp. 247-52.

Kissinger, Henry, *White House Years*, Little, Brown, Boston, 1979.

Kristof, Nicholas D. e Wudunn, Sheryl, *China Wakes*, Random House, New York, 1994.

Kuang Pi-hao, "Zhong gong jun fang da zheng dun" [*Reorganização em grande escala das forças armadas chinesas*], *Kuang Chiao*, 16 ago. 1992, pp. 14-15.

Lam, Willy Wo-lap, "Jiang, 'Shanghai Faction' Expanding Influence", *South China Morning Post*, 2 jan. 1992, p. 10.

——, "Sources Report 'Intensified' Factional Strife", *South China Morning Post*, 11 mar. 1992, p. 13.

——, "Politburo Session Upholds 'Deng Xiaoping Line'", *South China Morning Post*, 13 mar. 1992, pp. 1, 10.

——, "Tian Jiyun Proposes 'Special Leftist Zone'", *South China Morning Post*, 7 maio 1992, pp. 1, 10.

——, *China After Deng Xiaoping*, Wiley, Singapura, 1995.

Lardy, Nicholas R., "Chinese Foreign Trade", *China Quarterly*, n° 132, set. 1992, pp. 691-720.

Lei Zhonyu, "Geng fang kuan xie geng da dan xie" [*Abertura mais ousada e mais ampla*], *Renmin Ribao*, 26 jan. 1992, p. 1.

——, "Yang Shangkun dao cha Zhu Hai shen zhen" [*Yang Shangkun inspeciona Shenzhen e Zhuhai*], *Renmin Ribao*, 2 fev. 1992, p. 1.

Li Cheng, "Jiang Zemin's Successors, The Rise of the Fourth Generation of Leaders in the PRC", *China Quarterly*, n° 161, mar. 2000.

Li Cheng e White, Lynn, "The Thirteenth Central Committee of the Chinese Communist Party", *Asian Survey*, n° 4, abr. 1988, pp. 371-99.

——, "The Army in the Succession to Deng Xiaoping", *Asian Survey*, n° 8, ago. 1993, pp. 757-86.

Li Ming, "Deng Says That Failure to Boost Economy Will Lead to Collapse of Communist Party", *China Pao*, 5 dez. 1991, p. 34.

Li Peng, "Guan yu dang qian jing ji xing kuan he jin yi bu gao hao guo ying da zhong xing qi ye de wen ti" [*A atual situação econômica e a questão do aprimoramento das empresas estatais de grande e médio porte*], *Renmin Ribao*, 11 out. 1991, p. 1.

Li Renzhu, "Da li jia qiang ge ji ling dao ban zi jian she" [*Principais delineamentos da Organização do Partido Comunista Chinês para o exercício de 1992*], *Renmin Ribao*, 10 dez. 1991, p. 1.

Li Tzu-ching, "Deng xunshi wu sheng shi fan ji Chen Yun" [*Deng Xiaoping em viagem de inspeção por cinco províncias; reação contra Chen Yun*], *Cheng Ming*, n° 184, 1 fev. 1992, pp. 9-14.

Li Yunqi, "China's Inflation", *Asian Survey*, n° 7, jul. 1989, pp. 655-58.

Li Zhisui, *The Private Life of Chairman Mao*, Random House, New York, 1994.

Liang Zhang, compil., Andrew Nathan e Perry Link, eds., *The Tiananmen Papers*, Public Affairs, New York, 2001.

Lieberthal, Kenneth, Governing China, *From Revolution Through Reform*, W.W. Norton, New York, 1995.

Lin Painiao, "Zhong gong xin xing dui mei zheng ce" [*O Partido Comunista Chinês formula nova política em relação aos EUA*], *Cheng Ming*, n° 170, 1° dez. 1991, pp. 17-19.

Lin Wu, "Deng Xiaoping tan pi 'zuo' yu zheng gai" [*Deng Xiaoping e a crítica ao 'esquerdismo' e à reforma política*], *Cheng Ming*, n° 185, 1° jun. 1992, pp. 13-14.

——, "Zhuhai Yuanlin junwei huiyi neiqing" [*Versão interna da reunião da Comissão Militar Central realizada na casa de hóspedes de Yuanlin* em *Zhuhai*], *Cheng Ming*, n° 182, 1° mar. 92, pp. 15-16, 89.

Liu Binyan, "Against the Wind", *Far Eastern Economic Review*, 9 nov. 1995, p. 26.

Liu Li-kai, "Two Preparatory Groups for Fourteenth CCP National Congress", *Chiu-shih Nien-tai*, 1° abr. 1992, p. 17.

Liu Pi, "Evil Wind of Praising Chen, Speaking Ill of Deng, Criticizing Zhao Prevails in Beijing, Difficulties in Implementing Deng Xiaoping's Three Policy Decisions", *Ching Pao*, out. 1991, pp. 14-16, 26-28.

Liu Ying, "Deng Personally Decided on Tactics for Talks with Baker", *Ching Pao*, Hong Kong, 5 dez. 1991, pp. 30-31.

Lo Ping, "Chen Yun pai de da fan pu" [*Contra-ofensiva de grande escala das facções de Chen Yun*], *Cheng Ming*, n° 186, 1° abr. 1992, pp. 12-14.

——, "Chen Yun xiang Deng de xin tiao zhan" [*Resposta de Chen Yun à nova contestação de Deng*], *Cheng Ming*, n° 184, 1° fev. 1992, pp. 6-8.

——, "Deng Xiaoping cheng ren dang nei fen ji yan zhong" [*Deng Xiaoping admite existência de sérias diferenças dentro do Partido Comunista Chinês*], *Cheng Ming*, n° 189, 1° jul. 1992, pp. 15-17.

——, "Deng Chen jiao feng de xin zhan yi" [*Um novo capítulo na batalha entre Deng e Chen*], *Cheng Ming*, n° 186, 1° abr. 1992, pp. 8-11.

——, "Liang jutou Shanghai jiao feng ji" [*Ata da reunião de Shanghai entre os dois líderes*], *Cheng Ming*, n° 185, 1° mar. 1992, pp. 6-11.

——, "Shi si ta qian xi Deng Chen dui zhen" [*Deng e Chen se enfrentam na véspera do XIV Congresso Nacional do Partido Comunista Chinês*], *Cheng Ming*, n° 192, 1° out. 1992, pp. 6-8.

——, "Wang Meng shi jain yu He Jingzhi xin zheng shi" [*A hora de Wang Meng e a nova ofensiva de He Jingzhi*], *Cheng Ming*, n° 170, 1° dez. 1991, pp. 11-13.

Lo Ping e Li Tzuching, "Deng Chen liang pai jiao feng yu ba zhong chuan hui" [*Duelo entre as facções de Deng e Chen e a 8ª Sessão Plenária*], *Cheng Ming*, n° 170, 1° dez. 1991, pp. 6-8.

——, "Jie mi wen jian zhong de bu wen di chu" [*Áreas instáveis arroladas em documento de alto sigilo*], *Cheng Ming*, n° 183, 1° jan. 1992, pp. 8-9.

Lu Donggeng, "Jiao ta shi di, zhen zhuo shi gan, li shi xing shi zhu yi"

[*Enquanto inspeciona tropas sediadas em Jiangsu, Jiang Zemin exorta todo o Exército a dar apoio aos princípios da estruturação do Exército por meio de trabalho árduo, de parcimônia e com ênfase em resultados práticos*], *Jiefang Junbao*, 26 jan. 1992, pp. 1, 4.

Lu Feng, "Zu zhi gong zuo yao geng hao wei jing ji jian she fu wu" [*O trabalho de organização deve servir à estruturação econômica*], *Renmin Ribao*, 5 ago. 1992, p. 1.

Lu Tai, "Yang Shangkun dao Xinjiang buzhi fang tubian" [*Yang Shangkun inspeciona Xinjiang, toma providências para evitar mudanças súbitas*], *Cheng Ming*, nº 184, 1º fev. 1992, pp. 27-28.

Lu Yu-sha, "Deng Xiaoping jiu er wu jianghuo fadong gaige di er gongshi" [*Discurso de Deng visto como uma ofensiva para lançamento da reforma*], *Tangtai*, 15 jan. 1992, pp. 35-37.

Luo Yuwen, "More on Yang's Remarks", *Xinhua*, 23 mar. 1992.

——, "Army Urged to Fulfill 'Glorious Mission'", *Xinhua*, 15 out. 1992.

McCormick, Barrett L; Su Shaozhi; e Xiao Xiaoming, "The 1989 Democracy Movement, A Review of the Prospects for Civil Society in China", *Pacific Affairs* vol. 65, nº 2, verão 1992, pp. 182-202.

Meisner, Maurice, *The Deng Xiaoping Era*, Hill and Wang, New York, 1996

Miller, H. Lyman, "The Post-Deng Leadership. Premature Reports of Demise?" *Washington Journal of Modern China*, nº 2, outono-inverno 1994, pp. 1, 16.

Ming, Ruan, *Deng Xiaoping, Chronicle of an Empire*, Westview Press, Boulder, 1994.

Montinola, Gabbriella, Qian Yingyi, e Barry R, Weingast, "Federalism, Chinese Style, The Political Basis for Economic Success in China", *World Politics*, nº 48, out. 1995, pp. 50-81.

Mufson, Steven, "A Tiananmen Symbol", *Washington Post*, 3 jun. 1995, p. A18.

——, "China's Global Grain of Difference", *Washington Post*, 9 fev. 1996, pp. A1, A31.

——, "China, Russia Swap Support, Sign Array of Agreements", *Washington Post*, 26 abr. 1996, p. A27.

―――, "China's Growing Inequality", *Washington Post*, 1º jan. 1997, pp. A1, A26-A27.

Mulvenon, James C, *The Rise and Fall of the Chinese Military-Business Complex, 1978-1998*, M.E. Sharpe, Armonk, NY 2001.

Munro, Ross H, "Awakening Dragon", *Policy Review*, nº 62, outono 1992, pp. 10-16.

Nelsen, Harvey W., *The Chinese Military System, An Organizational Study of the Chinese People's Liberation Army*, 2ª ed., Westview Press, Boulder, 1981.

Ning Ma, "Deng Xiaoping yi jun gan zheng" [*Deng Xiaoping usa o Exército, em vez do Partido, para promover a reforma*], *Tangtai*, 15 jun. 1992, p. 12.

Nixon, Richard, *In The Arena*, Simon & Schuster, New York, 1990.

"No Change in China's Special Economic Zone Policies", *Wen Wei Pao*, 25 abr. 1982, p. 1.

"Nu li kai qiang nung ye he nung cun gong zuo xin ju huo" [*Trabalhar com afinco para criar uma nova situação para as atividades rurais e agrárias*], *Renmin Ribao*, 30 nov. 1991, p. 1.

Oksenberg, Michael, "China's Thirteenth Party Congress", *Problems in Communism*, vol. 36, nº 6, nov.-dez. 1987, 1-17.

"Opening Wider", *China Daily*, 16 jun. 1992, p. 4.

Overholt, William H., *The Rise of China*, W.W. Norton, New York, 1993.

Pang Xiecheng, "Jiang Zemin hui lai Shanghai" [*Jiang Zemin retorna a Shanghai*], *Renmin Ribao*, 26 jan. 1992, p. 1.

Ping Huangfu, "New Lines of Thought Needed in Reform and Opening", *Jiefang Ribao*, 2 mar. 1991, p. 1.

―――, "Reform and Opening Requires a Large Number of Cadres with Both Morals and Talent", *Jiefang Ribao*, 12 abr. 1991, p. 1.

Pollack, Jonathan D., "Chinese Global Strategy and Soviet Power", *Problems in Communism*, vol. 30, nº 1, jan.-fev. 1981, pp. 54-69.

Pye, Lucian W., "An Introductory Profile, Deng Xiaoping and China's Political Culture", *China Quarterly*, nº 135, set. 1993, pp. 412-44.

Reagan, Ronald, *An American Life*, Simon & Schuster, New York, 1990.

"Realities to Be Faced in China in the Wake of the Dramatic Changes in the USSR and Strategic Choices", *Zhongguo Qingnian Bao*, 1º set. 1991.

Saich, Tony, "The Fourteenth Party Congress, A Programme for Author--itarian Rule", *China Quarterly*, nº 132, dez. 1992, pp. 1136-60.

"Sansi shizi zhongyang zhunhui jueding" [*XIV Congresso divulga decisão no 3º Pleno*], *Renmin Ribao*, 17 nov. 1993, pp. 1-2.

Schell, Orville, *Mandate of Heaven*, Simon & Schuster, New York, 1994.

Segal, Gerald, "China Changes Shape, Regionalism and Foreign Policy", *AdELPhi*, 287, mar. 1994.

——, "China and the Disintegration of the Soviet Union", *Asian Survey*, nº 9, set. 1992, pp. 848-868.

Shambaugh, David L., *The Making of a Premier*, Westview Press, Boulder, 1984.

——, "The Fourth and Fifth Plenary Sessions of the Thirteenth CCP Central Committee", *China Quarterly*, nº 118, dez. 1989, pp. 852-62.

——, "Regaining Political Momentun, Deng Strikes Back", *Current History*, vol. 91, nº 566, set. 1992, pp. 257-261.

——, "Introduction, Assessing Deng Xiaoping's Legacy", *China Quarterly*, nº 135, set. 1993, pp. 409-412.

——, "Deng Xiaoping, The Politician", *China Quarterly*, nº 135, set. 1993, pp. 457-91.

——, "Growing Strong, China's Challenge to Asian Security", *Survival*, vol. 36, nº 2, verão 1994, pp. 43-59.

——, "China's Changing Shape", *Foreign Affairs*, vol. 73, nº 3, maio-jun. 1994, pp. 44-58.

Shan Yueh, "Shi si da ren shi dou zheng su mu zhan" [*Prelúdio da luta pela designação de pessoal na véspera do XIV Congresso Nacional do Partido Comunista Chinês*], *Cheng Ming*, 1º abr. 1992, p. 15.

Shi Genxing, "Jian ding bu yi de shen huo jun dui gaige" [*Aprofundar resolutamente a reforma do Exército*], *Jiefang Junbao*, 31 jul. 1992, p. 3.

Shih Chun-yu, "Zhong yang bu zhi jia su gaige kaifang" [*Governo Central providencia rapidez na reforma e abertura*], *Ta Kung Pao*, 4 mar. 1992, p. 2.

Shirk, Susan L, *The Political Logic of Economic Reform in China*, University of California Press, Berkeley, 1993.

Shultz, George P., *Turmoil and Triumph*, Macmillan, New York, 1993.

Smith, Craig S, "China Sends its Army Money, and a Signal to the US", *New York Times*, 11 mar. 2001, p. A1.

"State Planning Commission to Transform Function in Five Areas", *Ching-chi Tao-pao*, 15 jun. 1992, p. 11.

"Stepping Out, China's Lengthening Shadow", *International Defense Review*, fev. 1995, p. 35.

"Sulian zhengbian chendiao Beijing" [*Deposição do governo soviético estremece Pequim*, *Pai Hsing*, 1º out. 1991, pp. 3-4, 22-23.

Sun Chin-hui, "Tian Jiyun Reveals Background on Deng Xiaoping's Talks During His Inspection in South China", *Kuang Chiao Ching*, 16 jul. 1992, pp. 12-14.

Sun Kuo-han, "Deng Delivers Long Speech at Shoudu Iron and Steel Company, Advocates Promoting Talent in Economic Management to Run Government", *Ching Pao*, 5 jul. 1992, pp. 1-35.

Sun, Lena H., "Moderate to Become Chinese Vice-Premier", *Washington Post*, 3 abr. 1991, p. A20.

——, "Baker Says Gains Made with China", *Washington Post*, 18 nov. 1991, p. A1.

——, "Center May Reclaim Power in China", *Washington Post*, 29 out. 1993, p. A33.

——, "Beijing, Fearing Unemployment, Slows Reform of State Industries", *Washington Post*, 20 abr. 1994, p. A15.

Swaine, Michael D., *The Military and Political Succession in China*, Rand Report R-4254-AF, Rand Corporation, Santa Monica, 1992.

Tai Ming Cheung, "The Last Post", *Far Eastern Economic Review*, 23 nov. 1989, p. 10.

——, "Policy in Paralysis", *Far Eastern Economic Review*, 10 jan. 1991, pp. 10-11.

——, "Marking Time", *Far Eastern Economic Review*, 8 ago. 1991, p. 25.

——, "General Offensive", *Far Eastern Economic Review*, 10 dez. 1992, p. 14.

Tang Chia-liang, "Zhonggong junwei guangda huiyi mi liang renshi biange jianxiao yezhang jun, qi ta jun chu bu biandong" [*A Comissão Militar se reúne em segredo numa sessão ampliada para discutir cortes em pessoal, redução nos Corpos de Exército, mas as sete regiões militares continuarão*], *Kuang Chiao Ching*, 16 maio 1992, pp. 12-16.

Tan Xianci, "Qiao Shi Inspects Guangxi", *Xinhua*, 6 fev. 1992.

Tang Hsiao-chao, "Jiang Zemin shi lung nei mu" [*Versão interna sobre a perda de prestígio de Jiang Zemin*], *Kai Fang*, 18 mar. 1992, pp. 16-17.

Taylor, George E., "China as an Oriental Despotism", *Problems of Post Communism*, nº 1, jan.-fev. 1995, pp. 25-28.

Thakur, Ramesh e Thayer, Carlyle A., eds., *The Soviet Union as an Asian Power*, Westview Press, Boulder, 1987.

Thornton, Richard C., *China, A Political History, 1917-1980*, Westview Press, Boulder, 1982

——, *The Nixon-Kissinger Years*, Paragon Press, New York, 1989.

——, *The Carter Years*, Paragon Press, New York, 1991.

——, "Deng's 'Middle Kingdom' Strategy", in *The Broken Mirror*, 390-400, George Hicks, ed., St. James Press, Chicago, 1990.

——, "Mikhail Gorbachev, A Preliminary Strategic Assessment", *The World and I*, jan. 1993, pp. 583-93.

——, "Chinese-Russian Relations and the Struggle for Hegemony in Northeast Asia", *Problems of Post Communism*, nº 1, jan.-fev. 1995, pp. 29-34.

——, "Russo-Chinese Detente and the Emerging New World Order", The Roles of the United States, Russia, and China in the New World Order. Hafeez Malik (ed.) Nova York: St. Martin's Press, 1997. [trabalho não publicado].

"Tian Jiyun in Hainan; Notes Urgency of Opening", *Xinhua*, 28 jan. 1992.

"Tian Jiyun dang jiao jiany huo ji yao" [*Sumário do discurso de Tian Jiyun diante da Escola do Partido*], *Pai Hsing*, 16 jun. 1992, pp. 4-5.

Tien Fu, "Bo Yibo nuli kaolung Deng Xiaoping" [*Bo Yibo tenta cerrar fileiras com Deng Xiaoping*], *Tangtai*, 15 jun. 1992, p. 21.

Tsen Shan, "Kuanglung kai ming pai de fan chi xuan" [*Desânimo do ataque frenético contra o Grupo dos Esclarecidos*], *Cheng Ming*, nº 184, 1 fev. 1992, pp. 16-17.

Tseng Chi, "Zhong yang wen jian lie yu 'zuo qing' cuo wu" [*Documento do governo central relaciona erros dos "esquerdistas"*], *Cheng Ming*, nº 191, 1º set. 1992, pp. 27-28.

Walder, Andrew G., e Gong, Xianxin, "Workers in the Tiananmen Protests, The Politics of the Beijing Workers' Autonomous Federation", *Australian Journal of Chinese Studies*, nº 29, jan. 1993.

Wang Yihua, "Jun dui sheng chan jing ying wen si liu" [*O que se vê quanto às atividades econômicas e de produção da tropa e idéias resultantes*], *Jiefang Junbao*, 12 dez. 1991, p. 2.

Wei Yung-cheng, "Reveal the Mystery of Huangfu Ping", *Ta Kung Pao*, 8 out. 1992, p. 14.

Wen Li, "Instill Sense of Urgency on Reform and Opening Up", *Wen Wei Pao*, 28 jan. 1992, p. 2.

Whitson, William W., com Huang Chen-hsia, *The Chinese High Command, A History of Communist Military Politics, 1927-1971*, Praeger, New York, 1973.

Wu Duanze, "Gaige kaifang bi xu jia qiang zheng fa gongzi" [*Reforçar as medidas legais em favor da reforma e da abertura*], *Renmin Ribao*, 29 jan. 1992, p. 8.

Wu Wenmin, "Xing ban jingji te chu zheng zhi bu hui shou su yao ba te chu ban de gen kui xie geng hao xie" [*Administrar melhor e mais abertamente as zonas econômicas especiais*], *Renmin Ribao*, 7 fev. 1987, p. 1.

Xing Laizhao, "Ba you huo jie gou fang zai tu chu wei zhi" [*Dar prioridade à organização estrutural*], *Jiefang Junbao*, 15 maio 1992, p. 3.

Yahuda, Michael, *Towards The End of Isolationism, China's Foreign Policy After Mao*, Macmillan Press, London, 1983.

——, "Deng Xiaoping the Statesman", *China Quarterly*, nº 135, set. 1993, pp. 551-73.

Yang Baibing, "Zhun dai yao wei gaige kaifang 'bao jai hu hang'" [*Exér-*

cito será a *"escolta" da reforma e da abertura*], *Renmin Ribao*, 24 mar. 1992, p. 2.

——, "Bang ze qi wei guo jia gaige he jian she bao jia hu hang de zung gao shi ming" [*Arcando com a sublime missão de escoltar e proteger a reforma e a construção da China – em comemoração do 65º aniversário de fundação do exército de libertação do povo*], *Renmin Ribao*, 29 jul. 1992, pp. 1, 3.

Yeh, K.C., "Macroeconomic Issues in China in the 1990s", *China Quarterly*, nº 131, set. 1992, pp. 501-44.

Yen Shen-tsun, "Deng Xiaoping's Talk During His Inspection of Shoudu Iron and Steel Complex", *Kuang Chiao Ching*, 16 jul. 1992, pp. 6-7.

Ying Yi, "Jiang Zemin Recently Returns to Shanghai to Encourage Local Officials", *Ming Pao*, 30 jan. 1992, p. 8.

Yueh Shan, "Shi si da ren shi dou zheng su mu zhan" [*Prelúdio da luta pela designação de pessoal na véspera do XIV Congresso Nacional do Partido Comunista Chinês*], *Cheng Ming*, nº 186, 1º abr. 1992, p. 15.

Yuan Xuequan, "Qiang gan zi yong yuan ting dang zhi hui" [*Canhão fica sempre sob comando do partido*], *Jiefang Junbao*, 19 jul. 1992, p. 1.

Zeng Guangjun, "Zhi liang, jun dui de sheng ming" [*Qualidade, o salva- -vidas do exército*], *Jiefang Junbao*, 3 jan. 1992, p. 3.

Zhang Xiaowei, "The Fourteenth Central Committee of the CCP", *Asian Survey*, nº 8, ago. 1993, pp. 787-803.

Zhao Suisheng, "Deng Xiaoping's Southern Tour", *Asian Survey*, nº 8, ago. 1993, pp. 739-56.

Zheng Yi, *Zhong gong zhun tou dian jiang lu* [*Os generais do alto-comando do exército*], Kaijin Wenhua Ltd., Taipei, 1995.

"Zhonggong fachu si hao wen jian chuan mian chan shu guang da kaifeng" [*Partido Comunista Chinês divulga Documento Número Quatro, expondo integralmente a ampliação da abertura*], *Ta Kung Pao*, 18 jun. 1992, p. 2.

"Zhong gong jue ding cai chu yi xie xin zheng ci xin zuo shi li zheng chuan guo jing ji geng hao geng kuai shang xin tai jie" [*Partido Comunista Chinês decide adotar uma série de novas políticas, a fim de impulsionar a economia*], *Renmin Ribao*, 8 jun. 1992, p. 1.

Bibliografia

"Zhong gong shi san jie zhong gong wei yuan hui jian kai quan hui" [*Comunicado da 8ª Sessão Plenária do XIII Comitê Central do Partido Comunista Chinês*], *Renmin Ribao*, 30 nov. 1991, p. 1.

"Zhong gong zhong yang guan yu zhi ding guo min jing ji he she hui fa zhen shi nian guai hua he "ba wu" ji hua de jian ji" [*Propostas do Comitê Central do Partido Comunista da China para o Programa Decenal de Desenvolvimento e o VIII Plano Qüinqüenal*], *Renmin Ribao*, 29 jan. 1991, pp. 1-4.

"Zhongguo gongchan dang de shi san zi quan guo dai biao de hui kai mu" [*A abertura do XIII Congresso do Partido Comunista*], *Renmin Ribao*, 26 out. 1987, p. 1.

Zhu Rongji, "Exerpts", *Zhongguo Jingji Tizhi Gaige*, 23 fev. 1992, pp. 7-9.

"Zhua Zhu you li shi ji jia kuai gaige kaifang ji zhong shen li ba jing ji" [*Ciência econômica significa aderência ao princípio de aceleração da abertura*], *Renmin Ribao*, 3 mar. 1992, p. 1.

"Zhuan da Deng Xiaoping tong zhi de zhong yao jiang hua jiang diao ba si xiang-tong yi dao jiang hua shang lai" [*Transmissão dos importantes ensinamentos de Deng Xiaoping sobre a unidade do pensamento e das palavras*], *Renmin Ribao*, 14 jun. 1989, p. 1.

"Zhuan jun she hui zhu yi xin nian jiao yu chu de chen ji" [*O exército se concentra na educação socialista*], *Renmin Ribao*, 5 dez. 1991, p. 7.

Zou Jiahua, "Chuan guo ren da chang wei hui zhu xing chuan ti hui" [*Comitê Central do Congresso do Povo realiza uma reunião ampliada especial*], *Renmin Ribao*, 2 set. 1992, pp. 1-2.

Índice

A

Afeganistão, 14, 174
Agricultura, 10, 13, 17, 34, 42, 85-90, 141, 160, 174, 224-32, 242-6, 263
Alemanha Oriental, 24
Anciãos, 28, 34, 56, 59, 65, 76, 82-5, 97-100, 105, 116, 123-30, 138, 145, 178-82, 190, 195, 210, 215, 220, 231, 240, 254-76; a geração dos tempos de Yenan, 42; com Deng, 125; composição, 35; composição dos *genro*, 255; os do exército com autoridade para decidir a sucessão, 209; forçados por Deng à demissão de seus cargos, desde 1978 formavam a Comissão Consultiva Central, 6, 76, 94; grande reunião de novembro de 1992, 78; sabedoria coletiva, 209; tinham credenciais revolucionárias equiparáveis às de Deng, 6

B

Baker, James, 72-82; visita a China divide a chefia chinesa em dois campos, 80

Banco do Povo, 264
baojia: "proteção à dádiva preciosa," o exército como protetor das reformas de Deng, 208
Beidaihe: estação de veraneio onde os chefes se encontraram, em agosto de 1992, antes do XIV Congresso, 232
Bo Yibo, 5, 78, 147, 215; na reunião secreta de Deng com os militares, 100
Brejnev, Leonid: período de decadência em 1981-1982, 22

C

Camboja: cliente da China, invadida pelo Vietnã com apoio soviético, 13
Campanha de Educação Socialista: a de 1962 se transformou na Revolução Cultural, 70; prega reforma, eliminação do capitalismo, luta de classes, comunas populares, recoletivização, 74
Capitalismo, 107, 160, 204; de estado, 1; foi batizado de socialismo com características chinesas, 274
Chen Yeping, 67; maoísta ataca Deng no

Renmin Ribao, 67

Chen Yuan, filho de Chen Yun: alerta contra a campanha rural de educação socialista, 74; sobre os delegados para o XIV Congresso, 119; sobre ideologia, 74; vice-governador do banco central, 265

Chen Yun, arqui-inimigo de Deng Xiaoping: 5-12, 18, 24-39, 42-5, 50-5, 60, 67, 70-85, 93-8, 102, 111-14, 119-33, 136, 140, 143-9, 152, 157, 162-5, 169-71, 191, 195, 212-22, 229-32, 239, 244, 249-53, 257, 268-76; a URSS foi vítima da evolução pacífica, 65; ameaça com um movimento de massas de educação socialista, 236; apresenta sua agenda política, 84; ataca as Quatro Modernizações de Deng, 126; ataca Yeltsin, 63; com Li Peng, cerceia Zhu Rongji na reforma econômica, 149; considera Deng no socialismo democrata, 126; contesta os doze pontos de Deng, 234; contra as ZEE, 11; contra o enfraquecimento do governo central, 7; controla a política econômica, 100; demite-se do Comitê Permanente, mas continua chefe da Comissão Consultiva Central, 28; diz que a China de Deng vai acabar como a Rússia, 217; e a teoria da gaiola, 8; e a linha-dura dos ideólogos, 7; e os acontecimentos de 1989 em Tiananmen, 217; e seus ideólogos de esquerda, 47; e seus seguidores, a facção soviética, 78; entra para o Comitê Permanente em 1978, 4; enveredava rumo a "uma grande revolução cultural proletária", 128; impede a elevação de Zhu Rongji ao Politburo, 46; incutir o pensamento marxista, 126; principal fonte de oposição a Deng, 7;

quer debate da política de Deng, 217; reabilitação em 1977, 1; seus dez pontos contra os doze pontos de Deng, 234

Chi Haotian, 100, 117, 180, 228, 252, 259-60; chefe do Estado-Maior do Exército, 116; em 1996, visitou os EUA, 278

Chiang Kai-shek, 194; estilo de governo, 209

China: 30% de suas exportações são para os Estados Unidos, 279; de 1927 a 1992 não consegue subsistir sem o exército, 199; estatística de defesa, 105; estatística de produção agrícola, 20; objetivo de Deng a China ser centro de um bloco comercial como a União Européia e o NAFTA, 3; relações com os Estados Unidos, 280

Chou Enlai, apresentou os Cinco Princípios da Coexistência Pacífica em 1955, na Conferência de Bandung dos Não-Alinhados, 58

Cinco Princípios de Coexistência Pacífica, 58, 248

Comissão Consultiva Central, Chen Yun chefe: 6, 28, 37, 43, 65, 76, 81, 93, 112, 116, 124-6, 128-33, 190, 212, 215-20, 229, 237-8, 254, 271

Comissão de Planejamento Estatal, 145, 153; inativa na gestão de Zhao Ziyang, 40

Comissão Militar Central, 42, 98, 174; composição, 252

Comitê, 1, 98, 148, 174, 271

Comitê Central, 1, 98, 149, 193, 271; de 1956 expurgado por Mao, 2

Comitê Permanente, 125, 148, 174; composição, 4; composição em 1978, 2

Conferência de Bandung: Chou Enlai, apresentou os Cinco Princípios da

Índice

Coexistência Pacífica, 58
Congresso Nacional do Povo, 217; aprova as ZEE em 1980, 9; aumenta o orçamento militar depois do Kuwait, 56; deu cargos a Hu Qili, Yan Mingfu e Rui Xingwen, 54; em 1993, fez Zhu Rongji czar da economia e governador do banco central, 264; V em 1978, 13; VIII em 1993, 250-1
Congressos do Partido Comunista Chinês, 4, 12, 17, 26-30, 47, 51, 65, 78, 83, 90-2, 118-20, 139-45, 155, 158-62, 168, 171-3, 178-81, 195, 198, 210-21, 225-9, 238-45, 249-53, 256-60, 264, 267, 271; VIII em 1956, 6, 12, 51; VIII em 1956 Mao impõe suas políticas radicais, 273; IX de 1969, 12; X em 1977, 3; XI em 1977-78, 1, 4, 226; XI em 1978 sob Deng pôs a China no caminho da abertura, 230; XII em 1984, 15, 22; XII em 1982, socialismo com características chinesas, 241; XIII de 1987, 26, 29, 225; em 1991, 73; XIV de 1992, 53, 67, 75, 119; XIV efetivou o "Grande Compromisso", 239 ; XV em 1997 Jiang Zemin tenta restabelecer o posto de presidente do partido, 276
Conselho de Estado, o ministério chinês: 3-9, 16, 25, 28, 39, 53-4, 73, 80, 93, 99, 139, 149, 158-62, 168-9, 174, 214, 217-21, 225; cria as quatro primeiras ZEE em 1979, 9
Coreia do Norte, 34; mísseis e tecnologia nuclear, 279
Coreia do Sul, 45, 107, 171; modelo dos *zaibatsu*, 186
Corrupção, 10, 12, 16, 30, 35, 87, 122-3, 126, 136, 217, 220, 235, 242, 268, 273, 276

D

Deng Liqun, 7, 61, 66-8, 84-5, 93, 121, 127-30, 216, 218, 226; defende marxismo-leninismo, 128; manda invadir as universidades, 60; maoista ataca Deng, 67; por outra Revolução Cultural, 128
Deng Xiaoping: a "cor do gato" vira política oficial, 134; acusa Mao e suas políticas esquerdistas, 273; ainda estendeu a mão a Chen Yun para um meio-termo, 239; aplaca os conservadores, 26; as Quatro Modernizações, 126; assumiu e livrou o exército de responsabilidade por Tiananmen, 190; aumenta o número de ZEE e inclui Shanghai, 47; chefe do Estado--Maior do Exército e vice-presidente, 3; China errou em 1950 ao se aliar à URSS contra o Ocidente, 244; com o exército e os anciãos, 125; como reagir aos acontecimentos de 1991 na União Soviética, 68; concorda com a exoneração de Zhao Ziyang, 35; confeccionou a lista dos delegados ao XIV Congresso do partido, 220; contava com duas bases, o exército e os chefes provinciais, 95; contra Hua Guofeng e os maoistas, 4; cria grupo informal de controle da Comissão Militar, 258; decreta a aposentadoria de Yang Shangkun, 209; deixou a aposentadoria para enfrentar a chefia do partido, 243; demite-se do Comitê Permanente mas permanece presidente da Comissão Militar Central, 28; desfecha uma invasão punitiva do Vietnã em 1979, 4, 14; desliga-se de Mao, 274; desprezo pela ideologia comunista, 1; e a oposição, 7;

e agricultura, 19; e o desmoronamento da URSS, 275; em 1978, eleva ao poder Hu Yaobang e Zhao Ziyang, 22; em 1979, começou a transformar a estrutura econômica, 2; em Shanghai, 94; enfrenta antigos companheiros expurgados, 2; entre 1978 e 1989 luta constante pela agenda, 2; de início, era apenas *primus inter pares*, 6; escolhe Tian Jiyun para divulgar sua posição, 222; assegura ao exército uma fonte de renda estável, 203; em 1992, exclue Song Ping e Yao Yilin da cúpula, 250; expurgado por Mao na Revolução Cultural em 1965, e de novo em 1976, 1; faz Liu Huaqing novo comandante do exército, 258; faz maioria contra Hua Guofeng, 4; fez Zhao Ziyang primeiro-ministro, 10; fica sem aliados no Comitê Permanente, 37; foi da Longa Marcha, 174; forçou os chefes a irem ao seu encontro em Shanghai, 119; formou a Comissão Consultiva Central com os anciãos forçados a se demitirem desde 1978, 76; instigado a agir pelo golpe fracassado em Moscou em 1991, 85; juntou em vigilância mútua o exército, a segurança pública, os funcionaários das províncias e os chefes centrais, 272; linha mestra de um centro e dois pontos, 226; maioria sobre Hua Guofeng no comitê permanente em 1978, 2; manteve Li Peng no Politburo para amaciar Chen, 239; movido contra Chen Yun pelo desmantelamento da União Soviética, 55; objetivo para a China de uma renda per capita de mil dólares no ano 2000, 3; pende para os Estados Unidos para modernizar a China, 22; perde o controle da política econômica em 1989, 37; pôr a China entre as duas superpotências, 22; precisava nomear o Politburo, o Comitê Permanente e o Comitê Central, 212; prefere não atropelar Chen Yun, 232; prega a abertura onidirecional, 230; queria nada menos que uma abertura total da China ao capital estrangeiro, 230; reabilitação em 1977, 1; reage ao *Renmin Ribao*, 70; recua das relações com os EUA, 14; reúne os seus amigos no Zhongnanhai, 129; reunião secreta com a Comissão Militar, 100; "se dá certo é socialista", 134; seu lema de 24 palavras, 67; seus doze pontos, 234; seus pronunciamentos no Documento Central nº 2, 131; só o crescimento acelerado salva a China, 85; socialismo de mercado, 148; sua demissão e aposentadoria em 1989, 42; sua estratégia de "Império do Meio", 81; sua política externa, 251; sua teoria dos três mundos, 15; sucesso das ZEE, 119; tenta elevar Zhu Rongji de Shanghai para o Politburo e não consegue, 46; tenta reatar com a URSS em 1978, 22; vê um lento resvalar para a luta de classes, 78; visita com Zhu a siderúrgica de Pequim, 154; vitória no XIV Congresso, 249; volta ao Comitê Permanente no X Congresso, 3; voltou ao poder em 1978 comandando o exército, 174

Deng Yingchao, 5, 35, 119; da primeira geração de anciãos sobrevivente, 76

Diário da Liberação, 48

Diário do Exército, 186

Ding Guangen: parceiro de bridge de Deng, 250

Diretriz das 24 Palavras de Deng em 1991, 57

Índice

Documento Central, 131-3, 148-54, 158, 161, 193-4; nº 2 de 1992, 124; nº 2 descreve a filosofia de Deng, 132; nº 2 Li Peng adota sua retórica, 139; nº 4 deu a Zhu Rongji a autoridade administrativa para a reforma, 149; nº 4 e 5 abriram todo o país, 216; nº 4 reforma econômica para cem anos, 216 ; nº 5 de 1992 indústrias terciárias ou de serviços, 160

E

ELP-Exército de Libertação do Povo, 28, 35, 61, 69-72, 95-7, 101, 104-7, 117, 146, 151, 174-200, 204-12, 247, 252-4, 260, 268-77; a ele se deve o êxito do partido, 275; como torná-lo rico e poderoso, 259; Deng assume o controle, 14; guardião do compromisso articulado por Deng, 256; locus ou local do poder do Partido Comunista, 255; manifesta--se favorável às políticas de Deng, 181; mudança de comando, 210; observa a rápida vitória americana no Kuwait, 56; oficiais mais revolucionários, mais jovens e mais competentes, 207; pacto com Deng Xiaoping, 275; papel na sociedade chinesa, 173; papel político no esquema de Deng, 173; respalda um estado unido e o poder do partido, 209; sustenta o programa de Deng, 70

Esquerdistas, 27, 60, 65-70, 74, 83, 92-3, 98, 105, 110-11, 119, 129-32, 142, 149, 204-5, 226, 227, 228, 230, 236, 244, 250, 273; clamam por uma educação socialista rural, 225; controle da propaganda, 61; Deng não dá espaço a suas ideias, 249; pedem uma nova Revolução Cultural para expurgar os reformadores, 94; tentam recredenciar os membros locais do partido, 120

Estados Unidos, 15, 22-3, 76, 79-82, 104, 151, 174, 278; bombardeiam a embaixada chinesa em Belgrado, 277; constataram que a vulnerabilidade da China é sua economia, 279; NAFTA, 3; normalizaram relações com a China em 1978, 4; relações com a China, 280

Estudantes, 119, 176, 278; revolta em 1986, 21

F

Facção americana, 152; expurgo, 39

Facção soviética: ataque cerrado a Zhu Rongji, 57; esquerdista, tenta controlar a designação dos delegados ao XIV Congresso, 119; tenta desencadear a luta de classes, 51; vitória sobre Deng em 1988, 40

Fazendas coletivas: Li Peng prega a volta, 42

G

Gangue dos Quatro: acusam Deng em 1970, 44; era melhor a China ser povo pobre socialista que rico capitalista, 274

Gao Di, 92, 110, 250; critica o fracasso do golpe de agosto em Moscou – "foram moles", 63; editor do *Renmin Ribao*, 66; diz que Gorbachev repudiou Stalin, 64; maoista ataca Deng, 67

Gato preto ou gato branco, famosa tirada de Deng: 27, 123, 134, 238

Genro: modelo de anciãos do imperador japonês, 76
Golpe de 19 de agosto de 1991 em Moscou, 55, 61, 76
Gorbachev, Mikhail, 23, 33, 64-8, 152, 175; chega ao poder em 1985, 22; com Jiang Zemin, 58; Partido Comunista Chinês faz lista de acusações a ele, 62; repudia a luta de classes, muda o caráter do partido comunista e aceita a democracia parlamentar, 63; socialismo inovador, 58; visita a China em 1989, 57
"Grande Compromisso": efetivado no XIV Congresso do partido, 239; seus principais atores, 275
"Grande Salto para a Frente", 1958-1960, 8, 213; de 1958 resultou em penúria e estragos na produção, 273
Gu Mu: estudou as ZEE, 9
Guangming Ribao: proclamou acertada a Revolução Cultural, 66
Guerra do Golfo, 54, 98, 182
Guerra Irã-Iraque, 175
Guerra moderna, 14, 117, 187, 196, 206, 247

H

He Jingzhi, 92, 121, 216
Hong Kong, 8, 107, 150, 232; desenvolvimento, 156
Hu Jintao: no Comitê Permanente em 1992, 250-1; no Politburo, 249; no secretariado da Secretaria-Geral, 250; socialismo de mercado, 251
Hu Qiaomu: maoista ataca Deng, 67

Hu Yaobang, 5, 174; aliado de Deng, 42; da Longa Marcha no Politburo, 27; no poder com Deng em 1978, 22; protegido de Deng no Comitê Permanente em 1980, 4
Hua Guofeng, 5, 13; expulso do poder por Deng, 174; impede reatamento com a URSS em 1978, 22; oposição às políticas de Deng, 1; perdeu para Deng, demitiu-se de primeiro-ministro do Conselho de Estado em 1980 e de presidente em 1981, 4; presidente da China, 3; protestos no Muro da Democracia, 21; sucessor na morte de Mao escolhido por ele, 2
Huangfu Ping: era na verdade três pessoas, 48
Hungria, 24

I

Império do Meio, 55, 230
Intelectuais, 33, 61, 66, 246, 251; protegidos por Hu Yaobang, 21; torcem as ideias de Deng, 21
Irã: mísseis e tecnologia nuclear, 279
Iugoslávia, 143, 217

J

Japão, 104; desenvolvimento, 156; modelo de exportação, 19; modelo do MITI, 162; modelo dos *zaibatsu*, 186; orçamento de defesa, 105; os *genro*, 6, 76; rotas do petróleo, 231
Jiang Zemin, 29, 56-61, 68-72, 75, 78-83,

Índice

93, 98-104, 115-20, 124, 138-40, 144, 147, 160, 181-3, 195, 214, 219, 222, 228-33, 237, 240-56, 262, 267, 276-8; cercado de mais experientes, 251; com Gorbachev, 58; contra a influência esquerdista, 244; e os soviéticos, 57; no Comitê Permanente, 250; "o Ocidente é o nosso inimigo", 190; prevê luta de classes, 59; promovido a secretário--geral do PCC em 1989, 46; substitui Zhao Ziyang, 36; visita Moscou em 1991, 57

K

Khruschev, Nikita, 65

L

Li Peng, 55, 99, 147, 178, 278; continuava a derramar verbas nas empresas estatais, 49; convence Deng que Tiananmen ameaçava a estabilidade, 34; despacha 500 mil prosélitos para uma campanha de educação socialista no campo, 75; do lado de Chen Yun, 29, 70; no Conselho de Estado, 73; novo primeiro-ministro, 26; planejador central marxista, 27; prega um movimento de educação socialista no campo, 73
Li Ruihuan, 29, 37, 68-72, 92-4, 98, 116, 119, 228, 249-53; *alter ego* de Deng, 251; encarregado da propaganda, 36; socialismo de mercado, 251
Li Tieying, 29, 249; ministro da educação em concessão aos intelectuais, 251
Li Xiannian, 4-7, 12, 35, 94, 130, 216, 219
Li Ximeng, 92
Liberalização burguesa, 21-6, 31-6, 44, 59, 80, 84, 93, 122, 127, 132, 137, 152, 183, 234, 242-4
Líbia: mísseis e tecnologia nuclear, 279
Liu Huaqing, 178, 272; ancião do exército, 209; general aliado de Deng, 56; membro da Comissão Militar, 102; em 1992, novo comandante do Exército de Libertação do Povo, 210, 258
Longa Marcha: criou laços pessoais e credenciais revolucionárias, 174
Luta de classes, 52, 64, 78, 129, 184, 234, 241, 244; Deng não lhe dá espaços, 249; Gorbachev repudia, 63; na China após o VIII Congresso de 1956, 51; previsão de Jiang Zemin, 59; tentativa da facção soviética, 51

M

Macau, 150
Mao Tse-tung, 6, 8, 25, 44, 54, 59-61, 65-7, 71, 85, 110, 120, 126-9, 151, 157, 174, 186, 207, 212-14, 226, 229, 233, 257, 270-75; apelou para o exército, 173; contra "oportunistas de direita", 122; contra a estrutura partidária nos anos 1960, 74; controlou os comitês rurais para fazer a Revolução Cultural, 119; derrota a facção internacional em 1945, 216; desastrosa política econômica, 1; e o "Grande Salto para a Frente", 8; escolheu sucessor Hua Guofeng, 2; expurgou o Comitê Central de 1956, 2; impõe suas políticas radicais no VIII Congresso de 1956, 273; suas políticas

revogadas por Deng, 274
Marxismo, 12, 126, 160, 202, 275
Marxismo-leninismo, 25, 128, 218
Muro da Democracia, 11; protestos contra Hua Guofeng em 1979, 21

N

Nanquim, 125
Nie Rongzhen: da primeira geração sobrevivente de anciãos, 76
Nixon, Richard, 23, 31; visita a China em 1985, 22
NT: Acepção maoista de *capitalist roaders*, 66; Campanha das Cem Flores, 167; *Genro*, 6; Kuomintang, 198; Marinha de águas azuis, 72; Muro da Democracia, 11; Os "Três Ferros," 235; os oito traços do mandarim, 181; Projeto Pudong, 235; Whampoa, 194; Yenan destino da Longa Marcha, 27

O

OTAN, 13, 277

P

Pacto de Varsóvia, 24
Paquistão: mísseis e tecnologia nuclear, 279
Partido Comunista Chinês, 52, 97, 149, 202, 270; furioso com Gorbachev, 62
Partido Comunista da União Soviética, 55, 62, 270

Peng Zhen, 5, 117, 193; tentou tomar o poder de Deng em 1980, 7
People's Daily, 34, 63, 201
Pequim, 99, 125, 147, 178, 277
Petróleo, 19; rotas entre o Oriente Médio e o Japão, 231
Plenos, 2, 98, 148, 190, 272, 266
Politburo, 112, 147, 174, 271; aumentado para 26 membros, 4; composição do Comitê Permanente, 253; composição em 1987, 29; composição em 1992, 253; Deng forma facção majoritária em 1980, 2; dividido em 1990 entre Deng Xiaoping e Chen Yun, 44; em janeiro de 1987 Hu substituído por Zhao, 25; os vinte membros de 1992, 249
Política de porta aberta, 42, 269
Política externa, 13, 15, 80-1, 143, 152, 243, 248, 251, 274; Chen Yun não se metia, 231; malogro da política externa triangular, 85; visão de Deng exposta por Jiang Zemim, 247
Polônia, 24
Pudong, distrito financeiro de Shanghai, 46-7, 219, 235

Q

Qiao Shi, 7, 98, 181, 272; grupo da lei e ordem, 28; na reunião secreta de Deng com os militares, 100
"Quatro modernizações", 126; serão a nova Longa Marcha, 1
"Quatro Princípios Cardeais", 21, 127, 184

R

Reagan, Ronald, 14, 15, 175
Regime de Ceaucescu, 208
Renmin Ribao, 66; emprega linguagem típica da Revolução Cultural, 70
Revolução Cultural, 119, 157, 273; caos resultante, 173; derivou da Campanha de Educação Socialista de 1962, 70; expulsa veteranos do VIII Congresso, 12; flagelou a China de Mao, 59; Mao deu rasteira no partido, 60; para pôr fim à "evolução pacífica", 65; sofrimento de Deng, Chen e outros, 1
Romênia: golpe examinado na China, 208
Rússia, 103, 175, 217, 270; deplorável situação econômica em 1991, 64

S

Shanghai, 17, 102, 149, 178; Deng inspeciona, 46; e seu distrito de Pudong, 47; Jiang Zemin ex-prefeito, 36; sua imprensa ajuda Deng, 47; vira ZEE, 47; Zhu Rongji prefeito, 46
Singapura, 45, 107, 171
Socialismo de mercado, 271; Deng contava com Li Ruihuan, Zhu Rongji e Hu Jintao, 252; linha de Deng, 148
Song Ping, 29, 119, 162, 212; do campo de Chen Yun, 70
Sudeste Asiático, 72, 162, 231
Sun Yat-sen, 194; estilo de governo, 209

T

Taiwan, 103, 150, 268, 277; apoio americano, 13
Tchecoslováquia, 24
Teoria da gaiola de Chen Yun, 8, 217
Teoria dos Três Mundos de Deng em 1974, 15
Tian Jiyun: fundas raízes nas províncias, 272; no Politburo, 249; preparou a argumentação do contra-ataque de Deng em 1992, 221; propõe a criação de uma "ZEE esquerdista" para ver o que aconteceria, 226; vice-primeiro-ministro protegido de Deng, 221
Tiananmen, massacre na Praça da Paz Celestial, 30-35, 54-6, 60, 74-6, 86, 98, 110, 114, 119, 162, 177, 184, 197-8, 208, 213, 242, 257, 270, 272, 276-8; resultou na aposentadoria de Deng em 1989, 42
Tibet: Hu Jintao representa no Politburo, 250
Tigres Asiáticos, 45, 107, 113, 135-6

U

Um centro e dois pontos, 20, 26, 118, 127, 129, 133, 179, 202, 249; expressou o entendimento entre o partido e o exército, 103
União Soviética, 13, 58, 97, 150, 174, 270; sua morte liquida a "estratégia do Império do Meio", 81; fracasso do golpe de agosto de 1991, 177

V

Vietnã: invadiu o Camboja e sofreu invasão da China em 1979, 4

W

Wan Li, 29, 119, 214, 272

X

Xinhua, agência de notícias, 110

Y

Yang Baibing, 70, 111, 117-8, 178-83, 190-7, 209, 228, 249, 253-8, 267, 272; apóia Deng no *People's Daily*, 201; expõe o novo papel do exército, 200; general aliado de Deng, 56; promete que o exército apóia Deng, 173; representa o exército no Politburo, 250

Yang Shangkun, 6, 8, 29, 42, 70, 78, 83, 95, 98, 103, 113-17, 125, 129, 181, 190-5, 218, 228, 231, 254-8, 272; CMC pede sua permanência, 209; da Longa Marcha no Politburo, 27; general aliado de Deng, 56; incumbido por Deng da reforma do exército, 148; lei marcial em Pequim, 35

Yao Yilin, 139, 218; seguidor de Chen Yun, 29, 70; planejador central marxista, 27

Yeltsin, Boris: visto como ameaça, 57

Yenan: tempos simbólicos, 271

Z

Zhang Zhen, 252, 272; ancião do exército, 209; e a mudança educacional do exército, 190, 194

Zhao Ziyang, 5, 221; deposto, 148; ex-purgado em 1989 por ser a "facção americana", 36; feito primeiro-ministro por Deng em 1980, 8, 10; no poder com Deng em 1978, 22; protegido de Deng no Comitê Permanente em 1980, 4; resume as ideias de Deng, 17

Zhongnanhai, 219; o perímetro das casas de governo onde moram os chefes em Pequim, 33, 129; reunião dos anciãos sobre a visita de Baker, 78

Zhou Ruijin, 48

Zhu Dunfa: comandante de região, 182

Zhu Rongji: assume o banco central, 264; sofre ataque cerrado da facção soviética, 57; "capitalismo é bom para descobrir e empregar novos talentos", 51; chegou ao poder econômico, 145; defendia a redução dos órgãos reguladores, 159; demonstrações belicosas contra Taiwan têm efeito negativo na economia, 277; estilo com as estatais, 153; herói local de Shanghai, 213; incumbido por Deng de implementar suas reformas, 148; na reunião secreta de Deng com os militares, 100; no Conselho de Estado, 73; ocupa o lugar de Zhao Ziyang, 148; pôs Shanghai e Pudong em operação, 47; pragmático em contornar a burocracia, 46; prefeito de Shanghai, 46; privatizações, 266; promovido a vice-primeiro-ministro, 53; protegé de Deng, 47; reformador preparado na província, 100; reformas nas indústrias estatais, 49; socialismo de mercado, 251; solução para as estatais, 50; vice-primeiro-ministro, 8

Zonas Econômicas Especiais-ZEE, 8-19, 24-5, 42-7, 84-7, 105-17, 122-7, 134-6, 141, 143, 235, 241-2; acusadas por Chen Yun, 11; criadas por Deng, 4;

Shenzhen, Zhuhai, Shantou e Xiamen as quatro primeiras, 9; visita dos chefes militares, 119

Zou Jiahua, 162, 191; aliado de Chen no planejamento central, 46; fica no Politburo para agradar Chen Yun, 250

DIREÇÃO EDITORIAL
Daniele Cajueiro

EDITORA RESPONSÁVEL
Ana Carla Sousa

PRODUÇÃO EDITORIAL
Adriana Torres
Mariana Bard
Anna Beatriz Seilhe

REVISÃO
Alessandra Volkert
Luíza Côrtes
Mariana Gonçalves

DIAGRAMAÇÃO
Filigrana

Este livro foi impresso em 2021
para a Nova Fronteira.